गणित एवं फलित ज्योतिषशास्त्र के दोनों ही पक्षों में 'लग्न' का बड़ा महत्त्व है। ज्योतिष में लग्न को 'बीज' कहा गया है। इसी पर फलित ज्योतिष का सारा भवन, विशाल वटवृक्ष खड़ा है। ज्योतिष में गणित की समस्या तो कम्प्यूटर ने समाप्त कर दी परन्तु फलादेश की विकटता ज्यों की त्यों मौजूद है। बिना सही फलादेश के ज्योतिष की स्थिति निर्गन्ध पुष्प के समान है कई बार विद्वान् व्यक्ति तथा व्यावसायिक पण्डित भी जन्मकुण्डली पर शास्त्रीय फलादेश करने से घबराते हैं, कतराते हैं। अत: इस कमी को दूर करने के लिए प्रस्तुत पुस्तक का लेखन प्रत्येक लग्न के हिसाब से अलग-अलग पुस्तकें लिख कर किया जा रहा है। ताकि फलित ज्योतिष के क्षेत्र में एक नया मार्ग प्रशस्त हो सके।

अपनी जन्मपत्री स्वयं पढ़ें

मकर लग्नफल सम्पूर्ण परिचय

लेखक

डॉ. भोजराज द्विवेदी

एम. ए. पीएच. डी. (ज्योतिष), डी. लिट् काठमांडो (नेपाल)

राष्ट्रपति द्वारा सम्मानित, स्वर्ण पदक प्राप्त

जोधपुर

सह सम्पादक

पं. रमेश द्विवेदी

एम. ए. संस्कृत (साहित्य)

डायमंड बुक्स

ISBN : 81-288-0625-4

प्रकाशक : **डायमंड पॉकेट बुक्स (प्रा.) लि.**
X-30, ओखला इंडस्ट्रियल एरिया, फेज-II
नई दिल्ली-110020
फोन : 011-41611861
फैक्स : 011-41611866
ई-मेल : sales@diamondpublication.com
वेबसाइट : www.dpb.in

प्रथम संस्करण : अप्रैल, 2004
द्वितीय संस्करण : अक्टूबर 2004
संस्करण : सितम्बर 2024

मुद्रक : आदर्श प्रिंटर्स, शाहदरा, दिल्ली - 32

MAKAR LAGAN PHAL SAMPOORNA PARICHAY
By: Dr. Bhojraj Dwivedi

अनुक्रमणिका

पुस्तक परिचय

गणित एवं फलित ज्योतिषशास्त्र के दोनों ही पक्षों में **'लग्न'** का बड़ा महत्त्व है। ज्योतिष में लग्न को बीज कहा गया है। इसी पर फलित ज्योतिष का सारा भवन, विशाल वटवृक्ष खड़ा है। ज्योतिष में गणित की समस्या को कम्प्यूटर ने समाप्त कर दी परन्तु फलादेश की विकटता ज्यों की त्यों मौजूद है। बिना सही फलादेश के ज्योतिष की स्थिति निर्गन्ध पुष्प के समान है। कई बाद विद्वान् व्यक्ति तथा व्यावसायिक पण्डित भी, जन्मकुण्डली पर शास्त्रीय फलादेश करने से घबराते है, कतराते हैं। अत: इस कमी को दूर करने के लिए प्रस्तुत पुस्तकों का लेखन प्रत्येक लग्न के हिसाब से अलग-अलग पुस्तकें लिख कर किया जा रहा है। ताकि फलित ज्योतिष क्षेत्र में एक नया मार्ग प्रशस्त हो सके।

इस पुस्तक को लिखने का प्रयोजन फलादेश की दुनिया में एक बृहद् शोध कार्य है। प्रत्येक लग्न में एक-एक ग्रह को भिन्न-भिन्न भावों में घुमाया गया है। अकेले ग्रह के भिन्न-भिन्न भावों में घूमने से, विभिन्न प्रकार के योगों की सृष्टि होती है। जिसकी प्रमाणिक चर्चा पहली बार आप इस पुस्तक में देख पायेंगे। लग्न बारह है, ग्रह नौ हैं, फलत: 12 × 9 = 108 प्रकार की ग्रह-स्थितियां एक लग्न में बनीं। बारह लग्नों में 108 × 12 = 1296 प्रकार की ग्रह-स्थितियां बनीं। प्रत्येक ग्रह की दृष्टियों को तीर द्वारा चित्रित कर, उनके फलादेशों पर भी व्यापक प्रकाश, इन पुस्तकों में डाला गया है। निश्चय ही यह बृहद् स्तरीय शोधकार्य है। जिसका ज्योतिष की दुनिया में नितान्त अभाव था।

एक और बड़ा कार्य जो ज्योतिष की दुनिया में आज तक नहीं हुआ वह है–**'संयुक्त दो ग्रहों की युति पर फलादेश।'** वैसे तो साधारण वाक्य दो ग्रह, तीन ग्रह, चतुष्ग्रह, पंचग्रह युति पर मिलते हैं पर ये युतियां कौन-सी राशि में हैं? किस लग्न में हैं? और कहां? किस भाव (घर) में हैं? इस पर कोई विचार कहीं भी नहीं किया गया!!! फलत: ज्योतिष का फलादेश कच्चा-का-कच्चा ही रह गया। इस पुस्तक की सबसे प्रमुख यह विशेषता है कि प्रत्येक लग्न में चलायमान ग्रह की अन्य दूसरे ग्रह से युति होने पर, उसका भी विचार किया गया है। इस प्रकार से 108 ग्रह स्थितियों को पुन: नौ ग्रहों की भिन्न-भिन्न युति से जोड़ा जाये तो एक लग्न में 972 प्रकार की **द्वि-ग्रह स्थितियां बनेंगी तथा बारह लग्न में कुल 972 × 12 = 11664**

प्रकार की द्वि-ग्रह युतियां बनेगी। ग्यारह हजार छः सौ चौसठ प्रकार की द्वि-ग्रह युतियों पर फलादेश, ज्योतिष की दुनिया में पहली बार लिखा गया है। इसलिए फलादेश की दुनिया में ये पुस्तकें मील का पत्थर साबित होगी। यही कारण है। इन किताबों का जोरदार स्वागत सर्वत्र हो रहा है।

एक छोटा सा उदाहरण हम **'गजकेसरी योग'**, **'बुधादित्य योग'** अथवा **'चंद्रमंगल लक्ष्मी योग'** का ले सकते हैं। क्या गुरु+चंद्र की युति से बना **गजकेसरी योग** सदैव एक-सा ही फल देगा? ज्योतिष की संख्यात्मक गणित एवं फलित से जुड़ी दोनों ही विधियां इसका नकारात्मक उत्तर देंगी!!! **गजकेसरी योग** का फल किसी भी हालत में सदैव एक-सा नहीं होगा? **गजकेसरी योग** की बारह लग्नों में बारह प्रकार की स्थितियां, अर्थात् कुल 144 प्रकार की स्थितियां बनेगी। अकेला **गजकेसरी योग** 144 प्रकार का होगा और सबके फलादेश भी अलग-अलग प्रकार के होगे। **गजकेसरी योग** की सर्वोत्तम स्थिति **'मीनलग्न'** या **'कर्कलग्न'** के प्रथम स्थान में होती है। इसकी निकृष्टतम स्थिति **'तुलालग्न'**, **'मकरलग्न'** या **'कुम्भलग्न'** में देखी जा सकती है। यदि मकरलग्न में **गजकेसरी योग** छठे स्थान या आठवें स्थान में हो तो जातक की पत्नी दूसरों के साथ भाग जायेगी। जातक का पराक्रम भंग होगा क्योंकि पराक्रमेश व खर्चेश होकर गुरु छठे, आठवें एवं सप्तमेश होकर चंद्रमा छठे-आठवें होने से गृहस्थ सुख भंग हो जायेगा। अतः यदि प्रबुद्ध पाठक ने फलादेश के इस सूक्ष्म भेद को नहीं जाना तो मुझे खेद है कि फलादेश की सत्यता, सार्थकता व उपादेयता को नहीं पहचाना। मैंने परांशर लाईट प्रोग्राम (ज्योतिष सॉफ्टवेयर) में इसी प्रकार के सभी योगों का समावेश किया गया है। जिसका अब तक ज्योतिष की दुनिया में नितान्त अभाव था।

'मेषलग्न', **'कर्कलग्न'**, **'वृषलग्न**, **'तुलालग्न 'सिंहलग्न**, **'कन्यालग्न'**, **'मिथुनलग्न'**, **'मीनलग्न'** और **'धनुलग्न'** 2003-04 में प्रकाशित होकर सर्वत्र वितरित हो चुकी हैं। जिसका ज्योतिष की दुनिया में जोरदार स्वागत हुआ। अब **'मकरलग्न'** की पुस्तक को पाठकों के हाथों में सौंपते हुए अत्यन्त हर्ष का अनुभव हो रहा है। मकरलग्न में महाराणा प्रताप, गुरु गोलवलकर, सरदार वल्लभभाई पटेल, संजय गांधी, चीनी प्रधानमंत्री माओ-त्से-तुंग, बाला साहेब ठाकरे, विधिवेत्ता रामजेठमलानी, क्वीन एलिजाबेथ, मेधा पाटकर, सुनील गावस्कर, अभिनेता दिलीप कुमार, अशोक कुमार, ब्रिटिश उच्चायुक्त डॉ. लक्ष्मीमल्ल सिंघवी, सेठ विद्याभूषण (पूर्व पर्यटन मंत्री) जैसे व्यक्तित्व इस लग्न में हुए। मकरलग्न की इस हिन्दी पुस्तक का अंग्रेजी व गुजराती संस्करण भी शीघ्र प्रकाशित होगा। मकरलग्न की स्त्री जातकों पर भी हम अलग से पुस्तक लिखकर अलग प्रकार के फलादेश देने का प्रयास कर रहे हैं।

इस पुस्तक की सबसे बड़ी विशेषता अंशात्मक फलादेश है। लग्न की जीरो डिग्री (Zero Degree) से लेकर तीस (30) अंशों तक के भिन्न-भिन्न फलादेश की नई तकनीक का प्रयोग विश्व में पहली बार हुआ है। यह प्रयोग 18 विभिन्न आयामों में प्रस्तुत किया गया है। जरूरी नहीं है कि यह फलादेश सत्य हों फिर भी हमने शास्त्रीय धरातल के आधार पर कुछ नया करने का एक विनम्र प्रयास किया है। जिस पर अविरल अनुसंधान की आवश्यकता है।

इस प्रकार के प्रयास से आम आदमी अपनी जन्मपत्री स्वयं पढ़कर एवं अपने इष्ट मित्रों की जन्मकुण्डली पर शास्त्रीय फलादेश कर सकता है। प्रत्येक दिन-रात में आकाश में बारह लग्नों का उदय होता है। एक लग्न लगभग दो घंटे का होता है। जन्म लग्न (जन्म समय) को लेकर जन्मपत्रिका के शास्त्रीय फलादेश को जानने व समझने की दिशा में उठाया गया, यह पहला कदम है। आशा है, ज्योतिष की दुनिया में इसका जोरदार स्वागत होगा। प्रबुद्ध पाठकों के लगातार आग्रह पर गणित व फलित ज्योतिष पर एक सारगर्भित सॉफ्टवेयर का प्रोग्राम **'सृष्टि'** के नाम से भी बना रहे हैं जो अब तक के प्रचारित सभी सॉफ्टवेयर में अनुपम व अद्वितीय होगा। यदि प्रबुद्ध पाठकों का स्नेह व अविरल सम्बल इसी प्रकार मिलता रहा, तो शीघ्र ही फलित ज्योतिष में नई क्रान्ति इस सॉफ्टवेयर के माध्यम से सम्पूर्ण संसार में आयेगी। पुस्तक के अन्त में दी गई 'दृष्टान्त लग्न कुण्डलियों' से इस पुस्तक का व्यावहारिक महत्त्व कई गुना बढ़ गया है। यह एक अकाट्य सत्य है कि अपने जन्म लग्न पर फलादेश करने में प्रत्येक ज्योतिष प्रेमी 'मास्टर' होता है। आपने इस पुस्तक के माध्यम से क्या पाया और आपके अनुभव के खजाने में और क्या अवशेष ज्ञान बचा है? इसको पुस्तक के अन्तिम दो खाली पृष्ठों में लिखे। अनुभवों को लिपिबद्ध करें और हमें भी अपने अनुभवों से परिचित कराएं। हमें आपके पत्रों की प्रतीक्षा रहेगी परन्तु टिकट लगा, पता टाइप किया हुआ, जवाबी लिफाफा, पत्रोत्तर पाने की दिशा में आपका पहला सार्थक कदम होगा।

डॉ. भोजराज द्विवेदी

अज्ञातदर्शन बिल्डिंग, प्रथम बी. रोड, गोल बिल्डिंग के पीछे

श्रीमाली स्ट्रीट, सरदारपुरा, जोधपुर (राजस्थान)-342001

दूरभाष–0291-2637359, फैक्स-0291-2431883,

मोबाइल–098280-25883

लेखक परिचय

अंतर्राष्ट्रीय ख्याति प्राप्त वास्तुशास्त्री एवं ज्योतिषाचार्य डॉ. भोजराज द्विवेदी कालजयी समय के अनमोल हस्ताक्षर हैं। इन्टरनेशनल वास्तु एसोसिएशन के संस्थापक डॉ. भोजराज द्विवेदी की यशस्वी लेखनी से रचित ज्योतिष, वास्तुशास्त्र, हस्तरेखा, अंकविद्या, आकृति विज्ञान, यंत्र-तंत्र-मंत्र विज्ञान, कर्मकाण्ड व पौरोहित्य पर लगभग 258 से अधिक पुस्तकें देश-विदेश की अनेक भाषाओं में पढ़ी जाती हैं। फलित ज्योतिष के क्षेत्र में अज्ञातदर्शन (पाक्षिक) एवं श्रीचण्डमार्तण्ड (वार्षिक) के माध्यम से इनकी 3000 से अधिक राष्ट्रीय व अंतर्राष्ट्रीय महत्त्व की भविष्यवाणियां पूर्व प्रकाशित होकर समय चक्र के साथ-साथ चलकर सत्य प्रमाणित हो चुकी हैं।

4 सितम्बर 1949 को "**कर्कलग्न**" के अंतर्गत जन्मे डॉ. भोजराज द्विवेदी सन् 1977 से अज्ञातदर्शन (पाक्षिक) एवं श्रीचण्डमार्तण्ड (वार्षिक) का नियमित प्रकाशन व सम्पादन 26 वर्षों से करते चले आ रहे हैं। डॉ. द्विवेदी को अनेक स्वर्णपदक व सैकड़ों मानद उपाधियां विभिन्न नागरिक अभिनंदनों एवं राष्ट्रीय व अंतर्राष्ट्रीय सम्मेलनों के माध्यम से प्राप्त हो चुकी हैं। इनकी संस्था के अंतर्गत भारतीय प्राच्य विद्याओं पर अनेक अंतर्राष्ट्रीय व राष्ट्रीय सम्मेलन देश-विदेशों में हो चुके हैं तथा इनके द्वारा ज्योतिषशास्त्र, वास्तुशास्त्र, तंत्र-मंत्र, पौरोहित्य पर अनेक पाठ्यक्रम भी पत्राचार द्वारा चलाए जा रहे हैं। जिनकी शाखाएं देश-विदेश में फैल चुकी हैं तथा इनके द्वारा दीक्षित व शिक्षित हजारों शिष्य इन दिव्य विद्याओं का प्रचार-प्रसार कर रहे हैं। भारतीय प्राच्य विद्याओं के उत्थान में समर्पित भाव से जो काम डॉ. द्विवेदी कर रहे हैं, वह एक साधारण व्यक्ति द्वारा सम्भव नहीं है वे इक्कीसवीं शताब्दी के तंत्र-मंत्र, वास्तुशास्त्र व ज्योतिष जगत् के तेजस्वी सूर्य हैं तथा कालजयी समय के अनमोल हस्ताक्षर हैं, जो कि 'युग पुरुष' के रूप में याद किए जाएंगे। इनसे जुड़ना इनकी संस्था का सदस्य बनना आम लोगों के लिए बहुत बड़े गौरव व सम्मान की बात है।

1. हस्तरेखा विभाग–सन् 1981 में डॉ. भोजराज द्विवेदी द्वारा **'अंगुष्ठ से भविष्य ज्ञान'** एवं **'पांव तले भविष्य'** नामक दो पुस्तकें प्रकाशित हुईं। सामुद्रिक शास्त्र की दुनिया में इस नये विषय को लेकर हंगामा मच गया। पाठकों ने इन पुस्तकों को सराहा तथा इनके अनेक संस्करण छपे। सन् 1992 में **'ज्योतिष और आकृति'** तथा सन् 1996 में **'हस्तरेखाओं का गहन अध्ययन'** दो भागों में प्रकाशित हुए। अपने 40 वर्षों के सघन अनुसंधान में दो लाख से अधिक हस्तप्रिन्ट के परीक्षण व अध्ययन से अनुभूत प्रस्तुत पुस्तक पर इस विषय पर छठे पुष्प के रूप में पाठकों को समर्पित

की है। **'हस्तरेखाओं का रहस्यमय संसार'** नामक यह कृति किसी भारतीय विद्वान् द्वारा लिखी गई संसार की श्रेष्ठ एवं बेजोड़ पुस्तकों में सर्वोपरि है। इस पुस्तक की कीर्ति ने जरमिन, कीरो एवं बेन्हाम जैसे विदेशी विद्वानों को मीलों पीछे छोड़ दिया। डॉ. द्विवेदी भारत के पहले व्यक्ति हैं, जिन्होंने हस्तरेखाओं को कम्प्यूटर पर लाने का अद्‌भुत प्रयास किया है। अभी यह कार्यक्रम 'अंग्रेजी' में है। शीघ्र ही हिन्दी, गुजराती, मराठी व अन्य भाषाओं में इसका अनुवाद व संशोधन हो रहा है। हस्तरेखा विभाग में अनुभवी विद्वान् दिन-रात काम कर रहे हैं। आप अपना हैण्ड प्रिन्ट भेजकर, उनका फलादेश डाक द्वारा प्राप्त कर सकते हैं। प्रिन्ट पर प्रश्न भी पूछ सकते हैं। यह विभाग भारत ही नहीं, अपितु विदेशों में अपने ढंग का अनोखा एवं सर्वोच्च कीर्ति प्राप्त करने वाला विभाग होगा। जहां से इस विषय में लोगों को नया प्रकाश व प्रेरणा बराबर मिलती रहेगी।

2. ज्योतिष विभाग–इस विभाग के अंतर्गत विभिन्न कम्प्यूटर लगे हैं जो गणित एवं फलित दोनों प्रकार की जन्मपत्रियों का निर्माण करते हैं। व्यक्ति की जन्म तारीख, जन्म समय एवं जन्म स्थान के माध्यम से जन्मपत्रिका, वर्षफल, विवाह पत्रिका, प्रश्न पत्रिका आदि का निर्माण सूक्ष्मातिसूक्ष्म गणित सूत्रों द्वारा होता है। सही जन्मपत्रिका यदि बनी हुई है तो उस पर विभिन्न प्रकार के फलादेश करवाने की व्यवस्था भी उपलब्ध है। हमारे यहां 'हैण्ड-प्रिण्ट' देखने की सुविधा एवं चेहरा देखकर भविष्य बताने की विद्या का चमत्कार केवल उन्हीं सज्जनों को प्राप्त है, जो हमारी संस्था **'अज्ञातदर्शन सुपर कम्प्यूटर सर्विसेज'** के संस्थापक, संरक्षक या आजीवन सदस्य हैं। **'अज्ञातदर्शन सुपर कम्प्यूटर सर्विसेज'** के सदस्यों, व्यापारियों व उद्योगपतियों को वरीयता के साथ हम नियमित ज्योतिष सेवाएं घर बैठे भेजते हैं। इसके लिये नि:शुल्क प्रपत्र अलग से प्राप्त करें। डॉ. द्विवेदी द्वारा हजारों-लाखों भविष्यवाणियां लोगों के व्यक्तिगत जीवन हेतु की गई जो चमत्कारिक रूप से सत्य हुई हैं। इसके साथ ही अब तक 3000 से अधिक राष्ट्रीय व अन्तर्राष्ट्रीय महत्त्व की भविष्यवाणियां जो समाचार-पत्रों में प्रकाशित हुई, समय-चक्र के साथ-साथ चलकर सत्य प्रमाणित हो चुकी हैं। यह एक ऐसा अपूर्ण रिकार्ड है, जो ज्योतिष के इतिहास में सुनहरे अक्षरों में लिखा जाएगा है। यह एक ऐसा गौरवपूर्ण रिकार्ड है, जिसकी सीमा का लंघन कोई भी दैवज्ञ अब तक नहीं कर पाया है। डॉ. द्विवेदी वैदिक ज्योतिष पर एक अपूर्व सॉफ्टवेयर 'सृष्टि' का निर्माण कर रहे हैं।

3. वास्तु विभाग–हमने 'इंटरनेशनल वास्तु एसोशिएसन' की स्थापना कर रखी है। हमारे केन्द्र के वास्तुशास्त्रियों द्वारा वास्तु संबंधी विभिन्न त्रुटियों व दोषों का परिहार पूर्ण विधि-विधान से किया जाता है यदि व्यक्ति नक्शा भेजता है तो उस पर भी विचार-विमर्श करके सही स्थानों को चिह्नित व संशोधित करके नक्शा वापस भेज दिया जाता है। जो सज्जन 'वास्तु विजिट' कराना चाहते हैं उन्हें एडवांस ड्राफ्ट भेजकर

समय निश्चित कराना चाहिए। वास्तु संबंधी दोषों का परिहार जहां तक हो सके बिना तोड़-फोड़ करके कर दिया जाता है। इस विषय में परम पूज्य गुरुदेव डॉ. भोजराज द्विवेदी द्वारा लिखित पुस्तकें मार्गदर्शन हेतु काम में ली जा सकती हैं।

4. यंत्र विभाग–विद्वान् ब्राह्मणों की देखरेख में विभिन्न प्रकार के यंत्रों का निर्माण शुभ नक्षत्र, दिन व मुहूर्त में किया जाता है। यंत्र बनने के पश्चात् उसमें विधिवत् प्राण-प्रतिष्ठा करके ही भेजे जाते हैं। इस बात का पूरा ध्यान रखा जाता है कि सभी यंत्र यजमान द्वारा निर्दिष्ट धातु में सर्वशुद्ध तरीके से बनाए जाते हैं। सभी यंत्र लॉकेट में उभरे हुए होते हैं तथा बनने के पश्चात् निर्दिष्ट गंतव्य पर रजिस्टर्ड डाक द्वारा भेज दिए जाते हैं। वी.पी. नहीं की जाती। वी.पी. के लिए आधा एडवांस प्राप्त होना अनिवार्य है। कार्यालय द्वारा अभिमंत्रित व सिद्ध यंत्रों का सम्पूर्ण सूची-पत्र अलग से प्रार्थना कर, प्राप्त किया जा सकता है।

5. रत्न विभाग–अनेक जिज्ञासु सज्जनों के विशेष आग्रह पर हमारे यहां विभिन्न रत्नों एवं राशि रत्नों के विक्रय की व्यवस्था की गई है। भाग्यवर्द्धक अंगूठियां एवं लॉकेट भी पूर्ण विधि-विधान के साथ बनाए जाते हैं। एक मुखी रुद्राक्ष, स्फटिक मालाएं, पारद शिवलिंग, हत्था जोड़ी, सभी प्रकार के तंत्र की सामग्री असली होने की गारंटी के साथ दी जाती है। इस हेतु सम्पूर्ण जानकारी हेतु सूची-पत्र अलग से प्राप्त करें।

6. विविध धार्मिक अनुष्ठान–संस्थान द्वारा 108 कुण्डीय पवित्र यज्ञ-कुण्डों, दस महाविद्याओं की जागृत 'श्रीपीठ' की स्थापना हो चुकी है। यहां पर विभिन्न प्रकार के दुर्योगों की शांति हेतु, व्यापार-व्यवसाय में रुकावट दूर करने हेतु, दु:ख, क्लेश, भय, रोग से निवारण हेतु प्रेत बाधा एवं शत्रु को नष्ट करने हेतु, राजयोग, पद, प्रतिष्ठा की प्राप्ति हेतु धार्मिक अनुष्ठान, यज्ञ, पूजा-पाठ एवं शांति कराने की सभी सुविधाएं भी उपलब्ध हैं।

7. प्रकाशन विभाग–जो कुछ भी शोध कार्य कार्यालय के विद्वानों द्वारा होता है उसको निरन्तर प्रकाशित किया जाता है। ज्योतिष, आयुर्वेद, वास्तुशास्त्र, हस्तरेखा एवं प्राचीन भारतीय गूढ़ विद्या संबंधी पुस्तकों का प्रकाशन भी विभाग द्वारा किया जाता है। अब तक डॉ. द्विवेदी द्वारा 300 पुस्तकें लिखी जा चुकी हैं। जिसमें से 250 के लगभग प्रकाशित हो चुकी हैं। इसके अतिरिक्त हमारे कार्यालय से दो नियतकालीन प्रकाशन अनवरत रूप से चल रहे हैं।

1. अज्ञातदर्शन (पाक्षिक) 1977 से प्रकाशित, 2. चण्डमार्तण्ड पंचांग एवं कैलेण्डर (वार्षिक) 1987 से नियमित प्रकाशित होते रहते हैं।

हमारे कार्यालय की दिन-प्रतिदिन बढ़ती लोकप्रियता के कारण नित्यप्रति डाक से अनेकों पत्र आते हैं। बहुत से पत्रों में लम्बी-चौड़ी कहानियां एवं व्यक्तिगत पारिवारिक जीवन के बारे में बहुत अधिक लिखा होता है, जिनको पढ़ने मात्र में

बहुत-सा कीमती समय नष्ट हो जाता है। अपने बहुमूल्य समय का आदर करना सीखें और दूसरों को भी ऐसा करने दें। कृपा कर स्नेहिल पाठकों से निवेदन है कि कृपया अत्यन्त संक्षिप्त में सार की बात ही लिखा करें। कार्यालय द्वारा केवल उन्हीं पत्रों का जवाब दिया जाता है, जिसके साथ स्पष्ट पता लिखा हुआ, टिकट लगा लिफाफा संलग्न हो। परमपूज्य गुरुदेव से व्यक्तिगत सम्पर्क व शंका समाधान के लिए 'अज्ञातदर्शन' अथवा 'श्रीविद्या साधक परिवार' के आजीवन सदस्य का उल्लेख अवश्य होना चाहिए। कई बार ऐसे मनीऑर्डर भी प्राप्त होते हैं जिनपर पूर्ण संदेश एवं पता लिखा नहीं होता। पाठक लोग प्रायः ऐसा समझते हैं कि हमारा पत्र महत्वपूर्ण एवं कार्यालय में हमारा पत्र जन्मपत्रिकाएं एवं नक्शे सुरक्षित पड़े होंगे एवं पुराने पत्र से हमारा पता देख लेंगे, पर ऐसा संभव नहीं है। क्योंकि हमारे पास इतनी डाक आती है कि हर तीसरे-चौथे दिन डाक नष्ट करनी पड़ती है। अन्यथा ऑफिस में बैठने की जगह नहीं बच पाती। प्रबुद्ध पाठकों से निवेदन है कि जितनी बार पत्र-व्यवहार करें, अपना पूरा पता लिखा हुआ, टिकट लगा लिफाफा साथ भेंजे।

8. श्रीविद्या साधक परिवार–प्रायः सम्मोहन, यंत्र-मंत्र-तंत्र विद्या में रुचि रखने वाले अनेक जिज्ञासु सज्जनों, छात्र-छात्राओं के अनेक फोन व पत्र पूज्य गुरुदेव से मार्गदर्शन प्राप्त करने हेतु उनसे दीक्षा प्राप्त करने हेतु, मंत्र शिविरों में भाग लेने हेतु आते हैं। ऐसे जिज्ञासु साधकों को सर्वप्रथम 'श्रीविद्या साधक परिवार' का सदस्य बनना होता है। श्रीविद्या साधक परिवार से जुड़ने के बाद ही ऐसे जिज्ञासु सज्जनों को परमपूज्य गुरुदेव का पत्र या स्नेहिल सान्निध्य प्राप्त होता है। इसके अतिरिक्त सर्वधर्म सद्भाव सेवा ट्रस्ट, अन्तर्राष्ट्रीय वास्तु एसोसिएसन, लायंस क्लब इंटरनेशनल इत्यादि अनेक संस्थाओं के प्रमुख पद पर प्रतिष्थापित होकर डॉ. भोजराज द्विवेदी का बहुआयामी व्यस्त व्यक्तित्व, मानव सेवा के अनेक संगठनों व रचनात्मक कार्यों से जुड़ा हुआ है। अतः बिना पूर्व सूचना व स्वीकृति के मिलने की चेष्टा न करें।

विनम्र निवेदन–बाहर से पधारने वाले जिज्ञासु सज्जनों से विनम्र निवेदन है कि बिना कोई अत्यधिक ठोस कारण के परमपूज्य गुरुदेव से मिलने का दुराग्रह न रखें। सर्वश्री डॉ. भोजराज द्विवेदी से मिलने के लिए टेलीफोन नंबर-2431883, फैक्स 2637359, मोबाइल-098280 25883 पर पूर्व समय निश्चित करके ही मिला करें। यह आपकी और कार्यालय दोनों की सुविधा के लिए अत्यन्त जरूरी है।

इंटरनेशनल वास्तु एसोसिएशन (रजि.)–डॉ. भोजराज द्विवेदी उनके मित्रगण, अनुयायी व भक्तगणों से मिलकर 19 फरवरी, 1993 को एक ऐसे संगठन का गठन किया जिससे ज्योतिष, मंत्र-तंत्र, वास्तु विज्ञान का प्रचार-प्रसार, जात-पात से रहित मानवमात्र में सर्वधर्म सद्भाव, भाईचारा एवं मैत्रीभाव परस्पर विश्व बंधुत्व स्थापित हो सके, इस उद्देश्य से संस्था का एक भवन बन रहा है।

–आचार्य सोमतीर्थ

ज्योतिष शास्त्र की उपादेयता एवं महत्त्व

नारदीयम् में सिद्धांत, संहिता व होरा इन तीन भागों में विभाजित ज्योतिषशास्त्र को वेदभगवान् का निर्मल (पवित्र) नेत्र कहा गया है।[1] पाणिनि काल से ही ज्योतिष की गणना वेद के प्रमुख छः अंगो में की जाने लगी थी।[2]

'वेदांग ज्योतिष' नामक बहुचर्चित व प्राचीन ग्रंथ हमें प्राप्त होता है जिसके रचनाकार ने ज्योतिष को काल विधायक शास्त्र बतलाया है, साथ में कहा है कि जो ज्योतिष शास्त्र को जानता है वह यज्ञ को भी जानता है।[3] छः वेदांगों में से ज्योतिष मयूर की शिखा व नाग की मणि के समान महत्त्व को धारण किए हुए वेदांगों में मूर्धन्य स्थान को प्राप्त है।[4]

कालज्ञान की महत्ता को स्वीकार करते हुए कालज्ञ, त्रिकालज्ञ, त्रिकालविद्, त्रिकालदर्शी व सर्वज्ञ शब्दों का प्रयोग ज्योतिषी के लिए किया गया है।[5] स्वयं सायणाचार्य ने **'ऋग्वेद भाष्य भूमिका'** में लिखा है कि ज्योतिष का मुख्य प्रयोजन अनुष्ठेय यज्ञ के उचित काल का संशोधन है।[6] उदाहरणार्थ 'कृतिका नक्षत्र' में अग्नि का आधान करें।[7] कृतिका नक्षत्र में अग्नि का आधान ज्योतिष संबंधी ज्ञान के बिना संभव नहीं। इसी प्रकार से एकाष्टका में दीक्षा को प्राप्त होवे, फाल्गुण पौर्णमास में दीक्षित होवे[8] इत्यादि अनेक श्रुति वचन मिलते हैं।

---

1. सिद्धांत संहिता होरा रूप स्कन्ध त्रयात्मकम्।
   वेदस्य निर्मलं चक्षुर्ज्योतिः शास्त्रमकल्मषम्।। इति नारदीयम् (शब्दकल्पद्रुम) पृ. 550
2. छंदः पादौ तु वेदस्य हस्तौ कल्पोऽथ पठ्यते।
   ज्योतिषामयनं चक्षुर्निरुक्तं श्रोत्रमुच्चते।।--पाणिनी शिक्षा, श्लोक/41
   मुहूर्त चिन्तामणि मोतीलाल बनारसीदास वाराणसी सन् 1972 (पृ. 7)
3. तस्मादिदं कालविधान शास्त्रं, यो ज्योतिषं वेद स वेद यज्ञम्–फ. ज्यो. वि. बृ. समीक्षा, पृ. 4
4. यथा शिखा मयूराणां नागानां मणयो यथा तद्वद्वेदांगशास्त्राणां ज्योतिषं मूर्धनि सस्थितम् –इति वेदांग ज्योतिषम् 'शब्दकल्पद्रुम' (पृ. 550)
5. शब्द कल्पद्रुम, पृ. 655
6. वेद व्रतमीमांसक ''ज्योतिषविवेक (पृ. 4) गुरुकुल सिंहपुरा, रोहतक सन् 1976
7. कृतिकास्वग्निमाधीत–तैत्तरीय ब्राह्मण 1/1/2/1
8. एकाष्टकामां दीक्षेरन् फाल्गुनीपूर्णमासे दीक्षेरन्–तैत्तरीय संहिता 6/4/8/1

ज्योतिष के सम्यक् ज्ञान के बिना इन श्रुति वाक्यों का समुचित पालन नहीं किया जा सकता अत: वेद के अध्ययन के साथ-साथ ज्योतिष को वेदांग बतलाकर ऋषियों ने ज्योतिष शास्त्र के अध्ययन पर पर्याप्त बल दिया।

ज्योतिष के ज्ञान की सबसे अधिक आवश्यकता कृषकों को पड़ती है क्योंकि वह जानना चाहता है कि पानी कब बरसेगा, खेतों में बीज कब बोना चाहिए? जमाना कैसा जाएगा? फसलें कैसी होंगी। वगैरह-वगैरह। हिन्दू षोडश-संस्कार एवं यज्ञ-हवन, निश्चित काल, मुहूर्त में ही किए जाते हैं। श्रुति कहती है–

ते असुरा अयज्ञा अदक्षिणा अनक्षत्रा:।

यच्च किंचत् कुर्वत सतां कृत्यामेवाऽकुर्वत।। 1 ।।[1]

अर्थात् वे यज्ञ जो करणीय हैं, वे कालानुसार (निश्चित मुहूर्त पर) न करने से देव रहित, दक्षिणा रहित, नक्षत्र रहित हो जाते हैं।

ज्योतिष से अत्यन्त स्वार्थिक अर्थ में अच् (अ) प्रत्यय-लगकर ज्योतिष शब्द निष्पन्न हुआ है। अच् प्रत्यय लगने से यह ज्योतिष शब्द पुल्लिंग में प्रयुक्त होता है।

द्युत् + इस् (इसिन्)

ज्युत + इस् =ज्योत् + इस्

ज्योतिस्

मेदिनी कोष के अनुसार ''ज्योतिष'' सकारान्त नपुंसक लिंग में 'नक्षत्र' अर्थ में तथा पुल्लिंग में अग्नि और प्रकाश अर्थ में प्रयुक्त होता है।[2]

'ज्योतस्' में 'इनि' और 'ठक्' प्रत्यय लगा कर ज्योतिषी और ज्योतिषिक: तीन शब्द व्युत्पन्न होते हैं। जो ज्योतिष शास्त्र का नियमित रूप से अध्ययन करे अथवा ज्योतिष शास्त्र का ज्ञाता हो वह ज्योतिषी, ज्योतिषिक, ज्यौतिषिक, ज्योतिष शास्त्रज्ञ तथा दैवज्ञ कहलाता है।[3]

शब्दकल्पद्रुम के अनुसार 'ज्योतिष' ज्योतिर्मय सूर्यादि ग्रहों की गति इत्यादि को लेकर लिखा गया वेदांग शास्त्र विशेष है। अमरकोष की टीका में व्याकरणाचार्य भरत ने ग्रहों की गणना, ग्रहण इत्यादि प्रतिपाद्य विषयों वाले शास्त्र को ज्योतिष कहा है।[4]

---

1. फलित ज्योतिष विवेचनात्मक बृहत्पाराशर समीक्षा पृ. 4
2. ज्योतिषग्नौ दिवाकरे 'पुमान्नपुसंक-दृष्टौ स्यान्नक्षत्र प्रकाशयो: इति मेदिनीकोष-1929, पृ. सं. 536
3. हलायुध कोश हिन्दी समिति लखनऊ सन् 1967 (पृ. सं. 321)
4. शब्द कल्पद्रुम खण्ड-2 मोतीलाल बनारसीदास सन् 1961 पृ. स. 550

हलायुधकोष में ज्योतिष के लिए सांवत्सर, गणक, दैवज्ञ, ज्योंतिषिक, ज्यौतिषिक ज्योतिषी, ज्यौतिषी, मौहूर्तिक सांवत्सरिक शब्दों का प्रयोग हुआ है।[1]

वाचस्पत्यम् के अनुसार सूर्यादि ग्रहों की गति को जानने वाले तथा ज्योतिषशास्त्र का विधिपूर्वक अध्ययन करने वाले व्यक्ति को 'ज्योतिर्विद्' कहा गया है।[2]

ज्योतिष की प्राचीनता

ज्योतिष शास्त्र कितना प्राचीन है, इसकी कोई निश्चित तिथि या सीमा स्थापित नहीं की जा सकती। यह बात निश्चित है कि जितना प्राचीन वेद है उतना ही प्राचीन ज्योतिष शास्त्र है। यद्यपि वेद कोई ज्योतिष की पुस्तक नहीं है तथापि ज्योतिष-सम्बन्धी अनेक गूढ़ तथ्यों व गणनाओं के बारे में विद्वानों में मत ऐक्यता का नितान्त अभाव है।

तारों का उदय-अस्त प्राचीन (वैदिक) काल में भी देखा जाता था। तैत्तिरीय ब्राह्मण एवं शतपथ ब्राह्मण में ऐसे अनेक संकेत व सूचनाएं मिलती हैं। लोकमान्य तिलक ने अपनी पुस्तक **'ओरायन'** के पृष्ठ 18 पर ऋग्वेद का काल ईसा पूर्व 4500 हजार वर्ष बताया है।[3] वहीं पं. रघुनन्दन शर्मा ने अपनी पुस्तक **'वैदिक-सम्पत्ति'** में मृगशिरा में हुए इसी वसन्तसम्पात को लेकर, तिलक महोदय की त्रुटियों का आकलन करते हुए अकाट्य तर्क के साथ प्रमाणपूर्वक कहा है कि ऋग्वेद काल ईसा से कम 22,000 वर्ष प्राचीन है।[4]

भारतीय ज्योतिर्गणित एवं वेध-सिद्धांतों का क्रमबद्ध सबसे प्राचीन एवं प्रमाणिक परिचय हमें **'वेदांग ज्योतिष'** नामक ग्रन्थ में मिलता है।[6] यह ग्रन्थ सम्भवत: ईसा पूर्व 1200 का है। तब से लेकर अब तक ज्योतिष शास्त्र की अक्षुण्णता कायम है।[5]

वस्तुत: फिर वे यज्ञ ही नहीं कहलाते। इसलिए जो कुछ भी यज्ञादि (धार्मिक)

---

1. हलायुध कोश, हिन्दी समिति लखनऊ 1966 पृ. सं. 703
2. वाचस्पत्यम् भाग 4, चौखम्बा सीरिज वाराणसी सन् 1962 पृ. 3162
3. भारतीय ज्योतिष का इतिहास, डॉ. गोरखप्रसाद (प्रकाशन 1974) उत्तरप्रदेश शासन लखनऊ, पृ. 10
4. वैदिक सम्पति पं. रघुनन्दन शर्मा (प्रकाशन 1930) सेठ शूरजी वल्लभ प्रकाशन, कच्छ केसल, मुम्मई पृ. 90
5. **छन्द: पादौ तु वेदस्य हस्तौ कल्पोथ पठ्यते, ज्योतिषामयनं चक्षुर्निरुक्तं श्रोत्रमुच्यते।**
   शिक्षा घ्राणं तु वेदस्य मुखं व्याकरणं स्मृतम्, तस्मात्सांगमधीत्यैव, ब्रह्म लोके महीयते।।–पाणिनीय शिक्षा, श्लोक 41-42
7. Vedic Chronology and Veoanga Jyotisa &(Pub. 1925) Messrs Tilak Bross, Gaikwar Wada, POONA CITY, page-3

कृत्य करना हो, उसे निर्दिष्ट कालानुसार ही करना चाहिए। कहा भी है–**यो ज्योतिषं वेद स वेद यज्ञान्।**[1]

अतीतानागते काले, दानहोमजपादिकम् ।
उषरे वापितं बीजं, तद्वद्भवति निष्फलम् ।।2।।[2]

इस प्रकार से यह सिद्ध है कि ज्योतिष के बिना कालज्ञान का अभाव रहता है। कालज्ञान के बिना समस्त श्रौत्, स्मार्त कर्म, गर्भाधान, जातकर्म, यज्ञोपवीत, विवाह इत्यादि संस्कार ऊसर जमीन में बोए गए बीज की भांति निष्फल हो जाते हैं। तिथि, वार, नक्षत्र, योग, करण के ज्ञान के बिना तालाब, कुंआ, बगीचा, देवालय-मन्दिर, श्राद्ध, पितृकर्म, व्रत-अनुष्ठान, व्यापार, गृहप्रवेश, प्रतिष्ठा इत्यादि कार्य नहीं हो सकते। अत: सभी वैदिक एवं लौकिक व्यवहारों की सार्थकता, सफलता के लिए ज्योतिष का ज्ञान अनिवार्य है।

अप्रत्यक्षाणि शास्त्राणि, विवादस्तेषु केवलम्।
प्रत्यक्षं ज्योतिषं शास्त्रं, चंद्रार्कौ यत्र साक्षिणौ ।।3।।[3]

संसार में जितने भी शास्त्र हैं वे केवल विवाद (शास्त्रार्थ) के विषय हैं, अप्रत्यक्ष हैं, परन्तु ज्योतिष विज्ञान ही प्रत्यक्ष शास्त्र है, जिसकी साक्षी सूर्य और चंद्रमा घूम-घूम कर दे रहे हैं। सूर्य, चंद्र-ग्रहण, प्रत्येक दिन का सूर्योदय, सूर्यास्त चंद्रोदय, चंद्रास्त, ग्रहों की शृंगोन्नति, वेध, गति, उदय-अस्त इस शास्त्र की सत्यता एवं सार्थकता के प्रत्यक्ष प्रमाण हैं।

ज्योतिश्चक्रे तु लोकस्य, सर्वस्योक्तं शुभाशुभम्।
ज्योतिर्ज्ञानं तु यो वेद, स याति परमां गतिम् ।।4।।[4]

ज्योतिष चक्र ने संसार के लिए शुभ व अशुभ सारे काल बतलाए हैं। जो ज्योतिष के दिव्य ज्ञान को जानता है वह जन्म-मरण से मुक्त होकर परमगति (स्वर्गलोक) को प्राप्त करता है। संसार में ज्ञान-विज्ञान की जितनी भी विद्याएं हैं, वह मनुष्य को ईश्वर की ओर नहीं मोड़तीं, उसे परमगति का आश्वासन नहीं देतीं, पर ज्योतिष अपने अध्येता को परमगति (मोक्ष) प्राप्ति की गारन्टी देता है। यह क्या कम महत्त्व की बात है।

---

1. ज्योतिर्निबन्ध-श्री शिवराज, (पृ. 1919), आनन्दाश्रम मुद्रणालय पूना, पृ.1
2. ज्योतिर्निबन्ध श्लोक (2) पृ. 2
3. जातकसार दीप-चंद्रशेखरन् (पृ. 5) मद्रास गवर्मेंट ओरियण्टल सीरिज, मद्रास
4. शब्दकल्पद्रुम, द्वितीय खण्ड, पृ. 550

अर्थार्जने सहायः पुरुषाणामापदर्णवे पोतः।
यात्रा समये मन्त्री जातकमपहाय नास्त्यपरः॥5॥[1]

ज्योतिष एक ऐसा दिलचस्प विज्ञान है जो कि जीवन की अनजान राहों में मित्र व शुभचिन्तकों की लम्बी शृंखला खड़ी कर देता है। इसके अध्येता को समाज व राष्ट्र में भारी धन, यश व प्रतिष्ठा की प्राप्ति होती है।

जातक का ज्योतिष शास्त्र को छोड़कर कोई सच्चा मित्र नहीं है क्योंकि यह द्रव्योपार्जन में सहायता देता है, आपत्ति रूपी समुद्र में नौका का कार्य करता है तथा यात्रा काल में सुहृदय मित्र की तरह सही सम्मति देता है। जन सम्पर्क बनाता है। स्वयं वराहमिहिर कहते हैं कि देशकाल परिस्थिति को जानने वाला दैवज्ञ जो काम करता है, वह हजार हाथी और चार हजार घोड़े भी नहीं कर सकते।[2] यदि ज्योतिष न हो तो मुहूर्त, तिथि, नक्षत्र, ऋतु, अयन आदि सब विषय उलट-पलट हो जाएं।[3] बृहत्संहिता की भूमिका में ही वराहमिहिर कहते हैं कि **दीपहीन रात्रि और सूर्य हीन आकाश की तरह ज्योतिषी से हीन राजा शोभित नहीं होता, वह जीवन के दुर्गम मार्ग में अंधे की तरह भटकता रहता है।[4] अतः जय, यश, श्री, भोग और मंगल की इच्छा रखने वाले राजपुरुष को सदैव विद्वान व श्रेष्ठ ज्योतिषी को अपने पास रखना चाहिए।[5]**

ज्योतिष शास्त्र के साथ एक विडम्बना यह है कि यह शास्त्र जितना अधिक प्रचलित व प्रसिद्ध होता चला गया, अनधिकारी लोगों की संगत से यह शास्त्र उतना ही अधिक विवादास्पद होता चला गया। अनेक नास्तिकों, अनीश्वरवादी सज्जनों एवं कुतर्की विद्वानों ने अपने-अपने ढंग से ज्योतिष विद्या पर क्रूरतम कठोर प्रहार किए। सत्य की निरन्तर खोज में एवं अनवरत अनुसंधान परीक्षणों में संलग्न भारतीय ऋषियों ने अपने आपको तिल-तिल जलाकर, अपने प्राणों की आहुति देकर श्रुति परम्परा से इस दिव्य विद्या को जीवित रखा।

ज्योतिष वस्तुतः सूचनाओं और सम्भावनाओं का शास्त्र है। इसके उपयोग व महत्त्व को सही ढंग से समझने पर मानव जीवन और अधिक सफल व सार्थक हो

---

1. सुगम ज्योतिष-पं. देवीदर' जोशी (प्रकाशन-1992) मोतीलाल बनारसीदास दिल्ली, पृ. 17
2. बृहत्संहिता सांवत्सर सूत्राध्याय 1/37
3. बृहत्संहिता सांवत्सर सूत्राध्याय 1/25
4. अप्रदीपा यथा रात्रिरनादित्यां यथा नभः।
   तथाऽसांवत्सरो राजा, भ्रमत्यन्ध इवाध्वनि॥-बृहत्संहिता, अ.1/24
5. बृहत्संहिता सांवत्सर सूत्राध्याय 1/26

सकता है। मान लीजिए ज्योतिष गणना के अनुसार अष्टमी की शाम को आठ बजे समुद्र में ज्वारभाटा आएगा। आपको पता चला तो आप अपना जहाज समुद्र में नहीं उतारेंगे और करोड़ों रुपयों के जान व माल के नुकसान से बच जाएंगे। यदि आपको पता नहीं है, तो बीच रास्ते में आप मारे जाएंगे। ज्योतिषी कहता है कि आज अमुक योग के कारण वर्षा होगी तो वर्षा तो होगी पर आपको पता है तो आप छाता तान कर चलेंगे, दुनिया अचानक वर्षा के कारण तकलीफ में आ सकती है पर आपकी सावधानी से आप भीगेंगे नहीं।

ज्योतिष का उपयोग मनुष्य के दैनिक जीवन व दिनचर्या से जुड़ा हुआ है। मारक योग में ऑपरेशन या तेज गति का वाहन न चलाकर व्यक्ति दुर्घटना से बच सकता है। ज्योतिष अंधेरे में प्रकाश की तरह मनुष्य की सहायता करता है। ज्योतिष संकेत देता है कि समय खराब है सोने में हाथ डालेंगे, मिट्टी हो जाएगा, समय शुभ है तो मिट्टी में हाथ डालोगे, सोना हो जाएगी। मौसम विज्ञान की चेतावनी की तरह ज्योतिष का उपयोग किया जाना चाहिए क्योंकि घड़ी की सुई के साथ-साथ चल रहा मानव जीवन का प्रत्येक पल ज्योतिष से जुड़ा हुआ है। यह तो मानव मस्तिष्क एवं बुद्धि की विलक्षणता है कि आप किस विज्ञान से क्या व कितना ग्रहण कर पाते हैं।

सच तो यह है कठिनाई के क्षणों में ज्योतिष विद्या मानवीय सभ्यता के लिए अमृत-तुल्य उपादेय है। घोर कठिनाई के क्षणों में, विपत्ति की घड़ियों में, या ऐसे समय में जब व्यक्ति के पुरुषार्थ एवं भौतिक संसाधनों का जोर नहीं चलता, तब व्यक्ति सीधा मन्दिर-मस्जिद या गिरजाघरों में, या फिर सीधा किसी ज्योतिषी की शरण में जाकर अपने दुःख दर्द की फरियाद करता है, प्रार्थनाएं करता है। मन्दिर-मस्जिद और गिरजाघरों में पड़े निर्जीव पत्थर तो नहीं बोलते, पर ईश्वर की वाणी ज्योतिषी के मुखारविन्द से प्रस्फुटित होती है। ऐसे में इष्ट सिद्ध ज्योतिषी की जिम्मेदारी और अधिक बढ़ जाती है। भारत में विद्वान ज्योतिषी हो और ब्राह्मण हो तो लोग उसे ईश्वर तुल्य सम्मान देते हैं। भविष्यवक्ता होना अलग बात है तथा ज्योतिषी होना दूसरी बात है। भारत में भविष्यवक्ता को उतना सम्मान नहीं मिलता, जितना शास्त्र ज्ञाता ज्योतिष शास्त्र के अध्येता को। स्वयं वराहमिहिर ने कहा है–

म्लेच्छा हि यवनास्तेषु, सम्यक् शास्त्रमिदं स्थितम्।
ऋषिवत्तेऽपि पूज्यन्ते, किं पुनर्दैवविद् द्विजः॥1॥[1]

अर्थात् व्यक्ति कितना भी पतित हो, शूद्र-म्लेच्छ चाहे यवन ही क्यों न हो इस ज्योतिषशास्त्र के सम्यक् (भली-भांति) अध्ययन से वह ऋषि के समान पूजनीय हो

---

1. बृहत्संहिता सांवत्सर सूत्राध्याय 1/30

जाता है। इस दिव्य-ज्ञान के गंगा स्नान से व्यक्ति पवित्र व पूजनीय हो जाता है। फिर उस ब्राह्मण की क्या बात? जो ब्राह्मण भी हो, दैवज्ञ भी हो, इस दिव्य विद्या को भी जानता हो, उसकी तो अग्रपूजा निश्चय ही होती है।

इस श्लोक में 'सम्यक्' शब्द पर विशेष जोर दिया गया है। सम्यक् ज्ञान गुरु कृपा से ही आता है। पुस्तक के माध्यम से आप गुरु के विचारों के समीप तो जरूर पहुंचते हैं पर अन्ततोगत्वा वह किताबी ज्ञान ही कहलाता है। भारतीय वाङ्मय में गुरु का बड़ा महत्त्व है। अत: ज्योतिष जैसी गूढ़ विद्या गुरुमुख से ही ग्रहण करनी चाहिए तभी उसमें सिद्धहस्तता प्राप्त होती है।

कई लोग ज्योतिष को भाग्यवाद या जड़वाद से जोड़ने की कुचेष्टा भी करते हैं परन्तु अब सिद्ध हो चुका है कि ज्योतिष पुरुषार्थवाद की युक्ति संगत व्याख्या है। पुरुषार्थवाद की सीमाओं को ठीक से समझना ही ज्योतिर्विज्ञान की उपादेयता है। ज्योतिर्विज्ञान पुरुषार्थ का शत्रु नहीं, यह व्यक्ति को पुरुषार्थ करने से रोकता भी नहीं, अपितु सही समय (काल) में सही पुरुषार्थ करने की प्रेरणा देता है।[1]

'ज्योतिष विद्या वह दिव्य विज्ञान है जो भूत, भविष्य तथा वर्तमान तीनों कालों को जानने समझने की कला को सिखलाता है। प्रकृति के गूढ़ रहस्यों को उद्घाटित करता है तथा इस देवविद्या के माध्यम से हम मानवीय प्राणी के शुभाशुभ भविष्य को संवारने की क्षमता भी प्राप्त कर सकते हैं।'

अत: इस शास्त्र की उपादेयता एवं महत्त्व गूंगे के गुड़ की तरह से मिठास परिपूर्ण परन्तु शब्दों से अनिर्वचनीय है। वेदव्यास अपनी वाणी से ज्योतिष शास्त्र का महत्त्व प्रकट करते हुए कहते हैं कि काष्ठ (लकड़ी) का बना सिंह एवं कागज पर सम्राट का चित्र आकर्षक होते हुए भी निर्जीव होता है। ठीक उसी प्रकार से वेदों का अध्ययन कर लेने पर भी ज्योतिष शास्त्र का अध्ययन किए बिना ब्राह्मण निष्प्राण कहलाता है।[2]

❑❑❑

---

1. वक्री ग्रह-(प्रकाशन-1991) डायमंड प्रकाशन, दिल्ली, पृ. 140
2. यथा काष्ठमय: सिंहो यथा चित्रमयो नृप:।
   तथा वेदावधीतोऽपिज्योतिशास्त्रंत बिना द्विजा:।।-वेद व्यास, ज्योतिर्निबन्ध 20/पृ.2

लग्न प्रशंसा

लग्नं देवः प्रभुः स्वामी, लग्नं ज्योतिः परं मतम्।
लग्नं दीपो महान् लोके, लग्नं तत्वं दिशन् गुरुः॥

त्रैलोक्यप्रकाश में बताया है कि लग्न ही देवता है। लग्न ही समर्थ स्वामी, परमज्योति है। लग्न से बड़ा दीपक संसार में कोई नहीं है, क्योंकि गुरु रूप ज्योतिष के ऋषियों का यही आदेश है।

न तिथिर्न च नक्षत्रं, न योगो नैन्दवं बलम्।
लग्नमेव प्रशंसन्ति, गर्गनारदकश्यपाः॥5॥

आचार्य लल्ल ने बताया है कि गर्ग, नारद, कश्यप ऋषियों ने तिथि-नक्षत्र व चंद्र बल को श्रेष्ठ न मानकर, केवल लग्न बल की ही प्रशंसा की है॥5॥

इन्दुः सर्वत्र बीजाअम्भो, लग्नं च कुसुमप्रभम्।
फलेन सदृशों अंशश्च भावाः स्वादुफलं स्मृतम्॥7॥

भुवन दीपक नामक ग्रंथ में बताया है कि समस्त कार्यों में चंद्रमा बीज सदृश है। लग्न पुष्प के समान, नवमांश फल के तुल्य और द्वादश भाव स्वाद के समान होता है।

❑❑❑

जनश्रुतियों में प्रचलित प्रत्येक लग्न की चारित्रिक विशेषताएं

राजस्थान के ग्रामीण अंचलों में जनश्रुतियों के आधार पर लावणी में प्रस्तुत यह गीत जब मैंने पहली बार समदंडी ग्राम के राजज्योतिषी पं. मगदत्त जी व्यास के मुख से राग व लय के साथ सुना तो मन्त्र-मुग्ध रह गया। इस गीत में द्वादश लग्नों में जन्मे मनुष्य का जन्मगत स्वभाव, चरित्र, सार रूप में संकलित है। जो कि निरन्तर अनुसंधान, अनुभव एवं अकाट्य सत्य के काफी नजदीक है। प्रबुद्ध पाठकों के ज्ञानार्जन एवं संग्रह हेतु इसे ज्यों का त्यों यहां दिया जा रहा है।

ज्योतिष शास्त्र सब शास्त्र शिरोमणि, बिना भाग्य नहीं पाता है।
भूत, भविष्यत्, वर्तमान यह तीनों काल बतलाता है॥ टेर ॥
जिसका जन्म हो ***मेषलग्न*** में, क्रोध युक्त और महाविकट।
सभी कुटुम्ब की करे पालना, लाल नेत्र रहते हर दम।
करे गुरु की सेवा सदा नर, जिसका होता ***वृषभलग्न***।
तरह-तरह के शाल-दुशाला, पहने कण्ठ में आभूषण।
मिथुनलग्न के चतुर सदा नर, नहीं किसी से डरता है।
ज्योतिष शास्त्र सब शास्त्र शिरोमणि, बिना भाग्य नहीं पाता है।
भूत, भविष्यत्, वर्तमान यह तीनों काल बतलाता है॥ टेर ॥
कर्कलग्न के देखे सदा नर, उनके रहती बीमारी।
सिंहलग्न के महापराक्रमी, करे नाग की असवारी।
कन्यालग्न के होत नपुन्सक, रोवे मात और महतारी।
तुलालग्न के तस्कर बालक, खेले जुआं और अपनी नारी।
वृश्चिकलग्न के दुष्ट पदार्थ, आप अकेले खाते हैं।

ज्योतिष शास्त्र सब शास्त्र शिरोमणि, बिना भाग्य नहीं पाता है।
भूत, भविष्यत्, वर्तमान यह तीनों काल बतलाता है॥ टेर ॥
बुद्धिमान और गुणी सुखी नर, जिसका होता **धनुलग्न**।
मकरलग्न मन्द बुद्धि के, अपनी धुन में वो भी मगन।
कुम्भलग्न के पूत बड़े अवधूत, रात-दिन करते रहते भजन।
मीनलग्न के सुत का जीना, मृत्यु लोक में बड़ा कठिन।
नहीं किसी का दोष, कर्मफल अपने आप बतलाता है।
ज्योतिष शास्त्र सब शास्त्र शिरोमणि, बिना भाग्य नहीं पाता है।
भूत, भविष्यत्, वर्तमान यह तीनों काल बतलाता है॥ टेर ॥

❑❑❑

लग्न किसे कहते हैं? लग्न क्या है? लग्न का क्या महत्त्व है?

हिन्दी में 'लग्न' अंग्रेजी में जिसे ऐसेडेन्ट (Ascendent) कहते हैं। इसके पर्यायवाची शब्दों में देह, तनु, कल्प, उदय, आय, जन्म, विलग्न, होरा, अंग, प्रथम, वपु इत्यादि प्रमुख हैं। ज्योतिष की भाषा में एक ''समय'' विशेष की परिमापन का नाप है जो लगभग दो घंटे का होता है। ज्योतिष की भाषा में जिसे जन्मकुण्डली कहते हैं वह वस्तुतः 'लग्न' कुण्डली ही होती है। लग्न कुण्डली को जन्मांग भी कहते हैं क्योंकि ''लग्न'' का गणित स्पष्टीकरण जन्म समय के आधार पर ही किया जाता है।

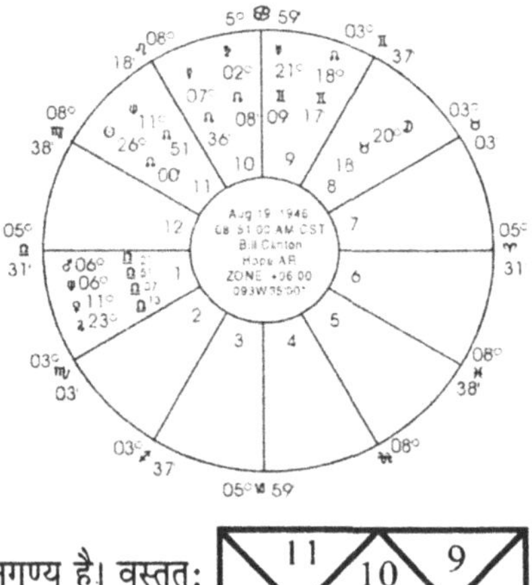

लग्न कुण्डली अभीष्ट समय में आकाश का मानचित्र है। इसकी स्पष्ट धारणा आप अंग्रेजी कुण्डली को सामने रखकर बनाएं तो साफ हो जाएगी क्योंकि अंग्रेजी में इसे हम Map of Heaven कहते हैं। बीच में पृथ्वी एवं उसके ऊपर वृत्ताकार घूमती हुई राशिमाला को विदेशों में Birth-Horoscope कहते हैं। इसलिए पारम्परिक ज्योतिष वृत्ताकार कुण्डली को ही प्राथमिकता देते हैं। परन्तु भारत में इसका प्रचलन नगण्य है। वस्तुतः आकाश में दिखने वाली बारह राशियां ही बारह लग्न हैं। जन्म कुण्डली के प्रथम भाव (पहले) घर को ही लग्न भाव, लग्न स्थान कहा जाता है। दिन और रात में 60 घटी होती है। 60 घटी में बारह लग्न होते हैं। 60 में बारह का

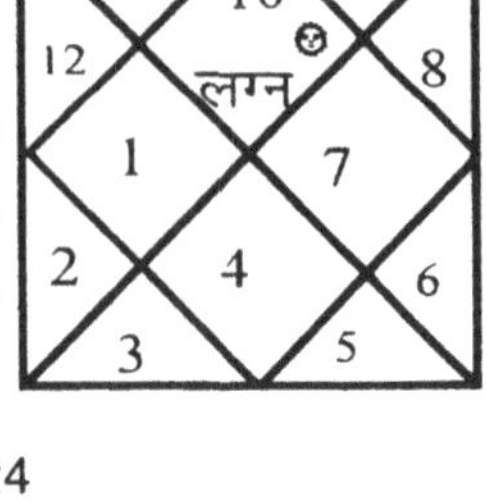

भाग देने पर 2½ घटी का एक लग्न कहलाता है। यह लग्न कुण्डली ही जन्मपत्रिका का मुख्य आधार है जो खगोलस्थ ग्रहों के द्वारा निर्मित होती है। यही ग्रह केन्द्र बिन्दु है जहां से गणित व फलित ज्योतिष सूत्रों की स्थापना प्रारम्भ होती है। उपर्युक्त खाली जन्मकुण्ड़ली है। इसके 12 विभाजन ही "द्वादश घर" या "बारह भाव" कहलाते हैं। इसको ऊपरी मध्य घर में जहां सूर्य दिखाई देता है पहला घर माना जाता है। यह घर जन्मकुण्डली का सीधा पूर्व है। चूंकि सूर्य पूर्व दिशा में उदय होता है। इसलिए सूर्योदय के समय जन्म लेने वाले व्यक्ति की जन्मकुण्डली में सूर्य उसी घर में होगा जिसे "लग्न" कहते हैं। चूंकि पृथ्वी अपनी धुरी पर एक चक्र 24 घंटों में पूर्ण कर लेती है, इसलिए सूर्य प्रत्येक दो घंटों में एक घर से दूसरे घर में जाता हुआ दिखलाई देगा। दूसरे अर्थों में पाठक जन्मकुण्डली को देखकर बता सकता है कि अमुक जन्मकुण्डली वाले व्यक्ति का जन्म सूर्य के किन दो घंटों के समय में हुआ था।

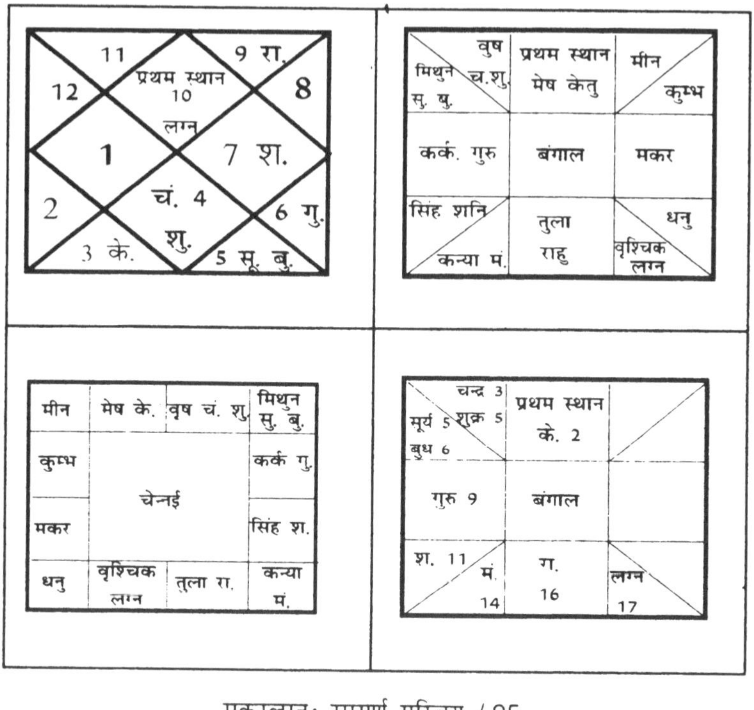

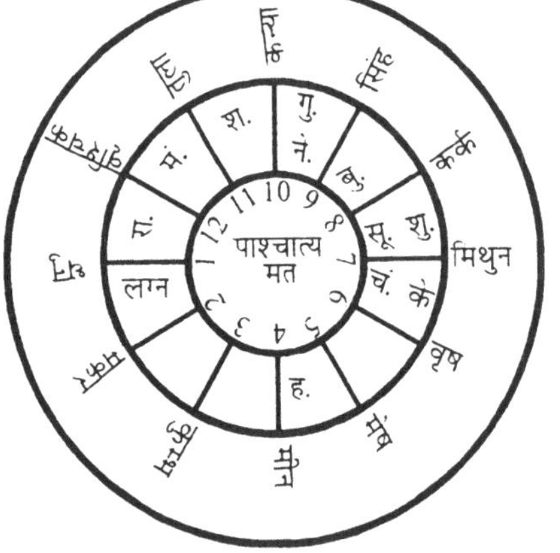

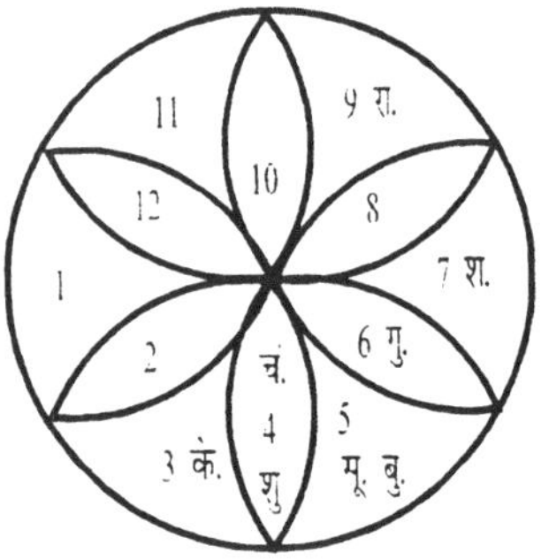

क्रमांक	लग्न	दीर्घादि	घटी पल	अवधि घं. मि.	दिशा
1.	मेष	ह्रस्व	4.00	1.36	पूर्व
2.	वृषभ	ह्रस्व	4.30	1.48	दक्षिण
3.	मिथुन	सम	5.00	2.00	पश्चिम
4.	कर्क	सम	5.30	2.12	उत्तर
5.	सिंह	दीर्घ	5.30	2.12	पूर्व
6.	कन्या	दीर्घ	5.30	2.11	दक्षिण
7.	तुला	दीर्घ	5.30	2.12	पश्चिम
8.	वृश्चिक	दीर्घ	5.30	2.12	उत्तर
9.	धनु	दीर्घ	5.30	2.12	पूर्व
10.	मकर	सम	5.00	2.00	दक्षिण
11.	कुम्भ	लघु	4.30	1.48	पश्चिम
12.	मीन	लघु	4.00	1.36	उत्तर

सही व शुद्ध लग्न साधन के लिए तीन वस्तुओं की जानकारी आवश्यक है।

1. जन्म तारीख, 2. जन्म समय 3. जन्म स्थान।

विभिन्न पंचांगों में आजकल दैनिक ग्रह स्पष्ट के साथ-साथ, भिन्न-भिन्न देशों की दैनिक लग्न सारणियां, अंग्रेजी तारीख एवं भारतीय मानक समय में दी हुई होती हैं। जिन्हें देखकर आसानी से अभीष्ट तारीख के दैनिक लग्न की स्थापना की जा सकती है।

लग्न का महत्त्व

लग्न वह प्रारम्भ बिन्दु है जहां से जन्मपत्रिका, निर्माण की रचना प्रारम्भ होती है। इसलिए शास्त्रकारों ने ''लग्नं देहो वर्ग षट्कोऽगांनि'' लग्न कुण्डली को जातक का शरीर माना है तथा जन्मपत्रिका के अन्य षोडश वर्ग उसके सोलह अंग कहे गए हैं।

जातक ग्रन्थों के अनुसार–

यथा तनुत्वादनमन्तरैव
परागसम्पादनम् अत्र मिथ्या।
बिना विलग्नं परभाव सिद्धिः
ततः प्रवत्ये हि विलग्न सिद्धिम्॥

जैसे वृक्ष के बिना फल-पुष्प-पत्र एवं पराग प्रक्रियाओं की कल्पना व्यर्थ है। उसी प्रकार लग्न साधन के बिना अन्य भावों की कल्पना एवं फल कथन प्रक्रिया भी व्यर्थ है। अत: जन्मपत्रिका निर्माण में ''बीजरूप लग्न'' ही प्रधान है तभी कहा गया है कि–''**लग्न बलं सर्वबलेषु प्रधानम्**''।

लग्न ही व्यक्ति का चेहरा

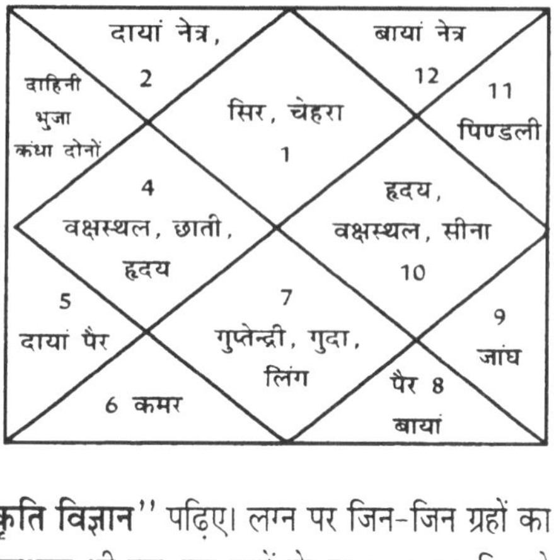

फलित ज्योतिष में कालपुरुष के शरीर के विभिन्न अंगों पर राशियों की कल्पना की गई है। लग्न कुण्डली में भी कालपुरुष के इन अंगों को विभिन्न भागों में विभाजित किया गया है।

जिसमें लग्न ही व्यक्ति का चेहरा है। जैसा लग्न होगा वैसा ही व्यक्ति का चेहरा होगा। इस पर हमारी पुस्तक ''**ज्योतिष और आकृति विज्ञान**'' पढ़िए। लग्न पर जिन-जिन ग्रहों का प्रभाव होगा व्यक्ति का चेहरा व स्वभाव भी उन-उन ग्रहों के स्वभाव व चरित्र से मिलता-जुलता होगा। लग्न कुण्डली में कालपुरुष का जो भाव विकृत एवं पाप

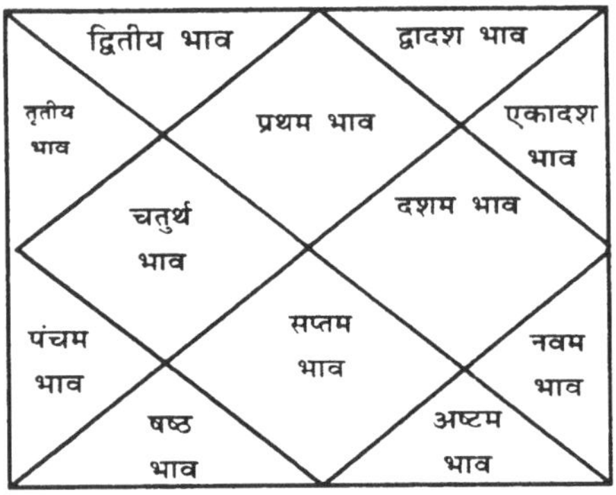

पीड़ित होगा, सम्बन्धित मनुष्य का वही अंग विशेष रूप से विकृत होगा, यह निश्चित है। अतः अकेले लग्न कुण्डली पर यदि व्यक्ति ध्यान केन्द्रित कर फलादेश करना शुरू कर दे तो वह फलित ज्योतिष का सिद्धहस्त चैम्पियन बन जाएगा।

जन्मकुण्डली का प्रथम भाव ही लग्न कहलाता है। इसे पहला घर भी कह सकते हैं। इसी प्रकार दाएं से चलते हुए कुण्डली के 12 कोष्ठक, बारह भाव या बारह घर कहलाते हैं। चाहे इस भाव में कोई भी अंक या राशि नम्बर क्यों न हो, उसमें कोई अन्तर नहीं पड़ता। अब किस भाव पर घर में क्या देखा जाता है इस पर जातक ग्रन्थों में काफी चिन्तन किया गया है। एक प्रसिद्ध श्लोक इस प्रकार है–

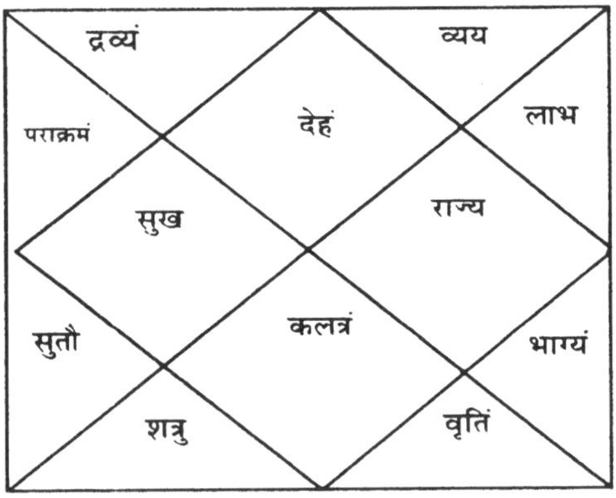

देहं द्रव्यं पराक्रमः सुखं, सुतो शत्रुकलत्रं वृत्तिः।

भाग्यं राज्यं पदे क्रमेण, गदिता लाभ-व्ययै लग्नतः॥

अर्थात् पहले भाव में देह-शरीर सुख, दूसरे में धन, तीसरे में पराक्रम, जन-सम्पर्क, भाई-बहन, चौथे में सुख, नौकर, माता, पांचवें में सन्तान एवं विद्या, छठे में शत्रु व रोग, सातवें में पत्नी, आठवें में आयु, नौवें स्थान में भाग्य, दसवें में राज्य, ग्यारहवें में लाभ एवं बारहवें स्थान में खर्च का चिन्तन करना चाहिए।

❑❑❑

लग्न का महत्त्व

यथा तनुत्पादनमन्तरैव पराङ्ग सम्पादनपत्र मिथ्या।।
विना विलग्नं परभावसिद्धिस्ततः प्रवक्ष्ये हि विलग्नसिद्धिम्।।

जिस प्रकार स्वयं के शरीर की उपेक्षा करके अन्य पराए अंगों (दूसरे लोगों पर) पर ध्यान देना दोषपूर्ण है (उचित नहीं है) ठीक उसी प्रकार से लग्न भाव की प्रधानता व महत्त्व को ठीक से समझे बिना अन्य भावों (षोडश वर्ग) को महत्त्व देना व्यर्थ है।

लग्नवीर्यं विना यत्र, यत्कर्म क्रियते बुधैः।
तत्फलं विलयं याति, ग्रीष्मे कुसरितो यथा।।8।।

'ज्योतिर्विदाभरण' में कहा है कि जिस कार्य का आरम्भ निर्बल लग्न में किया जाता है वह कार्य नष्ट होता है, जैसे गरमी के समय में बरसाती नदियां विलीन हो जाती हैं।।8।।

आचार्य रेणुक ने बताया है कि जिस प्रकार जन्म लग्न से शुभ व अशुभ फल की प्राप्ति होती है, उसी प्रकार समस्त कार्यों में लग्न के बली होने पर कार्य की सिद्धि होती है। अतः समस्त कामों में बली लग्न का ही विचार करके आदेश देना चाहिए।।9।।

आदौ हि सम्पूर्णफलप्रदं स्यान्मध्ये पुनर्मध्यफलं विचिंत्यम्।
अतीव तुच्छं फलमस्य चान्ते विनिश्चयोऽयं विदुषामभीष्टः।।10।।

आचार्य श्रीपति जी ने बताया है कि लग्न के प्रारम्भ में संपूर्ण फल की, मध्यकाल में मध्यम फल की और लग्नान्त में अल्प फल होता है, यह विद्वानों का निर्णय है।।10।।

❑❑❑

मकरलग्न एक परिचय

1.	लग्नेश, धनेश	–	शनि
2.	पराक्रमेश, खर्चेश	–	गुरु
3.	सुखेश, लाभेश	–	मंगल
4.	पंचमेश, राज्येश	–	शुक्र
5.	षष्ठमेश, भाग्येश	–	बुध
6.	सप्तमेश	–	चंद्र
7.	अष्टमेश	–	सूर्य
8.	त्रिकोणाधिपति	–	5-शुक्र, 9-बुध
9.	दु:स्थान के स्वामी	–	6-बुध, 8-सूर्य, 12-गुरु
10.	केन्द्राधिपति	–	1-शनि, 4-मंगल, 7-चंद्र, 10-शुक्र
11.	पणकर के स्वामी	–	2-शनि, 5-शुक्र, 8-सूर्य, 11-मंगल
12.	आपोक्लिम	–	3-मंगल, 6, 9-बुध, 12-गुरु
13.	त्रिकेश	–	6-बुध, 8-सूर्य, 12-गुरु
14.	उपचय के स्वामी	–	3-गुरु, 6-बुध, 10-शुक्र, 11-मंगल
15.	शुभ योग	–	1. शुक्र, 2. बुध
16.	अशुभ योग	–	1. शनि+मंगल, 2. शनि+गुरु, 3. शनि+चंद्र
17.	निष्फल योग	–	इस लग्न में कोई नहीं होता।
18.	सफल योग	–	1. शनि+शुक्र, 2. बुध+शुक्र, 3. शुक्र+मंगल 4. मंगल+बुध, 5. चंद्र+शुक्र
19.	राजयोग कारक	–	शुक्र योगकारक-बुध

20. **मारकेश** – मंगल

21. **पापफलद** – शनि और शुक्र, परमपापी-गुरु

विशेष–मकरलग्न वालों के लिये शनि लग्नेश होने से स्वयं मारक नहीं होता। मंगल इत्यादि पापी ग्रह मारक का काम करेंगे। सूर्य द्वितीय मारकेश का काम कभी-कभी कर देता है।

❑❑❑

लघु पाराशरी सिद्धान्त के अनुसार मकरलग्न का ज्योतिषीय विश्लेषण

पहला पाठ

कुजजीवेन्दव: पापा: शुभौ भार्ग्वचन्द्रजौ।
स्वयं चैव निहन्ता स्यान्मन्दौ भौमादय: परे।।50।।
तल्लक्षणा निहन्तार: कविरेक: सुयोगकृत्।
ज्ञातव्यानि फलान्येवं विवुधैर्मृगजन्मन:।।51।।

दूसरा पाठ

कुजजीवेन्दव: पापा: शुभौ भार्गवचन्द्रजौ।
राजयोगकर: साक्षाद् एक एव भृगो: सुत:।।52।।
चन्द्रात्मजेन संयुक्तो विशेषफलदायक:।
स्वयं चैव न हन्ता स्यात् मन्दो भौमादय: परे।।53।।
निहन्तार: पापिनस्ते मारकत्वेन लक्षिता:।
ज्ञातव्यानि बुधैरेवं फलानि मगजन्मन:।।54।।

तीसरा पाठ

कुज-जीवेन्दव: पापा: शुभौ भार्गवचन्द्रजौ।
स्वयं मन्दो न हन्ता स्याद्घ्नन्ति भौमादय: परे।।55।।
तल्लक्षणसमायुक्ता: कविरेक: सुयोगकृत्।
भृगलग्नोद्भवस्यैवं फलान्यूहमानि सुरिभि:।।56।।

स्पष्टीकरण

पहला पाठ–मकरलग्न हो तो मंगल, गुरु और चंद्रमा पापफल प्रदान करने वाले होते हैं। कारण मंगल एकादश स्थान का स्वामी होता है, गुरु तृतीय स्थान का स्वामी होता है और चंद्रमा सप्तम स्थान (मारक स्थान) का स्वामी होता है। शुक्र और बुध शुभ फलदायक हैं कारण शुक्र त्रिकोण और दशम केन्द्र का स्वामी होता है और बुध त्रिकोण का स्वामी होता है। शनि और भौमादि पाप फलदायक ग्रह अपनी दशा और अन्तर्दशा में मृत्युप्रद होते हैं।

दूसरा पाठ–मकरलग्न हो तो मंगल, गुरु और चंद्रमा अशुभ फल देते हैं। शुक्र और बुध शुभ फल देते हैं। अकेला शुक्र राजयोगकारक होता है। बुध शुक्र योग हो तो विशेष फलदायक होता है। शनि स्वयं मारक नहीं बनता। मंगल आदि करके अशुभ ग्रह मारक लक्षणों से युक्त हों तो मारक बनते हैं। मकर लग्न में जन्म हो तो ज्ञातों ने इस प्रकार शुभाशुभ फल समझना।

तीसरा पाठ–मकरलग्न हो तो मंगल, गुरु और चंद्रमा पाप फलप्रद होते हैं। बुध और शुक्र शुभ फलदायक होते हैं। शनि मारक होने पर भी स्वयं मारक नहीं बनता। मंगल, गुरु, चंद्रमा मारक लक्षणों से युक्त हों तो मारक बनते हैं।

शुक्र अकेला सुयोग करने वाला होता है, मंगल चतुर्थेश और एकादशेश, गुरु तृतीयेश और व्ययेश और चंद्रमा सप्तम (मारक) केन्द्र का बलवान मारक स्थान का स्वामी होने से अशुभ फलदायक है। शुक्र दशमेश (याने केन्द्र का) और पंचमेश (त्रिकोण) होने से अकेला राजयोग कारक बनता है। इस शुक्र के साथ बुध का योग हो तो उत्तम राजयोग होगा, कारण बुध षष्ठेश होने पर भी नवम (त्रिकोण) का स्वामी होने से बुध-शुक्र योग श्रेष्ठ प्रकार का राजयोग करने वाला है। शनि स्वयं लग्नेश होकर द्वितीय स्थान का स्वामी है। फिर भी मारकेश होने पर मारक नहीं बनता। मारक शनि स्वयं लग्नेश है। मंगल आदि पाप ग्रह मारक लक्षणों से युक्त हों तो मारक बनते हैं। यहां पर रवि को बिल्कुल नहीं लिया है कारण रवि अष्टम स्थान का स्वामी होकर उसे अष्टमेश होने का दोष नहीं होता। चंद्रमा सप्तम (मारक स्थान) और केन्द्र का स्वामी होने से उसे अल्पदोष है।

मकरलग्न के लिए शुभाशुभ योग

1. **शुभ योग**–शुक्र स्वयं शुभ ग्रह है वह पंचम (त्रिकोण) स्थान का स्वामी होने से श्लोक 6 के अनुसार शुभ है और दशम स्थान का अधिपति होने से प्रबल दूषित होता है। परन्तु बुध के साथ नवम स्थानाधिपत्य के साहचर्य योग के कारण वह शुभ बनता है और शुभ फल देता है।

2 **शुभ योग**–बुध स्वयं शुभ ग्रह है और नवम (त्रिकोण स्थान) स्थान का स्वामी होने से श्लोक 6 के अनुसार शुभ होता है परन्तु षष्ठ स्थान का स्वामी होने से श्लोक 6 के अनुसार अशुभ होता है। उससे शुक्र के साथ स्थानाधिपत्य साहचर्य के योग के कारण वह शुभ होता है और शुभ फल देता है।

मकरलग्न के लिए अशुभ योग

1. **अशुभ योग**–मंगल पाप ग्रह है। वह चतुर्थ केन्द्र स्थान का स्वामी होने से श्लोक 7 के अनुसार शुभ होता है परन्तु एकादश स्थान का स्वामी होने से श्लोक 6 के अनुसार अशुभ है और अशुभ फल देने वाला होता है।
2. **अशुभ योग**–गुरु स्वयं शुभ ग्रह है परन्तु वह तृतीय स्थान का स्वामी होने से श्लोक 6 के अनुसार अशुभ है। गुरु व्यय स्थान का भी स्वामी होने से अशुभ है और अशुभ फल देने वाला होता है।
3. **अशुभ योग**–चंद्रमा शुभ ग्रह है। वह सप्तम (मारक स्थान) स्थान का अधिपति है और केन्द्राधिपत्य दोष के कारण श्लोक 11 के अनुसार स्वल्प दूषित होता है इसलिए वह अशुभ माना गया है और अशुभ फल देता है।
4. **अशुभ योग**–शनि स्वयं पाप ग्रह है और वह द्वितीय (मारक) स्थान का स्वामी होने से अशुभ फल देने वाला होता है।

मकरलग्न के लिए निष्फल योग

यह एक ऐसी कुण्डली है जिसमें निष्फल योग नहीं बनता।

मकरलग्न के लिए सफल योग

1. शुक्र अकेला राजयोग करने वाला है, 2. शुक्र-शनि, 3. बुध-शुक्र, श्रेष्ठ योग श्लोक 20 के अनुसार, 4. शुक्र-मंगल (सदोष), 5. बुध-शनि (सदोष), 6. चंद्र-बुध (सदोष), 7. चंद्र-शुक्र (सदोष) चंद्रमा दोष युक्त है, 8. मंगल-बुध (कनिष्ठ) कारक मंगल एकादशेश होने से दूषित है और बुध षष्ठेश होने से दूषित है। दोनों दूषित होने से निकृष्ट योग होता है।

❑❑❑

मकरलग्न की प्रमुख विशेषताएं एक नजर में

1.	लग्न	–	मकर
2.	लग्न चिह्न	–	मगरमच्छ
3.	लग्न स्वामी	–	शनि
4.	लग्न तत्त्व	–	पृथ्वी तत्त्व
5.	लग्न स्वरूप	–	चर
6.	लग्न दिशा	–	दक्षिण
7.	लग्न लिंग व गुण	–	स्त्री, तमोगुणी
8.	लग्न जाति	–	वैश्य
9.	लग्न प्रकृति व स्वभाव	–	सौम्य स्वभाव, वात प्रकृति
10.	लग्न का अंग	–	घुटना (टखने)
11.	जीवन रत्न	–	नीलम
12.	अनुकूल रंग	–	नीला, आसमानी, काला
13.	शुभ दिवस	–	शनिवार
14.	अनुकूल देवता	–	शनिदेव
15.	व्रत, उपवास	–	शनिवार
16.	अनुकूल अंक	–	आठ
17.	अनुकूल तारीखें	–	8/17/26
18.	मित्र लग्न	–	कुंभ
19.	शत्रु लग्न	–	सिंह
20.	व्यक्तित्व	–	परोपकारी, दया का अवतार, प्रशासक

21.	**सकारात्मक तथ्य**	–	व्यावहारिक धरातल पर चलने वाला कठोर परिश्रमी, सही सलाह देने वाला
22.	**नकारात्मक तथ्य**	–	संदेहास्पद प्रवृत्ति, कठिनता से मानने वाला

❑❑❑

मकरलग्न के स्वामी शनि का वैदिक स्वरूप

नवग्रहों के वैदिक मंत्रों एवं कर्मकाण्ड में शनि संबंधित जो मंत्र प्रयुक्त होता है। वह निम्न है–

ॐ शन्नो देवीरभिष्टय आपो भवन्तु पीतये

शंय्योरभि स्रवन्तु नः।

–ऋग्वेद10/9/4, यजुर्वेद 36/12

अर्थात् देदीप्यमान जल (जल रूप शनि देव) हमारे पान के लिए सुखरूप हों तथा रोगों का नाश करें। यहां शनि को जल स्वरूप कहा गया है। जल सूर्य से ही उत्पन्न हुआ अत: वह सूर्य पुत्र है। इसीलिए शनि को सम्भवत: सूर्य पुत्र कहा गया है। पञ्चविंशति ब्राह्मण 24/8/6 से शनिस्तु सौर: कहा गया है।

शम् का अर्थ पाप नाशक देवता के रूप में भी किया जाता है। **'शं'**, मतलब होता है कल्याणकारी, शान्ति प्रदान करने वाला ग्रह। **'शनि शमयते पापम्'** शनि ग्रह हमारे पापों का शमन करता है। पापों का नाश करता है। इसलिए इसे शनि कहा गया है।

अर्थर्ववेद 19/9/7 में शनि ग्रह की प्रार्थना इस प्रकार है–

शं नो मित्र शं वरुण: शं विवस्वान् शमन्तक:।

उत्पाता: पार्थिवान्तरिक्षा: शन्नो दिविचरा ग्रहा:॥

अर्थात् मित्र, वरुण, सूर्य, अन्तक (शनि), पृथिवी और अन्तरिक्ष में होने वाले उत्पाद और आकाश में विचरण करने वाले ग्रह हमारे लिए शन्तिप्रद हों।

अथर्ववेद के इसी काण्ड के एक मंत्र में नव ग्रहों का उल्लेख इस प्रकार से गूढ़ात्मक भाषा में मिलता है। मंत्र है–

शं नो ग्रहाश्चान्द्रमसाः शमादित्यश्च राहुणा।
शं नो मृत्युर्धूमकेतुः शं रुद्रास्तिग्गतेजसः॥

–(अथर्ववेद 19/9/10)

इसमें (चांद्रमसाः) चंद्रमा, बुध, आदित्य अर्थात् सूर्य, राहु, मृत्यु अर्थात् शनि, केतु, रुद्र से मंगल तथा तिग्मतेजसः से गुरु ग्रह का अर्थ निकलता है।

शनि के अनेक नामों में से 'मृत्यु' यमाग्रज, शनैश्नद, मन्द, सौरि, छायासुत, तरणितनय, महिषवाहन, खंज, सूर्य सुमन, असित, पंगु, दास, कृष्ण अश्वरोही, नीलकाय, क्रूर, कृशांग, कपिलाक्ष, कोण, रविपुत्र, नीलांजन, गिद्धवाहन, वगैरह है। अंग्रेजी में सैटर्न तथा उर्दू-फारसी में गृदुल या कोद्वान संस्कृत में असति श्यामलांग, कालदृष्टि, शितिकण्ठ, शमीपुष्पप्रियः नीलश्छाया, रविनन्दन कहा गया है।

❑❑❑

मकरलग्न के स्वामी शनि का पौराणिक स्वरूप

शनैश्चर की शरीर-कान्ति इन्द्र नीलमणि के समान है। इनके सिर पर स्वर्णमुकुट, गले में माला और शरीर पर नीले रंग के वस्त्र सुशोभित हैं। ये गीध पर सवार रहते हैं। यह हाथों में क्रमशः धनुष, बाण, त्रिशूल और वरमुद्रा धारण करते हैं।

शनि भगवान् सूर्य तथा छाया (सुवंर्णा) के पुत्र हैं। ये क्रूर ग्रह माने जाते हैं। इनकी दृष्टि में जो क्रूरता है, वह इनकी पत्नी के शाप के कारण है। ब्रह्म पुराण में इनकी कथा इस प्रकार आयी हैं–बचपन से शनि देवता भगवान श्री कृष्ण के परम भक्त थे। वे श्रीकृष्ण के अनुराग में निमग्न रहा करते थे। वयस्क होने पर इनके पिता ने चित्ररथ की कन्या से इनका विवाह कर दिया। इनकी पत्नी सती-साध्वी और परम तेजस्विनी थी। एक रात वह ऋतु-स्नान करके पुत्र प्राप्ति की इच्छा से इनके पास पहुंची, पर यह श्रीकृष्ण के ध्यान में निमग्न थे। इन्हें बाह्य संसार की सुधि ही नहीं थी। पत्नी प्रतीक्षा करके थक गयी। उसका ऋतुकाल निष्फल हो गया। इसीलिए उसने क्रुद्ध होकर शनिदेव को शाप दे दिया कि आज से जिसे तुम देख लोगे, वह नष्ट हो जायेगा। ध्यान टूटने पर शनि ने अपनी पत्नी को मनाया। पत्नी को भी अपनी भूल पर पश्चाताप हुआ, किन्तु शाप के प्रतीकार की शक्ति उसमें न थी, तभी से शनि देवता अपना सिर नीचा करके रहने लगे। क्योंकि वह नहीं चाहते थे कि इनके द्वारा किसी को अनिष्ट हो।

ज्योतिषशास्त्र के अनुसार शनि ग्रह यदि कहीं रोहिणी-शंकट भेदन कर दे तो पृथ्वी पर बारह वर्ष घोर दुर्भिक्ष पड़ जाये और प्राणियों का बचना ही कठिन हो जाये। शनि ग्रह जब रोहिणी का भेदन कर बढ़ जाता है, तब यह योग आता है। यह योग महाराज दशरथ के समय में आने वाला था। जब ज्योतिषियों ने महाराज दशरथ को बताया कि यदि शनि का योग आ जायेगा तो प्रजा अन्न-जल के बिना तड़प-तड़प कर मर जायेगी। प्रजा को इस कष्ट से बचाने के लिए महाराज दशरथ अपने रथ पर

सवार होकर नक्षत्र मण्डल में पहुंचे। पहले तो महाराज दशरथ ने शनि देवता को नित्य की भांति प्रणाम किया और बाद में क्षत्रिय-धर्म के अनुसार उनसे युद्ध करते हुए उन पर संहारस्त्र का संधान किया। शनि देवता महाराज की कर्त्तव्यनिष्ठा से परम प्रसन्न हुए और उनसे वर मांगने के लिए कहा। शनि देव की कृपा देखकर महाराज को रोमांच आ गया। उन्होंने रथ में धनुष डाल दिया और उनकी पूजा की। उसके बाद सरस्वती तथा गणेश का ध्यान कर स्त्रोत की रचना की। इस स्तुति से शनि देवता संतुष्ट हो गये तथा बाद में महाराज दशरथ ने वर मांगा कि जब तक सूर्य, नक्षत्र आदि विद्यमान हैं, तब तक आप शंकट-भेदन न करें। व भगवन् देवता, मानव, पशु-पक्षी, किसी को आप कष्ट न दें। शनि देवता ने एक शर्त के साथ यह वरदान भी दे दिया शर्त यह थी कि यदि किसी की कुण्डली या गोचर में मृत्यु स्थान, जन्म स्थान अथवा चतुर्थ स्थान में मैं रहूं, तब मैं उसे मृत्यु का कष्ट दे सकता हूं किंतु यदि वह मेरी प्रतिमा की पूजा करेगा या तुम्हारे द्वारा किये गये स्रोत्र पाठ का पाठन करेगा तो उसे मैं कभी पीड़ा नहीं दूंगा।

शनि के अधिदेवता प्रजापति ब्रह्मा और प्रत्यधिदेवता यम हैं। इनका वर्ण कृष्ण, वाहन गिद्ध तथा रथ लोहे का बना हुआ है। यह एक-एक राशि में तीस-तीस महीने रहते हैं। यह मकर और कुंभ राशि का स्वामी है तथा इनकी महादशा 11 वर्ष की होती है। इनकी शांति के लिए मृत्युजंय जप, नीलम-धारण तथा ब्राह्मण को तिल, उड़द, भैंस, लोहा, तेल, काला वस्त्र, नीलम, काली, गौ, जूता, कस्तूरी और स्वर्ण का दान देना चाहिए।

इसके जप के लिए वैदिक मंत्र--

'ओ३म् शन्नो देवीरभिष्टय आपो भवन्तु पीतये।

शय्योरिभ स्त्रवन्तु नः॥'

पौराणिक मंत्र–

नीलाअन्चनसमाभांस रविपुत्र यमाग्रजम्।

छायामार्तण्डसम्भूतं तं नमामी शनैश्चरम्॥

बीज मंत्र–

'ओ३ प्रां प्रीं प्रौं सः शनैश्चराय नमः।'

सामान्य मंत्र–

'ओ३म् शं शनैश्चराय नमः।'

इनमें किसी एक का श्रद्धानुसार नित्य एक निश्चित संख्या में जप करना चाहिए। जप का समय संध्याकाल तथा कुल संख्या 23,000 होनी चाहिए।

उत्पत्ति–सभी पुराणों में शनि की उत्पत्ति छाया के गर्भ से व सूर्य के पुत्र के रूप में प्रदर्शित की गई है। आदि देव त्रयी (ब्रह्मा-विष्णु-महेश) में भगवान शंकर ने सृष्टि के नियमन व उसे अनुशासित करने हेतु गणों का जब प्रादुर्भाव किया तब भगवान भास्कर की एक पत्नी छाया के गर्भ से 9 पुत्रों ने जन्म लिया। उसमें शनि व यम ये भयोग्तपादक दैवी शक्तियों के रूप में प्रकट हुये। शनि बड़े पुत्र हैं यम इनके अनुज हैं। सृष्टि को दण्डित करने का काम शनि और संहार का काम यम ने लिया। दोनों ही शिव की सेवा में दत्तचित्त होने से शिवोपासना से नियंत्रित रहते हैं। ये दोनों कार्य शिवशक्ति से ही इन्हें प्राप्त हैं।

गाथाएं–शनि के बारे में अनेक गाथाएं व किंवदन्तियां प्रचलित हैं। 1. शनि एवं हरिशचन्द्र 2. शनि एवं दशरथ, 3. शनि एवं विक्रमादित्य, 4. शनि एवं नल, 5. शनि एवं पिप्लाद मुनि, 6. शनि एवं श्री हनुमान 7. शनि एवं पाण्डेय, 8. शनि व शंकर का युद्ध। अलग-अलग पुराणों में अन्य भी भिन्न-भिन्न गाथाएं दृष्टिगोचर होती हैं।

पुराणों की कथाओं से मन्तव्य–प्रत्येक व्यक्ति के जीवन में शारीरिक, कष्ट, अर्थहीनता, मानहानि, काम में रुकावटें, पलायन, निष्कासन, कभी कारावास, दरिद्रता, विनम्र शत्रुभय रोग आदि दु:खद स्थितियां आती हैं, यह ध्रुव सत्य है। इनका निवारणकर्ता भी है और इसके कारण शनि का हाथ किसी न किसी रूप में रहता है। इसकी प्रसन्नता व शुभ ग्रह संबंध से वैभव, ऐश्वर्य और धन धान्य से भी समृद्धि आती है। अत: इन कथाओं का ज्यादातर मन्तव्य है जगत् में अचानक आई आपत्तियों का निराकरण और जीवन को सुव्यवस्थित करना है।

जगत् में मानव के जीवन में सच्चे और झूठे का भेद समझाने की शक्ति यह शनि का विशेष गुण है। क्योंकि विपत्ति, कष्ट और निर्धनता ये सबसे बड़े गुरु व शिक्षक हैं। जब तक शनि की सीमा से प्राणी बाहर नहीं होता संसार में उन्नति संभव नहीं है।

शनि दृष्टि–पुराणों में इसकी दृष्टि भयावह है। ऐसे वर्णन मिलते हैं। इसकी दृष्टि अपने घर से तीसरे, सातवें और दसवें स्थान पर पूर्ण मानी गई है। वैसे एकपाद, द्विपाद, त्रिपाद, दृष्टियां भी काम पूर्णतया करती हैं। शनि जी की गाथाओं में आता है, ''मेरी दृष्टि बुरी है, राजा को पूजा का करूं अकाजा''।

आचार्य वराह मिहिर ने तो शनैश्चराध्याय लिखा है। उसमें शनि विषमयी दृष्टि का वर्णन है। 1. पिता सूर्य पर दृष्टि पर पड़ी तो कुष्ठ रोग हो गया। 2. माता पार्वती के पुत्र पर पड़ी तो पुत्र मस्तक कट गया जिससे गज मुख का जन्म हुआ। 3. सूर्य के सारथी पर पड़ी तो वह पंगु हो गया तथा उसके घोड़े अंधे हो गये। ऐसी अनेक

कथाएं दृष्टि के संबंध में विख्यात हैं। इसका कारण ब्रह्म 'वैवर्तपुराण' में इनकी पत्नी का श्राप है। तब से शनि प्राय: अद्योदृष्टि से व्यवहार करते है। शनि को पुराणों में विष्णु भक्त बताया गया है। अत: इनकी शक्ति से कृपा दृष्टि लोगों को मालामाल कर देती है। शनि को धनप्रदाता ग्रह माना गया है। यह आनंद व सुख सर्जक दृष्टि भी शुभ संबंध से देते हैं।

शनि में त्यागमयी प्रवृत्ति होने से त्यागी, वैरागी व आध्यात्मिक लोग शनि प्रभाव से पूर्ण पाये जाते हैं। अत: यह केवल दु:ख ही नहीं सुख का सर्जक भी है। शनि जहां बैठता है वहां सुख करता है और जहां देखता है बिगाड़ करता है। यह एकान्त प्रिय है सदा उदासीन रहता है।

शनि पनौती—शनि चक्र में यह सबसे दूर का ग्रह है। इसकी एक राशि में परिक्रमा 29 वर्ष 5 मास 27 दिन 5 घटी में पूर्ण होती है। इसकी मध्यम गति 2 कला, 1 विकला, दैनिक गति 3 से 6 कला तक होती है। दक्षिण ओर 2 अंश 49 कला रहता है। यह 140 दिन वक्री रहता है तथा वक्री होते समय और मार्गी होते समय 5 दिन सम्मित रहता है। यह बहुत चमकीला तथा प्रकाशमान नहीं है। इसकी गति मंद है। इसकी पनोती ढ़ाई वर्ष की है। 30 मास में एक राशि बदलता है।

शनि का रंग—मत्स्य पुराण में कृष्णवर्णी शनि को नीलात्जनसम का वर्णन किया गया है। मनोविज्ञान के आधार पर नीला रंग बल, पौरुष और वीर भाव का प्रतीक है। हमारे सिर पर विस्तृत आकाश नील वर्ण है। अत: शनि नीले रंग का होता है। नीला रंग सहिष्णुता का प्रतीक है। यह सर्वव्यापक रंग होने से नीले रंग वाले पौरुष के प्रतीक होते हैं। यह नाटा भी है और कहीं लम्बा कद भी मिलता है। अत: नीलकण्ठ शिव शनि के आराध्य देव हैं। शिव भक्ति से शनि प्रसन्न होते हैं।

शनि का बलवत्ता—इसके मित्र ग्रह बुध, राहु, शुक्र हैं। समग्रह गुरु है। शत्रु सूर्य, चंद्र, मंगल है। दशम में शनि कारक है। षष्ठ व आठवें द्वादश का कारक है। तुला, मकर व कुंभ राशि में, स्त्रियों के स्थान में, विषुवृत के दक्षिण अयन में, द्रेषाण में, स्वगृह में, शनिवार को, अपनी दिशा में, दिन के अंत में राशि के अंत भाग में, युद्ध समय में, कृष्णपक्ष में वक्री होने के समय किसी भी स्थान में शनि बलवान होता है। यह मंगल से दूषित होता है। शिशिर इसकी प्रिय ऋतु है। शनि मूल त्रिकोण कुंभ शनि का उच्च तुला के 20 अंश तक। शनि का मेष में नीच का स्वगृह मकर और कुंभ है। वृषभ व तुला लग्नों में यह प्रधान ग्रह है।

पश्चिम दिशा में इसका वास है। 12वें भाव में शनि हर्षबली और 7वें में दिग्बली होता है।

रोगों का कारकतत्त्व—दांत, दाहिना कान, चौथे दिन का बुखार, शीत ज्वर,

कोढ़ रक्तपित्त क्षय, दाद-फोड़े, कामला, अध्रगवायु, कम्प, निरर्थक भय, पागलपन, जलोदर, घुटनों के रोग, सन्धिवात, अतिरक्तस्राव, हड्डी टूटना, लकवा, स्नायु दौर्बल्य, गुप्तेन्द्रिय रोग, व्यसन, गूंगापन, पसीने की दुर्गंध के रोग, हाथी पांव व्यसन होते हैं।

अन्य कारकतत्त्व–बैंक, ब्याज, धीरण-धारण का धंधा, कारखानें, मशीनरी के कार्य, आध्यात्म चिंतन, भूगर्भ, मिल मालिक, भागीदारी, प्रेस, कोयला, कंपनियां, कालेधन, खदानें, बीमा, लोहे की चीजें, तेल के व्यापारी, वैरागी, कृषि विद्यालय, पुरात्व, स्नायुशास्त्र, न्यायालय, नगरनिगम, विधानसभा, जमींदार, स्मगलर, छोटे भाई बहिन जेल, विदेश, मंत्री इंजैक्शन, नीच वर्ग, हड्डियों के डॉक्टर, झूठ बोलना, भ्रमण पतन तामसवृत्ति बुरे धंधे आदि।

शनि का स्वरूप–पंचांगों में शनि की दोनों राशियों के दो स्वरूप हैं। मकर में मगरमच्छ और कुंभ में घड़ा हाथ में लिये पुरुष बताया गया है। अत: मगरमच्छ दु:ख का प्रतीक है तो पुरुष अमृत तथा धन पौरुष का प्रतीक है।

मकर लग्म में जन्में जातक का कद मध्यम लम्बा या नाटा होगा। शनि बलवान है तो लंबा कद होता है। रंग गेहुंआ या कालाश लिये हुए। नाक और मुंह कुछ बड़ा व चौड़ा। दांत चौड़े सुन्दर नेत्र आंखों की भौंहों पर बड़े-बड़े बाल हो सीने पर भी बड़े-बड़े बाल हो। सिर बड़ा तथा सीना चौड़ा हो। बड़े होने पर कुछ झुक कर चलें। मकर से पैर तक भाग पतला होगा।

कुंभ में प्राय: लम्बा कद। रंग गेहुंआ होठ मोटे गाल फूले हुए, कूल्हों व नितम्ब का हिस्सा भारी हो। मोटी गरदन, सिर में गंजापन भी जल्द आवें। घड़े के आकार का शरीर।

ये लोग भौतिक उन्नति में अधिक विश्वास करते हैं। गुप्त शक्ति हो। गैर समझ खड़ी कर देते हैं। छिपकर पाप करते हैं। धन के लोभी होते हैं। पर परिश्रमी अधिक होते हैं। प्रबल महत्वाकांक्षी होते है। उत्साही व जिम्मेदार होते हैं। मानसिक व आत्मिक शक्ति तीव्र होती है। मनोरंजन के शौकीन सुगंधित पदार्थों के शौकीन होते हैं। कठिनाइयों का सामना करना, श्रम व सेवा का ठोस भाव इनमें पाया जाता है। दूसरों को चोट पहुंचाने में दक्ष होते है। विचारशील होते हैं पर जब तक कोई छेडे नहीं शांत रहते है। धर्म भीरू होते हैं। नवीन आविष्कार देने वाले होते हैं।

वायु तत्व प्रधान होते हैं बाहरी आवरण से धार्मिक पर पुण्य कर्म व ईश्वर के प्रति निष्ठा भी होती है। घूमने के शौकीन भोजन के बाद शीघ्र आराम के इच्छुक उच्चाभिलाषी अपना पक्ष कमजोर देखें तो नम्र भी हो जावें। लज्जाहीन होते हैं। स्वभाव में ओछापन पाया जाता है। नीच वर्ग से प्रीतिवान होते हैं। स्मरण शक्ति प्रबल होती है। कोई इनका नुकसान करें तो बदला लेने में नहीं चूकते हैं। मन से डरपोक

बाहर से अभिमानी होते हैं। दूसरों को ठगने में रुचि होती है। अपना काम निकालने के लिए यह कुछ भी कर सकते हैं। खरी-खोटी कहने में हिचकते नहीं हैं। ऐसे जातक भावुक भी होते हैं। आवश्यकता हो तो ही काम करते हैं। जातक धन की व्यवस्था में प्रायः असफल रहते हैं, पर बाहरी चमक-दमक में विश्वास नहीं रखते हैं। किसी भी काम को परिश्रम से पूरा करना इनकी विशेषता होती है पर विश्वास पात्र कम बनते हैं। इनकी आकस्मिक रूप से उन्नति और अवनति होती रहती है। प्रायः संतान पक्ष की इनको चिंता सताती रहती है। स्त्रियों से व्यवहार भी मुसाफिरी जैसा रहता है। पर ऐसे जातक अधीनस्थ लोगों से काम कराने में चतुर होते हैं। हर काम में सावधानी बरतते हैं। सभी इनकी प्रशंसा करें इसके ये इच्छुक होते हैं। प्रशंसक से काम भी निकाल लेते हैं।

शनि के अचूक फल

1. शनि की दृष्टि अपने घर के सिवाय सर्वत्र हानि करती है।
2. छठें और आठवें तथा बारहवें भाव का कारक शनि इन भावों में हो तो लाभ प्रदान करेगा।
3. आठवें भाव में शनि नीच का हो तो धनपति बनता है। शनि नीच का होकर वक्री हो तो करोड़ों का स्वामी बनायेगा।
4. शनि, मीन, मकर, तुला व कुंभ राशि में लग्नस्थ हो तो व्यक्ति चिंतनशील, सुखी एवं ख्याति प्राप्त होता है। जातक का भाग्योदय मंद गति से होता है।
5. वृष लग्न में शनि नवम या दशम भाव में हो तो राजयोग बनेगा। ऐसा शनि सूर्य व बुध षष्ठ संबंध में से कोई संबंध कर ले तो अति योगप्रद होगा। अगर संयोग की जन्म राशि भी मकर या कुंभ हो तो उसको जब ढैया पनोती आयेगी वह लाभप्रद होगी। यदि अनिष्ट का कुछ प्रभाव गोचर से बनाता है। तो वह अंत में होगा, क्योंकि राजयोगकारी गृह प्रारंभ का प्रभाव प्रबल होता है।
6. वर्ष प्रवेश के लग्न वृष या तुला हो तो शनि शुभ फल देगा। यदि पनोती चल रही हो तो भी नाम पात्र का कष्ट होगा।
7. शुक्र+शनि में अभिन्न मित्रता है। अतः वृष या तुलालग्न में शनि शुभ फल प्रदान करेगा।
8. वर्ष में वृषलग्न हो और जलराशि मकर हो तो धनु व मीन का शनि अनिष्टप्रद रहेगा। पर मकर व कुम्भ का शनि शुभप्रद रहेगा।
9. जन्म या वर्ष में वृषलग्न हो और शनि+गुरु योग बनता हो या शनि की गुरु से प्रतियुति हो तो भाग्यनाशक योग होगा।

10. वृष या तुलालग्न हो और विंशोतरी शनि की महादशा चल रही हो साथ में पनोती भी आ जाये तो भी वह अधिक अनष्टिप्रद नहीं होगी।

11. शनि में शुक्र की महादशा या शुक्र में शनि की दशा हमेशा अनिष्टप्रद होगी।

12. नीचस्थ या वक्री गोचर का शनि जब जन्म राशिगत हो तो अनिष्टप्रद होगी।

13. शनि प्राय: राशि के अंत में फल देता है। सिंह लग्नस्थ शनि मंगल से दूषित हो तो अपघात, आकस्मिक मृत्यु, कारावास का भय होता है या रिश्वत के आरोप में पकड़ा जायें।

14. शनि+सूर्य का योग पितृस्थान में पिता से द्वेष व शत्रुता बढ़ाता है।

15. चंद्र+शनि युति कर्क राशि में उत्साह हीनता व व्यसन देती है। चंद्र+शनि युति सिंह राशि में बड़ों से विवाद कराती है। चंद्र+शनि युति मेष राशि में झगड़े करवाती है।

16. चंद्र+शनि युति अनिष्टप्रद होती है। इससे जीवन के उत्साह, ओज, कार्यक्षमता पर प्रभाव पड़ता है। यह यश रोकता है।

17. सूर्य से 5, 6, 8, 9वें भाव में राशि पर शनि हो तो अनिष्टकारी होगा।

18. जन्म में शनि स्थित राशि में या उससे छठे, आठवें स्थान या त्रिकोण में गोचर का गुरु आये तो अनिष्ट करेगा।

19. जन्मकालिक सूर्य से सप्तम स्थान पर गोचर का शनि आयें तो रोग ग्रस्त करेगा।

20. जन्मकालीन बुध तथा चंद्रमा को यदि गोचर का शनि अपनी दसवीं दृष्टि से देखे तो अनिष्ट अवश्य करेगा।

21. जन्म कालिक मंगल तथा शनि स्थिति राशियों पर अथवा उससे सप्तम स्थान की राशि पर ग्रहण आये तो जीवन में संकट आतें हैं।

22. अष्टमेश स्थित राशि पर गोचर का शनि विशेष अनिष्ट करता है।

23. जन्म की विंशोतरी दशा से चौथी दशा शनि की हो तो अनिष्टप्रद होती है।

24. मीन, तुला और धनु राशि का शनि लग्न में हो तो जातक समृद्धशाली होता है।

25. लग्न का शनि राशि 1, 2, 5, 10 का हो या 4, 8, 12 राशि का हो तो भाषण शक्ति में बाधा प्रदान करेगा।

26. शनि चतुर्थेश होकर दशम भाव में बैठें तो मनुष्य छोटी स्थिति से उठकर महान् पदवी प्राप्त करेगा। शनि लग्नेश या अष्टमेश होकर बली हो तो दीर्घसुख देगा।

27. शनि की दृष्टि द्वितीय भाव, भावेश, पंचम भाव भावेश अथवा बुध पर हो तो अल्प विद्या या विघ्न युक्त विद्या होंगी।

28. एकादश भवन में स्थित **शनि** मनुष्य की मृत्यु सन्निपात व स्नायु रोगों से कराता है।
29. मकर अथवा कुंभ लग्न का स्वामी शनि यदि कुण्डली में पीडित हो तो जंघाओं में कष्ट देगा।
30. सप्तमेश शनि हो और सप्तम भाव तथा शुक्र पर इसकी शुभ दृष्टि हो तो जातक का विवाह देरी से होता है।
31. पंचमेश शनि बलवान हो तो लड़कियों की भरमार रहती है।
32. शनि यदि चंद्र पर अपनी दृष्टि का प्रभाव डाले तो जातक वैरागी होगा।
33. चतुर्थेश शनि बलवान हो तो जातक को जमीन जायदाद का सुख प्राप्त होगा।
34. नीच राशि में शनि प्राय: नौकरी करवाता है।
35. शनि+सूर्य युति पिता पुत्रों में मनोमालिन्य रखती है। अलग फल होते हैं, पर अष्टम भाव में दरिद्रता बनती है। यदि युति पिता व पुत्रों में से एक को हानि देती है।
36. शनि+चंद्र युति का योग माता-पुत्र में मनोमालिन्य देता है पर अलग भावों में अलग फल है फिर भी अष्टम भाव में जलोदर योग बनता है।
37. शनि+मंगल की युति यह भी भयंकर अवरोध योग है। अलग-अलग भावों में अलग पर इसके होने से सम्पत्ति नष्ट होती है।
38. शनि बुध युति योग इसमें व्यक्ति अन्वेषक होता है, पर जातक के निर्णय लेने में अस्थिरता रहती है। अष्टम स्थान में यह युति दीर्घायुज बनती है।
39. शनि गुरु युति योग इसके विचित्र परिणाम होते हैं। सुमश, सम्पत्ति व संतति में से एक का अभाव रहेगा। वंशश्रम की ज्यादा संभावना है।
40. शनि तथा राहु युति योग होने से महाविचित्र परिणाम प्राप्त होते हैं। आयु के 42वें वर्ष में जातक का भाग्योदय होता है। अकस्मात् धन प्राप्ति व हानि होती है।

उपचार

1. महामृत्युंजय जप या शिव का जाप करें।
2. अमोघ शिवकवच का पाठ करें।
3. शनि संबंधी व्रत व कथा पढ़ें।
4. नीलम रत्न तथा पन्ना भी धारण करें। ये रत्न 5 वर्ष धारण करने के बाद प्रभावहीन हो जाते हैं।

5. मछलियों को आटे की गोलियां चुगाएं।
6. अपने खाने का अंतिम ग्रास बचाकर उसे कौवे को दें।
7. शनि संबंधी दान दें। (उड़द, लोहा, तेल, चमड़ा, पत्थर, शराब, स्प्रिरिट)
8. नित्य कीडी नगरा सींचे।
9. हर शनि तथा मंगलवार को काले कुत्तों को मीठा दें।
10. काले कुत्ते को तेल में चुपड़ी रोटी पर मिष्टान रखकर हर शनिवार को खिलाएं।
11. दशरथकृत शनि स्रोत का पाठ करें।
12. नित्य सूर्योदय के समय सूर्य दर्शन करते समय यह श्लोक 7 बार पढ़े।

    सूर्यप्रुभो दीर्घदेहो विशलादा शिनप्रिरा: मंदवार: प्रसन्नात्मा पीड़ा दहतु में शनि।
13. श्री वीर भगवान ताड़क का प्रयोग करें।
14. शनिवार को अपने हाथ के नाप का 19 हाथ काला धागा श्री माला बनाकर पहनें।
15. शनि पाताल क्रिया करें।
16. शनिवार को नक्षरों और काले कुत्तें को लड्डू खिलाएं।
17. प्रत्येक शनिवार को वट एवं पीपल के वृक्ष तले सूर्योदय से पूर्व कड़वे तेल का दीपक जलाकर शुद्ध दूध अर्पित करें।
18. व्रत का उद्यापन अवश्य करें, उसमें 33 ब्राह्मणों का भोजन कराना उत्तम होता है।
19. किसी शनिवार से आरम्भ करें 21 दिन में इस मंत्र को 23,000 बार जाप करें या कराएं।

    ओ३म् प्रां प्रीं प्रौं स शनैश्चराय नमः।

    अंत में शनि की वस्तुओं को दान में दें तथा हवन करें।
20. वीर विक्रमादित्य व शनि की कथा का रोज पाठ करें।

❑❑❑

शनि का खगोलीय स्वरूप

बृहस्पति के बाद बड़े ग्रहों में शनि का स्थान है। नील वर्ण का यह ग्रह सूर्य से 1,42,60,00,00 कि.मी. की दूरी पर है। शनैःचर अर्थात् मन्द गति से चलने वाला यह ग्रह 29 वर्षों में सूर्य की एक परिक्रमा पूरी करता है। शनि आकार में केवल बृहस्पति से ही छोटा है। इसका व्यास 1,20,500 कि.मी. है। इसका गुरुत्व पृथ्वी के गुरुत्व से 65 गुणा अधिक है। नौ चंद्रमा शनि ग्रह की परिक्रमा करते हैं, उनमें से छठा चंद्र मन्दी सबसे बड़ा होता है। शनि ग्रह अस्त होने के 3 दिन बाद उदय होता है। उदय के 135 दिन मार्गी होता है। मार्गी के 105 दिन बाद पश्चिम में पुनः अस्त हो जाता है। शनि को काण, अर्कपुत्र छायात्मक, असित, नील, मन्द, खेज आदि नाम दिये गये हैं।

शनि की गति–शनि ग्रह सूर्य की परिक्रमा 29 वर्ष 5 महीने 16 दिन, 23 घण्टा और 16 मिनट में करता है। यह अपनी धुरी पर 17 घण्टा 14 मिनट 24 सेकेंड में एक चक्कर लगाता है। स्थूल मान से यह एक राशि पर 30 महीना, एक नक्षत्र पर 400 दिन और एक नक्षत्र पाद पर 100 दिन रहता है। यह प्रति वर्ष चार महीने वक्री और आठ महीने मार्गी रहता है। सूर्य से 15 डिग्री अंश की दूरी पर शनि ग्रह अस्त हो जाता है। अस्त होने के 38 दिन बाद यह उदय होता है। उदय के 135 दिन बाद मार्गी होता है और मार्गी के 105 दिन बाद पश्चिम दिशा में पुनः अस्त हो जाता है। यह प्रायः 140 दिन तक भी वक्री रह जाता है तथा वक्री होने के 5 दिन आगे या पीछे तक यह स्थिर रहता है।

गणितागत स्पष्टीकरण से जब यह सूर्य से चौथी राशि को समाप्त करता है तो वक्री हो जाता है। जब वक्री से 120 डिग्री अंश चलता है तो मार्गी हो जाता है। जब इसकी गति 7/45 की होती है। तब यह अतिचारी हो जाता है। सूर्य से दूसरी और बारहवीं राशि पर शीघ्रगामी, तीसरी और ग्यारहवीं पर समाचारी, चौथी पर मन्दचारी, पांचवीं और छठी पर वक्री, सातवीं और आठवीं पर अति वक्री तथा नवमी और दसवीं पर कुटिल गति वाला होता है।

❑❑❑

मकरलग्न की चारित्रिक विशेषताएं

मकरलग्न का स्वरूप

मन्दाधिपस्तमी भौमी याम्येट् च निशि वीर्यवान्॥19॥
पृष्ठोदयी बृहद्गात्रः कर्बुरो वनभूचरः।
आदौ चपुष्पदोऽन्ते तु विपदो जलगो मतः॥20॥

—बृहत्पाराशरहोराशास्त्र अ. 4/श्लो. 20

तमोगुणी, भूमितत्व, दक्षिणवासी, रात्रिबली, पृष्ठोदय, दीर्घ शरीर, चित्रवर्ण, वन और भूमिचारी, पूर्वार्धचतुष्पद और उत्तरार्द्ध पदहीन और जलचर है, इसका स्वामी शनि है॥19-20॥

नित्यं लालयति स्वदारतनयान् धर्मध्वजोऽधः कृशः,
स्वक्षः क्षामकटिर्गृहीतवचनः सौभाग्ययुक्तोऽलसः।
शीतलालुर्मनुजोऽटनश्च मकरे सत्वाधिकः काव्यविल्,
लुब्धोऽगम्यजरांगनासु निरतः संत्यक्त लज्जोऽघृणाः॥10॥

—बृहज्जातकम् अ. 16/श्लो. 10

मकर राशि में चंद्रमा हो तो जातक अपने परिवार (स्त्री व पुत्र) का विशेषतया पालन करने वाला, मन से अधार्मिक होता हुआ भी प्रयोजन विशेष से धार्मिक क्रिया करने वाला तथा धार्मिक चिह्न धारण करने वाला, शरीर के निचले आधे हिस्से में अपेक्षाकृत पतलापन लिए हुए, सुन्दर आंखों वाला, पतली कमर वाला, सदैव कहना मानने वाला अथवा कही हुई बात के रहस्य को अच्छी तरह समझ सकने वाला, सौभाग्यशाली, अलसाए तन, मन वाला अथवा कार्य में अकुशल, शीत सहन न करने वाला, भ्रमणशील, अधिक सत्व अर्थात् आत्मबल वाला, काव्यज्ञ, लोभ, नीची जाति की या अपने से बड़ी अवस्था वाली स्त्रियों के प्रति अनुरक्त, लज्जाहीन तथा दया रहित होता है।

मृगस्य लग्ने पुरुषोऽभिजातः स्यान्नीचकर्मा बहुभृत्यपुत्रः।
लुब्धोऽलसः स्वात्मपरः कृतघ्नः स्वकार्यनित्यो गुरुवत्सलश्च॥10॥

–वृद्धयवन जातक अ. 24/श्लो.10/ पृ.289

यदि मकरलग्न के उदय काल में जन्म हो तो मनुष्य अच्छे कुल में उत्पन्न होने वाला, नीच कार्य करने वाला, अनेक पुत्रों व नौकरों वाला, लोभी, आलसी स्वभाव वाला, अपनी प्रशंसा में रत रहने वाला, किए गए उपकार को भी न मानने वाला, सदैव स्वार्थ में रत रहने वाला, गुरुओं का प्रिय पात्र होता है।

न्ना कुम्भीरसमुडवश्च रमणीलोलः शठो दीनवाक्

–जातक पारिजात श्लो. 10/ पृ. 678

स्त्रियों से रमण करने के लिए चंचल चित्त, शठ दीनवाक् अर्थात् उसकी वाणी में दैन्य या मृदुता रहती है किन्तु चित्त शठता से भरा होता है।

व्यालम्बभुजः श्यामः प्रथितयशोरूपकान्तिशठः।
स्मितभाषी मकराद्ये स्त्रीषु जितो वल्गुचेष्टधनयुक्त॥

–सारावली श्लो. 10/ पृ. 466

यदि जन्म लग्न में मकर राशि व मकर राशि का पहला द्रेष्काण हो तो जातक लम्बे हाथ वाला, कृष्ण वर्ण, विस्तृत यश वाला, सुन्दर रूपवान्, धूर्त, हंसमुख, स्त्रियों से पराजित, सुन्दर इच्छा वाला और धन से युक्त होता है।

मकरोदयसज्जातो नीचकर्मा बहुप्रजः।
लुब्धोऽलसो विनष्टश्च स्वकार्येषु कृतोद्यमः॥

–मानसागरी अ. 1/ श्लो. 10

मकरलग्न में जन्म लेने वाले जातक लोभी, नीचकार्य में लीन, बहु उद्देश्य वाला तथा आलस्यमय, अपने कार्य में दक्ष, हठवादी, सहांरक, स्वार्थ तत्व प्रधान रहे।

भोजसंहिता

मकरलग्न का स्वामी शनि है। शनि पाप ग्रह है तथा उसका रंग काला होता है। इस राशि वाले व्यक्ति प्रायः काले, नाक चपटी, पैनी आंखें, शरीर से ये पतले, फुर्तीले तथा कुछ लम्बे कद के होते हैं। यह चर संज्ञक व पृथ्वीतत्व प्रधान राशि है। इसका प्राकृतिक भाव उच्च पदाभिलाषी होता है। मकरलग्न वाले व्यक्तियों का स्वभाव उग्र होता है। इनके स्वभाव में उत्साह के साथ-साथ झगड़ालू प्रकृति भी होती है। क्रोध इनको धीरे-धीरे आता है व शान्त भी देरी से होता है। जहां ये अपना पक्ष

कमजोर देखते हैं वहां पर ये नम्र भी हो जाते हैं। यदि आपका नाम 'भो' से प्रारंभ होता है तो आप उन व्यक्तियों में से एक हैं जो अपने भाग्य का निर्माण स्वयं करते हैं। आप बहुत ही परिश्रमशील व उद्यमी व्यक्ति हैं। हिम्मत हारना व निराश होना आपने सीखा ही नहीं।

सामान्यतया मकरलग्न में उत्पन्न जातक शान्त तथा उदार प्रकृति के व्यक्ति होते हैं तथा अन्य जनों के प्रति उनके मन में प्रेम तथा सहानुभूति का भाव विद्यमान रहता है। इसके मुख मण्डल पर विचारशीलता, शान्ति एवं गंभीरता सदैव विद्यमान रहती है। ये अत्यन्त ही कर्मशील एवं परिश्रमी होते हैं फलत: सांसारिक महत्त्व के कार्यों को सम्पन्न करके उनमें सफलता अर्जित करते हैं। इनमें कार्य करने की क्षमता प्रबल होती है तथा यही इनकी सफलता का रहस्य होता है। इनमें सेवा का भाव भी रहता है तथा समाज एवं देश सेवा के प्रति ये उद्यत रहते हैं। ये साहसी एवं संघर्षशील होते हैं तथापि इनके मन में यदा-कदा उदासीनता के भाव की उत्पत्ति होती है जिससे सुख-दु:ख के समान भाव की अनुभूति करते हैं एवं त्यागमय जीवन व्यतीत करने के लिए ये उत्सुक रहते हैं। इसके अतिरिक्त परिश्रमी एवं अध्ययनशील होने के कारण ये अनुसंधान, विज्ञान या शास्त्रीय विषयों का ज्ञान अर्जित करके एक विद्वान के रूप में सामाजिक पहचान प्राप्त करते हैं।

अत: इसके प्रभाव से आप स्वस्थ एवं बलशाली पुरुष होंगे आपमें आदर्शवादिता का भाव होगा तथा अपने आदर्शों पर चलने के लिए स्वतंत्र होंगे। आपके सभी कार्य बुद्धिमत्तापूर्वक सम्पन्न होंगे एवं उनमें आपको सफलता भी प्राप्त होगी। देश सेवा का भाव भी आपमें विद्यमान रहेगा तथा शत्रु एवं प्रतिद्वन्द्वियों से भी उदारता करेंगे फलत: वे भी आपसे प्रभावित होंगे। अत: आपके सद्‌गुणों से सभी लोग प्रभावित रहेंगे।

आप एक विद्वान पुरुष होंगे तथा बुद्धिमत्तापूर्वक अपने कार्य कलापों को सम्पन्न करके धन वैभव एवं सुख अर्जित करेंगे। संगीत के प्रति आपकी विशेष रुचि रहेगी तथा इस क्षेत्र में परिश्रमपूर्वक कोई विशिष्ट उपलब्धि भी अर्जित कर सकते हैं। आप श्रेष्ठ कार्यों को करने में रुचिशील होंगे तथा एक चतुर व्यक्ति के रूप में जाने जाएंगे। आपकी पुत्र संतति प्रसिद्ध रहेगी तथा उनसे आपको इच्छित सुख एवं सहयोग मिलता रहेगा।

पिता के प्रति आपके मन में पूर्ण सम्मान तथा आदर का भावना होगी तथा उनकी सेवा करने में हमेशा तत्पर रहेंगे। आपकी आर्थिक स्थिति भी सुदृढ़ होगी तथा प्रचुर मात्रा में धन एवं लाभ अर्जित करके एक धनवान के रूप में सामाजिक प्रतिष्ठा प्राप्त करेंगे। भौतिक तथा अन्य सुखों को भी आप अर्जित करेंगे तथा प्रसन्नतापूर्वक

इनका उपभोग करने में समर्थ होंगे। आप युवावस्था में संघर्षशील रहेंगे परन्तु वृद्धावस्था में सुख एवं शांति प्राप्त करेंगे।

धर्म के प्रति भी आपके मन में श्रद्धा रहेगी। मित्र एवं बन्धु वर्ग के आप प्रिय होंगे तथा इनसे आपको पूर्ण लाभ एवं सहयोग प्राप्त होगा। इस प्रकार आप विद्वान, उदार, शान्त एवं पराक्रमी स्वभाव के व्यक्ति होंगे तथा स्व परिश्रम से धनैश्वर्य एवं वैभव अर्जित करके सुखपूर्वक इनका उपभोग करेंगे।

यदि आपका जन्म अभिजित् नक्षत्र में है तथा आपका नाम ज व ख से प्रारम्भ होता है तो आपके अन्य भाई बहन भी हैं परन्तु उनसे सहायता की अपेक्षा हानि की संभावना अधिक है। जीवन में विनोदी स्वभाव बनाये रखना आपकी विशेषता है इसी विशेषता के कारण अपरिचित से अपरिचित व्यक्ति भी आपके मित्र बन जायेंगे। सार्वजनिक कार्यों में आप बढ़-चढ़कर हिस्सा लेंगे। आपका विवाहित जीवन पूर्णत: सुखी नहीं कहा जा सकता।

यदि आपका जन्म 14 जनवरी से 13 फरवरी के बीच में है तो आप व्यापारशील व्यक्ति होने के साथ-साथ रात्रि बली है। आपका मस्तिष्क सक्रिय है। शनि अन्य ग्रहों के वनिस्वत धीमी गति से चलता है तो आपका भाग्योदय शनै-शनै: होता है। आपका Rising Period 30 वर्ष की आयु के पश्चात् बनता है तथा 36 वर्ष के पश्चात् आपको भाग्य निर्माण तेजी से प्रारम्भ होना शुरू हो जाता है।

यदि आपका जन्म 26 अप्रैल से 25 मई के बीच (वैशाख महीने) में है तो आप उन भाग्यशाली व्यक्तियों में से हैं जिनका नाम गौरव के साथ लिया जाता है आपकी गुप्तशक्तियों से बहुत कम लोग परिचित है आप विशिष्ट प्रभाव वाले होने से आपको राजकीय कार्यों में शीघ्र सफलता मिल जायेगी।

आप जलचर राशि से संबंध रखने के कारण चंचल व जल क्रीड़ाप्रिय व्यक्ति हैं। आप किसी भी बात पर निर्णय सोच-विचार कर धीरे-धीरे लेंगे। आप ऊंची-ऊंची योजनाएं बनाने में सदा तत्पर रहते हैं। कमाते बहुत पर पास में टिकता नहीं। हर समय द्रव्य का अभाव महसूस करते हैं। पत्नी व आपके विचारों में असमानताएं, आपके विवाति सुख को कटुतर बनाने में सहायक हैं। आपके राशि चिह्न मगरमच्छ है। मगरमच्छ के आंसू वाली कहावत लोक प्रसिद्ध है। मगरमच्छ के आंसू अन्दर से कुछ बाहर से कुछ। ऐसे व्यक्ति दीनस्वरूप व दयनीय स्थिति का बोध कराते हुए अन्त: कपटी होते हैं। ये बहुभोगी व विषयवासना से आसक्त रहने वाले व्यक्ति होते हैं। भोजन के बाद शीघ्र आराम करने की इच्छा रहती है। ये कहते कुछ हैं व करते कुछ। प्राय: ये व्यक्ति अमिलनसार व भीड़-भाड़ से दूर रहना पसन्द करते हैं। इनमें स्वार्थ

की प्रवृत्ति कुछ विशेष रहने के कारण इनको धार्मिक व राजनैतिक क्षेत्र में सफलताएं कम मिलती है। या तो ये अत्यधिक गोरे होंगे या काले। इसी प्रकार या तो ये कट्टर आस्तिक होंगे या फिर एकदम नास्तिक। यह विचार इनमें जन्माक्षर को देखकर बताया जा सकता है। शनि भय व भ्रांति को सूचक है। इसका रंग नीला व काला मिश्रित है। आपका जीवन रत्न नीलम है।

नक्षत्रानुसार फलादेश

भो जा जी	खा खी खू खे खो	गा गी
उत्तराषाढ़ा	श्रवण	घनिष्ठा

चंद्रमा उत्तराषाढ़ा नक्षत्र में

वैश्वे विनीतो बहुमित्रधर्म,

युतः कृतज्ञः सुभगः शशांके।

यदि जन्म समय पर चंद्रमा उत्तराषाढ़ा नक्षत्र में स्थित हो तो जातक बहुत नम्र, बहुत मित्रों वाला, धार्मिक, कृतज्ञ, भाग्यशाली होता है। उत्तराषाढ़ा सूर्य का नक्षत्र है जो कि चंद्रमा का मित्र है, इसलिए यह सब शुभ फल कहा है।

उत्तराषाढा के प्रथम पाद–उत्तराषाढा के प्रथम पाद में यदि चंद्र जन्मकुण्डली में स्थित हो तो जातक राजा के समान होता है। यहां नक्षत्र पाद स्वामी गुरु है और नक्षत्र स्वामी सूर्य। चंद्रमा, सूर्य और गुरु तीनों राजकीय ग्रह हैं, अतः सूर्य और गुरु का चंद्र का प्रभाव राज्यसत्ता की प्राप्ति में सहायक सिद्ध होगा।

उत्तराषाढा के द्वितीय पाद–उत्तराषाढा के द्वितीय पाद में यदि चंद्रमा जन्मकुण्डली में स्थिति हो तो व्यक्ति मित्रों का विरोधी होता है। यहां नक्षत्र पाद का स्वामी शनि बनता है जो कि चंद्र का शत्रु है और नक्षत्र स्वामी सूर्य का भी। अतः विरोध का भावना चंद्र में उत्पन्न हो सकती है।

उत्तराषाढा के तृतीय पाद–उत्तराषाढा के तृतीय पाद में यदि जन्मकुण्डली में स्थित हो तो व्यक्ति मान प्राप्त करता है। यहां नक्षत्र पाद का स्वामी फिर शनि है। ग्रह कैसे मान दे सकता है। विचारणीय विषय है। केवल सूर्य तो मानप्रद है।

उत्तराषाढा के चतुर्थ पाद–उत्तराषाढा के चतुर्थ पाद में यदि जन्मकुण्डली में स्थित हो तो मनुष्य का धर्म में लगाव वाला होता है। इस नक्षत्र पाद का स्वामी एक परम धार्मिक ग्रह गुरु है। जिसके प्रभाव द्वारा चंद्र का धार्मिक हो जाना सहज ही में समझा जा सकता है। नक्षत्र स्वामी भी धार्मिक अथवा सात्विक है, अतः यह भी इस दिशा में सहायक ही है, बाधक नहीं।

चंद्रमा श्रवण नक्षत्र में

उदारधीरः श्रुतवान्धनी च,

श्रीमान् प्रसिद्धः श्रवणे नरः स्याद्।

यदि जन्म सयम पर चंद्रमा श्रवण नक्षण में हो तो जातक उदार धैर्य वाला, बहुत जानकारी रखने वाला, धनी, ख्याति वाला होता है। श्रवण का स्वामी चंद्रमा होता है, अतः चंद्रमा अपने ही नक्षत्र में स्थित होकर उपरोक्त शुभ करेगा। लग्न होने से ख्याति और धन देगा, उदारता और धैर्य मानसिक गुणों से भी युक्त होगा, क्योंकि चंद्रमा स्वयं एक मानसिक ग्रह है। प्रकाशवान होने से जानकारी भी प्राप्त करवाएगा।

यदि आपका जन्म श्रवण नक्षत्र में है तथा आपका नाम ग व गौ से प्रारम्भ होता है तो आपको पैतृक नुकसान व पिता से आपके किन्हीं कारणों से मनमुटाव रहेगा। आपको धन उद्यम से प्राप्त होगा। आप एकान्त प्रिय व्यक्ति होंगे आपके शत्रु बहुत होंगे तथा मित्रों की भी कमी आपको नहीं रहेगी। परन्तु शत्रु आपसे दबेंगे तथा अन्त में विजय आपकी रहेगी।

श्रवण के प्रथम पाद—श्रवण के प्रथम पाद में यदि जन्मकुंडली में चंद्रमा स्थित हो तो मनुष्य शुभ मान को प्राप्त होता है। इस नक्षत्र पाद का स्वामी मंगल होता है और नक्षत्र का स्वामी स्वयं चंद्र। अतः मंगल जो चंद्र का मित्र है उसके मान आदि की वृद्धि में सहायक होगा।

श्रवण के द्वितीय पाद—श्रवण के द्वितीय पाद में यदि जन्म समय पर चंद्रमा स्थित हो तो व्यक्ति शुभ गुणों से युक्त होता है। इस नक्षत्र पाद का स्वामी शुक्र है। प्रबल चंद्र शुक्र से उसकी शुभता को ग्रहण कर और भी अधिक गुणी तथा शुभ होने का परिचय देगा।

श्रवण के तृतीय पाद—श्रवण के तृतीय पाद में यदि जन्म समय पर चंद्रमा स्थित हो तो जातक विद्वान् होता है। इस नक्षत्र पाद का स्वामी बुध है जो विद्वान है और अपनी विद्वत्ता को चंद्र के प्रति भी देगा।

श्रवण के चतुर्थ पाद—श्रवण के चतुर्थ पाद में यदि जन्म समय पर चंद्रमा स्थित हो तो जातक धार्मिक होता है। नक्षत्र का स्वामी भी चंद्र है नक्षत्र पाद का स्वामी भी चंद्र है और इनमें बैठने वाला ग्रह भी चंद्र है। स्पष्ट है कि ऐसी स्थिति में चंद्र अपने उत्कृष्ट गुणों का परिचय देगा जिनमें एक धार्मिक होना भी होगा।

चंद्रमा धनिष्ठा नक्षत्र में

दातार्थ शूरो धनवांस्त्वरोगी,
गीतप्रियो वासव भे प्रजातः

यदि जन्म समय पर चंद्रमा धनिष्ठा नक्षत्र में स्थित हो तो व्यक्ति दाता, धनी, शूरवीर, भोगी और गीतप्रिय होता है।

धनिष्ठा नक्षत्र का स्वामी मंगल होता है। मंगल चंद्रमा का मित्र है अतः मित्र के नक्षत्र में स्थित होकर चंद्रमा धनी और दाता और भोगी होगा ही। मंगल अपनी शूरवीरता भी देगा और भोगों की प्रवृत्ति भी। गीतप्रिय चंद्रमा के अपने स्वभाव के कारण होगा। सम्भवतया गायक न होगा।

धनिष्ठा के प्रथम पाद–धनिष्ठा के प्रथम पाद में यदि जन्म समय पर चंद्र स्थित हो तो व्यक्ति लम्बी आयु वाला होता है। इस नक्षत्र पाद का स्वामी सूर्य है जो चंद्र के बल पाकर आयु दे सकता है, नहीं तो सूर्य मंगल का सम्मिलित प्रभाव से आयु को घटाने वाला है, बढ़ाने वाला नहीं।

धनिष्ठा के द्वितीय पाद–धनिष्ठा के द्वितीय पाद में यदि जन्म पर चंद्र स्थित हो तो जातक पण्डित होता है। नक्षत्र का स्वामी तर्कशील मंगल है और नक्षत्र पाद स्वामी बुद्धिमान बुध है। इसलिए इन विद्वत्तापूर्ण ग्रहों के प्रभाव के कारण लग्नरूप चंद्रमा में पाण्डित्य का आना उपयुक्त ही है।

❑❑❑

नक्षत्र चरण, नक्षत्र स्वामी एवं नक्षत्र चरणस्वामी

मेष राशि											
1. **अश्विनी** (केतु)				2. **भरणी** (शुक्र)				3. **कृतिका** (सूर्य)			
अक्षर		चरण	स्वामी	अक्षर		चरण	स्वामी	अक्षर		चरण	स्वामी
चु.	0/3/20/0	1	मं.	ली.	0/16/40/0	1	सू.	आ	0/30/0/0	1	गु.
चे.	0/6/40/0	2	शु.	लू	0/20/0/0	2	बु.	–	–	–	–
चो	0/10/0/0	3	बु.	ले.	0/23/20/0	3	शु.	–	–	–	–
ला	0/13/20/4/	4	चं.	लो	0/26/40/0	4	मं.	–	–	–	–
वृष राशि											
3. **कृत्तिका** (सूर्य)				4. **रोहिणी** (चंद्र)				5. **मृगशिरा** (मंगल)			
अक्षर		चरण	स्वामी	अक्षर		चरण	स्वामी	अक्षर		चरण	स्वामी
ई	1/30/20/0	2	श.	ओ	1/13/20/0	1	मं.	वे	0/20/40/1	1	सू.
उ	1/6/40/0	3	श	वा	1/16/40/0	2	शु.	वो	0/30/0/0	2	बु.
				वी	1/20/0/0	3	बु.	–	–	–	–
ए	1/10/0/0	4	मं.	चू	1/23/20/0	4	चं.	–	–	–	–

मिथुन राशि											
5. **मृगशिरा** (मंगल)				6. **आर्द्रा** (राहु)				7. **पुनर्वसु** (गुरु)			
अक्षर		चरण	स्वामी	अक्षर		चरण	स्वामी	अक्षर		चरण	स्वामी
का	2/3/20/0	3	शु.	कु	2/10/0/0	1	गु.	के	2/23/20/0	1	मं.
की	2/6/40/0	4	मं.	घ	2/13/20/0	2	श.	को	2/26/40/0	2	शु.
				ड़	2/16/40/0	3	श.	हा	2/30/0/0	3	बु.
				छ	2/20/0/0	4	गु.	–	–	–	–

कर्क राशि											
7. **पुनर्वसु** (गुरु)				8. **पुष्य** (शनि)				9. **आश्लेषा** (बुध)			
अक्षर		चरण	स्वामी	अक्षर		चरण	स्वामी	अक्षर		चरण	स्वामी
ही	3/30/20/0	4	चं.	हू	3/6/40/0	1	सू.	डी	3/20/0/0	1	गु.
–	–	–	–	हे	3/10/0/0	2	बु.	डू	3/23/20/0	2	श.
–	–	–	–	हो	3/13/20/0	3	शु.	डे	3/26/40/0	3	श.
–	–	–	–	डा	3/16/40/0	4	मं.	डो	3/30/0/0	4	गु.

सिंह राशि

10. **मघा** (केतु)				11. **पूर्वाफाल्गुनी** (शुक्र)				12. **उत्तरफाल्गुनी** (सूर्य)			
अक्षर		चरण	स्वामी	अक्षर		चरण	स्वामी	अक्षर		चरण	स्वामी
मा	4/3/20/0	1	मं.	मो	4/16/40/0	1	सू.	टे	4/30/0/0	1	गु.
मी	4/6/40/0	2	शु.	टा	4/20/0/0	2	बु.	–	–	–	–
मू	4/10/0/0	3	बु.	टी	4/23/20/0	3	शु.	–	–	–	–
मे	4/13/20/0	4	चं.	टू	4/26/40/0	4	मं.	–	–	–	–

कन्या राशि

12. **उत्तराफाल्गुनी** (सूर्य)				13. **हस्त** (चंद्र)				14. **चित्रा** (मंगल)			
अक्षर		चरण	स्वामी	अक्षर		चरण	स्वामी	अक्षर		चरण	स्वामी
टो	5/3/20/0	2	श.	पू	5/13/20/0	1	मं.	पे	5/26/40/0	1	सू.
पा	5/6/40/0	3	श.	ष	5/16/40/0	2	शु.	पे	5/30/0/0	2	बु.
पी.	5/10/0/0	4	गु.	ण	5/20/0/0	3	बु.	–	–	–	–
–	–	–	–	ठ	5/23/20/0	4	चं.	–	–	–	–

तुला राशि

14. **चित्रा** (मंगल)				15. **स्वाति** (राहु)				16. **विशाखा** (गुरु)			
अक्षर		चरण	स्वामी	अक्षर		चरण	स्वामी	अक्षर		चरण	स्वामी
रा	6/3/20/0	3	शु.	रू	6/10/0/0	1	गु.	ती	6/23/20/0	1	मं.
री	6/6/40/0	4	मं.	रे	6/13/20/0	2	श.	तू	6/26/40/0	2	शु.
–	–	–	–	रो	6/16/40/0	3	श.	ते	6/30/0/0	3	बु.
–	–	–	–	ता	6/20/0/0	4	गु.	–	–	–	–

वृश्चिक राशि

16. **विशाखा** (गुरु)				17. **अनुराधा** (शनि)				18. **ज्येष्ठा** (बुध)			
अक्षर		चरण	स्वामी	अक्षर		चरण	स्वामी	अक्षर		चरण	स्वामी
तो	7/3/20/0	4	चं.	ना	7/6/40/0	1	सू.	नो	7/20/0/0	1	गु.
–	–	–	–	नी	7/10/0/0	2	बु.	या	7/23/20/0	2	श.
–	–	–	–	नू	7/13/20/0	3	शु.	यी	7/26/40/0	3	श.
–	–	–	–	ने	7/16/40/0	4	मं.	यू	7/30/0/0	4	शु.

धनु राशि

17. **मूल** (केतु)				18. **पूर्वाषाढ़ा** (शुक्र)				21. **उत्तराषाढ़ा** (सूर्य)			
अक्षर		चरण	स्वामी	अक्षर		चरण	स्वामी	अक्षर		चरण	स्वामी
ये	8/3/20/0	1	मं.	भू	8/16/40/0	1	सू.	भे	8/30/0/0	1	गु.
यो	8/6/40/0	2	शु.	धा	8/20/0/0	2	बु.	–	–	–	–
या	8/10/0/0	3	बु.	फा	8/23/20/0	3	शु.	–	–	–	–
यी	8/13/20/0	4	चं.	ढा	8/26/40/0	4	मं.	–	–	–	–

मकर राशि

21. **उत्तराषाढ़ा** (सूर्य)				22. **श्रवण** (चंद्र)				23. **धनिष्ठा** (मंगल)			
अक्षर		चरण	स्वामी	अक्षर		चरण	स्वामी	अक्षर		चरण	स्वामी
भो	9/3/20/0	2	श.	खी	9/13/20/0	1	मं.	गा	9/26/40/0	1	सू.
जा	9/6/40/0	3	श.	खू	9/16/40/0	2	शु.	गी	9/30/0/0	2	बु.
जी	9/10/0/0	4	गु.	खे	9/20/0/0	3	बु.	–	–	–	–
–	–	–	–	खो	9/23/20/0	4	चं.	–	–	–	–

कुंभ राशि

23. **धनिष्ठा** (मंगल)				24. **शतभिषा** (राहु)				26. **पूर्वाभाद्रपद** (गुरु)			
अक्षर		चरण	स्वामी	अक्षर		चरण	स्वामी	अक्षर		चरण	स्वामी
गू	10/3/20/0	3	शु.	गो	10/10/0/0	1	गु.	ते	10/23/20/0	1	मं.
गे	10/6/40/0	4	मं.	ता	10/13/20/0	2	श.	तो	10/26/40/0	2	श.
–	–	–	–	ती	10/16/40/0	3	श.	दा	10/30/0/0	3	बु.
–	–	–	–	तू	10/19/0/04	4	गु.	–	–	–	–

मीन राशि

26. **पूर्वाभाद्रपद** (गुरु)				27. **उत्तराभाद्रपद** (शनि)				28. **रेवती** (बुध)			
अक्षर		चरण	स्वामी	अक्षर		चरण	स्वामी	अक्षर		चरण	स्वामी
दी	10/3/20/0	4	चं.	दू	11/6/40/4	1	सू.	दे	11/20/0/0	1	गु.
–	–	–	–	थ	11/10/0/0	2	बु.	दो	11/23/20/0	2	श.
–	–	–	–	झ	11/13/20/0	3	शु.	चा	11/26/40/0	3	श.
–	–	–	–	ञ	11/16/40/0	4	गु.	ची	11/30/0/0	4	गु.

नक्षत्रों पर विशेष फलादेश

क्र.	नक्षत्र	नक्षत्र अक्षर	राशि	स्वामी	योनि	गण	वर्ण	युज्जा	हंस	नाड़ी	वश्य	पाया	वर्ग	जन्म दशा	दशा वर्ष
1	अश्विनी	चू,चे,चो,ला	मेष	मंगल	अश्व	देव	क्षत्रिय	पूर्व	अग्नि	आद्य	चतु.	सोना	सिंह 3, हि. 1	केतु	7
2.	भरणी	ली,लू,ले,लो	मेष	मंगल	गज	मनु.	क्षत्रिय	पूर्व	अग्नि	मध्य	चतु.	सोना	हिरण	शुक्र	20
3.	कृत्तिका	अ	मेष	मंगल	मीढ़ा	राक्षस	क्षत्रिय	पूर्व	अग्नि	अन्त्य	चतु.	सोना	गरुड़	सूर्य	6
3.	कृत्तिका	ई,उ,ए	वृष	शुक्र	मीढ़ा	राक्षस	वैश्य	पूर्व	भूमि	अन्त्य	चतु.	सोना	गरुड़	सूर्य	6
4.	रोहिणी	ओ,वा,वी,वू	वृष	शुक्र	सर्प	मनु.	वैश्य	पूर्व	भूमि	अन्त्य	चतु.	सोना	ग. 1 हि. 3	चन्द्र	10
5.	मृगशिरा	वे,वो	वृष	शुक्र	सर्प	देव	वैश्य	पूर्व	भूमि	मध्य	चतु.	सोना	हिरण	मंगल	7
5.	मृगशिरा	का,की	मिथुन	बुध	सर्प	देव	शूद्र	पूर्व	वायु	मध्य	द्विप	सोना	बिलाड़	मंगल	7
6.	आर्द्रा	कु,घ,ङ,छ	मिथुन	बुध	श्वान	मनु.	शूद्र	मध्य	वायु	आद्य	द्विप	चांदी	बि. 2, सि.1	राहु	18
7.	पुनर्वसु	के,को,ह	मिथुन	बुध	मार्जार	देव	शूद्र	मध्य	वायु	आद्य	द्विप	चांदी	बि. 2, मी. 1	गुरु	16
7.	पुनर्वसु	ही	कर्क	चन्द्र	मार्जार	देव	विप्र	मध्य	जल	आद्य	द्विप	चांदी	मीढ़ा	गुरु	16

क्र.	नक्षत्र	नक्षत्र अक्षर	राशि	स्वामी	योनि	गण	वर्ण	युञ्जा	हंस	नाड़ी	वश्य	पाया	वर्ग	जन्म दशा	दशा वर्ष
8.	पुष्य	ह,हे,हो,डा	कर्क	चन्द्र	मीढ़ा	देव	विप्र	मध्य	जल	मध्य	द्विप	चांदी	मि. 3 श्वा. 1	शनि	19
9.	आश्लेषा	डी,डू,डे,डो	कर्क	चन्द्र	मार्जार	राक्षस	विप्र	मध्य	जल	आद्य	द्विप	चांदी	श्वान	बुध	17
10.	मघा	मा,मी,मू,मो	सिंह	सूर्य	मूषक	राक्षस	क्षत्रिय	मध्य	वायु	आद्य	चतु.	चांदी	मूषक	केतु	7
11.	पूर्व फा.	मो,टा,टी,टू	सिंह	सूर्य	मूषक	मनुष्य	क्षत्रिय	मध्य	वायु	मध्य	चतु.	चांदी	मू 1 श्वा. 3	शुक्र	20
12	उ. फा.	टे	सिंह	सूर्य	गौ	मनुष्य	क्षत्रिय	मध्य	वायु	आद्य	चतु.	चांदी	श्वान	सूर्य	6
12.	उ. फा.	टो,पा,पी	कन्या	बुध	गौ	मनुष्य	वैश्य	मध्य	भूमि	आद्य	द्विपद	चांदी	श्वा. 1 मू. 2	सूर्य	6
13.	हस्त	पू,ष,ण,ठ	कन्या	बुध	भैंस	देव	वैश्य	मध्य	भूमि	आद्य	द्विपद	चांदी	मू 1 मी. 1 श्वा. 2	चन्द्र	10
14.	चित्रा	पे,पो	कन्या	बुध	व्याघ्र	राक्षस	वैश्य	मध्य	भूमि	मध्य	द्विपद	चांदी	मूषक	मंगल	7
14.	चित्रा	रा,री	तुला	शुक्र	व्याघ्र	राक्षस	शूद्र	मध्य	वायु	मध्य	द्विपद	चांदी	हरिण	मंगल	7
15.	स्वाति	रू,रे,रो,ता	तुला	शुक्र	भैंस	देव	शूद्र	मध्य	वायु	अन्त्य	द्विपद	चांदी	हि. 3 सर्प 1	राहु	18
16.	विशाखा	ती,तू,ते	तुला	शुक्र	मध्य	राक्षस	शूद्र	मध्य	वायु	अन्त्य	द्विपद	ताम्बा	सर्प	गुरु	16
16.	विशाखा	तो	वृश्चिक	मंगल	मध्य	राक्षस	विप्र	मध्य	जल	अन्त्य	कीट	ताम्बा	सर्प	गुरु	16

क्र.	नक्षत्र	नक्षत्र अक्षर	राशि	स्वामी	योनि	गण	वर्ण	युन्जा	हंस	नाड़ी	वश्य	पाया	वर्ग	जन्म दशा	दशा वर्ष
17.	अनुराधा	ना,नी,नू,ने	वृश्चिक	मंगल	मृग	देव	विप्र	मध्य	जल	व्याघ्र	कीट	ताम्बा	सर्प	शनि	19
18.	ज्येष्ठा	ये,यो,यी,यू	वृश्चिक	मंगल	मृग	राक्षस	विप्र	अन्त्य	जल	आद्य	कीट	ताम्बा	सर्प 1, हिरण 3	बुध	17
19.	मूल	भे,भो,भा,भी	धनु	गुरु	श्वान	राक्षस	क्षत्रिय	अन्त्य	अग्नि	आद्य	द्विपद	ताम्बा	हि. 2, मूषक 2	केतु	7
20.	पूर्वाषाढ़ा	भू,धा,फा,ढा	धनु	गुरु	कपि	मनुष्य	क्षत्रिय	अन्त्य	अग्नि	मध्य	द्विपद	ताम्बा	1 मू, 1 स, 1 मू, 1 श्वान	शुक्र	20
21.	उ. षा.	भे	धनु	गुरु	नकुल	मनुष्य	क्षत्रिय	अन्त्य	अग्नि	अन्त्य	द्विपद	ताम्बा	मूषक	सूर्य	6
21.	उ. षा.	भो,जो,जी	मकर	शनि	नकुल	मनुष्य	वैश्य	अन्त्य	भूमि	अन्त्य	चतु.	ताम्बा	1 मू., 2 सिं.	सूर्य	6
22.	अभिजित्	जू,जे,जा,खा	मकर	शनि	नकुल	मनुष्य	वैश्य	अन्त्य	भूमि	अन्त्य	चतु.	ताम्बा	सिं. 3, वि. 1	×	×
23.	श्रवण	खी,खू,खे,खो	मकर	शनि	कपि	देव	वैश्य	अन्त्य	भूमि	अन्त्य	चतु.	ताम्बा	बिलाड़	चन्द्र	10
24.	धनिष्ठा	गा,गी	मकर	शनि	सिंह	राक्षस	वैश्य	अन्त्य	भूमि	मध्य	चतु.	ताम्बा	बिलाड़	मंगल	7
24.	धनिष्ठा	गू, गे	कुम्भ	शनि	सिंह	राक्षस	शूद्र	अन्त्य	वायु	मध्य	द्विपद	ताम्बा	बिलाड़	मंगल	7
25.	शतभिषा	गो,सा,सी,सू	कुम्भ	शनि	अश्व	राक्षस	शूद्र	अन्त्य	वायु	आद्य	द्विपद	लोहा	1 बि., 3 मी	राहु	18
26.	पूर्वा भा.	से,सो,द	कुम्भ	शनि	सिंह	मनुष्य	शूद्र	अन्त्य	वायु	आद्य	द्विपद	लोहा	2 मी., 1 सर्प	गुरु	16

क्र.	नक्षत्र	नक्षत्र अक्षर	राशि	स्वामी	योनि	गण	वर्ण	युन्जा	हंस	नाड़ी	वश्य	पाया	वर्ग	जन्म दशा	दशा वर्ष
26.	पूर्वा भा.	दी	मीन	गुरु	सिंह	मनुष्य	विप्र	अन्त्य	जल	आद्य	जल	लोहा	सर्प	गुरु	16
27.	उ. भा.	दू,थ,झ,ञ	मीन	गुरु	गौ	मनुष्य	विप्र	अन्त्य	जल	मध्य	जल	लोहा	2 सर्प, 2 सिंह	शनि	19
28.	रेवती	दे,दो,चा,ची	मीन	गुरु	गज	देव	विप्र	पूर्व	जल	अन्त्य	जल	सोना	2 सर्प, 2 सिंह	बुध	17

विभिन्न नक्षत्रों का ग्रहों के साथ सम्बन्ध

	क्र.	नक्षत्र नाम	नक्षत्र देवता	नक्षत्र स्वामी	सूर्य	चन्द्र	मंगल	बुध	गुरु	शुक्र	शनि	राहु	केतु
मेष	1	**अश्विनी**	अश्नि कुमार	**केतु**	शत्रु	शत्रु	मित्र	मित्र	शत्रु	मित्र	मित्र	शत्रु	स्व.
	2.	**भरणी**	यम	**शुक्र**	शत्रु	शत्रु	सम	मित्र	शत्रु	स्व.	मित्र	शत्रु	शत्रु
	3.	**कृत्तिका**	अग्नि	**सूर्य**	स्व.	मित्र	मित्र	शत्रु	मित्र	शत्रु	शत्रु	शत्रु	शत्रु
वृष	4.	**रोहिणी**	ब्रह्मा	**चन्द्र**	मित्र	स्व.	मित्र	शत्रु	मित्र	शत्रु	शत्रु	शत्रु	शत्रु
	5.	**मृगशिरा**	चन्द्र	**मंगल**	मित्र	मित्र	स्व.	शत्रु	मित्र	शत्रु	शत्रु	शत्रु	शत्रु
मिथुन	6.	**आर्द्रा**	रुद्र	**राहु**	शत्रु	शत्रु	शत्रु	मित्र	शत्रु	मित्र	मित्र	स्व.	मित्र
	7.	**पुनर्वसु**	अदिति	**गुरु**	मित्र	मित्र	मित्र	शत्रु	स्व.	शत्रु	शत्रु	शत्रु	शत्रु
कर्क	8.	**पुष्य**	गुरु	**शनि**	शत्रु	शत्रु	शत्रु	मित्र	शत्रु	मित्र	स्व.	मित्र	मित्र
	9.	**आश्लेषा**	सूर्य	**बुध**	शत्रु	शत्रु	शत्रु	स्व.	शत्रु	मित्र	मित्र	मित्र	मित्र
सिंह	10.	**मघा**	पितर	**केतु**	शत्रु	शत्रु	शत्रु	मित्र	शत्रु	मित्र	मित्र	मित्र	स्व.
	11.	**पू. फा.**	भंग	**शुक्र**	शत्रु	शत्रु	शत्रु	मित्र	शत्रु	स्व.	मित्र	मित्र	मित्र
	12	**उ. फा.**	अर्यमा	**सूर्य**	स्व.	मित्र	मित्र	शत्रु	मित्र	शत्रु	शत्रु	शत्रु	शत्रु
कन्या	13.	**हस्त**	सूर्य	**चन्द्र**	मित्र	स्व.	मित्र	शत्रु	मित्र	शत्रु	शत्रु	शत्रु	शत्रु
	14.	**चित्रा**	विश्वकर्मा	**मंगल**	मित्र	मित्र	स्व.	शत्रु	मित्र	शत्रु	शत्रु	शत्रु	शत्रु

	क्र.	नक्षत्र नाम	नक्षत्र देवता	नक्षत्र स्वामी	सूर्य	चन्द्र	मंगल	बुध	गुरु	शुक्र	शनि	राहु	केतु
तुला	15.	**स्वाति**	वायु	**राहु**	शत्रु	शत्रु	शत्रु	मित्र	शत्रु	मित्र	मित्र	स्व	मित्र
	16.	**विशाखा**	इन्द्राग्नि	**गुरु**	मित्र	मित्र	मित्र	शत्रु	स्व.	शत्रु	शत्रु	शत्रु	शत्रु
शनि	17.	**अनुराधा**	मित्र	**शनि**	शत्रु	शत्रु	शत्रु	मित्र	शत्रु	मित्र	स्व.	मित्र	मित्र
	18.	**ज्येष्ठा**	इन्द्र	**बुध**	शत्रु	शत्रु	शत्रु	स्व.	शत्रु	मित्र	मित्र	मित्र	मित्र
धनु	19.	**मूला**	नैऋति	**केतु**	शत्रु	शत्रु	शत्रु	मित्र	शत्रु	मित्र	मित्र	मित्र	स्व.
	20.	**पू. षा.**	उदक	**शुक्र**	शत्रु	शत्रु	शत्रु	मित्र	शत्रु	स्व.	मित्र	मित्र	मित्र
मकर	21.	**उ. षा.**	विश्वेदेव	**सूर्य**	स्व.	मित्र	मित्र	शत्रु	मित्र	शत्रु	शत्रु	शत्रु	शत्रु
	22.	**श्रवण**	विष्णु	**चन्द्र**	मित्र	स्व.	मित्र	शत्रु	मित्र	शत्रु	शत्रु	शत्रु	शत्रु
	23.	**धनिष्ठा**	वसु	**मंगल**	मित्र	मित्र	स्व.	शत्रु	मित्र	शत्रु	शत्रु	शत्रु	शत्रु
	24.	**शतभिषा**	वरुण	**राहु**	शत्रु	शत्रु	शत्रु	मित्र	शत्रु	मित्र	मित्र	स्व.	मित्र
कुंभ	25.	**पू. भा.**	अजकचरण	**गुरु**	मित्र	मित्र	मित्र	शत्रु	स्व.	शत्रु	शत्रु	शत्रु	शत्रु
	26.	**उ. भा.**	अहिर्बुध्य	**शनि**	शत्रु	शत्रु	शत्रु	मित्र	शत्रु	मित्र	स्व.	मित्र	मित्र
मीन	27.	**रेवती**	पूषा	**बुध**	शत्रु	शत्रु	शत्रु	स्व.	शत्रु	मित्र	मित्र	मित्र	मित्र

मकरलग्न पर अंशात्मक फलादेश

मकरलग्न, अंश 0 से 1

1. **लग्न नक्षत्र**–उत्तराषाढ़ा
2. **नक्षत्र पद**–2
3. **नक्षत्र अंश**–9/3/20/0
4. **वर्ण**–वैश्य
5. **वश्य**–चतुष्पद
6. **योनि**–नकुल
7. **गण**–मनुष्य
8. **नाड़ी**–अन्त्य
9. **नक्षत्र देवता**–विश्वेदेवा
10. **वर्णाक्षर**–भो
11. **वर्ग**–मूषक
12. **लग्न स्वामी**–शनि
13. **लग्न नक्षत्र स्वामी**–सूर्य
14. **नक्षत्र चरण स्वामी**–शनि
15. **लग्न स्वामी से सम्बन्ध**–शत्रु
16. **लग्न नक्षत्र से सम्बन्ध**–शत्रु
17. **नक्षत्र चरण स्वामी से सम्बन्ध**–शत्रु
18. **प्रधान विशेषता**–'मित्रविरोधी'

उत्तराषाढ़ा नक्षत्र का देवता विश्वेदेवा एवं नक्षत्र स्वामी सूर्य है। ऐसा जातक बहुत नम्र, अधिक मित्रों वाला, धार्मिक, कृतज्ञ एवं भाग्यशाली होता है। आपका जन्म उत्तराषाढ़ा के द्वितीय चरण में होने से आपको मित्रों का विरोध सहना पड़ेगा। उत्तराषाढ़ा के द्वितीय चरण का स्वामी शनि है। शनि लग्नेश है तथा सूर्य का शत्रु है। शनि की दशा धनदायक व उन्नतिदायक होगी परन्तु सूर्य की दशा नेष्ट (प्रतिकूल) फल देगी।

यहां लग्न जीरो (Zero) से एक अंश के भीतर होने से मृतावस्था (Combust) में है, कमजोर है। जातक का लग्न बली नहीं होने से उसका विकास रुका हुआ रहेगा। यहां लग्नेश शनि की दशा का अपेक्षित लाभ नहीं मिलेगा।

मकरलग्न, अंश 1 से 2

1. **लग्न नक्षत्र**–उत्तराषाढ़ा
2. **नक्षत्र पद**–2
3. **नक्षत्र अंश**–9/3/20/0
4. **वर्ण**–वैश्य
5. **वश्य**–चतुष्पद
6. **योनि**–नकुल
7. **गण**–मनुष्य
8. **नाड़ी**–अन्त्य
9. **नक्षत्र देवता**–विश्वेदेवा
10. **वर्णाक्षर**–भो
11. **वर्ग**–मूषक
12. **लग्न स्वामी**–शनि
13. **लग्न नक्षत्र स्वामी**–सूर्य
14. **नक्षत्र चरण स्वामी**–शनि
15. **लग्न स्वामी से सम्बन्ध**–शत्रु
16. **लग्न नक्षत्र से सम्बन्ध**–शत्रु
17. **नक्षत्र चरण स्वामी से सम्बन्ध**–शत्रु
18. **प्रधान विशेषता**–'मित्रविरोधी'

उत्तराषाढ़ा नक्षत्र का देवता विश्वेदेवा एवं नक्षत्र स्वामी सूर्य है। ऐसा जातक बहुत नम्र, अधिक मित्रों वाला, धार्मिक, कृतज्ञ एवं भाग्यशाली होता है। आपका जन्म उत्तराषाढ़ा के द्वितीय चरण में होने से आपको मित्रों का विरोध सहना पड़ेगा। उत्तराषाढ़ा के द्वितीय चरण का स्वामी शनि है। शनि लग्नेश है तथा सूर्य का शत्रु है। शनि की दशा धनदायक व उन्नतिदायक होगी। परन्तु सूर्य की दशा नेष्ट (प्रतिकूल) फल देगी।

लग्न एक से दो अंश के भीतर होने से **'उदित अंशों'** का है, बलवान है। जातक लग्न बली एवं चेष्टावान होगा। लग्नेश की दशा शुभ फल देगी। शनि 20 अंशों तक विशेष बलवान होता है।

मकरलग्न, अंश 2 से 3

1. **लग्न नक्षत्र**–उत्तराषाढ़ा
2. **नक्षत्र पद**–2
3. **नक्षत्र अंश**–9/3/20/0
4. **वर्ण**–वैश्य
5. **वश्य**–चतुष्पद
6. **योनि**–नकुल
7. **गण**–मनुष्य
8. **नाड़ी**–अन्त्य
9. **नक्षत्र देवता**–विश्वेदेवा
10. **वर्णाक्षर**–भो
11. **वर्ग**–मूषक
12. **लग्न स्वामी**–शनि
13. **लग्न नक्षत्र स्वामी**–सूर्य

14. नक्षत्र चरण स्वामी–शनि

15. लग्न स्वामी से सम्बन्ध–शत्रु

16. नक्षत्र चरण स्वामी से सम्बन्ध–शत्रु

17. प्रधान विशेषता–'मित्रविरोधी'

उत्तराषाढ़ा नक्षत्र का देवता विश्वेदेवा एवं नक्षत्र स्वामी सूर्य है। ऐसा जातक बहुत नम्र, अधिक मित्रों वाला, धार्मिक, कृतज्ञ एवं भाग्यशाली होता है। आपका जन्म उत्तराषाढ़ा के द्वितीय चरण में होने से आपको मित्रों का विरोध सहना पड़ेगा। उत्तराषाढ़ा के द्वितीय चरण का स्वामी शनि है। शनि लग्नेश है तथा सूर्य का शत्रु है। शनि की दशा धनदायक व उन्नतिदायक होगी। परन्तु सूर्य की दशा नेष्ट (प्रतिकूल) फल देगी।

लग्न यहां दो से तीन अंशों के भीतर होने से बलवान है। लग्न **'उदित अंशों'** में होने से लग्नेश शनि की दशा उत्तम फल देगी क्योंकि शनि बीस अंशों तक विशेष बलवान होता है।

मकरलग्न, अंश 3 से 4

1. लग्न नक्षत्र–उत्तराषाढ़ा

2. नक्षत्र पद–3

3. नक्षत्र अंश–9/3/20/0

4. वर्ण–वैश्य

5. वश्य–चतुष्पद

6. योनि–नकुल

7. गण–मनुष्य

8. नाड़ी–अन्त्य

9. नक्षत्र देवता–विश्वेदेवा

10. वर्णाक्षर–जा

11. वर्ग–सिंह

12. लग्न स्वामी–शनि

13. लग्न नक्षत्र स्वामी–सूर्य

14. नक्षत्र चरण स्वामी–शनि

15. लग्न स्वामी से सम्बन्ध–शत्रु

16. लग्न नक्षत्र से सम्बन्ध–शत्रु

17. नक्षत्र चरण स्वामी से सम्बन्ध–शत्रु

18. प्रधान विशेषता–'मानी'

उत्तराषाढ़ा नक्षत्र का देवता विश्वेदेवा एवं नक्षत्र स्वामी सूर्य है। ऐसा जातक बहुत नम्र, अधिक मित्रों वाला, धार्मिक, कृतज्ञ एवं भाग्यशाली होता है। आपका जन्म उत्तराषाढ़ा के तृतीय चरण में होने से आप मान-सम्मान चाहने वाले 'यश पिपासु' व्यक्ति होंगे। उत्तराषाढ़ा नक्षत्र के तृतीय चरण का स्वामी शनि है। शनि लग्नेश भी है अत: शनि की दशा आपके लिए उन्नतिदायक व धनदायक साबित होगी पर सूर्य की दशा अनिष्ट फल देगी।

लग्न यहां तीन से चार अंशों के भीतर होने से **'उदित अंशों'** में बलवान है। लग्न उदित अंशों में होने से, लग्नेश शनि की दशा उत्तम फल देगी क्योंकि शनि बीस अंशों तक विशेष बलवान रहता है।

मकरलग्न, अंश 4 से 5

1. **लग्न नक्षत्र**–उत्तराषाढ़ा
2. **नक्षत्र पद**–3
3. **नक्षत्र अंश**–9/3/20/0 से 9/6/40/0
4. **वर्ण**–वैश्य
5. **वश्य**–चतुष्पद
6. **योनि**–नकुल
7. **गण**–मनुष्य
8. **नाड़ी**–अन्त्य
9. **नक्षत्र देवता**–विश्वेदेवा
10. **वर्णाक्षर**–जा
11. **वर्ग**–सिंह
12. **लग्न स्वामी**–शनि
13. **लग्न नक्षत्र स्वामी**–सूर्य
14. **नक्षत्र चरण स्वामी**–शनि
15. **लग्न स्वामी से सम्बन्ध**–शत्रु
16. **लग्न नक्षत्र से सम्बन्ध**–शत्रु
17. **नक्षत्र चरण स्वामी से सम्बन्ध**–शत्रु
18. **प्रधान विशेषता**–'मानी'

उत्तराषाढ़ा नक्षत्र का देवता विश्वेदेवा एवं नक्षत्र स्वामी सूर्य है। ऐसा जातक बहुत नम्र, अधिक मित्रों वाला, धार्मिक, कृतज्ञ एवं भाग्यशाली होता है। आपका जन्म उत्तराषाढ़ा के तृतीय चरण में होने से आप मान-सम्मान चाहने वाले 'यशपिपासु' व्यक्ति होंगे। उत्तराषाढ़ा नक्षत्र के तृतीय चरण का स्वामी शनि है। शनि लग्नेश भी है अत: शनि की दशा आपके लिए उन्नतिदायक व धनदायक साबित होगी पर सूर्य की दशा अनिष्ट फल देगी।

लग्न यहां चार से पांच अंशों के भीतर होने से बलवान है। लग्न **'उदित अंशों'** में होने से लग्नेश शनि की दशा उत्तम फल देगी क्योंकि शनि बीस अंशों तक विशेष बलवान रहता है।

मकरलग्न, अंश 5 से 6

1. **लग्न नक्षत्र**–उत्तराषाढ़ा
2. **नक्षत्र पद**–3
3. **नक्षत्र अंश**–9/3/20/0 से 9/6/40/0
4. **वर्ण**–वैश्य
5. **वश्य**–चतुष्पद
6. **योनि**–नकुल
7. **गण**–मनुष्य

8. **नाड़ी**–अन्त्य

9. **नक्षत्र देवता**–विश्वेदेवा

10. **वर्णाक्षर**–जा

11. **वर्ग**–सिंह

12. **लग्न स्वामी**–शनि

13. **लग्न नक्षत्र स्वामी**–सूर्य

14. **नक्षत्र चरण स्वामी**–शनि

15. **लग्न स्वामी से सम्बन्ध**–शत्रु

16. **लग्न नक्षत्र से सम्बन्ध**–शत्रु

17. **नक्षत्र चरण स्वामी से सम्बन्ध**–शत्रु

18. **प्रधान विशेषता**–'मानी'

उत्तराषाढ़ा नक्षत्र का देवता विश्वेदेवा एवं नक्षत्र स्वामी सूर्य है। ऐसा जातक बहुत नम्र, अधिक मित्रों वाला, धार्मिक, कृतज्ञ एवं भाग्यशाली होता है। आपका जन्म उत्तराषाढ़ा नक्षत्र के तृतीय चरण में होने से आप मान-सम्मान चाहने वाले 'यशपिपासु' व्यक्ति होंगे। उत्तराषाढ़ा नक्षत्र के तृतीय चरण का स्वामी शनि है। शनि लग्नेश भी है। अत: शनि की दशा आपके लिए उन्नतिदायक व धनदायक साबित होगी पर सूर्य की दशा अनिष्ट फल देगी।

लग्न यहां पांच से छ: अंशों के भीतर होने से बलवान है। लग्न **'उदित अंशों'** में होने से लग्नेश शनि की दशा उत्तम फल देगी क्योंकि शनि बीस अंशों तक विशेष बलवान रहता है।

मकरलग्न, अंश 6 से 7

1. **लग्न नक्षत्र**–उत्तराषाढ़ा

2. **नक्षत्र पद**–4

3. **नक्षत्र अंश**–9/6/40/0 से 9/10/0/0

4. **वर्ण**–वैश्य

5. **वश्य**–चतुष्पद

6. **योनि**–नकुल

7. **गण**–मनुष्य

8. **नाड़ी**–अन्त्य

9. **नक्षत्र देवता**–विश्वेदेवा

10. **वर्णाक्षर**–जी

11. **वर्ग**–सिंह

12. **लग्न स्वामी**–शनि

13. **लग्न नक्षत्र स्वामी**–सूर्य

14. **नक्षत्र चरण स्वामी**–बृहस्पति

15. **लग्न स्वामी से सम्बन्ध**–शत्रु

16. **लग्न नक्षत्र से सम्बन्ध**–शत्रु

17. **नक्षत्र चरण स्वामी से सम्बन्ध**–शत्रु

18. **प्रधान विशेषता**–'धर्मरतो'

उत्तराषाढ़ा नक्षत्र का देवता विश्वेदेवा एवं नक्षत्र स्वामी सूर्य है। ऐसा जातक बहुत नम्र, अधिक मित्रों वाला, धार्मिक, कृतज्ञ एवं भाग्यशाली होता है। आपका जन्म उत्तराषाढ़ा नक्षत्र के चतुर्थ चरण में होने से आपकी रुचि धर्म-आध्यात्म के प्रति

विशेष होगी। उत्तराषाढ़ा के चतुर्थ चरण का स्वामी बृहस्पति है जो लग्नेश शनि का शत्रु है पर लग्न नक्षत्र स्वामी सूर्य का मित्र है। फलत यहां सूर्य और बृहस्पति की दशा इतना अनिष्ट फल नहीं देगी जितनी उनसे अपेक्षा है। शनि की दशा लाभप्रद रहेगी।

यहां लग्न छह से सात अंशों के भीतर होने से **'उदित अंशों'** में है, बलवान है। लग्नेश शनि की दशा अति उत्तम फल देगी क्योंकि शनि बीस अंशों तक विशेष बलवान रहता है।

मकरलग्न, अंश 7 से 8

1. **लग्न नक्षत्र**–उत्तराषाढ़ा
2. **नक्षत्र पद**–4
3. **नक्षत्र अंश**–9/6/40/0 से 9/10/0/0
4. **वर्ण**–वैश्य
5. **वश्य**–चतुष्पद
6. **योनि**–नकुल
7. **गण**–मनुष्य
8. **नाड़ी**–अन्त्य
9. **नक्षत्र देवता**–विश्वेदेवा
10. **वर्णाक्षर**–जी
11. **वर्ग**–सिंह
12. **लग्न स्वामी**–शनि
13. **लग्न नक्षत्र स्वामी**–सूर्य
14. **नक्षत्र चरण स्वामी**–बृहस्पति
15. **लग्न स्वामी से सम्बन्ध**–शत्रु
16. **लग्न नक्षत्र से सम्बन्ध**–मित्र
17. **नक्षत्र चरण स्वामी से सम्बन्ध**–मित्र
18. **प्रधान विशेषता**–'धर्मरतो'

उत्तराषाढ़ा नक्षत्र का देवता विश्वेदेवा एवं नक्षत्र स्वामी सूर्य है। ऐसा जातक बहुत नम्र, अधिक मित्रों वाला, धार्मिक, कृतज्ञ एवं भाग्यशाली होता है। आपका जन्म उत्तराषाढ़ा नक्षत्र के चतुर्थ चरण में होने से आपकी रुचि धर्म-आध्यात्म के प्रति विशेष होगी। उत्तराषाढ़ा के चतुर्थ चरण का स्वामी बृहस्पति है जो लग्नेश शनि का शत्रु है पर लग्न नक्षत्र स्वामी सूर्य का मित्र है। फलत: यहां सूर्य और बृहस्पति की दशा उतना अनिष्ट फल नहीं देगी जितनी उनसे अपेक्षा है। शनि की दशा लाभप्रद रहेगी।

यहां लग्न सात से आठ अंशों के भीतर होने से **'उदित अंशों'** में है, बलवान है। लग्नेश शनि की दशा अति उत्तम फल देगी क्योंकि शनि बीस अंशों तक विशेष बलवान होता है।

मकरलग्न, अंश 8 से 9

1. **लग्न नक्षत्र**–उत्तराषाढ़ा
2. **नक्षत्र पद**–4
3. **नक्षत्र अंश**–9/6/10/0 से 9/10/0/0

4. **वर्ण**–वैश्य
5. **वश्य**–चतुष्पद
6. **योनि**–नकुल
7. **गण**–मनुष्य
8. **नाड़ी**–अन्त्य
9. **नक्षत्र देवता**–विश्वेदेवा
10. **वर्णाक्षर**–जी
11. **वर्ग**–सिंह
12. **लग्न स्वामी**–शनि
13. **लग्न नक्षत्र स्वामी**–सूर्य
14. **नक्षत्र चरण स्वामी**–बृहस्पति
15. **लग्न स्वामी से सम्बन्ध**–शत्रु
16. **लग्न नक्षत्र से सम्बन्ध**–शत्रु
17. **नक्षत्र चरण स्वामी से सम्बन्ध**–शत्रु
18. **प्रधान विशेषता**–'धर्मरतो'

उत्तराषाढ़ा नक्षत्र का देवता विश्वेदेवा एवं स्वामी सूर्य है। ऐसा जातक बहुत नम्र, अधिक मित्रों वाला, धार्मिक, कृतज्ञ एवं भाग्यशाली होता है। आपका जन्म उत्तराषाढ़ा नक्षत्र के चतुर्थ चरण में होने से आपकी रुचि धर्म-आध्यात्म के प्रति विशेष होगी। उत्तराषाढ़ा के चतुर्थ चरण का स्वामी बृहस्पति है जो लग्नेश शनि का शत्रु है पर लग्न नक्षत्र स्वामी सूर्य का मित्र है। फलत यहां सूर्य और बृहस्पति की दशा इतना अनिष्ट फल नहीं देगी जितनी उससे अपेक्षा है। शनि की दशा लाभप्रद रहेगी।

यहां लग्न आठ से नौ अंशों में **'उदित अंशों'** में है, बलवान है। लग्नेश शनि की दशा अति उत्तम फल देगी क्योंकि शनि यहां बीस अंशों तक विशेष बलवान होगा।

मकरलग्न, अंश 9 से 10

1. **लग्न नक्षत्र**–उत्तराषाढ़ा
2. **नक्षत्र पद**–4
3. **नक्षत्र अंश**–9/6/40/0 से 9/10/0/0
4. **वर्ण**–वैश्य
5. **वश्य**–चतुष्पद
6. **योनि**–नकुल
7. **गण**–मनुष्य
8. **नाड़ी**–अन्त्य
9. **नक्षत्र देवता**–विश्वेदेवा
10. **वर्णाक्षर**–जी
11. **वर्ग**–सिंह
12. **लग्न स्वामी**–शनि
13. **लग्न नक्षत्र स्वामी**–सूर्य
14. **नक्षत्र चरण स्वामी**–बृहस्पति
15. **लग्न स्वामी से सम्बन्ध**–शत्रु
16. **लग्न नक्षत्र से सम्बन्ध**–मित्र
17. **नक्षत्र चरण स्वामी से सम्बन्ध**–मित्र
18. **प्रधान विशेषता**–'धर्मरतो'

उत्तराषाढ़ा नक्षत्र का देवता विश्वेदेवा एवं स्वामी सूर्य है। ऐसा जातक बहुत नम्र, अधिक मित्रों वाला, धार्मिक, कृतज्ञ एवं भाग्यशाली होता है। आपका जन्म उत्तराषाढ़ा नक्षत्र के चतुर्थ चरण में होने से आपकी रुचि धर्म-आध्यात्म के प्रति विशेष होगी। उत्तराषाढ़ा के चतुर्थ चरण का स्वामी गुरु है जो लग्नेश शनि का शत्रु है पर लग्न नक्षत्र स्वामी सूर्य का मित्र है। फलत यहां सूर्य एवं बृहस्पति की दशा इतनी अनिष्ट फल नहीं देगी जितनी उसे अपेक्षा है। शनि की दशा लाभप्रद रहेगी।

यहां लग्न नौ से दस अंशों के भीतर **'उदित अंशों'** में है, बलवान है। लग्नेश शनि की दशा उत्तम फल देगी क्योंकि शनि यहां बीस अंशों तक विशेष बलवान होगा।

मकरलग्न, अंश 10 से 11

1. **लग्न नक्षत्र**–श्रवण	2. **नक्षत्र पद**–1
3. **नक्षत्र अंश**–9/13/2/0	
4. **वर्ण**–वैश्य	5. **वश्य**–चतुष्पद
6. **योनि**–कपि	7. **गण**–राक्षस
8. **नाड़ी**–अन्त्य	9. **नक्षत्र देवता**–विष्णु
10. **वर्णाक्षर**–खी	11. **वर्ग**–बिलाव
12. **लग्न स्वामी**–शनि	13. **लग्न नक्षत्र स्वामी**–चंद्र
14. **नक्षत्र चरण स्वामी**–मंगल	15. **लग्न स्वामी से सम्बन्ध**–शत्रु
16. **लग्न नक्षत्र से सम्बन्ध**–मित्र	17. **नक्षत्र चरण स्वामी से सम्बन्ध**–मित्र
18. **प्रधान विशेषता**–'शुभमानी'	

श्रवण नक्षत्र का देवता विष्णु एवं स्वामी चंद्रमा है। ऐसा जातक उदार, धैर्य वाला, बहुत जानकारी रखने वाला, धनी एवं ख्याति वाला होता है। आपका जन्म श्रवण नक्षत्र के प्रथम चरण का है। ऐसा जातक मान-सम्मान का इच्छुक एवं शुभ चिंतन करने वाला, आशावादी व्यक्ति होता है। श्रवण नक्षत्र के प्रथम चरण का स्वामी मंगल है। मंगल लग्नेश शनि का शत्रु है परन्तु लग्न नक्षत्र स्वामी चंद्र का मित्र है। फलत: यहां चंद्र और मंगल की दशाएं शुभ फल देगी। लग्नेश शनि की दशा उन्नति दायक, धनदायक साबित होगी।

यहां लग्न दस से ग्यारह अंशों के भीतर **'आरोह अवस्था'** में है, पूर्ण बली है। लग्नेश शनि की दशा अति उत्तम फल देगी क्योंकि शनि यहां बीस अंशों तक विशेष बलवान होगा।

मकरलग्न, अंश 11 से 12

1. **लग्न नक्षत्र**–श्रवण
2. **नक्षत्र पद**–1
3. **नक्षत्र अंश**–9/13/12/0
4. **वर्ण**–वैश्य
5. **वश्य**–चतुष्पद
6. **योनि**–कपि
7. **गण**–राक्षस
8. **नाड़ी**–अन्त्य
9. **नक्षत्र देवता**–विष्णु
10. **वर्णाक्षर**–खी
11. **वर्ग**–बिलाव
12. **लग्न स्वामी**–शनि
13. **लग्न नक्षत्र स्वामी**–चंद्र
14. **नक्षत्र चरण स्वामी**–मंगल
15. **लग्न स्वामी से सम्बन्ध**–शत्रु
16. **लग्न नक्षत्र से सम्बन्ध**–मित्र
17. **नक्षत्र चरण स्वामी से सम्बन्ध**–मित्र
18. **प्रधान विशेषता**–'शुभमानी'

श्रवण नक्षत्र का देवता विष्णु एवं स्वामी चंद्रमा है। ऐसा जातक उदार, धैर्य वाला, बहुत जानकारी रखने वाला, धनी एवं ख्याति वाला होता है। आपका जन्म श्रवण नक्षत्र के प्रथम चरण का है। ऐसा जातक मान-सम्मान का इच्छुक एवं शुभ चिंतन करने वाला, आशावादी व्यक्ति होता है। श्रवण नक्षत्र के प्रथम चरण का स्वामी मंगल है। मंगल लग्नेश शनि का शत्रु है परन्तु लग्न नक्षत्र स्वामी चंद्र का मित्र है। फलत: यहां चंद्र और मंगल की दशाएं शुभ फल देगी। लग्नेश शनि की दशा उन्नतिदायक, धनदायक साबित होगी।

यहां लग्न ग्यारह से बारह अंशों के भीतर **'आरोह अवस्था'** में है, पूर्ण बली है। शनि की दशा अति उत्तम फल देगी क्योंकि शनि यहां बीस अंशों तक विशेष बलवान है।

मकरलग्न, अंश 12 से 13

1. **लग्न नक्षत्र**–श्रवण
2. **नक्षत्र पद**–1
3. **नक्षत्र अंश**–9/13/20/0
4. **वर्ण**–वैश्य
5. **वश्य**–चतुष्पद
6. **योनि**–कपि
7. **गण**–राक्षस
8. **नाड़ी**–अन्त्य
9. **नक्षत्र देवता**–विष्णु
10. **वर्णाक्षर**–खी
11. **वर्ग**–बिलाव

12. लग्न स्वामी–शनि

13. लग्न नक्षत्र स्वामी–चंद्र

14. नक्षत्र चरण स्वामी–मंगल

15. लग्न स्वामी से सम्बन्ध–शत्रु

16. लग्न नक्षत्र से सम्बन्ध–मित्र

17. नक्षत्र चरण स्वामी से सम्बन्ध–मित्र

18. प्रधान विशेषता–'शुभमानी'

श्रवण नक्षत्र का देवता विष्णु एवं स्वामी चंद्रमा है। ऐसा जातक उदार, धैर्य वाला, बहुत जानकारी रखने वाला, धनी एवं ख्याति वाला होता है। आपका जन्म श्रवण नक्षत्र के प्रथम चरण का है। ऐसा जातक मान-सम्मान का इच्छुक एवं शुभ चिंतन करने वाला, आशावादी व्यक्ति होता है। श्रवण नक्षत्र के प्रथम चरण का स्वामी मंगल है। मंगल लग्नेश शनि का शत्रु है परन्तु लग्न नक्षत्र स्वामी चंद्र का मित्र है। फलतः यहां चंद्र और मंगल की दशाएं शुभ फल देगी। लग्नेश शनि की दशा उन्नतिदायक, धनदायक साबित होगी।

यहां लग्न बारह से तेरह अंशों के मध्य होने से **'आरोह अवस्था'** में है, पूर्ण बली है। शनि बीस अंशों तक विशेष बलवान रहता है अतः शनि की दशा में जातक उन्नति की ओर विशेष रूप से आगे बढ़ेगा।

मकरलग्न, अंश 13 से 14

1. लग्न नक्षत्र–श्रवण

2. नक्षत्र पद–2

3. नक्षत्र अंश–9/13/20/0 से 9/16/40/0

4. वर्ण–वैश्य

5. वश्य–चतुष्पद

6. योनि–कपि

7. गण–राक्षस

8. नाड़ी–अन्त्य

9. नक्षत्र देवता–विष्णु

10. वर्णाक्षर–खी

11. वर्ग–बिलाव

12. लग्न स्वामी–शनि

13. लग्न नक्षत्र स्वामी–चंद्र

14. नक्षत्र चरण स्वामी–शुक्र

15. लग्न स्वामी से सम्बन्ध–शत्रु

16. लग्न नक्षत्र से सम्बन्ध–शत्रु

17. नक्षत्र चरण स्वामी से सम्बन्ध–शत्रु

18. प्रधान विशेषता–'शुभगुणो'

श्रवण नक्षत्र का देवता विष्णु एवं स्वामी चंद्रमा है। ऐसा जातक उदार, धैर्य वाला, बहुत जानकारी रखने वाला, धनी एवं ख्याति वाला होता है। आपका जन्म श्रवण नक्षत्र के दूसरे चरण में होने के कारण आप शुभगुणों से युक्त सकारात्मक विचारों के व्यक्ति होंगे। श्रवण नक्षत्र के द्वितीय चरण का स्वामी शुक्र है। शुक्र लग्नेश

शनि का शत्रु है तथा लग्न नक्षत्र स्वामी चंद्र का भी शत्रु है। फलतः शुक्र यहां इतना शुभ फल नहीं दे पायेगा। जितना देना चाहिए। शनि की दशा-अंतर्दशा में व्यक्ति उन्नति करेगा, धन कमायेगा एवं स्वस्थ रहेगा।

यहां लग्न तेरह से चौदह अंशों के मध्य है। **'आरोह अवस्था'** में है, पूर्ण बली है। यहां शनि बीस अंशों तक विशेष बलवान है, अतः शुभफल ही देगा।

मकरलग्न, अंश 14 से 15

1. **लग्न नक्षत्र**–श्रवण
2. **नक्षत्र पद**–2
3. **नक्षत्र अंश**–9/13/12/0 से 9/16/40/0
4. **वर्ण**–वैश्य
5. **वश्य**–चतुष्पद
6. **योनि**–कपि
7. **गण**–राक्षस
8. **नाड़ी**–अन्त्य
9. **नक्षत्र देवता**–विष्णु
10. **वर्णाक्षर**–खू
11. **वर्ग**–बिलाव
12. **लग्न स्वामी**–शनि
13. **लग्न नक्षत्र स्वामी**–चंद्र
14. **नक्षत्र चरण स्वामी**–शुक्र
15. **लग्न स्वामी से सम्बन्ध**–शत्रु
16. **लग्न नक्षत्र से सम्बन्ध**–शत्रु
17. **नक्षत्र चरण स्वामी से सम्बन्ध**–शत्रु
18. **प्रधान विशेषता**–'शुभगुणो'

श्रवण नक्षत्र का देवता विष्णु एवं स्वामी चंद्रमा है। ऐसा जातक उदार, धैर्य वाला, बहुत जानकारी रखने वाला, धनी एवं ख्याति वाला होता है। आपका जन्म श्रवण नक्षत्र के द्वितीय चरण में होने के कारण आप शुभ गुणों से युक्त सकारात्मक विचारों के व्यक्ति होंगे। श्रवण नक्षत्र के द्वितीय चरण का स्वामी शुक्र है। शुक्र लग्नेश शनि का शत्रु है तथा लग्न नक्षत्र स्वामी चंद्र का भी शत्रु है। फलतः शुक्र यहां इतना शुभ फल नहीं दे पायेगा जितना देना चाहिए। शनि की दशा-अंतर्दशा में व्यक्ति उन्नति करेगा, धन कमायेगा एवं स्वस्थ रहेगा।

यहां लग्न चौदह से पन्द्रह अंशों के भीतर होने से **'आरोह अवस्था'** में है, पूर्ण बली है। लग्नेश शनि की दशा अति उत्तम फल देगी। यहां शनि बीस अंशों तक विशेष बलवान रहेगा।

मकरलग्न, अंश 15 से 16

1. **लग्न नक्षत्र**–श्रवण
2. **नक्षत्र पद**–2
3. **नक्षत्र अंश**–9/13/12/0 से 9/16/40/0

4. **वर्ण**–वैश्य
5. **वश्य**–चतुष्पद
6. **योनि**–कपि
7. **गण**–राक्षस
8. **नाड़ी**–अन्त्य
9. **नक्षत्र देवता**–विष्णु
10. **वर्णाक्षर**–खू
11. **वर्ग**–बिलाव
12. **लग्न स्वामी**–शनि
13. **लग्न नक्षत्र स्वामी**–चंद्र
14. **नक्षत्र चरण स्वामी**–शुक्र
15. **लग्न स्वामी से सम्बन्ध**–शत्रु
16. **लग्न नक्षत्र से सम्बन्ध**–शत्रु
17. **नक्षत्र चरण स्वामी से सम्बन्ध**–शत्रु
18. **प्रधान विशेषता**–'शुभगुणो'

श्रवण नक्षत्र का देवता विष्णु एवं स्वामी चंद्रमा है। ऐसा जातक उदार, धैर्य वाला, बहुत जानकारी रखने वाला, धनी एवं ख्याति वाला होता है। आपका जन्म श्रवण नक्षत्र के द्वितीय चरण में होने के कारण आप शुभगुणों से युक्त सकारात्मक विचारों के व्यक्ति होंगे। श्रवण नक्षत्र के द्वितीय चरण का स्वामी शुक्र है। शुक्र लग्नेश शनि का शत्रु है तथा लग्न नक्षत्र स्वामी चंद्र का भी शत्रु है; फलत: शुक्र यहां इतना शुभ फल नहीं दे पायेगा जितना देना चाहिए। शनि की दशा-अंतर्दशा में व्यक्ति उन्नति करेगा, धन कमायेगा एवं स्वस्थ रहेगा।

यहां लग्न पन्द्रह से सोलह अंशों के भीतर होने से **'आरोह अवस्था'** में है, पूर्ण बली है। शनि यहां बीस अंशों तक विशेष बलवान होगा।

मकरलग्न, अंश 16 से 17

1. **लग्न नक्षत्र**–श्रवण
2. **नक्षत्र पद**–3
3. **नक्षत्र अंश**–9/16/40/0 से 9/20/0/0
4. **वर्ण**–वैश्य
5. **वश्य**–चतुष्पद
6. **योनि**–कपि
7. **गण**–राक्षस
8. **नाड़ी**–अन्त्य
9. **नक्षत्र देवता**–विष्णु
10. **वर्णाक्षर**–खे
11. **वर्ग**–बिलाव
12. **लग्न स्वामी**–शनि
13. **लग्न नक्षत्र स्वामी**–चंद्र
14. **नक्षत्र चरण स्वामी**–बुध
15. **लग्न स्वामी से सम्बन्ध**–शत्रु
16. **लग्न नक्षत्र से सम्बन्ध**–शत्रु
17. **नक्षत्र चरण स्वामी से सम्बन्ध**–शत्रु
18. **प्रधान विशेषता**–'विद्वान्'

श्रवण नक्षत्र का देवता विष्णु एवं स्वामी चंद्रमा है। ऐसा जातक उदार, धैर्य वाला, बहुत जानकारी रखने वाला, धनी एवं ख्याति वाला होता है। आपका जन्म श्रवण नक्षत्र के तृतीय चरण में होने के कारण आपकी गणना समाज के विद्वान् व्यक्तियों में होगी। तृतीय चरण का स्वामी बुध है। बुध लग्नेश शनि का शत्रु है तथा लग्न नक्षत्र स्वामी चंद्रमा का भी शत्रु है। फलत: बुध की दशा इतनी शुभ फलदाई नहीं होगी जितनी बुध से यहां अपेक्षा की जा रही है। शनि की दशा-अंतर्दशा धन, यश व प्रतिष्ठा में वृद्धि करेगी।

यहां लग्न सोलह से सत्रह अंशों के भीतर मध्य अवस्था में है, पूर्ण बली है। शनि यहां बीस अंशों तक विशेष बलवान होगा।

मकरलग्न, अंश 17 से 18

1. **लग्न नक्षत्र**–श्रवण
2. **नक्षत्र पद**–3
3. **नक्षत्र अंश**–9/16/40/0 से 9/20/0/0
4. **वर्ण**–वैश्य
5. **वश्य**–चतुष्पद
6. **योनि**–कपि
7. **गण**–राक्षस
8. **नाड़ी**–अन्त्य
9. **नक्षत्र देवता**–विष्णु
10. **वर्णाक्षर**–खे
11. **वर्ग**–बिलाव
12. **लग्न स्वामी**–शनि
13. **लग्न नक्षत्र स्वामी**–चंद्र
14. **नक्षत्र चरण स्वामी**–बुध
15. **लग्न स्वामी से सम्बन्ध**–शत्रु
16. **लग्न नक्षत्र से सम्बन्ध**–शत्रु
17. **नक्षत्र चरण स्वामी से सम्बन्ध**–शत्रु
18. **प्रधान विशेषता**–'विद्वान'

श्रवण नक्षत्र का देवता विष्णु एवं स्वामी चंद्रमा है। ऐसा जातक उदार, धैर्य वाला, बहुत जानकारी रखने वाला, धनी एवं ख्याति वाला होता है। आपका जन्म श्रवण नक्षत्र के तृतीय चरण में होने के कारण आपकी गणना समाज के विद्वान् व्यक्तियों में होगी। तृतीय चरण का स्वामी बुध है। बुध लग्नेश शनि का शत्रु है तथा लग्न नक्षत्र स्वामी चंद्रमा का भी शत्रु है। फलत: बुध की दशा इतनी शुभ फलदाई नहीं होगी जितनी बुध में यहां अपेक्षा की जा रही है। शनि की दशा-अंतर्दशा धन, यश व प्रतिष्ठा ने वृद्धि करेगी।

यहां लग्न सत्रह से अठारह अंशों के भीतर मध्य अवस्था में है, पूर्ण बली है। शनि यहां बीस अंशों तक विशेष बलवान होगा।

मकरलग्न, अंश 18 से 19

1. **लग्न नक्षत्र**–श्रवण
2. **नक्षत्र पद**–3
3. **नक्षत्र अंश**–9/16/40/0 से 9/20/0/0
4. **वर्ण**–वैश्य
5. **वश्य**–चतुष्पद
6. **योनि**–कपि
7. **गण**–राक्षस
8. **नाड़ी**–अन्त्य
9. **नक्षत्र देवता**–विष्णु
10. **वर्णाक्षर**–खे
11. **वर्ग**–बिलाव
12. **लग्न स्वामी**–शनि
13. **लग्न नक्षत्र स्वामी**–चंद्र
14. **नक्षत्र चरण स्वामी**–चंद्र
15. **लग्न स्वामी से सम्बन्ध**–शत्रु
16. **लग्न नक्षत्र से सम्बन्ध**–शत्रु
17. **नक्षत्र चरण स्वामी से सम्बन्ध**–शत्रु
18. **प्रधान विशेषता**–'विद्वान्'

श्रवण नक्षत्र का देवता विष्णु एवं स्वामी चंद्रमा है। ऐसा जातक उदार, धैर्य वाला, बहुत जानकारी रखने वाला, धनी एवं ख्याति वाला होता है। आपका जन्म श्रवण नक्षत्र के तृतीय चरण में होने के कारण आपकी गणना समाज के विद्वान् व्यक्तियों में होगी। तृतीय चरण का स्वामी बुध है। बुध लग्नेश शनि का शत्रु है तथा लग्न नक्षत्र स्वामी चंद्रमा का भी शत्रु है। फलत: बुध की दशा इतनी शुभ फलदाई नहीं होगी जितनी बुध में यहां अपेक्षा की जा रही है। शनि की दशा-अंतर्दशा धन, यश व प्रतिष्ठा में वृद्धि करेगी।

यहां लग्न अठारह से उन्नीस अंशों के भीतर होने से मध्य अवस्था में है। शनि यहां बीस अंशों तक विशेष बलवान होगा।

मकरलग्न, अंश 19 से 20

1. **लग्न नक्षत्र**–श्रवण
2. **नक्षत्र पद**–4
3. **नक्षत्र अंश**–9/20/0/0 से 9/23/20/0
4. **वर्ण**–वैश्य
5. **वश्य**–चतुष्पद
6. **योनि**–कपि
7. **गण**–राक्षस
8. **नाड़ी**–अन्त्य
9. **नक्षत्र देवता**–विष्णु
10. **वर्णाक्षर**–खो
11. **वर्ग**–बिलाव
12. **लग्न स्वामी**–शनि
13. **लग्न नक्षत्र स्वामी**–चंद्र

14. **नक्षत्र चरण स्वामी**–चंद्र
15. **लग्न स्वामी से सम्बन्ध**–शत्रु
16. **लग्न नक्षत्र से सम्बन्ध**–स्व.
17. **नक्षत्र चरण स्वामी से सम्बन्ध**–स्व.
18. **प्रधान विशेषता**–'धार्मिको'

श्रवण नक्षत्र का देवता विष्णु एवं स्वामी चंद्रमा है। ऐसा जातक उदार, धैर्यशाली, बहुत जानकारी रखने वाला, धनी एवं ख्याति वाला होता है। आपका जन्म श्रवण नक्षत्र के चतुर्थ चरण में होने के कारण आपकी धर्म एवं आध्यात्म में पूरी रुचि रहेगी। श्रवण नक्षत्र के चतुर्थ चरण का स्वामी चंद्रमा है तथा लग्न नक्षत्र का स्वामी भी चंद्रमा है। ऐसे में चंद्रमा की दशा अनिष्ट फल नहीं देगी। लग्नेश शनि की दशा-अंतर्दशा में जातक धनवान, यशस्वी होकर स्वास्थ्य लाभ प्राप्त करेगा।

यहां लग्न उन्नीस अंशों से बीस अंशों के भीतर होने से मध्य अवस्था में है। शनि यहां बीस अंशों तक विशेष बलवान होगा। शनि मेष राशि के 20 अंशों में परम नीच का एवं तुला राशि के 20 अंशों में परम उच्च का होता है तथा कुम्भ राशि के 20 अंशों तक मूल त्रिकोण का होगा। अत: यहां शुभाशुभ फल देने से शनि विशेष रूप से सक्षम है।

मकरलग्न, अंश 20 से 21

1. **लग्न नक्षत्र**–श्रवण
2. **नक्षत्र पद**–4
3. **नक्षत्र अंश**–9/20/0/0 से 9/23/20/0
4. **वर्ण**–वैश्य
5. **वश्य**–चतुष्पद
6. **योनि**–कपि
7. **गण**–राक्षस
8. **नाड़ी**–अन्त्य
9. **नक्षत्र देवता**–विष्णु
10. **वर्णाक्षर**–खो
11. **वर्ग**–बिलाव
12. **लग्न स्वामी**–शनि
13. **लग्न नक्षत्र स्वामी**–चंद्र
14. **नक्षत्र चरण स्वामी**–चंद्र
15. **लग्न स्वामी से सम्बन्ध**–शत्रु
16. **लग्न नक्षत्र से सम्बन्ध**–स्व.
17. **नक्षत्र चरण स्वामी से सम्बन्ध**–स्व.
18. **प्रधान विशेषता**–'धार्मिको'

श्रवण नक्षत्र का देवता विष्णु एवं स्वामी चंद्रमा है। ऐसा जातक उदार, धैर्यशाली, बहुत जानकारी रखने वाला, धनी एवं ख्याति वाला होता है। आपका जन्म श्रवण नक्षत्र के चतुर्थ चरण में होने के कारण आपकी धर्म एवं आध्यात्म में पूरी रुचि रहेगी। श्रवण नक्षत्र के चतुर्थ चरण का स्वामी चंद्रमा है तथा लग्न नक्षत्र का

स्वामी भी चंद्रमा है। ऐसे में चंद्रमा की दशा अनिष्ट फल नहीं देगी। लग्नेश शनि की दशा-अंतर्दशा में जातक धनवान, यशस्वी होकर स्वास्थ्य लाभ प्राप्त करेगा।

यहां लग्न बीस से इक्कीस अंशों के भीतर होने से अवरोह अवस्था में है। शनि तुला राशि के 20 अंशों में परम उच्च का एवं मेष राशि के 20 अंशों में परम नीच का होता है। अत: यहां शनि अपनी शुभ-अशुभ स्थितियों का भरपूर फल देने में सक्षम होता है।

मकरलग्न, अंश 21 से 22

1. **लग्न नक्षत्र**–श्रवण
2. **नक्षत्र पद**–4
3. **नक्षत्र अंश**–9/20/0/0 से 9/23/20/0
4. **वर्ण**–वैश्य
5. **वश्य**–चतुष्पद
6. **योनि**–कपि
7. **गण**–राक्षस
8. **नाड़ी**–अन्त्य
9. **नक्षत्र देवता**–विष्णु
10. **वर्णाक्षर**–खो
11. **वर्ग**–बिलाव
12. **लग्न स्वामी**–शनि
13. **लग्न नक्षत्र स्वामी**–चंद्र
14. **नक्षत्र चरण स्वामी**–चंद्र
15. **लग्न स्वामी से सम्बन्ध**–शत्रु
16. **लग्न नक्षत्र से सम्बन्ध**–स्व.
17. **नक्षत्र चरण स्वामी से सम्बन्ध**–स्व.
18. **प्रधान विशेषता**–'धार्मिको'

श्रवण नक्षत्र का देवता विष्णु एवं स्वामी चंद्रमा है। ऐसा जातक उदार, धैर्यशाली, बहुत जानकारी रखने वाला, धनी एवं ख्याति वाला होता है। आपका जन्म श्रवण नक्षत्र के चतुर्थ चरण में होने के कारण आपकी धर्म एवं आध्यात्म में पूरी रुचि रहेगी। श्रवण नक्षत्र के चतुर्थ चरण का स्वामी चंद्रमा है तथा लग्न नक्षत्र का स्वामी भी चंद्रमा है। ऐसे में चंद्रमा की दशा अनिष्ट फल नहीं देगी। लग्नेश शनि की दशा-अंतर्दशा में जातक धनवान, यशस्वी होकर स्वास्थ्य लाभ प्राप्त करेगा।

यहां लग्न इक्कीस से बाईस अंशों के भीतर होने से **'अवरोह अवस्था'** में है। शनि की दशा अत्यन्त शुभ फल देगी।

मकरलग्न, अंश 22 से 23

1. **लग्न नक्षत्र**–धनिष्ठा
2. **नक्षत्र पद**–1
3. **नक्षत्र अंश**–9/26/40/0

4. **वर्ण**–वैश्य
5. **वश्य**–चतुष्पद
6. **योनि**–सिंह
7. **गण**–राक्षस
8. **नाड़ी**–अन्त्य
9. **नक्षत्र देवता**–वसु
10. **वर्णाक्षर**–गा
11. **वर्ग**–बिलाव
12. **लग्न स्वामी**–शनि
13. **लग्न नक्षत्र स्वामी**–मंगल
14. **नक्षत्र चरण स्वामी**–सूर्य
15. **लग्न स्वामी से सम्बन्ध**–शत्रु
16. **लग्न नक्षत्र से सम्बन्ध**–मित्र
17. **नक्षत्र चरण स्वामी से सम्बन्ध**–मित्र
18. **प्रधान विशेषता**–'दीर्घायु'

धनिष्ठा नक्षत्र का देवता वसु एवं स्वामी मंगल है। ऐसा व्यक्ति दाता, धनी, शूरवीर, भोगी और संगीतप्रिय होता है। धनिष्ठा नक्षत्र के प्रथम चरण में जन्म होने के कारण जातक लम्बी आयु को प्राप्त करेगा। धनिष्ठा नक्षत्र के प्रथम चरण का स्वामी सूर्य है। सूर्य लग्नेश शनि का शत्रु है परन्तु लग्न नक्षत्र स्वामी मंगल का मित्र है। फलतः सूर्य की दशा अनिष्ट फल देगी। परन्तु मंगल की दशा में भौतिक उपलब्धियों की प्राप्ति होगी। शनि की दशा ठीक जायेगी।

यहां लग्न बाईस से तेईस अंशों में **'अवरोह अवस्था'** में है, बलवान है। लग्नेश शनि की दशा में जातक को उत्तम स्वास्थ्य व धन की प्राप्ति होगी।

मकरलग्न, अंश 23 से 24

1. **लग्न नक्षत्र**–धनिष्ठा
2. **नक्षत्र पद**–1
3. **नक्षत्र अंश**–9/26/40/0
4. **वर्ण**–वैश्य
5. **वश्य**–चतुष्पद
6. **योनि**–सिंह
7. **गण**–राक्षस
8. **नाड़ी**–अन्त्य
9. **नक्षत्र देवता**–वसु
10. **वर्णाक्षर**–गा
11. **वर्ग**–बिलाव
12. **लग्न स्वामी**–शनि
13. **लग्न नक्षत्र स्वामी**–मंगल
14. **नक्षत्र चरण स्वामी**–सूर्य
15. **लग्न स्वामी से सम्बन्ध**–शत्रु
16. **लग्न नक्षत्र से सम्बन्ध**–मित्र
17. **नक्षत्र चरण स्वामी से सम्बन्ध**–मित्र
18. **प्रधान विशेषता**–'दीर्घायु'

धनिष्ठा नक्षत्र का देवता वसु एवं स्वामी मंगल है। ऐसा व्यक्ति दाता, धनी, शूरवीर, भोगी और संगीतप्रिय होता है। धनिष्ठा नक्षत्र के प्रथम चरण में जन्म होने के कारण जातक लम्बी आयु को प्राप्त करेगा। धनिष्ठा नक्षत्र के प्रथम चरण का स्वामी सूर्य है। सूर्य लग्नेश शनि का शत्रु है। परन्तु लग्न नक्षत्र स्वामी मंगल का मित्र है। फलत: सूर्य की दशा अनिष्ट फल देगी। परन्तु मंगल की दशा में भौतिक उपलब्धियों की प्राप्ति होगी। शनि की दशा ठीक जायेगी।

यहां लग्न तेईस से चौबीस अंशों में '**अवरोह अवस्था**' में है, बलवान है। लग्नेश शनि की दशा में जातक को उत्तम स्वास्थ्य व धन की प्राप्ति होगी।

मकरलग्न, अंश 24 से 25

1. **लग्न नक्षत्र**–धनिष्ठा
2. **नक्षत्र पद**–1
3. **नक्षत्र अंश**–9/26/40/0
4. **वर्ण**–वैश्य
5. **वश्य**–चतुष्पद
6. **योनि**–सिंह
7. **गण**–राक्षस
8. **नाड़ी**–अन्त्य
9. **नक्षत्र देवता**–वसु
10. **वर्णाक्षर**–गा
11. **वर्ग**–बिलाव
12. **लग्न स्वामी**–शनि
13. **लग्न नक्षत्र स्वामी**–मंगल
14. **नक्षत्र चरण स्वामी**–सूर्य
15. **लग्न स्वामी से सम्बन्ध**–शत्रु
16. **लग्न नक्षत्र से सम्बन्ध**–मित्र
17. **नक्षत्र चरण स्वामी से सम्बन्ध**–मित्र
18. **प्रधांन विशेषता**–'दीर्घायु'

धनिष्ठा नक्षत्र का देवता वसु एवं स्वामी मंगल है। ऐसा व्यक्ति दाता, धनी, शूरवीर, भोगी और संगीतप्रिय होता है। धनिष्ठा नक्षत्र के प्रथम चरण में जन्म होने के कारण जातक लम्बी आयु को प्राप्त करेगा। धनिष्ठा नक्षत्र के प्रथम चरण का स्वामी सूर्य है। सूर्य लग्नेश शनि का शत्रु है परन्तु लग्न नक्षत्र स्वामी मंगल का मित्र है। फलत: सूर्य की दशा अनिष्ट फल देगी। परन्तु मंगल की दशा में भौतिक उपलब्धियों की प्राप्ति होगी। शनि की दशा ठीक जायेगी।

यहां लग्न चौबीस से पच्चीस अंशों के मध्य '**अवरोह अवस्था**' में है, बलवान है। शनि की दशा उत्तम फल देगी।

मकरलग्न, अंश 25 से 26

1. **लग्न नक्षत्र**–धनिष्ठा
2. **नक्षत्र पद**–1
3. **नक्षत्र अंश**–9/26/40/0
4. **वर्ण**–वैश्य
5. **वश्य**–चतुष्पद
6. **योनि**–सिंह
7. **गण**–राक्षस
8. **नाड़ी**–अन्त्य
9. **नक्षत्र देवता**–वसु
10. **वर्णाक्षर**–गा
11. **वर्ग**–बिलाव
12. **लग्न स्वामी**–शनि
13. **लग्न नक्षत्र स्वामी**–मंगल
14. **नक्षत्र चरण स्वामी**–सूर्य
15. **लग्न स्वामी से सम्बन्ध**–शत्रु
16. **लग्न नक्षत्र से सम्बन्ध**–मित्र
17. **नक्षत्र चरण स्वामी से सम्बन्ध**–मित्र
18. **प्रधान विशेषता**–'दीर्घायु'

धनिष्ठा नक्षत्र का देवता वसु एवं स्वामी मंगल है। ऐसा व्यक्ति दाता, धनी, शूरवीर, भोगी और संगीतप्रिय होता है। धनिष्ठा नक्षत्र के प्रथम चरण में जन्म होने के कारण जातक लम्बी आयु को प्राप्त करेगा। धनिष्ठा नक्षत्र के प्रथम चरण का स्वामी सूर्य है। सूर्य लग्नेश शनि का शत्रु है। परन्तु लग्न नक्षत्र स्वामी मंगल का मित्र है। फलत: सूर्य की दशा अनिष्ट फल देगी। मंगल की दशा में भौतिक उपलब्धियों की प्राप्ति होगी। शनि की दशा ठीक जायेगी।

यहां लग्न पच्चीस से छब्बीस अंशों के मध्य हीन बली है। शनि की दशा उत्तम फल देगी।

मकरलग्न, अंश 26 से 27

1. **लग्न नक्षत्र**–धनिष्ठा
2. **नक्षत्र पद**–2
3. **नक्षत्र अंश**–9/26/40/0 से 9/30/0/0
4. **वर्ण**–वैश्य
5. **वश्य**–चतुष्पद
6. **योनि**–सिंह
7. **गण**–राक्षस
8. **नाड़ी**–अन्त्य
9. **नक्षत्र देवता**–वसु
10. **वर्णाक्षर**–गौ
11. **वर्ग**–बिलाव
12. **लग्न स्वामी**–शनि
13. **लग्न नक्षत्र स्वामी**–मंगल
14. **नक्षत्र चरण स्वामी**–बुध
15. **लग्न स्वामी से सम्बन्ध**–शत्रु

16. **लग्न नक्षत्र से सम्बन्ध**–शत्रु 17. **नक्षत्र चरण स्वामी से सम्बन्ध**–शत्रु

18. **प्रधान विशेषता**–'पण्डितो'

धनिष्ठा नक्षत्र का देवता वसु एवं स्वामी मंगल है। ऐसा व्यक्ति दाता, धनी, शूरवीर, भोगी और संगीतप्रिय होता है। आपका जन्म धनिष्ठा नक्षत्र के द्वितीय चरण में हुआ है। ऐसे जातक को समाज के विद्वानों में अग्रगण्य माना जाता है। धनिष्ठा नक्षत्र के द्वितीय चरण का स्वामी बुध है। बुध लग्नेश शनि का शत्रु है तथा लग्न नक्षत्र स्वामी मंगल का भी शत्रु है फलत: यहां बुध की दशा अपेक्षित शुभ फल नहीं दे पायेगी। शनि की दशा उत्तम फल देगी।

यहां लग्न छब्बीस से सताईस अंशों के भीतर होने से हीनबली है। शनि की दशा अच्छी जायेगी।

मकरलग्न, अंश 27 से 28

1. **लग्न नक्षत्र**–धनिष्ठा 2. **नक्षत्र पद**–2

3. **नक्षत्र अंश**–9/26/40/0 से 9/30/0/0

4. **वर्ण**–वैश्य 5. **वश्य**–चतुष्पद

6. **योनि**–सिंह 7. **गण**–राक्षस

8. **नाड़ी**–अन्त्य 9. **नक्षत्र देवता**–वसु

10. **वर्णाक्षर**–गौ 11. **वर्ग**–बिलाव

12. **लग्न स्वामी**–शनि 13. **लग्न नक्षत्र स्वामी**–मंगल

14. **नक्षत्र चरण स्वामी**–बुध 15. **लग्न स्वामी से सम्बन्ध**–शत्रु

16. **लग्न नक्षत्र से सम्बन्ध**–शत्रु 17. **नक्षत्र चरण स्वामी से सम्बन्ध**–शत्रु

18. **प्रधान विशेषता**–'पण्डितो'

धनिष्ठा नक्षत्र का देवता वसु एवं स्वामी मंगल है। ऐसा व्यक्ति दाता, धनी, शूरवीर, भोगी और संगीतप्रिय होता है। धनिष्ठा नक्षत्र के द्वितीय चरण में है। ऐसे जातक को समाज के विद्वानों में अग्रगण्य माना जाता है। धनिष्ठा नक्षत्र के द्वितीय चरण का स्वामी बुध है। बुध लग्नेश शनि का शत्रु है तथा लग्न नक्षत्र स्वामी मंगल का भी शत्रु है फलत: यहां बुध की दशा अपेक्षित शुभ फल नहीं दे पायेगी। शनि की दशा उत्तम फल देगी।

यहां लग्न सत्ताईस से अठ्ठाईस अंशों के भीतर होने से हीनबली है। शनि की दशा अच्छी जायेगी।

मकरलग्न, अंश 28 से 29

1. **लग्न नक्षत्र**–धनिष्ठा
2. **नक्षत्र पद**–2
3. **नक्षत्र अंश**–9/26/40/0 से 9/30/0/0
4. **वर्ण**–वैश्य
5. **वश्य**–चतुष्पद
6. **योनि**–बिलाव
7. **गण**–राक्षस
8. **नाड़ी**–अन्त्य
9. **नक्षत्र देवता**–वसु
10. **वर्णाक्षर**–गौ
11. **वर्ग**–बिलाव
12. **लग्न स्वामी**–शनि
13. **लग्न नक्षत्र स्वामी**–मंगल
14. **नक्षत्र चरण स्वामी**–बुध
15. **लग्न स्वामी से सम्बन्ध**–?
16. **लग्न नक्षत्र से सम्बन्ध**–?
17. **नक्षत्र चरण स्वामी से सम्बन्ध**–?
18. **प्रधान विशेषता**–'पण्डितो'

धनिष्ठा नक्षत्र का देवता वसु एवं स्वामी मंगल है। ऐसा व्यक्ति दाता, धनी, शूरवीर, भोगी और संगीतप्रिय होता है। धनिष्ठा नक्षत्र के द्वितीय चरण में है। ऐसे जातक को समाज के विद्वानों में अग्रगण्य माना जाता है। धनिष्ठा नक्षत्र के द्वितीय चरण का स्वामी बुध है। बुध लग्नेश शनि का शत्रु है तथा लग्न नक्षत्र स्वामी मंगल का भी शत्रु है फलतः यहां बुध की दशा अपेक्षित शुभ फल नहीं दे पायेगी। शनि की दशा उत्तम फल देगी।

यहां लग्न अट्ठाईस से उन्नतीस अंशों वाला अवरोही अवस्था में होकर **'हीनबली'** है। शनि की दशा मध्यम फल देगी।

मकरलग्न, अंश 29 से 30

1. **लग्न नक्षत्र**–धनिष्ठा
2. **नक्षत्र पद**–2
3. **नक्षत्र अंश**–9/26/40/0 से 9/30/0/0
4. **वर्ण**–वैश्य
5. **वश्य**–चतुष्पद
6. **योनि**–सिंह
7. **गण**–राक्षस
8. **नाड़ी**–अन्त्य
9. **नक्षत्र देवता**–वसु
10. **वर्णाक्षर**–गौ
11. **वर्ग**–बिलाव
12. **लग्न स्वामी**–शनि
13. **लग्न नक्षत्र स्वामी**–मंगल
14. **नक्षत्र चरण स्वामी**–बुध
15. **लग्न स्वामी से सम्बन्ध**–शत्रु

16. लग्न नक्षत्र से सम्बन्ध–शत्रु **17. नक्षत्र चरण स्वामी से सम्बन्ध**–शत्रु

18. प्रधान विशेषता–'पण्डितो'

धनिष्ठा मक्षत्र का देवता वसु एवं स्वामी मंगल है। ऐसा व्यक्ति दाता, धनी, शूरवीर, भोगी और संगीतप्रिय होता है। धनिष्ठा नक्षत्र के द्वितीय चरण में है। ऐसे जातक को समाज के विद्वानों में अग्रगण्य माना जाता है। धनिष्ठा नक्षत्र के द्वितीय चरण का स्वामी बुध है। बुध लग्नेश शनि का शत्रु है तथा लग्न नक्षत्र स्वामी मंगल का भी शत्रु है फलत: यहां बुध की दशा अपेक्षित शुभ फल नहीं दे पायेगी। शनि की दशा उत्तम फल देगी।

यहां लग्न उन्नतीस से तीस अंशों वाला अवरोही अवस्था में जाकर मृतावस्था में है। निस्तेज है। शनि की दशा में वांछित लाभ नहीं मिल पायेगा।

❑❑❑

मकरलग्न और आयुष्य योग

1. मकरलग्न वालों के लिये शनि लग्नेश होने से मारकेश का अशुभ फल नहीं देगा। मंगल मारकेश का कार्य करेगा। चंद्रमा द्वितीय मारक एवं अशुभ है। गुरु परम पापी है। सूर्य मारक व अनिष्टकारक है। आयुष्य प्रदाता ग्रह शनि है।
2. मकरलग्न में जन्म लेने वाले व्यक्ति की मृत्यु बिच्छु, सांप, अन्य विषैले जीवों के काटने से होती है। विषैले भोजन का भय इन्हें अधिक रहता है। पशु से, चोर से, घर एवं घर के बाहर, वन, जंगल एवं प्राय: पौधों के बीच मृत्यु होती है।
3. मकरलग्न में जन्म लेने वाले जातक की आयु 73 वर्ष के आस-पास होती है। इनको 1, 3, 5, 7वां बहन एवं जन्म के 1, 3, 6, 8, 18, 25, 28, 32, 37, 40, 43, 48, 51, 57 और 61वें वर्ष में शारीरिक कष्ट एवं अल्पमृत्यु संभव है।
4. मकरलग्न हो, लग्न में मंगल, बुध, शुक्र, शनि और सूर्य हो, बृहस्पति तीसरे हो तथा जन्म दिन में समय का हो तो ऐसा व्यक्ति एक कल्प तक चिरंजीव रहता है।
5. मकरलग्न में बुध, गुरु एवं शुक्र छठे हो, शनि सातवें या नीच का मंगल आठवें हो अन्य सभी ग्रह चंद्रमा के पीछे हों तो व्यक्ति कुबड़ा होता है।
6. मकरलग्न के 15 अंशों में हो, मंगल चौथे, चंद्रमा लग्न में एवं कर्क का गुरु सातवें हो तो ऐसा व्यक्ति 120 वर्ष की परमायु को भोगता है।
7. मकरलग्न में शनि, शुक्र या गुरु केन्द्र में हो, सभी पापग्रह तीसरे छठे या ग्यारहवें स्थान में हों तो जातक 120 वर्ष की परमायु को भोगता है।
8. मकरलग्न में उच्च का शनि दशम भाव में जातक को दीर्घायु देता है।
9. मकरलग्न में दशमेश शुक्र पंचम भाव में हो, अष्टमेश सूर्य केन्द्र में अन्य शुभ ग्रहों के साथ हो तो जातक सौ वर्ष से अधिक दीर्घायु को प्राप्त करता है।
10. मकरलग्न में अष्टमेश सूर्य लग्न में बैठा हो तथा सूर्य लग्न गुरु एवं शुक्र से दृष्ट हो तो ऐसा जातक सौ वर्ष की स्वस्थ आयु को प्राप्त करता है।

11. मकरलग्न में चंद्रमा छठे मिथुन का हो, अष्टम स्थान में कोई पाप ग्रह न हो तथा सभी शुभ ग्रह केन्द्रवर्ती हों तो जातक 86 वर्ष की स्वस्थ आयु को प्राप्त करता है।

12. मकरलग्न में मेष का मंगल दशम भाव को देखता हो तथा बुध एवं शुक्र की युति केन्द्र-त्रिकोणवर्ती हो तो जातक 85 वर्ष की आयु को भोगता है।

13. मकरलग्न में उच्च का गुरु केन्द्र में हो, बुध त्रिकोण में तथा लग्नेश शनि बलवान हो तो जातक 80 वर्ष की स्वस्थ आयु को प्राप्त करता है।

14. मकरलग्न में लग्नेश शनि लग्न को देखता हो, सभी शुभ ग्रह केन्द्र में हो तो जातक 73 वर्ष की स्वस्थ आयु को प्राप्त करता है।

15. मकरलग्न में मंगल पांचवें, सूर्य सातवें कर्क का एवं शनि मेष का हो तो व्यक्ति 70 वर्ष की निरोग आयु को भोगता है।

16. शनि लग्न में, मेष का चंद्र चौथे, मंगल सातवें एवं सूर्य दसवें स्थान में अन्य किसी शुभ ग्रह के साथ हो तो जातक राजा तुल्य ऐश्वर्य को भोगता हुआ 60 वर्ष की आयु में गुजर जाता है।

17. मकरलग्न में अष्टमेश सूर्य सातवें हो तथा चंद्रमा पापग्रहों के साथ छठे या आठवें हो तो व्यक्ति 58 वर्ष की आयु में गुजर जाता है।

18. मकरलग्न में शनि किसी भी अन्य ग्रह के साथ लग्नस्थ हो तथा चंद्रमा पापग्रहों के साथ आठवें या द्वादश भाव में हो तो ऐसा जातक सैद्धान्तिक, चरित्रवान एवं विद्वान होते हुए 52 वर्ष की आयु में गुजर जाता है।

19. मकरलग्न में लग्नेश शनि पापग्रहों के साथ आठवें हो तथा अष्टमेश सूर्य पापग्रहों के साथ छठे, अन्य शुभग्रह से दृष्ट न हो तो ऐसा जातक मात्र 45 वर्ष तक ही जी पाता है।

20. मकरलग्न में शनि+मंगल लग्न में हो, पाप ग्रहों के साथ चंद्रमा आठवें, एवं गुरु छठे हो तो ऐसा जातक मात्र 32 वर्ष की अल्पायु को भोगता है।

21. मकरलग्न के द्वितीय और द्वादश भाव में पाप ग्रह हो, लग्नेश शनि निर्बल हो तथा लग्न, द्वितीय या द्वादश भाव शुभ ग्रहों से दृष्ट न हो तो जातक मात्र 32 वर्ष की अल्पायु को भोगता है।

22. मकरलग्न में मंगल धनु राशि में एवं गुरु वृश्चिक राशि में परस्पर घर परिवर्तन करके बैठे तो बालारिष्ट योग बनता है। ऐसे बालक की मृत्यु 12 वर्ष के भीतर होती है।

23. मकरलग्न में चतुर्थेश मंगल द्वादश में हो, सप्तम भाव में कर्क का शनि हो, सप्तमेश चंद्रमा आठवें हो तो ऐसे व्यक्ति की मृत्यु आयु के 34वें वर्ष में वायुयान दुर्घटना द्वारा होती है।

24. मकरलग्न में सूर्य+मंगल+शनि अष्टम स्थान में शुभ ग्रहों से दृष्ट न हो तो बालारिष्ट योग बनता है। ऐसे बालक की मृत्यु एक वर्ष में हो जाती है।

25. मकरलग्न में शनि सिंह राशि में एवं सूर्य मकर राशि का लग्न में परस्पर स्थान परिवर्तन करके बैठे हों तथा शुभ ग्रहों से दृष्ट न हो तो बालारिष्ट योग बनता है। ऐसे बालक की मृत्यु 12 वर्ष के पूर्व हो जाती है।

26. मकरलग्न में राहु+शनि+बुध द्वादश स्थान में हो, गुरु अष्टम स्थान में हो तो ऐसा बालक जन्म लेते ही शीघ्र मृत्यु को प्राप्त होता है।

27. मकरलग्न के प्रथम भाव में राहु+सूर्य+शनि+मंगल+गुरु इन पांच ग्रहों की युति हो, चंद्रमा निर्बल हो तो ऐसा जातक जन्म लेते ही शीघ्र मृत्यु को प्राप्त होता है।

28. मकरलग्न में दूसरे भाव में कुंभ का शनि हो तथा चतुर्थ, दशम भाव में भी पाप ग्रह हो तो ऐसा व्यक्ति बहुत कष्ट से जीता है।

29. मकरलग्न में सप्तमस्थ मंगल के साथ राहु या केतु हो तो ऐसा बालक मातृघातक होता है।

30. मकरलग्न में चतुर्थ भाव स्थित शनि के साथ राहु या केतु हो तो ऐसा बालक मातृघातक होता है।

31. मकरलग्न में लग्नेश शनि एवं लग्न दोनों पाप ग्रहों के मध्य हो, सप्तम स्थान में भी पाप ग्रह हो तथा आत्मकारक सूर्य निर्बल हो तो ऐसा जातक जीवन से निराश होकर आत्महत्या करता है।

32. मकरलग्न (चर) में चंद्रमा पाप ग्रहों के साथ हो सप्तम में शनि हो तो जातक देवता के शाप या शत्रुकृत अभिचार से पीड़ित रहता है।

33. मकरलग्न में षष्ठेश बुध सप्तम या दशम भाव में हो, लग्न पर मंगल की दृष्टि हो तो व्यक्ति शत्रुकृत अभिचार रोग से पीड़ित रहता है।

34. मकरलग्न में निर्बल चंद्रमा अष्टम स्थान में शनि के साथ हो तो जातक प्रेत बाधा एवं शत्रुकृत अभिचार रोग से पीड़ित होता हुआ, अकाल मृत्यु को प्राप्त करता है।

❑❑❑

मकरलग्न और रोग

1. मकरलग्न में षष्टेश बुध लग्न में पापग्रहों से दृष्ट हो तो व्यक्ति जलस्राव से अंधा होता है।
2. मकरलग्न के चौथे भाव में पापग्रह हो, चतुर्थेश मंगल पापग्रह के मध्य हो तो जातक को हृदय रोग होता है।
3. मकरलग्न में चतुर्थेश मंगल यदि अष्टमेश सूर्य के साथ अष्टम स्थान में हो तो जातक को हृदय रोग होता है।
4. मकरलग्न में चतुर्थेश मंगल कर्क राशि में हो, निर्बल या अस्तगत हो तो जातक को हृदय रोग होता है।
5. मकरलग्न में चतुर्थ स्थान में शनि एवं षष्ठेश सूर्य पापग्रहों के साथ हो तो जातक को हृदय रोग होता है।
6. मकरलग्न के चौथे एवं पांचवें भाव में पापग्रह हो तो जातक को हृदय रोग होता है।
7. मकरलग्न के चतुर्थ भाव में शनि एवं द्वितीय भाव में कुंभ का सूर्य हो तो जातक को हृदय रोग होता है।
8. मकरलग्न के चतुर्थ भाव में राहु अन्य पाप ग्रहों से दृष्ट हो लग्नेश शनि निर्बल हो तो जातक को असह्य हृदयशूल (हार्ट-अटैक) होता है।
9. मकरलग्न में वृश्चिक का सूर्य दो पाप ग्रहों के मध्य हो तो जातक को तीव्र हृदयशूल (हार्ट-अटैक) होता है।
10. मकरलग्न में शनि+मंगल+सूर्य की युति एक साथ दु:स्थानों में हो तो वाहन दुर्घटना से मृत्यु होती है।
11. मकरलग्न में पापग्रह हो, लग्नेश शनि बलहीन हो तो व्यक्ति रोगी रहता है।

12. मकरलग्न में क्षीण चंद्रमा बैठा हो, लग्न को पाप ग्रह देखता हो तो व्यक्ति रोगग्रस्त रहता है।

13. मकरलग्न में अष्टमेश सूर्य लग्न में, लग्नेश शनि अष्टम में हो, लग्न को पाप ग्रह देखता हो तो व्यक्ति दवाई लेने पर भी ठीक नहीं होता, सदैव रोगी बना रहता है।

14. मकरलग्न में चंद्रमा छठे मिथुन का हो, अष्टम स्थान में कोई पाप ग्रह न हो तथा सभी शुभ ग्रह केन्द्रवर्ती हो तो जातक 86 वर्ष की स्वस्थ आयु को प्राप्त करता है।

15. मकरलग्न में मेष का मंगल दशम भाव को देखता हो तथा बुध एवं शुक्र की युति केन्द्र-त्रिकोणवर्ती हो तो जातक 85 वर्ष की आयु को भोगता है।

16. मकरलग्न में उच्च का गुरु केन्द्र में हो, बुध त्रिकोण में तथा लग्नेश शनि बलवान हो तो जातक 80 वर्ष की स्वस्थ आयु को प्राप्त करता है।

17. मकरलग्न में लग्नेश शनि लग्न को देखता हो, सभी शुभ ग्रह केन्द्र में हो तो जातक 73 वर्ष की स्वस्थ आयु को प्राप्त करता है।

18. मकरलग्न में मंगल पांचवें, सूर्य सातवें कर्क का एवं शनि मेष का हो तो व्यक्ति 70 वर्ष की निरोग आयु को भोगता है।

19. शनि लग्न में, मेष का चंद्र चौथे, मंगल सातवें एवं सूर्य दशम स्थान में अन्य किसी शुभग्रह के साथ हो तो जातक राजा तुल्य ऐश्वर्य को भोगता हुआ 60 वर्ष की आयु में गुजर जाता है।

20. मकरलग्न में अष्टमेश सूर्य सातवें हो तथ चंद्रमा पाप ग्रहों के साथ छठे या आठवें हो तो व्यक्ति 58 वर्ष की आयु में गुजर जाता है।

21. मकरलग्न में शनि किसी भी अन्य ग्रह के साथ लग्नस्थ हो तथा चंद्रमा पापग्रहों के साथ आठवें या द्वादश भाव में हो तो ऐसा जातक सैद्धान्तिक, चरित्रवान एवं विद्वान होते हुए 52 वर्ष की आयु में गुजर जाता है।

22. मकरलग्न में लग्नेश शनि पापग्रहों के साथ आठवें हो तथा अष्टमेश सूर्य पाप ग्रहों के साथ छठे, अन्य शुभग्रह से दृष्ट न हो तो ऐसा जातक मात्र 45 वर्ष तक ही जी पाता है।

23. मकरलग्न में शनि+मंगल लग्न में हो, पाप ग्रहों के साथ चंद्रमा आठवें, एवं गुरु छठे हो तो ऐसा जातक मात्र 32 वर्ष की अल्पायु को भोगता है।

24. मकरलग्न के द्वितीय और द्वादश भाव में पापग्रह हो, लग्नेश शनि निर्बल हो तथा लग्न, द्वितीय या द्वादश भाव शुभ ग्रहों से दृष्ट न हो तो जातक मात्र 32 वर्ष की अल्पायु को भोगता है।

25. मकरलग्न में मंगल धनु राशि में एवं बृहस्पति वृश्चिक में परस्पर घर परिवर्तन करके बैठे तो '**बालारिष्ट योग**' बनता है। ऐसे बालक की मृत्यु 12 वर्ष की आयु के भीतर होती है।

26. मकरलग्न में चतुर्थेश मंगल द्वादश स्थान में हो, सप्तम भाव में कर्क का शनि हो, सप्तमेश चंद्रमा आठवें हो तो एंसे व्यक्ति की मृत्यु 34 वर्ष की आयु में वायुयान दुर्घटना द्वारा होती है।

27. मकरलग्न में सूर्य+मंगल+शनि अष्टम स्थान में शुभग्रहों से दृष्ट न हो तो '**बालारिष्ट योग**' बनता है। एंसे बालक की मृत्यु एक वर्ष की आयु में हो जाती है।

28. मकरलग्न में शनि सिंह राशि में एवं सूर्य मकर का लग्न में परस्पर स्थान परिवर्तन करके बैठे हो तथा शुभ ग्रहों से दृष्ट न हो तो '**बालारिष्ट योग**' बनता है। ऐसे बालक की मृत्यु 12 वर्ष की आयु के पूर्व हो जाती है।

29. मकरलग्न में राहु+शनि+बुध द्वादश में हो, बृहस्पति अष्टम में हो तो एंसा बालक जन्म लेते ही शीघ्र मृत्यु को प्राप्त होता है।

30. मकरलग्न के प्रथम भाव में राहु+सूर्य+शनि+मंगल+गुरु इन पांच ग्रहों की युति हो, चंद्रमा निर्बल हो तो ऐसा जातक जन्म लेते ही '**शीघ्र मृत्यु**' को प्राप्त होता है।

31. मकरलग्न के दूसरे भाव में कुम्भ का शनि हो तथा चतुर्थ, दशम भाव में भी पापग्रह हो तो ऐसा व्यक्ति बहुत कष्ट से जीता है।

32. मकरलग्न में सप्तमस्थ मंगल के साथ राहु या केतु हो तो ऐसा बालक '**मातृघातक**' होता है।

33. मकरलग्न में चतुर्थ भाव स्थित शनि के साथ राहु या केतु हो तो ऐसा बालक '**मातृघातक**' होता है।

34. मकरलग्न में लग्नेश शनि एवं लग्न दोनों पाप ग्रहों के मध्य हो, सप्तम स्थान में भी पाप ग्रह हो तथा आत्मकारक सूर्य निर्बल हो तो ऐसा जातक जीवन से निराश होकर आत्महत्या करता है।

35. मकरलग्न (चर) में चंद्रमा पापग्रहों के साथ हो सप्तम स्थान में शनि हो तो जातक देवता के शाप या शत्रुकृत अभिचार से पीड़ित रहता है।

36. मकरलग्न में षष्ठेश बुध सप्तम या दशम भाव में, लग्न पर मंगल की दृष्टि हो तो व्यक्ति शत्रुकृत अभिचार रोग से पीड़ित रहता है।

37. मकरलग्न में निर्बल चंद्रमा अष्टम स्थान में शनि के साथ हो तो जातक प्रेत बाधा एवं शत्रुकृत अभिचार रोग से पीड़ित होता हुआ, अकाल मृत्यु को प्राप्त करता है।

❑❑❑

मकरलग्न और धन योग

मकरलग्न में जन्म लेने वाले व्यक्तियों के लिए धनप्रदाता ग्रह शनि है। धनेश शनि की शुभाशुभ स्थिति, धन स्थान से सम्बन्ध स्थापित करने वाले ग्रहों की स्थिति, योगायोग, शनि तथा धन भाव पर पड़ने वाले ग्रहों की दृष्टि से व्यक्ति की आर्थिक स्थिति, आय के स्रोतों तथा चल-अचल सम्पत्ति का पता चलता है। इसके अतिरिक्त पंचमेश शुक्र, भाग्येश बुध, लाभेश मंगल की अनुकूल-प्रतिकूल परिस्थितियां भी मकरलग्न में जन्मे जातकों के धन, ऐश्वर्य एवं वैभव को घटाने-बढ़ाने में महत्वपूर्ण भूमिका निभाती हैं।

वैसे मकरलग्न के लिये मंगल, गुरु, व्ययेश और चंद्र सप्तमेश होने से अशुभ हैं तथा शुक्र व बुध शुभ हैं। शुक्र अकेला राजयोगकारक है। शनि लग्नेश होने से मारकेश का अशुभ फल नहीं देगा। मंगल मारक का काम करेगा। गुरु परमपापी का फल देगा। सूर्य भी पाप फलदायक है। चंद्र सहायक मारकेश है।

राजयोगकारक– बुध, शुक्र

सफल योग– 1. शनि+शुक्र 2. बुध+शुक्र, 3. शुक्र+मंगल 4. मंगल+बुध 5. चंद्र+शुक्र

अशुभ योग– 1. शनि+मंगल, 2. शनि+गुरु, 3. शनि+चंद्र

लक्ष्मी योग–शनि द्वितीय में, शुक्र केन्द्र-त्रिकोण में, बुध भाग्य स्थान में।

विशेष योगायोग

1. मकरलग्न में बुध कन्या राशि में हो तो जातक अल्प प्रयत्न से ही धनपति हो जाता है।
2. मकरलग्न हो शुक्र पंचम स्थान में हो तथा लाभ स्थान में मंगल हो तो व्यक्ति बहुत सारी भू-सम्पत्ति का स्वामी होता हुआ प्रतिष्ठित धनवान होता है।

3. मकरलग्न में शनि मकर, कुंभ या तुला राशि में हो तो लक्ष्मी ऐसे व्यक्ति का पीछा नहीं छोड़ती।

4. मकरलग्न में शनि कन्या राशि में तथा बुध मकर या कुंभ राशि में हो तो व्यक्ति महाभाग्यशाली होता है। ऐसा व्यक्ति खूब धन कमाता है तथा लक्ष्मी उसकी अनुचरी होती है।

5. मकरलग्न में शनि मंगल के घर में एवं मंगल शनि के घर में परस्पर राशि परिवर्तन करके बैठे हों अर्थात् शनि मेष या वृश्चिक राशि में हो तथा मंगल मकर या कुंभ राशि में हो तो ऐसा जातक महाभाग्यशाली होता है। जातक जीवन में खूब धन कमाता है तथा लक्ष्मी उसकी दासी के समान सेवा करती है।

6. मकरलग्न में शुक्र यदि केन्द्र-त्रिकोण में हो तथा शनि स्वगृही होकर कहीं भी बैठा हो तो व्यक्ति कीचड़ में कमल की तरह खिलता है अर्थात् सामान्य परिवार में जन्म लेकर भी धीरे-धीरे अपने पराक्रम व पुरुषार्थ से लक्षाधिपति, कोट्याधिपति बन जाता है।

7. मकरलग्न हो, शुक्र पंचम स्थान में हो तथा लाभ स्थान में मंगल हो तो जातक लक्ष्मीवान होता है।

8. मकरलग्न में शनि, मंगल और गुरु की युति हो तो ''**महालक्ष्मी योग**'' बनता है। ऐसा जातक प्रबल पराक्रमी अति धनवान, ऐश्वर्यवान एवं महाप्रतापी होता है।

9. मकरलग्न में शनि वृश्चिक राशि में तथा लाभेश मंगल लग्न स्थान में हो तो जातक आयु के 33वें वर्ष में पांच लाख रुपये कमा लेता है तथा शत्रुओं का नाश करते हुए स्वअर्जित धनलक्ष्मी को भोगता है। ऐसे व्यक्ति को जीवन में अचानक रुपया मिलता है।

10. मकरलग्न हो, लग्नेश व धनेश शनि, भाग्येश बुध, लाभेश मंगल अपनी-अपनी उच्च व स्वराशि में हो तो जातक करोड़पति होता है।

11. मकरलग्न के नवम भाव में राहु, शुक्र, शनि और मंगल की युति हो तो जातक अरबपति होता है।

12. मकरलग्न में धनेश शनि यदि छठे, आठवें, बारहवें स्थान में हो तो ''**धनहीन योग**'' की सृष्टि होती है। जिस प्रकार छिद्र वाले घड़े में पानी नहीं ठहर पाता, ठीक उसी प्रकार से ऐसे जातक के पास रुपया नहीं ठहर पाता। जातक को सदैव धन की तंगी बनी रहती है। इस दुर्योग से बचने के लिये अभियन्त्रित

''शनियंत्र'' धारण करें। प्रबुद्ध पाठक यदि चाहे तो यह यंत्र हमारे कार्यालय से प्राप्त किया जा सकता है।

13. मकरलग्न में धनेश शनि आठवें स्थान में हो परन्तु सूर्य यदि लग्न स्थान को देखता हो तो जातक को पृथ्वी में गढ़ा हुआ धन मिलता है या लॉटरी द्वारा धन मिलता है पर धन उसके पास में टिकता नहीं।

14. मकरलग्न में मंगल लग्न स्थान या चौथे स्थान में हो तो ''रुचक योग'' बनता है। ऐसा जातक राजा तुल्य ऐश्वर्य को भोगता हुआ अथाह भूमि, सम्पत्ति व धन का स्वामी होता है।

15. मकरलग्न में सुखेश लाभेश मंगल नवम भाव में शुभ ग्रहों से दृष्ट हो तो व्यक्ति को अनायास धन की प्राप्ति होती है।

16. मकरलग्न में गुरु+चंद्र की युति कुंभ, मेष, वृष या कन्या राशि में हो तो इस प्रकार के '**गजकेसरी योग**' के कारण व्यक्ति को अचानक उत्तम धन की प्राप्ति होती है। ऐसे व्यक्ति को लॉटरी, शेयर बाजार या अन्य व्यापारिक स्रोत के कारण अकल्पनीय धन की प्राप्ति होती है।

17. मकरलग्न में धनेश शनि अष्टम स्थान में एवं अष्टमेश सूर्य धन स्थान में परस्पर परिवर्तन करके बैठे हों तो ऐसा जातक गलत तरीके से धन कमाता है। ऐसा व्यक्ति ताश, जुआ, मटका, घुड़रेस, स्मगलिंग एवं अनैतिक कार्यों से धन अर्जित करता है।

18. मकरलग्न में तृतीयेश गुरु लाभ स्थान में एवं लाभेश मंगल तृतीय स्थान में परस्पर परिवर्तन करके बैठे हों तो ऐसे व्यक्ति को भाई, भागीदारी एवं मित्रों के द्वारा धन लाभ होता है।

19. मकरलग्न में बलवान शनि के साथ यदि चतुर्थेश मंगल की युति हो तो व्यक्ति को माता, मातृपक्ष, नौकर एवं भूमि द्वारा धन लाभ होने की संभावना प्रबल रहती है।

20. 1, 4, 7, 9 स्थानों में यदि सूर्य, मंगल, राहु, शनि बैठे हों तो अन्न-धन का नाश होता है।

21. लग्न स्थान में सूर्य हो, दसवें-सातवें क्रमश: शनि-मंगल तथा सुख भाव में राहु हो तो वह व उसका परिवार भी पूर्ण दरिद्र होता है।

22. सूर्य केन्द्र स्थान में हो और चन्द्रमा अपने मित्र के नवमांश में हो तथा चंद्रमा पर गुरु की दृष्टि हो तो जातक धनवान व गुणवान होता है।

23. द्वितीय त्रिकोण अर्थात् कन्या राशि में राहु-शुक्र-मंगल-शनि हो तो जातक कुबेर से भी अधिक धनवान होता है।

24. द्वादश भाव, चंद्रमा से द्वितीय भाव या चंद्र के साथ कोई ग्रह न हो और लग्न से केन्द्र में सूर्य को छोड़कर अन्य कोई ग्रह न हो तो वह जातक दरिद्र व निन्दित होता है।

25. गुरु व चंद्रमा की युति यदि 4, 5, 9, 11वें भाव में से कहीं भी हो तो जातक को यकायक अर्थ प्राप्ति होती है।

26. चंद्रमा व मंगल एक साथ 1, 4, 7, 10वें केन्द्र भावस्थ 5, 9वें त्रिकोण में अथवा 2, 11वें भाव में कहीं हो तो जातक धनाढ्य होता है।

27. धनेश तुला राशि में एवं लाभेश मंगल मकर राशिगत अर्थात् लग्न में हो तो जातक धनवान होता है।

28. बुध पंचम भावस्थ हो तथा चंद्र, मंगल की युति लाभ भाव में हो तो जातक को यकायक अर्थ लाभ होता है।

29. चतुर्थेश मंगल व सप्तमेश चंद्रमा सप्तम भाव में ही स्थित हो तो जातक को ससुराल पक्ष से अर्थ प्राप्ति होती है।

30. सप्तमेश चंद्रमा यदि धन भाव में हो तो खोई हुई सम्पत्ति पुन: प्राप्त होती है अथवा विवाहोपरान्त आर्थिक दशा और अधिक सुदृढ़ होती है।

31. अष्टमेश पाप ग्रह से युक्त होकर दशम भावस्थ हो तो जातक राज्य पुरस्कार की प्राप्ति करता है अथवा दत्तक जाता है और धनी होता है।

32. मकरलग्न में यदि बलवान शनि की पंचमेश शुक्र से युति तो ऐसे व्यक्ति को पुत्र द्वारा धन की प्राप्ति होती है किंवा पुत्र जन्म के बाद ही जातक का भाग्योदय होता है।

33. मकरलग्न में बलवान शनि की यदि षष्टेश बुध से युति हो, धन भाव मंगल से दृष्ट हो तो ऐसे जातक को शत्रुओं द्वारा धन की प्राप्ति होती है। ऐसा जातक कोर्ट-कचहरी में शत्रुओं को हराता है तथा शत्रुओं के कारण ही उसे धन व यश की प्राप्ति होती है।

34. मकरलग्न में बलवान शनि की सप्तमेश चंद्र से युति हो तो जातक का भाग्योदय विवाह के बाद होता है तथा उसे पत्नी, ससुराल पक्ष से धन की प्राप्ति होती है।

35. मकरलग्न में बलवान शनि की नवमेश बुध के साथ युति हो तो ऐसा जातक राजा से, राज्य सरकार से, सरकारी अधिकारियों एवं सरकारी ठेकों से काफी धन कमाता है।

36. मकरलग्न में बलवान शनि की दशमेश शुक्र से युति हो तो जातक को पैतृक सम्पत्ति या पिता द्वारा रक्षित धन की प्राप्ति होती है अथवा पिता का व्यवसाय जातक के भाग्योदय में सहायक होता है।

37. मकरलग्न में दशम भवन का स्वामी शुक्र यदि छठे, आठवें या बारहवें स्थान में हो तो जातक को परिश्रम का पूरा लाभ नहीं मिलता। ऐसा जातक जन्म स्थान में नहीं कमा पाता तथा उसे सदैव धन की कमी बनी रहती है।

38. मकरलग्न में लग्नेश शनि यदि छठे, आठवें या बारहवें स्थान में हो एवं सूर्य आठवें या बारहवें स्थान में हो तो व्यक्ति कर्जदार होता है तथा धन के मामले में कमजोर होता है।

39. मकरलग्न में धन भाव में पाप ग्रह हो तथा लाभेश मंगल यदि छठे, आठवें या बारहवें स्थान में हो तो व्यक्ति दरिद्र होता है।

40. मकरलग्न में केन्द्र स्थानों को छोड़कर चंद्रमा यदि गुरु से छठे, आठवें या बारहवें स्थान में हो तो शकट योग बनता है। जिसके कारण व्यक्ति को सदैव धन का अभाव रहता है।

41. मकरलग्न में धनेश शनि अस्त हो, नीच राशि (मेष) में हो, धन भाव एवं अष्टम भाव में कोई पाप ग्रह हो तो व्यक्ति सदैव ऋणग्रस्त रहता है, कर्ज उसके सिर से उतरता नहीं।

42. मकरलग्न में लाभेश मंगल यदि छठे, आठवें या बारहवें स्थान में हो तथा लाभेश अस्तगत व पाप पीड़ित हो तो जातक महादरिद्र होता है।

43. मकरलग्न में अष्टमेश सूर्य निर्बल होकर कहीं भी बैठा हो तथा अष्टम स्थान में कोई भी ग्रह वक्री होकर बैठा हो तो अकस्मात् धनहानि का योग बनता है। ऐसे व्यक्ति की धन के मामले में परिस्थितिवश अचानक भारी नुकसान हो सकता है, अतः सावधान रहें।

44. मकरलग्न में अष्टमेश सूर्य शत्रुक्षेत्री, नीच राशिगत एवं पाप पीड़ित हो तो जातक को अचानक धन की हानि होती है।

❑❑❑

मकरलग्न और विवाह योग

1. मकरलग्न में द्वितीय भाव में स्व का शनि कुंभ राशिस्थ हो, राहु व मंगल की युति शनि के साथ हो। पत्नी भाव में शुक्र-गुरु हो और 8वें भाव में अर्थात् सिंह राशि में सूर्य-चंद्रमा हो तो वह जातक निश्चय ही वेश्यागामी होता है।
2. कन्या जातक की जन्म-कुण्डली हो तथा सप्तम भाव में अर्थात् कर्क राशि में सूर्य-मंगल हो तो जातिका को वैधव्य भोगना पड़ता है।
3. स्त्री जातक की जन्म-कुण्डली हो तथा मकरलग्न हो और लग्न में सूर्य-मंगल हो तो वह स्त्री विधवा होती है। राहु या केतु हो तो संतान का नाश, शनि हो तो जातक दरिद्र होती है।
4. मकरलग्न की स्त्री-कुण्डली में सप्तम भाव में सूर्य हो तो जातिका पति को त्याग देती है, यदि मंगल सप्तम भाव में हो तो जातक स्त्री अवश्य विधवा होती है, यदि शनि सप्तम भाव में हो तो बड़ी होने पर विवाह होता है, चंद्रमा अपूर्व सौंदर्य व बुध रहे तो अतुल सौभाग्य प्राप्त होता है, गुरु सर्व-सुख प्रदान करता है तथा शुक्र भोग-लालसा में वृद्धि करता है।
5. सप्तमेश, नवमेश व शुक्र साथ हों तो ससुराल से अर्थ की प्राप्ति होती है।
6. चतुर्थेश मंगल व सप्तमेश चंद्रमा सप्तम भाव में ही स्थित हो तो जातक को ससुराल से अर्थ प्राप्ति होती है।
7. मकरलग्न में लग्नस्थ शनि चंद्रमा के साथ हो तथा सप्तम भाव में सूर्य हो तो ऐसे जातक के विवाह में भयंकर बाधा आती है। विलम्ब विवाह तो निश्चित है। अविवाह की स्थिति भी बन सकती है।
8. मकरलग्न में शनि और चंद्रमा यदि एक दूसरे को परस्पर देख रहे हों तो विवाह विलम्ब से होता है।
9. मकरलग्न में शनि द्वादशस्थ हो, द्वितीय में सूर्य हो तो जातक का विवाह नहीं होता।

10. मकरलग्न में शनि छठे हो, सूर्य आठवें हो एवं सप्तमेश चंद्रमा बलहीन हो तो जातक का विवाह नहीं होता।
11. मकरलग्न में सूर्य, शनि व शुक्र एक साथ कहीं भी बैठे हों, चंद्रमा निर्बल हो तो जातक का विवाह नहीं होता।
12. मकरलग्न में शुक्र कर्क या सिंह राशि में हो तथा सूर्य या चंद्रमा शुक्र से द्वितीय या द्वादश स्थान में हो तो जातक का विवाह नहीं होता।
13. राहु या केतु सप्तम भाव या नवम भाव में क्रूर ग्रहों से युक्त होकर बैठे हो तो निश्चय ही जातक का विवाह विलम्ब से होता है। ऐसा जातक प्रायः अन्तर्जातीय विवाह करता है।
14. मकरलग्न में द्वितीयेश शनि वक्री हो अथवा द्वितीय भाव में कोई भी ग्रह वक्री होकर बैठा हो तो जातक के विवाह में अत्यधिक अवरोध उत्पन्न होता है।
15. मकरलग्न में सप्तमेश चंद्रमा अस्त हो, सप्तम भाव में कोई ग्रह वक्री हो अथवा किसी वक्री ग्रह की सप्तम भाव पर दृष्टि हो तो जातक के विवाह में अवरोध आता है और विवाह समय पर सम्पन्न नहीं होता।
16. मकरलग्न में द्वितीयेश शनि, मंगल से परस्पर दृष्ट हो तो विवाह विलम्ब से होता है और ससुराल से खटपट रहती है।
17. मकरलग्न में गुरु तृतीय या सप्तम भाव में हो तो जातक एक पत्नीव्रत एवं भारतीय परम्परा में विश्वास रखता है। आयु के 34वें वर्ष में उसे विशिष्ट पद-प्रतिष्ठा, मान-सम्मान की प्राप्ति होती है। ससुराल से प्रचुर धन व मान मिलता है।
18. मकर में सूर्य या मंगल यदि सप्तम भाव में हो तो ऐसी स्त्री परपुरुषों के साथ रमण करती है।
19. मकरलग्न हो, लग्न में चंद्रमा व शुक्र स्थित हो, उन्हें पापग्रह देखते हो तो ऐसी स्त्री परपुरुष-गामिनी होती है। उसके व्याभिचार में उसकी माता या मातातुल्य अन्य वृद्ध स्त्री का पूर्ण सहयोग होता है।
20. मकरलग्न में सातवें सूर्य शुभ ग्रहों से दृष्ट न हो तो स्त्री पति द्वारा त्याग दी जाती है अर्थात् उसे तलाक होती हैं।
21. मकरलग्न हो, चंद्रमा चरराशि (मेष, कर्क, तुला, मकर) में हो, पाप ग्रह केन्द्र में शुभ ग्रहों से दृष्ट न हो तो ऐसी स्त्री विवाह के पूर्व अन्य पुरुषों से संसर्ग करती है।

22. मकरलग्न में सप्तमेश चंद्रमा यदि चरराशि में हो तो स्त्री का पति परदेश में रहेगा। ऐसे में बुध व शनि दोनों ही यदि सप्तम भाव में हो तो स्त्री का पति नपुंसक होगा।

23. मकरलग्न में सप्तम स्थान में मंगल एवं सूर्य स्थित हो तो ऐसी स्त्री कई पुरुषों के साथ रमण करती है।

24. मकरलग्न में सूर्य व चंद्रमा सप्तम स्थान में हो तो ऐसी स्त्री अपने पति की इच्छा से परपुरुष में आसक्त रहती है।

25. मकरलग्न में सूर्य एवं मंगल सप्तम भाव में हो तथा लग्न या चद्रंमा पापपीडित हो तो ऐसी स्त्री विवाह के सात या आंठ वर्ष बाद ही विधवा हो जाती है।

26. मकरलग्न में षष्टेश बुध राहु एक साथ होकर लग्नेश शनि से किसी प्रकार का संबंध करे तो जातक नपुंसक होता है।

27. मकरलग्न में सप्तम भाव में कर्क या मंगल हो तो स्त्री स्वेच्छाचारिणी होती है तथा विषय-भोग में अधैर्यशाली होती है।

28. मकरलग्न में पाप ग्रह से दृष्ट चंद्रमा एवं शुक्र कहीं भी बैठे हो तो ऐसी स्त्री व्याभिचारिणी होती है।

29. मकरलग्न में सप्तम भाव में शनि एवं मंगल, शुभ ग्रहों से दृष्ट हो तो ऐसी स्त्री उत्तम कुल में जन्म लेने पर भी पति को त्याग कर व्याभिचारिणी बन जाती है अथवा विधवा भी हो सकती है।

30. मकरलग्न में चंद्रमा यदि (2/4/6/8/10/12) राशि में हो तो ऐसी महिला अत्यन्त कोमल एवं मृदुस्वभाव वाली होती है।

31. मकरलग्न में गुरु, बुध, शुक्र एवं मंगल बलवान हो तो ऐसी स्त्री विख्यात विदुषी, सच्चरित्र वाली सभ्य महिला होती है।

32. मकरलग्न में सप्तमेश चंद्रमा यदि चरराशि (1/4/7/10) में हो तो ऐसी स्त्री का पति निरन्तर प्रवास में रहता है।

33. मकरलग्न में चंद्रमा व शुक्र लग्नस्थ, पाप ग्रह से दृष्ट हो तो ऐसी स्त्री माता सहित परपुरुष गामिनी होती है।

34. मकरलग्न में चंद्रमा और शुक्र लग्नस्थ हो तथा पंचम भाव पाप ग्रहों से दृष्ट हो तो ऐसी नारी वन्ध्या होती है।

35. मकरलग्न में सूर्य अष्टम में सिंह राशि का स्वगृही हो तो ऐसी कन्या बांझ होती है।

36. मकरलग्न में लग्नस्थ शनि के साथ अष्टमेश सूर्य हो तो ''द्विभार्या योग'' बनता है। ऐसा जातक दो नारियों के साथ रमण करता है।
37. मकरलग्न में बुध, शुक्र और शनि ये तीनों ग्रह यदि दशम भाव में हो तो ऐसी पुरुष व्याभिचारी होता है।
38. मकरलग्न में सप्तमेश चंद्रमा यदि द्वितीय या द्वादश स्थान में हो तो पूर्ण 'व्याभिचारी योग' बनता है। ऐसा पुरुष जीवन में अनेक स्त्रियों के साथ सम्भोग करता है।
39. मकरलग्न में चंद्रमा पाप ग्रहों के नवमाशे में हो तो ऐसे पुरुष की पत्नी कर्कश व झगड़ालू होती है। जिससे जातक से स्वयं दु:खी हो जाता है।
40. मकरलग्न में यदि पंचमेश शुक्र छठे, आठवें या बारहवें स्थान में हो तो ऐसे व्यक्ति का विवाह वृद्धावस्था में होता है।
41. मकरलग्न में सूर्य सातवें हो तो ऐसे पुरुष की पत्नी अल्पजीवी होती है।

❑❑❑

मकरलग्न एवं संतान योग

1. मकरलग्न में चंद्रमा वृष का पंचम भाव में हो तो जातक के एक पुत्र होता है।
2. मकरलग्न में पंचमेश शुक्र आठवे हो तो जातक के अल्प संतति होती है।
3. मकरलग्न में पंचमेश शुक्र अस्त हो, पापपीड़ित या पाप ग्रह होकर छठे, आठवें या बारहवें हो तो व्यक्ति के पुत्र नहीं होता।
4. मकरलग्न में पंचमेश शुक्र लग्न (मकर राशि) में हो तथा गुरु से युत या दृष्ट हो तो व्यंक्ति के प्रथम पुत्र ही होता है।
5. मकरलग्न में मंगल हो, पंचम स्थान में सूर्य एवं शनि आठवें हो तो जातक की जवानी बीत जाने के बाद बहुत प्रयत्न करने पर पुत्र होता है।
6. मकरलग्न में शनि हो, गुरु आठवें एवं मंगल बारहवें हो तो जातक की जवानी बीत जाने के बाद बहुत प्रयत्न करने पर पुत्र होता है।
7. मकरलग्न में ग्यारहवें चंद्रमा वृश्चिक राशि का हो तथा गुरु से पांचवें स्थान में पाप ग्रह हो लग्न में भी पाप ग्रह तो जातक की जवानी बीत जाने के बाद बहुत प्रयत्न करने पर पुत्र होता है।
8. मकरलग्न में पंचमेश शुक्र लग्न में हो एवं लग्नेश शनि पंचम में परस्पर परिवर्तन करके बैठे हो तो जातक दूसरों की संतान गोद में लेकर अपने पुत्र की तरह पालता है।
9. मकरलग्न में पंचम भाव में वृष राशि होने से, यदि अन्य कोई दुर्योग न हो तो विवाहोपरान्त जातक के शीघ्र संतति होती है।
10. मकरलग्न के पंचमभाव में शुक्र हो तो जातक के छः कन्याएं होती हैं।
11. मकरलग्न पें सूर्य+चंद्रमा हो तथा मंगल राहु व शनि से युत हो तो ऐसे व्यक्ति को माता के शाप के कारण पुत्र संतान नहीं होती।
12. मकरलग्न में सूर्य हो तथा सूर्य पापग्रस्त, पापपीड़ित या पाप ग्रह से दृष्ट हो तो ऐसे व्यक्ति को कुल देवता के शाप के कारण पुत्र संतान नहीं होती।

13. राहु, सूर्य एवं मंगल पंचम भाव में हो तो ऐसे जातक को शल्यचिकित्सा द्वारा कष्ट से पुत्र संतान की प्राप्ति होती है। आज की भाषा में ऐसे बालक को "सिजेरियन चाइल्ड" कहते हैं।

14. मकरलग्न में पंचमेश शुक्र कमजोर हो तथा राहु ग्यारहवें हो तो जातक को वृद्धावस्था में संतान होती है।

15. पंचम स्थान में राहु, केतु या शनि इत्यादि पाप ग्रह हो तो गर्भपात अवश्य होता है।

16. मकरलग्न में लग्नेश शनि द्वितीय स्थान में हो तथा पंचमेश शुक्र पापग्रस्त या पापपीड़ित हो तो ऐसे जातक के पुत्र संतान उत्पन्न होकर नष्ट हो जाते हैं।

17. मकरलग्न में पंचमेश शुक्र बारहवें शुभ ग्रहों से युत या दृष्ट हो तो ऐसे जातक के पुत्र की वृद्धावस्था में अकाल मृत्यु हो जाती है। जिससे जातक ससार से विरक्त होकर वैराग्य की ओर उन्मुख होता है।

18. पंचमेश यदि वृष, कर्क, कन्या या तुला राशि में हो तो जातक को प्रथम संतति के रूप में कन्या रत्न की प्राप्ति होती है।

19. मकरलग्न में पंचमेश शुक्र की सप्तमेश चंद्र के साथ युति हो तो जातक को प्रथम संतान के रूप में कन्या रत्न की प्राप्ति होती है।

20. स्त्री को जन्म-कुण्डली हो तथा मकरलग्न हो और लग्न में सूर्य मंगल हो तो वह स्त्री विधवा होती है। राहु या केतु हो तो संतान का नाश, शनि हो तो दरिद्र होती है।

21. समराशि (2, 4, 6, 8, 10, 12) में गया हुआ बुध कन्या संतति की बाहुल्यता देता है। यदि चंद्रमा और शुक्र का भी पंचम भाव पर प्रभाव हो तो यह योग अधिक पुष्ट हो जाता है।

22. पंचमेश शुक्र निर्बल हो, लग्नेश शनि भी निर्बल हो, पंचम भाव में राहु हो तो सर्पदोष के कारण जातक के संतान नहीं होती।

23. पंचम भाव में राहु हो और एकादश स्थान में स्थित केतु के मध्य सारे ग्रह हो तो पद्यनामक "कालसर्प योग" के कारण जातक के पुत्र संतान नहीं होती। ऐसे जातक को वंश वृद्धि की चिंता एवं मानसिक तनाव रहता है।

24. सूर्य अष्टम हो, पंचम भाव में शनि हो, पंचमेश राहु से युत हो तो जातक को पितृदोष होता है तथा पितृशाप के कारण पुत्र संतान नहीं होती।

25. लग्न में मंगल, अष्टम में शनि, पंचम में सूर्य एवं बारहवें स्थान में राहु या केतु हो तो "वंशविच्छेद योग" बनता है। ऐसे जातक के स्वयं का वंश समाप्त हो जाता है आगे पीढ़िया नहीं चलती।

26. मकरलग्न के चतुर्थ भाव में पाप ग्रह हो तथा चंद्रमा जहां बैठा हो उससे आठवें स्थान में पाप ग्रह हो तो ''वंशविच्छेद योग'' बनता है। ऐसे जातक के स्वयं का वंश समाप्त हो जाता है, उसके आगे पीढ़िया नहीं चलती।

27. तीन केन्द्रों में पापग्रह हो तो व्यक्ति को ''इलाख्य नामक'' सर्प योग बनता है। इस दोष के कारण जातक के पुत्र संतान का सुख नहीं मिलता। दोष निवृत्ति पर शांति हो जाती।

28. मकरलग्न में पंचमेश पंचम, षष्ठ या द्वादश भाव में हो तथा पंचम भाव शुभ ग्रहों से दृष्ट न हो तो ''अनपत्य योग'' बनता है। ऐसे जातक को निर्बीज पृथ्वी की तरह संतान उत्पन्न नहीं होती पर उपाय से दोष शांत हो जाता है।

29. पंचम भाव मंगल बुध की युति हो तो जातक के जुड़वां संतान होती है। पुत्र या पुत्री की कोई शर्त नहीं।

30. जिस स्त्री के जन्म कुण्डली में सूर्य लग्न में और शनि यदि सातवें हो, अथवा सूर्य+शनि की युति सातवें हो तथा दशम भाव पर गुरु की दृष्टि हो तो ''अनगर्भा योग'' बनता है ऐसी स्त्री गर्भधारण करने योग्य नहीं होता।

31. जिस स्त्री की जन्म कुण्डली में शनि+मंगल छठे या चौथे स्थान में हो तो ''अनगर्भा योग'' बनता है ऐसे स्त्री गर्भधारण करने योग्य नहीं होती।

32. शुभ ग्रहों के साथ सूर्य+चंद्रमा यदि पंचम स्थान में हो तो ''कुलवर्द्धन योग'' बनता है। ऐसी स्त्री दीर्घजीवी, धनी एवं ऐश्वर्यशाली संतानों को उत्पन्न करती है।

33. पंचमेश मिथुन या कन्या राशि में हो, बुध से युत हो, पंचमेश और पंचम भाव पर पुरुष ग्रहों की दृष्टि न हो तो जातक को ''केवल कन्या योग'' होता है। पुत्र संतान नहीं होता।

❑❑❑

मकरलग्न और राजयोग

1. यदि मकरलग्न अपने पूर्णांश पर हो और उच्चांश पर उच्च का मंगल बैठा हो, साथ ही उच्च का सूर्य चतुर्थ में, उच्च का बृहस्पति सप्तम में, उच्च का शनि दशम स्थान में बैठा हो तो या इन चारों में से कोई भी तीन ग्रह उच्च के बैठे हों तो राजयोग कारक होते हैं। तो जातक राजा के समान ऐश्वर्य एवं वैभव को भोगता है।
2. इनके अतिरिक्त यदि उच्च का मंगल लग्न में हो, उच्च का सूर्य चतुर्थ में और स्वगृही कर्क का चंद्रमा सप्तम में हो तो जातक राजा के समान ऐश्वर्य एवं वैभव को भोगता है।
3. दो ग्रह उच्च के केन्द्र में हो और साथ ही स्वगृही चंद्रमा सप्तम में हो तो राजयोग होता है तो जातक राजा के समान ऐश्वर्य एवं वैभव को भोगता है।
4. उच्च का मंगल लग्न में हो और स्वगृही चंद्र से दृष्ट हो या मकर का स्वगृही शनि लग्न में हो, मेष का स्वगृही मंगल चतुर्थ में हो, तो जातक राजा के समान ऐश्वर्य एवं वैभव को भोगता है।
5. कर्क का स्वगृही चंद्रमा सप्तम में हो और तुला का स्वगृही शुक्र दशम में हो तो या इन चारों के साथ यदि मिथुन का स्वगृही बुध छठे स्थान में और सिंह का स्वगृही सूर्य अष्टम स्थान में हो तो जातक राजा के समान ऐश्वर्य एवं वैभव को भोगता है।
6. मकर का स्वगृही शनि बृहस्पति के साथ लग्न में हो, मीन का चंद्रमा तीसरे स्थान में हो, उच्च का बुध नवम स्थान में हो तथा मंगल वृश्चिक का एकादश स्थान में या वृश्चिक का शुक्र एकादश में हो तो जातक राजा के समान ऐश्वर्य एवं वैभव को भोगता है।
7. दो ग्रह उच्च के दो ग्रह स्वगृही केन्द्र या त्रिकोण में हो तो या तीन ग्रह उच्च के एक ग्रह स्वगृही केन्द्र त्रिकोण में हो तो या तीन ग्रह स्वगृही के साथ एक

ग्रह उच्च का केन्द्र या त्रिकोण में बैठे हो तो जातक राजा के समान ऐश्वर्य एवं वैभव को भोगता है।

8. यदि लग्नगत मकर राशि में स्वगृही शनि हो, मीन का चंद्रमा तीसरे भाव में हो, मिथुन का मंगल छठे भाव में हो, उच्च या कन्या का बुध भाग्य स्थान में हो और धन का बृहस्पति द्वादश भाव में हो तो मनुष्य बड़ा की गुणवान तथा कीर्तिवान मनुष्य राजा के समान होता है।

9. यदि मकरलग्न हो और लग्नेश शनि उच्च या तुला का होकर राज्य स्थान में चंद्रमा से युक्त बैठा हो तो मनुष्य 10 वर्ष की अवस्था में बड़ी पदवी प्राप्त करता है। राज्य कर्मचारी होते हुए भी धन-धन्यपूर्ण ऐश्वर्यमय जीवन व्यतीत करता है।

10. यदि मकरलग्न में मंगल शनि, दशम स्थान में तुला का शुक्र तथा धन का सूर्य और चंद्रमा द्वादश स्थान में हो, तो मनुष्य बड़ी सरकारी नौकरी में होता है।

11. यदि मकर का शनि लग्न में, कर्क का सूर्य चंद्रमा सप्तम में, वृश्चिक का मंगल एकादश स्थान में, सिंह का शुक्र अष्टम में और उच्च का बुध, गुरु से दृष्ट हो तो मनुष्य बहुत ही बड़ा आदमी होता है।

12. लग्न अथवा चंद्र लग्न से गुरु यदि केन्द्र में हो उस पर मात्र शुभ ग्रहों की दृष्टि हो, गुरु अस्त, नीच, शत्रु राशि में न हो तो जातक मुख्यमंत्री बनता है।

13. शनि दशम भाव में उच्च का हो, बुध, गुरु, शुक्र व सूर्य, चंद्रादि 1, 4, 7, 10वें केन्द्रस्थ भावों में हो व्यक्ति उच्च शासनाधिकारी होता है।

14. लग्नेश पंचम में व पंचमेश लग्न में हो, आत्मकारक व पुत्रकारक दोनों लग्न या पंचम में हो, अपने उच्च, राशि या नवांश में तथा शुभ ग्रह से दृष्ट हो तो जातक राज्यपाल या मुख्यमंत्री अवश्य होता है।

15. पंचमेश, लग्नेश, तृतीयेश, चतुर्थेश, षष्ठेश, सप्तमेश, नवमेश व द्वादशेश के साथ हो तो जातक व्यापारी भी और जमींदार भी होता है अर्थात् उच्च पदाधिकारी भी।

16. बुध स्व का उच्च का नवम भाव में हो, केतु व बुध की युति हो, गुरु की बुध-केतु पर पूर्ण दृष्टि हो तो जातक उच्च पदाधिकारी होता है।

17. चंद्रमा मेष राशि में स्थित हो और गुरु द्वारा दृष्ट हो तो वह व्यक्ति अनेक नौकरों-चाकरों से युक्त, धनाढ्य व मंत्री या सेनापति होता है।

18. अष्टम स्थान में गुरु व शुक्र हो, सप्तम में कर्क राशि में बुध हो, सूर्य लग्न

से सप्तम, चंद्रमा लग्न से पंचम और शनि लग्न से 11वें स्थान में हो तो जातक गुण सम्पन्न एवं उच्च पदाधिकारी होता है।

19. तृतीय स्थान में मीन का चंद्रमा हो, छठे मंगल, 9 भाव में बुध व द्वादश भाव में गुरु हो तो श्रेष्ठ राजयोग होता है।

20. लग्न में शनि हो, 4, 7, 8, 9, 10 के स्वामी उन-उन भावों में स्वगृही हो अर्थात मेष का मंगल, कर्क का चंद्रमा, सिंह का सूर्य, कन्या का बुध व तुला का शुक्र तो उत्तम राजयोग बनता है।

21. गुरु लग्न में हो व शुक्र तुला राशि में स्वगृही हो तथा लग्नेश शुक्र की युति हो तो जातक उच्च पद प्राप्त करता है तथा धनाढ्य होता है।

22. मकरलग्न में जन्मकाल में लग्न से दशम स्थान में शनि हो तो धनवान्, शूरवीर, मंत्री, दण्ड देने वाला (अर्थात् जज वगैरह) एक गांव या गावों के समूह का नेता होता है।

23. मकरलग्न में उच्च का बृहस्पति और मंगल तथा मेष लग्न में मंगल और गुरु हो, तो राजयोग होता है।

24. मकरलग्न में चंद्रमा लाभस्थान में शुक्र, गुरु के साथ और मंगल उच्च का मकर राशि के शनि के साथ हो और लग्न में कन्या का बुध हो तो बहुत विद्वान् होकर राजयोग होता है।

25. मकरलग्न में स्वराशि में पूर्ण चंद्रमा लग्न में, सप्तम में, बुध षष्ठम में, सूर्य चतुर्थ में, शुक्र दशम में, गुरु और शनि मंगल तृतीय स्थान में हो तो वैभव संपन्न राजयोग होता है।

26. मकर का शनि लग्न में, मीन का चंद्रमा, मिथुन का मंगल, धन का गुरु हो तो कीर्तिमान राजयोग होता है।

27. मकरलग्न में मंगल, सप्तम में पूर्ण चंद्रमा हो तो शत्रुओं से विजय प्राप्त करने वाला और वेदशास्त्र को जानने वाला ऐसा राजयोग होता है।

❑❑❑

लग्नवाराही

आचार्य वराहमिहिर ने जन्मलग्न में ग्रहों की स्थिति पर कुछ फलादेश संकेत रूप में चिह्नित किये हैं। प्रबुद्ध पाठकों को इन बिन्दुओं पर भी ध्यान देना चाहिए। अत: मूल संस्कृत श्लोकों सहित 'लग्नवाराही' यहां प्रस्तुत की जा रही है।।

प्रथमभावफलम्–

लग्नस्थितोत दिनकरः कुरुतेऽङ्गपीडां
पृथ्वीसुतो वितनुते रुधिरप्रकोपम्।
छायासुतः प्रकुरुते बहुदु:खरोगं
जीवेन्द्रभार्गवबुधाः सुखकान्तिदाः स्युः॥1॥

यस्या बलेन भुवनं सृजते विधाता, यस्या बलेन भुवनम्परिपाति चक्री।
यस्या बलेन भुवनं हरते पिनाकी साऽऽद्या सद विशतु नो मनसेप्सितं यत्॥1॥

जन्मलग्न में सूर्य हो तो शरीर में पीड़ा, मंगल हो तो रक्त विकार तथा शनि हो तो अनेक प्रकार का दु:ख और गुरु, चंद्रमा, शुक्र तथा बुध हों तो सुख-सौन्दर्य देते हैं।।1।।

द्वितीयभावफलम्–

दु:खावहा धनविनाशकराः प्रदिष्टा
वित्तस्थितारविशनैश्चरभूमिपुत्राः ।
चन्द्रो बुधः सुरगुरुर्भृगुनन्दनो वा
नानाविधं धनचयं कुरुते धनस्थाः॥2॥

सूर्य, शनि और मंगल यदि जन्मलग्न से दूसरे स्थान में हों तो अनेक प्रकार के दुख: तथा धन का नाश करते हैं तथा चंद्रमा, बुध, गुरु अथवा शुक्र दूसरे भाव में हों तो अनेक प्रकार से धन की वृद्धि करते हैं।।2।।

तृतीयभावफलम्–

भानुः करोति विरुजं रजनीपतिश्च
कीर्त्याश्रयं क्षितिसुतः प्रचुरप्रकोपम् ।
सिद्धिर्बुधः सुधिषणं च सुनीतिप्रज्ञं
स्त्रीणां प्रियं गुरुकवी रविजस्तृतीये॥3॥

जन्मलग्न से तीसरे भाव में सूर्य हो तो सम्पूर्ण रोगों का नाश करता है, चंद्रमा हो तो जातक यशस्वी होता है और मंगल कोपाधिक्य तथा बुध सिद्धि देता है। बृहस्पति, शुक्र एवं शनि यदि लग्न में तीसरे भाव में हों तो जातक अच्छी बुद्धि वाला तथा नीतिशास्त्र का ज्ञाता और स्त्रियों का प्रिय होता है॥3॥

चतुर्थभावफलम्–

आदित्यभौमशनयः सुखवर्जिताङ्गं
कुर्वन्ति जन्म विफलं निहिताश्चतुर्थे।
सोमो बुधः सुरगुरुर्भृगुनन्दनो वा
सौख्यान्वितं नृपयशः कुरुते प्रवृद्धिम्॥4॥

जन्मलग्न से चतुर्थ भाव में सूर्य, मंगल, शनि हो तो सुखरहित शरीर वाला तथा निष्फल जन्म वाला होता है और चंद्रमा, बुध, गुरु अथवा शुक्र हो तो जातक सुख से युक्त, राजा से कीर्तिलाभ प्राप्त करने वाला तथा जातक के धन की वृद्धि होती है॥4॥

पंचमभावफलम्–

कोपान्वितं प्रकुरुते तपनश्च पुत्रं
निस्सन्ततिं च विधुजः कुसुतं कुजार्की।
शुक्रेन्दुदेवगुरुवः सुतधामसंस्थाः
कुर्वन्ति पुत्रबहुलं सुधियं सुरूपम्॥5॥

जिसके लग्न से पंचम स्थान में सूर्य हो उसका पुत्र क्रोधी होता है और बुध हो तो पुत्ररहित होता है। मंगल और शनि हो तो दुष्ट स्वभाव वाला पुत्र होता है, शुक्र, चंद्रमा और बृहस्पति हो तो सुंदर एवं बुद्धिमान बहुत पुत्र होते हैं॥5॥

षष्ठभावफलम्–

मार्तण्डभूमितनयौ ह्यरिपक्षनाशं
मन्दः करोति पुरुषं बहुराज्यमानम्।

शुक्रो बुधो हि कुमतिं सरुजं च जीव-
श्चन्द्रः करोति विकलं विफलप्रयत्नम्॥6॥

जन्मलग्न से षष्ट स्थान में सूर्य और मंगल हों तो शत्रुपक्ष का नाश होता है, शनि हो तो जातक राजमान्य होती है और षष्ठ भाव में शुक्र, बुध हों तो जातक दुष्ट बुद्धि वाला होता है तथा गुरु हो तो रोगी और चंद्रमा हो तो मनुष्य का प्रयत्न विफल होता है, अतएव जातक सदा ही विकल रहता है।।6।।

सप्तमभावफलम्–

तिग्मांशुभौमरविजाः किल सप्तमस्था
जायां कुकर्मनिरतां तनुसन्ततिं च।
जीवेन्दुभार्गवबुधा बहुपुत्रयुक्तां
रूपान्वितां जनमनोहरशीलरूपाम्॥7॥

यदि जन्मलग्न में सातवें स्थान में सूर्य, भौम और शनि हों तो उसकी स्त्री आचारभ्रष्टा तथा थोड़ी संतान वाली होती है और गुरु, चंद्रमा, शुक्र, बुध सातवें भाव में हों तो जातक की स्त्री बहुत संतान वाली तथा अत्यंत सुन्दरी, सबको अपने गुणों से प्रसन्न करने वाली तथा सुशीला होती है।।7।।

अष्टमभावफलम्–

सर्वे ग्रहाः दिनकरप्रमुखा नितान्तं
मृत्युस्थिता विदधते किल दुष्टबुद्धिम्।
शस्त्राभिघातपरिपीडितगात्रभागं
बुद्धया विहीनमतिरोगगणैरुपेतम्॥8॥

सूर्यादि नव ग्रहों में से कोई भी जन्मलग्न के आठवें भाव में हो तो प्राणी दुष्ट बुद्धि वाला होता है तथा उसके किसी भी अंग में शस्त्राभिघात होता है और जातक बुद्धिहीन तथा अनेक रोगों से युक्त होता है।।8।।

नवमभावफलम्–

धर्मस्थिता रविशनैश्चरभूमिपुत्राः
कुर्वन्ति धर्मनिधनं जनयन्ति पापम्।
चन्द्रो बुधो भृगुसुतश्च सुरेन्द्रमन्त्री
धर्मप्रधानधिषणं कुरुते मनुष्यम्॥9॥

रवि, शनि और मंगल जन्मलग्न में नवम स्थान में हों तो धर्म का नाश तथा पाप की उत्पति करते हैं; चंद्रमा, बुध, शुक्र, गुरु यदि नवम स्थान में हो तो मनुष्य की बुद्धि प्रधान रूप से धर्मकार्य में रहती है।।9।।

दशमभावफलम्–

आदित्यभौमशनयः किल कर्मसंस्थाः
कुर्य्युर्नरं बहुकुकर्मकरं दरिद्रम्।
चंद्रश्च कीर्त्तिमुशना बहुपुत्रयुक्तं
कुर्यात् सुकर्मनिरतं विधुजो गुरुश्च॥10॥

सूर्य, मंगल और शनि, यदि दशम भाव में हों तो मनुष्य कुत्सित कर्म करने वाला तथा दरिद्र होता है, चंद्रमा हो तो कीर्तिवान्, शुक्र हो तो बहुत पुत्र वाला तथा बुध और गुरु हों तो अच्छे कार्यों में निरत रहता है॥10॥

एकादशभावफलम्–

लाभस्थितो दिनपतिर्नृपलाभकारी
तारापतिर्बहुधनं क्षितिजश्च नारीः।
सौम्यो विवेकसहितं सुभगं च जीवः
शुक्रः करोति सघनं रविजः सुकान्तिम्॥11॥

एकादश भाव में सूर्य हो तो राजा से लाभ, चंद्र हो तो बहुत धन, मंगल हो तो स्त्री सुख, बुध हो तो उत्तम विवेक, बृहस्पति हो तो सौभाग्य, शुक्र हो तो धनयुक्त और शनि हो तो अच्छी कान्ति देते हैं॥11॥

द्वादशभावफलम्–

सूर्यः करोति पुरुषं व्ययगो विशालं
काणं शशी क्षितिसुतो बहुपापभाजम्।
चन्द्रात्मजः प्रकुरुते निधनं धनानां
जीवः कृशं शनिकवी निजराज्यनाशम्॥12॥

यदि सूर्य जन्मलग्न से द्वादश भाव में हो तो वह पुरुष विशाल शरीर वाला होता है और चंद्रमा हो तो काना और मंगल हो तो बहुत पाप करने वाला, बुध हो तो धन का नाश करने वाला, गुरु हो तो कृश शरीर तथा शनि और शुक्र व्यय भाव में हों तो अपने राज्य का नाश करने वाला होता है॥12॥

स्त्री जातक की कुण्डली

प्रथमभावफलम्–

मूर्तौ करोति विधवां दिनकृत् कुजश्च
राहुर्विनष्टतनयां रविजो दरिद्राम्।

शुक्रः शशाङ्कतनयश्च गुरुश्च साध्वी-

मायुष्मतीं प्रकुरुते च विभावरीशः॥1॥

जिस स्त्री के जन्मलग्न में सूर्य या मंगल हो वह विधवा, राहु हो तो मृतवत्सा, शनि हो तो दरिद्रा और शुक्र, बुध, गुरु में से कोई हो तो अच्छी स्वभाव वाली पतिव्रता तथा चंद्रमा हो तो दीर्घायु होती है॥1॥

द्वितीयभावफलम्–

कुर्वन्ति भास्करशनैश्चरराहुभौमाः

दारिद्र्यदुःखमतुलं निहिताः द्वितीये।

वित्तेश्वरीमविधवां गुरुशुक्रसौम्या

नारीं प्रभूततनयां कुरुते शशाङ्क॥2॥

जिस स्त्री के जन्मलग्न से दूसरे स्थान में सूर्य, शनि, राहु और मंगल हो तो वह स्त्री दुःख दारिद्रय से युक्त और गुरु, शुक्र, बुध हों तो धनवती तथा भाग्यवती और चंद्रमा दूसरे भाव में हो तो बहुत पुत्रों से युक्त होती है॥2॥

तृतीयभावफलम्–

शुक्रेन्दुभौमगुरुसूर्यबुधास्तृतीये

कुर्युः सतीं बहुसुतां धनभोगिनीं च ।

कन्यां करोति रविजो बहुवित्तयुक्तां

पुष्टिं करोति नियतं खलु सैंहिकेयः॥3॥

जिस स्त्री की कुंडली के तृतीय भाव में शुक्र, चंद्रमा, भौम, गुरु, सूर्य, बुध इन ग्रहों में से कोई भी हो तो वह स्त्री पतिव्रता, बहुत पुत्रों से युक्त और धन का भोग करने वाली होती है और जिस कन्या के जन्मलग्न में तृतीय भाव में शनि हो तो वह अति धनवती और राहु हो तो पुष्ट शरीर वाली होती है॥3॥

चतुर्थभावफलम्–

स्वल्पं पयः क्षितिजसूर्यसुतौ चतुर्थे

सौभाग्यशीलरहितां कुरुते शशाङ्कः।

राहुः सपत्निसहितां क्षितिवित्तलाभं

दद्याद् बुधः सुरगुरुर्भृगुजश्च सौख्यम्॥4॥

जिस स्त्री की कुंडली में मंगल और शनि, चतुर्थ भाव में हों तो व अल्प दुग्ध देने वाली, चंद्रमा हो तो सौभाग्य शील से रहित, राहु हो तो सपत्नी से युक्त, बुध हो तो धन-भूमि का लाभ करने वाली और बृहस्पति तंथा शुक्र हो तो सौख्यवती होती है।

पंचमभावफलम्–

नष्टात्मजां रविकुजौ खलु पञ्चमस्थौ
चन्द्रात्मजो बहुसुतां गुरुभार्गवौ च।
राहुर्ददाति मरणं रविजश्च रोगं
कन्यानिधानमुदरं कुरुते शशाङ्क॥5॥

स्त्री के पंचम भाव में सूर्य अथवा मंगल हो तो उसकी संतति मर जाती है, यदि बुध, गुरु, शुक्र हों तो वह पुत्र-पुत्रियों से युक्त होती है एवं पंचम भाव में राहु से मरण, शनि से रोग तथा चंद्रमा से बहुत कन्याएं होती हैं॥5॥

षष्ठभावफलम्–

षष्ठे शनैश्चरबुधा रविराहुजीवाः
भौमः करोति सुभगां पतिसेविनीं च।
चंद्र करोति विधवामुशना दरिद्रां
वेश्यां शशाङ्कतनयः कलहप्रियां वा॥6॥

स्त्री के षष्ठ भाव में शनि, बुध, सूर्य, राहु, गुरु और मंगल इन ग्रहों में से कोई हो तो वह सौभाग्यवती, पतिव्रता तथा चंद्रमा हो तो विधवा, शुक्र हो तो दरिद्रा तथा वेश्या और बुध हो तो कलह करने वाली होती है॥6॥

सप्तमभावफलम्–

सूर्यः क्षितीन्दुसुतजीवशनीन्दुशुक्राः
दद्युः प्रसह्य मरणं खलु सप्तमस्थाः।
वैधव्यबन्धनमृतिं किल वित्तनाशं
व्याधिं विदेशगमनं च यथाक्रमेण॥7॥

स्त्री के जन्म लग्न से सप्तम भाव में सूर्य, मंगल, बुध, गुरु, शनि, चंद्रमा, शुक्र हो तो क्रम से मरण, वैधव्य, बन्धन, धननाश, रोग, विदेश-गमन ये फल देते हैं॥7॥

अष्टमभावफलम्–

स्थानेऽष्टमे गुरुबुधौ निहितौ वियोगं
मृत्युं शशाङ्कभृगुजौ च तथैव राहुः।
सूर्यः करोति विधवां सुभगां महीजः
सूर्यात्मजो बहुसुतां पतिवल्लभां च॥8॥

स्त्री के जन्मलग्न में अष्टम स्थान में गुरु और बुध हों तो पति से वियोग, चंद्रमा, शुक्र और राहु हों तो मरण, सूर्य हो तो वैधव्य, मंगल हो तो सौभाग्य, शनि हो तो वह स्त्री बहुत संतानवाली तथा पति-प्रिया होती है।।8।।

नवमभावफलम्-

चन्द्रात्मजो भृगुदिवाकरदेवपूज्या
धर्मस्थिता विदघते किल धर्मनिष्ठाम्।
भौमो रुजं च खलु सूर्यसुतश्च रण्डां
नारीं प्रभूततनयां कुरुते शशाङ्कः॥9॥

जिस स्त्री के नवम भाव में बुध, शुक्र, सूर्य, गुरु इनमें से कोई हो तो वह धर्म में निष्ठा रखने वाली, भौम के रहने से रोगी तथा शनि होने से विधवा और चंद्रमा होने से बहुत संतान वाली होती है।।9।।

दशमभावफलम्-

राहुः करोति विधवां यदि कर्मणि स्यात्
पापे रतिं दिनकरश्च शनैश्चरश्च।
मृत्युं कुजोऽर्थरहितां कुलटां च चन्द्रः
शेषाः ग्रहा धनवतीं सुभगां च कुर्युः॥10॥

जिस स्त्री के दशम भाव में राहु हो वह विधवा; सूर्य, शनि हो तो पापकर्म करने वाली तथा मंगल हो तो अल्पायु, चंद्रमा हो तो धन रहित तथा कुलटा और शेष ग्रह (बुध, बृहस्पति, शुक्र) यदि जन्म लग्न से दशम भाव में दशम भाव में हों तो वह स्त्री धनवती तथा सौभाग्यवती होती है।।10।।

एकादशभावफलम्-

आये स्थितश्च तपनः कुरुते सुपुत्रां
पुत्रीमतीं च महिजोऽर्थवतीं हि चंद्रः।
आयुष्मतीं सुरगुरुश्च तथैव सौम्यो
राहुः करोति विधवां भृगुरर्थयुक्ताम्॥11॥

स्त्री के एकादश भाव में सूर्य हो तो अच्छे पुत्र वाली, मंगल हो तो कन्या वाली चंद्रमा हो तो धन वाली होती है। ग्यारहवें भाव में गुरु अथवा बुध हो तो दीर्घायु, राहु हो तो विधवा और शुक्र हो तो वह स्त्री धनवती होती है।।11।।

द्वादशभावफलम्–

अन्ते गुरुर्हि विधवां दिनकृद् दरिद्रां
चन्द्रो धनव्ययकरां कुलटां च राहुः।
साध्वीं तथा भृगुबुधौ बहुपुत्रपौत्रां
प्राणेशसक्तहृदयां सुहृदां कुजश्च॥12॥

जिस स्त्री में जन्मलग्न से द्वादश स्थान में गुरु हो वह विधवा, सूर्य हो तो दरिद्रा, चंद्रमा हो तो धन का अधिक खर्च करने वाली, राहु हो तो व्यभिचारिणी, शुक्र तथा बुध हो तो सच्चरित्रा और मंगल हो तो बहुत पुत्र-पौत्रों से युक्त, पति से प्रेम करने वाली तथा सुशीला होती है।।12।।

अन्ययोगाः

लग्ने शौरिस्तथा चन्द्रस्त्रिकोणे जीवभास्करौ।
कर्मस्थाने भवेद् भौमो राजयोगस्तदा भवेत्॥1॥

लग्न में शनि और चंद्रमा हो, त्रिकोण अर्थात् नवम-पंचम स्थान में बृहस्पति तथा सूर्य हों और दशम भाव में मंगल हो तो राजयोग देता है।।1।।

नवमे च यदा सूर्यः स्वगृहस्थो भवेद्यदि।
तस्यः भ्राता न जीवेत एकाकी हि भवेश्च सः॥2॥

यदि अपनी राशि का होकर सूर्य नवम भाव में हो तो जातक का भाई नहीं जीता है और वह एकाकी ही रहता है।।2।।

कर्मस्थाने निजक्षेत्रे रविराहू यदा गतौ।
भौमशुक्रबुधैर्युक्तौ क्षणे वृद्धिः क्षणे क्षयः॥3॥

यदि रवि और राहु अपने गृह के होकर कर्म भाव में हों और भौम, शुक्र, बुध से युक्त हों तो क्षण ही में जातक का धन वृद्धि तथा ह्रास को प्राप्त होता है।।3।।

लग्ने क्रूरे व्यये क्रूरे धने सौम्ये तथैव च।
सप्तमे भवने क्रूरे परिवारक्षयंकरः॥4॥

लग्न, द्वादश तथा सप्तम भवों में पाप ग्रह हों और दूसरे भावों में शुभ ग्रह हों तो परिवार का नाश करने वाला होता है।।4।।

षष्ठे च भवने सोमः सप्तमे राहुसम्भवः।
अष्टमे च यदा शौरिर्भार्या तस्य न जीवति॥5॥

जिसके षष्ठ भाव में चंद्रमा, सप्तम में राहु, अष्टम में शनि हो तो जातक की स्त्री नहीं जीती है।।5।।

लग्नस्थाने यदा शौरी रिपुस्थाने च चंद्रमाः।
कुजश्च सप्तमे स्थाने पिता तस्य न जीवति।।6।।

यदि जन्मलग्न में शनि, षष्ठ भाव में चंद्रमा, सप्तम भाव में मंगल हो तो जातक का पिता नहीं जीता है।।6।।

कर्मस्थाने यदा जीवो बुधः शुक्रोऽथ वा शशी।
सर्वकार्याणि सिद्धयन्ति राजमान्यो भवेन्नरः।।7।।

जिसके दशम भाव में बृहस्पति, बुध, शुक्र या चंद्रमा हो जातक के सब कार्य सिद्ध होते हैं तथा वह राज्यमान्य होता है।।7।।

कुंभे शौरिर्धने सूर्यो मेषे भवति चंद्रमाः।
मकरे च यदा शुक्रः स भुङ्क्ते पैतृकं धनम्।।8।।

कुंभ राशि में शनि, धन भाव में सूर्य, मेष राशि में चंद्रमा और मकर राशि में शुक्र हो तो जातक पिता के धन का भोग करने वाला होता है।।8।।

शुक्रो नास्ति बुधो नास्ति नास्ति केन्द्रे बृहस्पतिः।
दशमेऽङ्गारको नास्ति स जातः किं करिष्यातिः।।9।।

जिसके केन्द्र स्थान में शुक्र, बुध, बृहस्पति न हों और दशम भाव में मंगल न हो तो वह मनुष्य कुछ नहीं कर सकता।।9।।

त्रिभिः स्वगृहगैर्मन्त्री त्रिभिरुश्चगतैर्नृपः।
त्रिभिर्नीचैर्भवेद्दासः त्रिभिरस्तैर्निरर्थकः।।10।।

जन्म समय में 3 ग्रह स्वराशि के हों तो मंत्री, 3 ग्रह उच्च के हों तो राजा, 3 ग्रह नीच के हों तो दास और 3 ग्रह अस्त के हों तो निरर्थक होता है।।10।।

लग्ने शुक्रबुधौ यस्य यस्य केन्द्रे बृहस्पतिः।
दशमेऽङ्गारको यस्य स जातः कुलदीपकः।।11।।

जिसके लग्न में शुक्र-बुध और केन्द्र स्थान में बृहस्पति, दशम भाव में मंगल हो वह पुरुष कुल को प्रकाशित करने वाला होता है।।11।।

आदौ जीवः सितः प्रान्ते अन्ये मध्ये निरन्तरम्।
राजयोगं विजानीयात् स्वकुटुम्बविवर्धनः।।12।।

लग्न में गुरु, द्वादश में शुक्र और शेष ग्रह मध्य में निरन्तर (लगातार) हों तो राजयोग होता है और वह मनुष्य अपने कुटुम्ब को बढ़ाने वाला होता है।

क्रुराश्चतुर्थके लग्नात् यदि क्रूरा धनेषु च।

दरिद्रयोगं जानीयात् पितृपक्षक्षयङ्करः॥13॥

लग्न से चतुर्थ और द्वितीय भाव में पाप ग्रह हों तो दरिद्र योग होता है। इस योग में उत्पन्न मनुष्य पिता के कुल का नाश करने वाला होता है॥13॥

लग्ने चैव यदा जीवो धने सौरिर्यदा भवेत्।

राहुश्च सहजस्थाने तस्य माता न जीवति॥14॥

लग्न में गुरु, धनभाव में शनि तथा तीसरे स्थान में राहु हों तो उसकी माता शीघ्र मर जाती है॥14॥

सप्तमे भवने चंद्रो स्त्री राहुश्च मङ्गलः।

सप्तमे दिवसे मृत्युः सप्तमासे न संशयः॥15॥

जन्मलग्न से सप्तम भाव में चंद्रमा, सूर्य, राहु और मंगल हो तो जातक सात ही दिन में अथवा सात मास में ही अवश्य ही मर जाता है॥15॥

उच्चस्थाने यदा भौमो रविराहुसमन्वितः।

तीव्रपीडा भवेत्तस्यं स्वस्थानेनैव तिष्ठति॥16॥

जन्मकाल में उच्च राशि का मंगल सूर्य और राहु के साथ हो तो जातक के शरीर में बड़ी पीड़ा होती है और वह अपने स्थान में नहीं रहता है॥16॥

क्रूरक्षेत्रे गते जीवे रविराहुधरासुते।

सप्तमे भवने शुक्रे देहे कष्टं भवेदिति॥17॥

यदि रवि, राहु, मंगल और बृहस्पति क्रूर ग्रह (6/8/12) में हो और सप्तम भाव में शुक्र हो तो शरीर में कष्ट होता है॥17॥

स्वक्षेत्रस्थो यदा जीवो बुधाशौरी तथैव च।

यस्य जातस्य दीर्घायुः सम्पदस्तु पदे पदे॥18॥

यदि गुरु, बुध, शनि, अपने गृह में हों तो जातक को दीर्घायु और पद-पद में धन संपत्ति देने वाला होता है॥18॥

❑❑❑

मकरलग्न में सूर्य की स्थिति

मकरलग्न में सूर्य की स्थिति प्रथम स्थान में

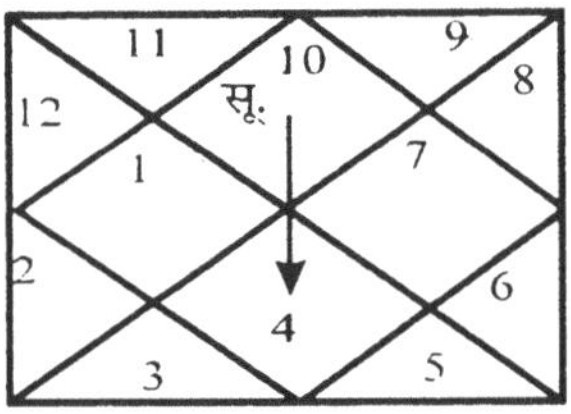

मकरलग्न में सूर्य अष्टमेश होने से अशुभ है। सूर्य शनि का शत्रु होने से अशुभ ग्रहों के सान्निध्य से कभी-कभी मारक का काम भी करेगा। संहिता ग्रंथों के अनुसार सूर्य को यहां अष्टमेश का दोष नहीं लगता। प्रथम स्थान में मकर राशि का सूर्य शत्रुक्षेत्री होगा। फलत: स्वास्थ्य व सौन्दर्य में कुछ कमी रहेगी। फिर भी जातक तेजस्वी, ओजस्वी, सत्यवक्ता एवं न्यायप्रिय होता है। जातक की अपने पिता से विचारधारा कम मिलेगी। जातक के जीवन में गुप्त शत्रुओं की बहुतायत रहेगी।

दृष्टि–लग्नस्थ सूर्य की दृष्टि सप्तम भाव (कर्क राशि) पर होगी। फलत: स्त्री पक्ष से हल्का-सा विरोधाभास होते हुए भी गृहस्थ जीवन सुखी रहेगा।

निशानी–जातक की स्त्री रूपवती, सुन्दर एवं आकर्षक देहयष्टि वाली होगी।

दशा–सूर्य की दशा-अंतर्दशा में मान-सम्मान की वृद्धि होगी। यश मिलेगा पर दुर्घटना का भय बना रहेगा।

सूर्य का अन्य ग्रहों से सम्बन्ध–

1. **सूर्य+चंद्र**–'भोजसंहिता' के अनुसार मकरलग्न में सूर्य+चंद्र की युति प्रथम स्थान में होने के कारण जातक का जन्म माघ कृष्ण अमावस्या को प्रात: सूर्योदय के समय (6 से 8 बजे के) मध्य होता है। अष्टमेश व सप्तमेश की युति लग्न स्थान में होने के कारण जातक विकल अंगों वाला एवं विचलित मन-मस्तिष्क वाला होगा।

2. **सूर्य+मंगल**–सूर्य के साथ मंगल होने से '**रुचक योग**' बनेगा। ऐसा जातक निश्चित रूप से राजातुल्य ऐश्वर्य को भोगेगा।

3. **सूर्य+बुध**–'भोजसंहिता' के अनुसार मकरलग्न में सूर्य अष्टमेश होगा। प्रथम स्थान में मकर राशिगत यह युति वस्तुत: अष्टमेश सूर्य की भाग्येश+षष्टेश बुध के साथ युति कहलायेगी। सूर्य यहां शत्रुक्षेत्री होगा। यहां बैठकर दोनों ग्रह सप्तम भाव को पूर्ण दृष्टि से देखेंगे। जातक बुद्धिमान एवं तेजस्वी होगा। अपने पराक्रम से रुपया कमायेगा। यहां पर यह युति ज्यादा खिलेगी नहीं फिर भी जातक समाज का लब्ध-प्रतिष्ठित व्यक्ति होगा। जातक अपने कुल का नाम रोशन करेगा।

4. **सूर्य+गुरु**–सूर्य के साथ गुरु नीच का होगा। जातक को कर्णदोष एवं नेत्र पीड़ा होने की संभावना अधिक रहेगी।

5. **सूर्य+शुक्र**–सूर्य के साथ शुक्र होने से जातक **'कुल का दीपक'** एवं राज सुख प्राप्त करने का अधिकारी होगा।

6. **सूर्य+शनि**–यहां दोनों ग्रह मकर राशि में होंगे। सूर्य यहां शत्रुक्षेत्री तो शनि स्वगृही होकर **'शश योग'** बनायेगा। अष्टमेश व द्वितीयेश की यह युति लग्न स्थान में विस्फोटक है। जातक राजा के समान ऐश्वर्यशाली एवं पराक्रमी होगा। परन्तु व्यक्तित्व विकास हेतु काफी परिश्रम करना पड़ेगा।

7. **सूर्य+राहु**–सूर्य के साथ राहु जातक के व्यक्तित्व को बिगाड़ेगा।

8. **सूर्य+केतु**–सूर्य के साथ केतु जातक को परेशानियां देगा।

मकरलग्न में सूर्य की स्थिति द्वितीय स्थान में

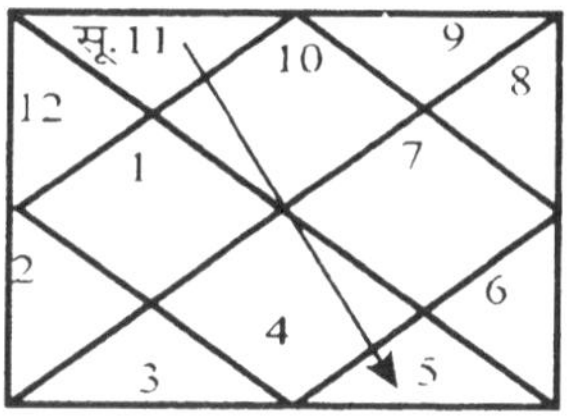

मकरलग्न में सूर्य अष्टमेश होने से अशुभ है। सूर्य शनि का शत्रु होने से अशुभ ग्रहों के सान्निध्य से कभी-कभी मारक का काम भी करेगा। संहिता ग्रंथों के अनुसार सूर्य को यहां अष्टमेश का दोष नहीं लगता। द्वितीय स्थान में सूर्य कुंभ राशि में शत्रु क्षेत्री होगा। ऐसा जातक धन का संचय नहीं कर पाता। जातक को कुटुम्ब सुख में भी कठिनाइयां प्राप्त होंगी। ऐसा जातक दिखावे के लिए विलासिता पूर्ण जीवन जीयेगा। जातक की वाणी गंभीर, अप्रिय तथा अनिष्ट सूचक होगी।

दृष्टि–द्वितीय भावगत सूर्य की दृष्टि अष्टम भाव अपने ही घर (सिंह राशि) पर होगी। फलत: जातक की आयु लम्बी होगी।

निशानी–पाराशर ऋषि के अनुसार **'नष्टं वित्तं न लभ्यते'** ऐसे जातक के हाथ से जो वस्तु खो जायेगी, वो वापंस नहीं मिलेगी। उधार दिया हुआ धन डूब जायेगा।

दशा–सूर्य की दशा-अंतर्दशा मिश्रित फलकारी साबित होगी।

सूर्य का अन्य ग्रहों से सम्बन्ध–

1. **सूर्य+चंद्र**–'भोजसंहिता' के अनुसार मकरलग्न में सूर्य+चंद्र की युति द्वितीय स्थान में होने के कारण जातक का जन्म फाल्गुन कृष्ण अमावस्या को प्रातः सूर्योदय के पूर्व 2 से 4 बजे के मध्य होता है। अष्टमेश व सप्तमेश की युति धन स्थान में, धन-हानि करायेगी। पत्नी की बीमारी में जातक रुपया खर्च होगा। दाम्पत्य जीवन का सुख नष्ट होगा।
2. **सूर्य+मंगल**–सूर्य के साथ मंगल होने से जातक का धन भूमि संबंधी कार्यों में खर्च होगा।
3. **सूर्य+बुध**–'भोजसंहिता' के अनुसार मकरलग्न में सूर्य अष्टमेश होगा। द्वितीय स्थान में कुंभ राशिगत यह युति वस्तुतः अष्टमेश सूर्य की षष्टेश+भाग्येश बुध के साथ युति कहलायेगी। सूर्य यहां शत्रुक्षेत्री होगा तथा दोनों ग्रह अष्टम भाव को देखेंगे, जो सूर्य का ही घर है। जातक बुद्धिमान एवं धनवान होगा। जातक की आमदनी के जरिए एक से अधिक प्रकार के रहेंगे। जातक में रोग से लड़ने की शक्ति होगी। जातक दीर्घजीवी होगा। जातक समाज का लब्ध-प्रतिष्ठित व्यक्ति होगा।
4. **सूर्य+गुरु**–सूर्य के साथ गुरु होने से जातक धर्मप्रधान व्यक्ति होगा तथा धार्मिक वाणी बोलेगा।
5. **सूर्य+शुक्र**–सूर्य के साथ शुक्र होने से सरकारी क्षेत्र से धन की प्राप्ति होगी। पर धनसंग्रह हेतु संघर्ष बना रहेगा।
6. **सूर्य+शनि**–यहां दोनों ग्रह कुंभ राशि में होंगे। सूर्य यहां शत्रुक्षेत्री तो शनि यहां अपनी मूल त्रिकोण राशि में स्वगृही होगा। अष्टमेश व द्वितीयेश की यह युति धन स्थान में विस्फोटक है। धन संग्रह में बाधाएं आयेंगी। पिता की मृत्यु के बाद जातक धनवान होगा।
7. **सूर्य+राहु**–सूर्य के साथ राहु धन संग्रह में भारी कष्ट का संकेतक है।
8. **सूर्य+केतु**–सूर्य के साथ केतु आर्थिक विषमताएं देगा।

मकरलग्न में सूर्य की स्थिति तृतीय स्थान में

मकरलग्न में सूर्य अष्टमेश होने से अशुभ है। सूर्य शनि का शत्रु होने से अशुभ ग्रहों के सान्निध्य से कभी-कभी मारक का काम भी करेगा। संहिता ग्रंथों के अनुसार

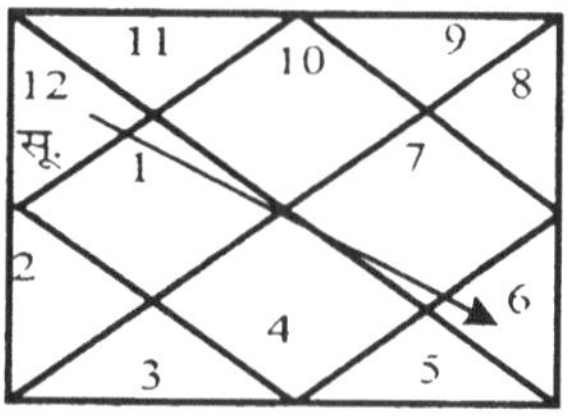

सूर्य को यहां अष्टमेश का दोष नहीं लगता। तृतीय स्थान में सूर्य मीन (मित्र) राशि में होगा। ऐसा जातक अत्यधिक पुरुषार्थी तथा पराक्रमी होता है। जातक शत्रुहन्ता एवं भाग्यशाली होता है। जातक के नौकर एवं मित्र अति विश्वास योग्य नहीं होते।

दृष्टि–तृतीयस्थ सूर्य की दृष्टि भाग्य स्थान (कन्या राशि) पर होगी। ऐसे जातक को पुरुषार्थ का लाभ मिलेगा।

निशानी–ऐसे जातक को बड़े भाई का सुख प्राप्त नहीं होता। पर मित्रों से लाभ होता है।

दशा–सूर्य की दशा-अंतर्दशा में पराक्रम बढ़ेगा। भाग्योदय के अवसर प्राप्त होंगे।

सूर्य का अन्य ग्रहों से सम्बन्ध–

1. **सूर्य+चंद्र**–'भोजसंहिता' के अनुसार मकरलग्न में सूर्य+चंद्र की युति तृतीय स्थान में होने से जातक का जन्म चैत्र कृष्ण अमावस्या को रात्रि 2 से 4 बजे के मध्य होता है। अष्टमेश व सप्तमेश की युति पराक्रम स्थान में होने से छोटे भाई का सुख नहीं प्राप्त होगा। भाई-बहनों में मनमुटाव रहेगा।
2. **सूर्य+मंगल**–सूर्य के साथ मंगल होने से जातक के चार भाई होंगे।
3. **सूर्य+बुध**–'भोजसंहिता' के अनुसार मकरलग्न में सूर्य अष्टमेश होगा। तृतीय स्थान में मीन राशिगत यह युति वस्तुत: अष्टमेश सूर्य की षष्टेश+भाग्येश बुध के साथ युति होगी। बुध यहां नीच राशि का होगा। यहां बैठकर दोनों ग्रह भाग्य स्थान को पूर्ण दृष्टि से देखेंगे जो कि बुध की उच्च राशि होगी। फलत: जातक बुद्धिमान एवं भाग्यशाली होगा। जातक का पराक्रम तेज होगा। परिजन एवं इष्टमित्रों की मदद जीवन में मिलती रहेगी। जातक का भाग्योदय 26 वर्ष की आयु में होना शुरू होगा। जातक समाज का लब्ध-प्रतिष्ठित व्यक्ति होगा।
4. **सूर्य+गुरु**–सूर्य के साथ गुरु स्वगृही होगा। जातक को भाई-बहनों का सुख मिलेगा। पर भाइयों से बनेगी नहीं।
5. **सूर्य+शुक्र**–सूर्य के साथ शुक्र उच्च का होगा। जातक को मित्रों-रिश्तेदारों से लाभ होता रहेगा।
6. **सूर्य+शनि**–यहां दोनों ग्रह मीन राशि में होंगे। सूर्य यहां मित्र क्षेत्री तो शनि सम राशि में है। अष्टमेश व द्वितीयेश यह युति पराक्रम स्थान में विस्फोटक है। परिवार में कलह-विवाद बना रहेगा। मित्र अविश्वासनीय होंगे। छोटे-बड़े दोनों भाइयों का सुख नहीं होगा।

7. **सूर्य+राहु**–सूर्य के साथ राहु भाइयों में कोर्ट-केस करायेगा।
8. **सूर्य+केतु**–सूर्य के साथ केतु परिजनों में विवाद करायेगा।

मकरलग्न में सूर्य की स्थिति चतुर्थ स्थान में

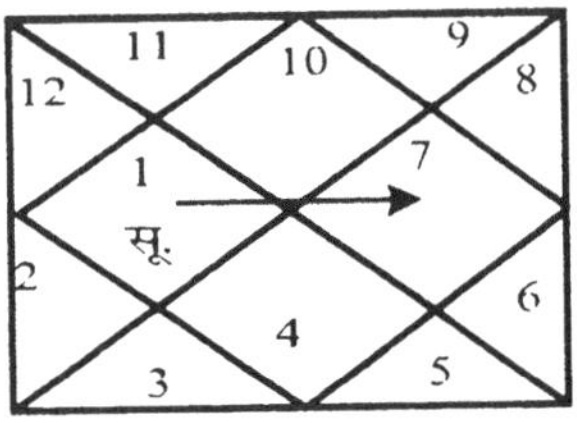

मकरलग्न में सूर्य अष्टमेश होने से अशुभ है। सूर्य शनि का शत्रु होने से अशुभ ग्रहों के सान्निध्य से कभी-कभी मारक का काम भी करेगा। संहिता ग्रंथों के अनुसार सूर्य को यहां अष्टमेश का दोष नहीं लगता। यहां चतुर्थ स्थान में सूर्य उच्च का होगा। मेष के अंशों में सूर्य परमोच्च का होता है। अपनी राशि से नवमें स्थान पर होने के कारण सूर्य यहां शुभ फलदायक है। **'रविकृत राजयोग'** के कारण जातक आध्यात्मिक शक्ति से युक्त, भौतिक सुख-सुविधाओं से युक्त, ऐश्वर्यपूर्ण जीवन जीता है। जातक पढ़ा-लिखा होगा। उसे उच्च शैक्षणिक उपाधि मिलेगी।

दृष्टि–चतुर्थ भाव स्थित सूर्य की दृष्टि दशम स्थान तुला राशि पर होगी। ऐसा जातक राजकीय प्रभुत्व सम्पन्न राजपुरुष होता है।

निशानी–ऐसे जातक के पास बड़ा मकान होता है। जिसके दरवाजे भी बड़े-बड़े होंगे।

दशा–सूर्य की दशा-अंतर्दशा में जातक उन्नति मार्ग की ओर आगे बढ़ेगा।

सूर्य का अन्य ग्रहों से सम्बन्ध–

1. **सूर्य+चंद्र**–'भोजसंहिता' के अनुसार मकरलग्न में सूर्य+चंद्र की युति चतुर्थ स्थान में होने के कारण जातक का जन्म वैशाख कृष्ण अमावस्या को रात्रि 2 से 12 बजे के मध्य होता है। अष्टमेश व सप्तमेश की युति मेष राशि (उच्च के सूर्य) में होने से **'रविकृत राजयोग'** बनेगा। जातक राजा के समान पराक्रमी होगा पर वाहन दुर्घटना का भय रहेगा।
2. **सूर्य+मंगल**–सूर्य के साथ मंगल होने से **'किम्बहुना योग'** बनेगा। जातक निश्चित रुप से राजा तुल्य ऐश्वर्यशाली एवं पराक्रमी होगा। उसके पास उत्तम वाहन व एकाधिक उत्तम भवन होंगे।
3. **सूर्य+बुध**–'भोजसंहिता' के अनुसार मकरलग्न में सूर्य अष्टमेश होगा। चतुर्थ स्थान में 'मेष राशिगत' यह युति वस्तुतः अष्टमेश सूर्य की षष्टेश+भाग्येश बुध

के साथ युति कहलायेगी। सूर्य यहां उच्च का होगा। सूर्य के कारण '**रविकृत राजयोग**' तथा बुध के कारण '**कुलदीपक योग**' बनेगा। जातक बुद्धिमान होगा तथा कुटुम्ब परिवार का नाम दीपक के समान रोशन करेगा। राज (सरकार) से लाभ उठायेगा तथा उत्तम वाहन एवं मकान सुख को प्राप्त करता हुआ समाज का लब्ध-प्रतिष्ठित व्यक्ति कहलायेगा।

4. **सूर्य+गुरु**–सूर्य एवं बृहस्पति की युति जातक को मित्रों से लाभ दिलायेगी। जातक धनवान व दयावान होगा।
5. **सूर्य+शुक्र**–सूर्य के साथ शुक्र उत्तम वाहन एवं मकान का सुख देगा।
6. **सूर्य+शनि**–यहां दोनों ग्रह मेष राशि में होंगे। सूर्य यहां उच्च का होकर '**रविकृत राजयोग**' तो शनि यहां नीच का होकर '**नीचभंग राजयोग**' बना रहा है। अष्टमेश व द्वितीयेश की चतुर्थ स्थान में यह युति जातक के माता-पिता के सुख को नष्ट करके राजयोग देगी। जातक महाधनी, बड़ी भू-सम्पत्ति का स्वामी तथा गांव का प्रमुख होगा।
7. **सूर्य+राहु**–सूर्य के साथ राहु माता-पिता के सुख में कमी दिलायेगा।
8. **सूर्य+केतु**–सूर्य के साथ केतु मां को बीमार करायेगा।

मकरलग्न में सूर्य की स्थिति पंचम स्थान में

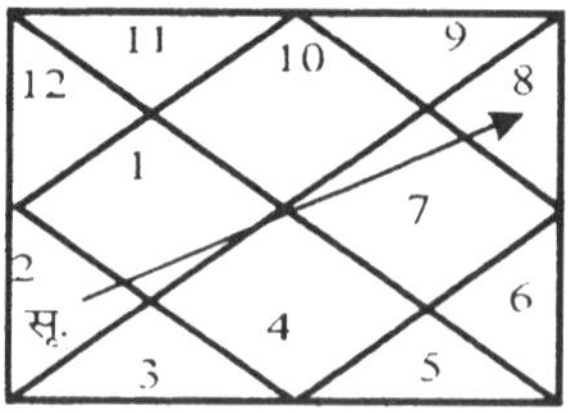

मकरलग्न में सूर्य अष्टमेश होने से अशुभ है। सूर्य शनि का शत्रु होने से अशुभ ग्रहों के सान्निध्य से कभी-कभी मारक का काम भी करेगा। संहिता ग्रंथों के अनुसार सूर्य को यहां अष्टमेश का दोष नहीं लगता। पंचम स्थान में सूर्य वृष (शत्रु) राशि में होगा। ऐसे जातक को विद्याध्ययन में प्रारंभिक रुकावटों के बाद सफलता मिलेगी। जातक धनी एवं क्रोधी स्वभाव का होगा पर लम्बी उम्र का स्वामी होगा। संतान पक्ष में थोड़ा कष्ट संभव है।

दृष्टि–पंचमस्थ सूर्य की दृष्टि एकादश स्थान (वृश्चिक राशि) पर होगी। फलत: जातक को लाभ प्राप्ति हेतु विशेष परिश्रम करना पड़ेगा।

निशानी–जातक के पुत्र थोड़े होते हैं। संतान उत्पत्ति में विलम्ब, एकाध गर्भपात होगा। संभवत: प्रथम कन्या होगी।

दशा–सूर्य की दशा-अंतर्दशा में उन्नति होगी। शुभ फलों की प्राप्ति होगी।

सूर्य का अन्य ग्रहों से सम्बन्ध–

1. **सूर्य+चंद्र**–'भोजसंहिता' के अनुसार मकरलग्न में सूर्य+चंद्र युति पंचम स्थान (वृष राशि) में होने के कारण जातक का जन्म ज्येष्ठ कृष्ण अमावस्या की रात्रि 12 से 10 बजे के मध्य होता है। अष्टमेश व सप्तमेश की युति संतान भाव में होने से ज्येष्ठ संतति का नाश करायेगी। जातक की कन्या संतति अधिक होगी।
2. **सूर्य+मंगल**–सूर्य के साथ मंगल की युति पुत्र संतान की उत्पत्ति से जातक की किस्मत चमकायेगी।
3. **सूर्य+बुध**–'भोजसंहिता' के अनुसार मकरलग्न में सूर्य अष्टमेश होगा। पंचम स्थान में वृष राशिगत यह युति वस्तुत अष्टमेश सूर्य की षष्टेश+भाग्येश बुध के साथ युति कहलायेगी। यहा पर बैठकर दोनों ग्रह लाभ स्थान को पूर्ण दृष्टि से देखेंगे। फलत: ऐसा जातक बुद्धिमान, भाग्यशाली, शिक्षित व प्रजावान होगा। कन्या संतति की बाहुल्यता रहेगी। एक-दो गर्भपात होंगे। जातक व्यापार प्रिय तथा समाज का अग्रगण्य प्रतिष्ठित व्यक्ति होगा।
4. **सूर्य+गुरु**–सूर्य के साथ गुरु होने से जातक धर्मध्वज, गुप्त विद्याओं का जानकार होगा।
5. **सूर्य+शुक्र**–सूर्य के साथ शुक्र स्वगृही होगा। जातक राज सरकार में उच्च पद को प्राप्त करेगा।
6. **सूर्य+शनि**–यहां दोनों वृष राशि में होंगे। सूर्य यहां शत्रुक्षेत्री तो शनि मित्रक्षेत्री होगा। अष्टमेश द्वितीयेश की यह युति पंचम स्थान में विस्फोटक है। विद्या प्राप्ति में बाधा। प्रथम संतति हाथ नहीं लगेगी। संतान को लेकर चिंता बनी रहेगी।
7. **सूर्य+राहु**–सूर्य के साथ राहु होने से संतान प्राप्ति में बाधा, विद्या में रुकावट आयेगी।
8. **सूर्य+केतु**–सूर्य के साथ केतु की उपस्थिति विद्याध्यन में बाधक है।

मकरलग्न में सूर्य की स्थिति षष्टम स्थान में

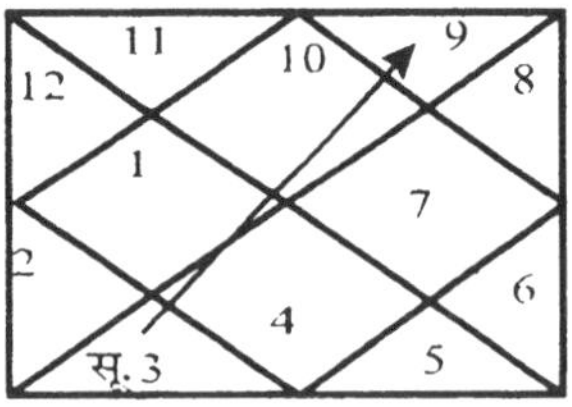

मकरलग्न में सूर्य अष्टमेश होने से अशुभ है। सूर्य शनि का शत्रु होने से अशुभ ग्रहों के सान्निध्य से कभी-कभी मारक का काम भी करेगा। संहिता ग्रंथों के अनुसार सूर्य को यहां अष्टमेश का दोष नहीं लगता। छठे स्थान में सूर्य मिथुन (मित्र) राशि में होगा। सूर्य की यह स्थिति सरल नामक **'विपरीत**

राजयोग' की सृष्टि करेगी। फलतः जातक धनी, मानी-अभिमानी होगा तथा ऋण, रोग व शत्रुओं का नाश करने में पूर्ण सक्षम सामर्थ्यवान होगा। ऐसे जातक के शरीर में कुछ-न-कुछ रोग होने की संभावना प्रबल रहेगी।

दृष्टि–षष्टमस्थ सूर्य की दृष्टि द्वादश स्थान (धनु राशि) पर होगी। ऐसे जातक का खर्च अधिक रहता है। नेत्र पीड़ा संभव है।

निशानी–ऐसा जातक आर्थिक, सामाजिक, पारावारिक एवं राजनैतिक दृष्टि से सुदृढ़ होता है। ऐसे जातक को बाल्यवस्था में सर्प और जल का भय रहेगा।

दशा–सूर्य की दशा-अंतर्दशा में जातक आगे बढ़ेगा तथा ऊंच पद को प्राप्त करेगा।

सूर्य का अन्य ग्रहों से सम्बन्ध–

1. **सूर्य+चंद्र**–'भोजसंहिता' के अनुसार मकरलग्न में सूर्य+चंद्र की युति छठे स्थान (मिथुन राशि) में होने के कारण जातक का जन्म आषाढ़ कृष्ण अमावस्या की रात्रि 10 से 8 बजे के मध्य होता है। अष्टमेश व सप्तमेश की युति यहां पर होने से '**विवाहभंग योग**' एवं सरलनामक '**विपरीत राजयोग**' बनेगा। जातक धनी-मानी होगा परन्तु उसका विवाह विलम्ब से होगा।
2. **सूर्य+मंगल**–सूर्य के साथ मंगल '**सुखहीन योग**' व '**लाभभंग योग**' बनायेगा। व्यापार में नुकसान की संभावना प्रबल रहेगी।
3. **सूर्य+बुध**–'भोजसंहिता' के अनुसार मकर लग्न में सूर्य अष्टमेश होगा। छठे स्थान में मिथुन राशिगत यह युति वस्तुतः अष्टमेश सूर्य की षष्टेश+भाग्येश बुध के साथ युति कहलायेगी। बुध यहां स्वगृही होगा तथा खर्च स्थान को देखेगा। षष्टेश षष्टम भाव में हो तो '**हर्ष योग**' बनता है। ऐसा जातक अपने शत्रुओं का जड़मूल से नाश करने में सक्षम होता है। अष्टमेश के छठे स्थान पर जाने से '**सरल योग**' की सृष्टि होती है। इससे जातक रोग से लड़ने में सक्षम होकर दीर्घजीवी होता है। फलतः ऐसा जातक बुद्धिशाली, धनवान, भाग्यशाली होता है। समाज का लब्ध प्रतिष्ठित व्यक्ति होता है।
4. **सूर्य+गुरु**–सूर्य के साथ बृहस्पति '**पराक्रमभंग योग**' एवं विमल नामक '**विपरीत राजयोग**' बनायेगा। जातक के मित्र दगाबाज होंगे।
5. **सूर्य+शुक्र**–सूर्य के साथ शुक्र प्रारम्भिक विद्या प्राप्ति में बाधक है। जातक को संतान संबंधी चिंता।
6. **सूर्य+शनि**–यहां दोनों ग्रह मिथुन राशि में होंगे। सूर्य यहां सम राशि में होने सरल नामक '**विपरीत राजयोग**' बना रहा है। जबकि शनि मित्रक्षेत्री होकर

'**लग्नभंग योग**', '**धनहीन योग**' बना रहा है। अष्टमेश, द्वितीयेश की यह युति छठे भाव में विस्फोटक है। जातक धनी, मानी-अभिमानी होगा पर अचानक शत्रु प्रकोप से जातक का धनबल, शरीबल नष्ट हो जायेगा।

7. **सूर्य+राहु**—सूर्य के साथ राहु दायें पांव की हड्डी तोड़ेगा।
8. **सूर्य+केतु**—सूर्य के साथ केतु दायें पांव में चोट पहुंचायेगा।

मकरलग्न में सूर्य की स्थिति सप्तम स्थान में

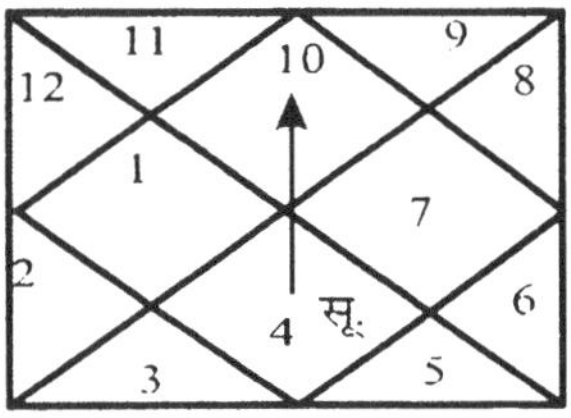

मकरलग्न में सूर्य अष्टमेश होने से अशुभ है। सूर्य शनि का शत्रु होने से अशुभ ग्रहों के सान्निध्य से कभी-कभी मारक का काम भी करेगा। संहिता ग्रंथों के अनुसार सूर्य को यहां अष्टमेश का दोष नहीं लगता। फिर भी ऐसे जातक का दैनिक जीवन तनाव व संघर्षों से भरा होता है। गृहस्थ सुख में कुछ परेशानी रहती है। जातक व्यक्तिगत जीवन में महत्वाकांक्षी होता है। ऐसा जातक अल्प प्रयत्न से, कई बार ऊंचाइयों की बुलन्दियों को छू लेता है। जातक सभ्य, सत्यवक्ता होगा तथा आध्यात्मिक व सिद्धान्तवादी जीवन जीयेगा।

दृष्टि—सप्तम भावस्थ सूर्य की दृष्टि लग्न भाव पर होगी। ऐसे जातक को कठोर परिश्रम का मीठा फल मिलता है।

निशानी—पाराशर ऋषि के अनुसार अष्टमेश सूर्य यदि सप्तम भाव में हो तो प्राय: जातक को दो पत्नियां होती हैं।

दशा—सूर्य की दशा-अंतर्दशा में शुभ फलों की प्राप्ति होगी।

सूर्य का अन्य ग्रहों से सम्बन्ध–

1. **सूर्य+चंद्र**—'भोजसंहिता' के अनुसार मकरलग्न में सूर्य+चंद्र की युति सातवें स्थान (कर्क राशि) में होने के कारण जातक का जन्म श्रावण कृष्ण अमावस्या की रात्रि 8 से 6 बजे के मध्य होता है। अष्टमेश व सप्तमेश की युति में यहां चंद्रमा के कारण '**यामिनीनाथ योग**' बनेगा। जातक राजा तुल्य पराक्रमी होगा। पत्नी सुन्दर होगी पर ससुराल से मनमुटाव रहेगा।
2. **सूर्य+मंगल**—सूर्य के साथ मंगल नीच का होगा। जातक धनवान होगा। ऐसा जातक पुराने मकान में रहेगा।
3. **सूर्य+बुध**—'भोजसंहिता' के अनुसार मकरलग्न में सूर्य अष्टमेश होगा। सातवें स्थान में कर्क राशिगत यह युति वस्तुत: अष्टमेश सूर्य की षष्टमेश+भाग्येश

बुध के साथ युति कहलायेगी। यहां बैठकर दोनों ग्रह लग्न स्थान को पूर्ण दृष्टि से देखेंगे। फलत: जातक बुद्धिमान होगा। उसका विवाह शीघ्र होगा। जातक धनवान होगा। उसके प्रयत्न निष्फल नहीं जायेंगे। जातक समाज का अग्रगण्य, लब्ध-प्रतिष्ठित व्यक्ति होगा तथा अपने कुटुम्ब-कुल का नाम दीपक के समान रोशन करेगा।

4. **सूर्य+गुरु**–सूर्य के साथ बृहस्पति उच्च का होगा। जातक को उत्तम गृहस्थ सुख मिलेगा। पत्नी पतिव्रता होगी। मित्रों से लाभ है।

5. **सूर्य+शुक्र**–सूर्य के साथ शुक्र होने के कारण जातक की पत्नी सुन्दर व कामुक होगी। दोनों के परस्पर अहम् का टकराव होता रहेगा।

6. **सूर्य+शनि**–यहां दोनों ग्रह कर्क राशि में होंगे। सूर्य यहां मित्र राशि में तो शनि शत्रु राशि में होगा। अष्टमेश, द्वितीयेश की यह युति सप्तम स्थान में विस्फोटक है। विलम्ब विवाह, पत्नी से वियोग एवं गृहस्थ सुख में अशांति कलह का वातावरण रहेगा। पत्नी विकल अंगों वाली हो सकती है।

7. **सूर्य+राहु**–सूर्य के साथ राहु जातक को विधुर बनायेगा। जातक की पत्नी की मृत्यु जातक के सामने होगी।

8. **सूर्य+केतु**–सूर्य के साथ केतु जातक के जीवनसाथी को दीर्घकालिक बीमारी देगा।

मकरलग्न में सूर्य की स्थिति अष्टम स्थान में

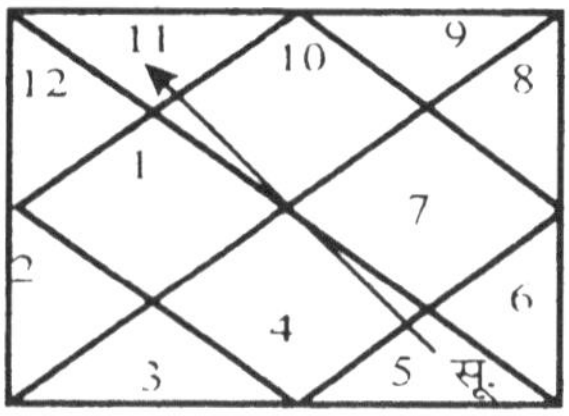

मकरलग्न में सूर्य अष्टमेश होने से अशुभ है। सूर्य शनि का शत्रु होने से अशुभ ग्रहों के सान्निध्य से कभी-कभी मारक का काम भी करेगा। संहिता ग्रंथों के अनुसार सूर्य को यहां अष्टमेश का दोष नहीं लगता। अष्टम स्थान में सूर्य स्वगृही होगा। सूर्य की यह स्थिति सरल नामक **'विपरीत राजयोग'** की सृष्टि करेगी। ऐसा जातक धनी-मानी अभिमानी होगा। जातक साहसी, दृढ़ निश्चयी एवं पराक्रमी होगा। ऐसा व्यक्ति दीर्घजीवी होगा तथा ऋण, रोग व शत्रु का नाश करने में पूर्णत: सक्षम होगा।

दृष्टि–अष्टमस्थ सूर्य की दृष्टि धन स्थान (कुंभ राशि) पर होगी। ऐसे जातक को धन संचय एवं कुटुम्ब सुख को लेकर परेशानी उठानी पड़ेगी।

निशानी–जातक पर निन्दक होगा तथा दूसरों की आलोचना करने में अत्यधिक रुचि रखेगा।

7. **दशा**–सूर्य की दशा-अंतर्दशा में पराक्रम बढ़ेगा।

सूर्य का अन्य ग्रहों से सम्बन्ध–

1. **सूर्य+चंद्र**–'भोजसंहिता' के अनुसार मकरलग्न में सूर्य+चंद्र की युति आठवें स्थान (सिंह राशि) में होने के कारण जातक का जन्म भाद्र कृष्ण अमावस्या की सायं 6 से 4 के मध्य होता है। अष्टमेश एवं सप्तमेश की युति यहां पर '**विवाहभंग योग**' एवं सरल नामक '**विपरीत राजयोग**' बनायेगी। फलत: जातक धनी-मानी होगा पर उसके विवाह में विलम्ब होगा। गृहस्थ सुख में परेशानी रहेगी।
2. **सूर्य+मंगल**–सूर्य के साथ मंगल '**सुखहीन योग**' व '**लाभभंग योग**' बनायेगा। जातक को माता-पिता का सुख कमजोर रहेगा।
3. **सूर्य+बुध**–'भोजसंहिता' के अनुसार मकरलग्न में सूर्य अष्टमेश होगा। अष्टम स्थान में सिंहराशिगत यह युति वस्तुत: अष्टमेश सूर्य की षष्टेश+भाग्येश बुध के साथ युति होगी। यहां बैठकर दोनों ग्रह धन स्थान को पूर्ण दृष्टि से देखेंगे। षष्टेश के आठवें जाने से '**हर्ष योग**' बना। जिसके कारण व्यक्ति शत्रुओं का नाश करने में समर्थ होगा। अष्टमेश के स्वगृही होकर अष्टम स्थान में बैठने से '**सरल योग**' बनता है। इस कारण जातक में रोग से लड़ने की शक्ति होती है। जातक दीर्घायु को प्राप्त करेगा। जातक समाज का लब्ध-प्रतिष्ठित व्यक्ति होगा।
4. **सूर्य+गुरु**–सूर्य के साथ बृहस्पति '**पराक्रमभंग योग**' बनायेगा। जातक धनी होगा पर समाज में उसकी इज्जत नहीं होगी।
5. **सूर्य+शुक्र**–सूर्य के साथ शुक्र '**संतानहीन योग**' एवं '**राजभंग योग**' बनायेगा। ऐसा जातक राजा से दण्डित होगा।
6. **सूर्य+शनि**–यहां दोनों ग्रह सिंह राशि में होंगे। सूर्य यहां स्वगृही होकर सरल नामक '**विपरीत राजयोग**' बना रहा है जबकि शनि शत्रु क्षेत्री होकर '**लग्नभंग योग**', '**धनहीन योग**' बना रहा है। अष्टमेश, द्वितीयेश की यह युति अष्टम भाव में विस्फोटक है। जातक धनी-मानी, अभिमानी होगा पर अचानक दुर्घटना में जातक का धनबल, शरीरबल नष्ट हो जायेगा।
7. **सूर्य+राहु**–सूर्य के साथ राहु **द्विभार्या योग** बनायेगा। अचानक दुधर्टना, अपघात का भय रहेगा।
8. **सूर्य+केतु**–सूर्य के साथ केतु बायें पैर के लिए घातक है। पैरों में चोट पहुंचेगी।

मकरलग्न में सूर्य की स्थिति नवम स्थान में

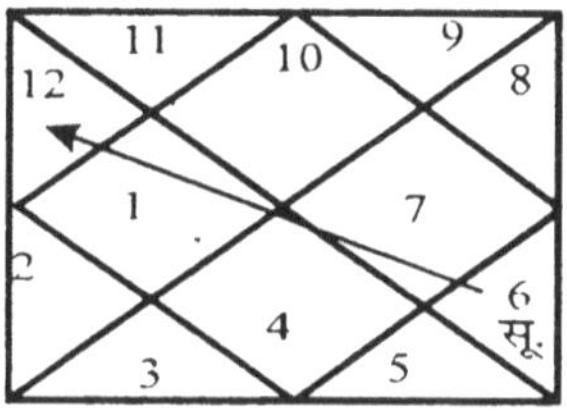

मकरलग्न में सूर्य अष्टमेश होने से अशुभ है। सूर्य शनि का शत्रु होने से अशुभ ग्रहों के सान्निध्य से कभी-कभी मारक का काम भी करेगा। संहिता ग्रंथों के अनुसार सूर्य को यहां अष्टमेश का दोष नहीं लगता। यहां नवम स्थान में सूर्य कन्या (मित्र) राशि में होगा। पितृ सुख एवं भाग्य की उन्नति में कुछ रुकावट महसूस होगी। ऐसा जातक पराये धन का हरण करने में दक्ष होता है पर पिता की सम्पत्ति में विवाद होता है। जातक धर्म के मामले में संदेहास्पद विचारों वाला होगा।

दृष्टि–नवमस्थ सूर्य की दृष्टि पराक्रम स्थान (मीन राशि) पर होगी। जातक को भाई-बहनों का सुख मिलेगा पर उनमें कुछ मनोमालिन्यता रहेगी।

निशानी–ऐसा जातक कुछ नास्तिक होगा। परम्परागत मान्यताओं तथा अंधविश्वासों पर आंख मूंद कर विश्वास नहीं करता।

दशा–सूर्य की दशा-अंतर्दशा में जातक का भाग्योदय होगा।

सूर्य का अन्य ग्रहों से सम्बन्ध–

1. **सूर्य+चंद्र**–'भोजसंहिता' के अनुसार मकरलग्न में सूर्य+चंद्र की युति नवम स्थान (कन्या राशि) में होने के कारण जातक का जन्म आश्विन कृष्ण अमावस्या को दोपहर 4 से 2 के मध्य होता है। अष्टमेश एवं सप्तमेश की युति यहां भाग्योदय में बाधक है। विवाह के बाद जातक की उन्नति होगी।
2. **सूर्य+मंगल**–सूर्य के साथ मंगल जातक को बड़ी भूमि का स्वामी बनायेगा।
3. **सूर्य+बुध**–'भोजसंहिता' के अनुसार मकरलग्न में सूर्य अष्टमेश होगा। नवम् स्थान में कन्या राशिगत यह युति वस्तुत: अष्टमेश, सूर्य की षष्टेश+भाग्येश बुध के साथ युति कहलायेगी। यहां बैठकर दोनों ग्रह पराक्रम स्थान को देखेंगे। यहां पर बुध उच्च राशि का होगा। फलत: ऐसा जातक प्रबल भाग्यशाली होगा, राजा के समान महान पराक्रमी एवं ऐश्वर्यशाली होगा। पिता की सम्पत्ति मिलेगी। जातक समाज का प्रतिष्ठित व्यक्ति होगा।
4. **सूर्य+गुरु**–सूर्य के साथ गुरु भाइयों में लाभ, मित्रों से लाभ दिलायेगा।
5. **सूर्य+शुक्र**–सूर्य के साथ शुक्र जातक को राज-सरकार में ऊंचा पद दिलायेगा।
6. **सूर्य+शनि**–यहां दोनों ग्रह कन्या राशि में होंगे। सूर्य यहां सम राशि में तो शनि

मित्र राशि में है। अष्टमेश द्वितीयेश की यह युति भाग्य स्थान में विस्फोटक है। जातक के जीवन में उतार-चढ़ाव की स्थिति बनी रहेगी एवं वास्तविक भाग्योदय हेतु निरन्तर संघर्ष बना रहेगा। भाग्योदय पिता की मृत्यु के बाद होगा।

7. **सूर्य+राहु**–सूर्य के साथ राहु जातक का भाग्योदय में बाधक है।
8. **सूर्य+केतु**–सूर्य के साथ केतु जातक का भाग्योदय में विलम्ब करायेगा।

मकरलग्न में सूर्य की स्थिति दशम स्थान में

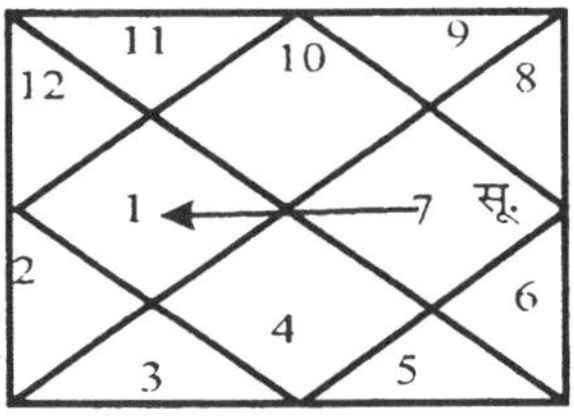

मकरलग्न में सूर्य अष्टमेश होने से अशुभ है। सूर्य शनि का शत्रु होने से अशुभ ग्रहों के सान्निध्य से कभी-कभी मारक का काम भी करेगा। संहिता ग्रंथों के अनुसार सूर्य को यहां अष्टमेश का दोष नहीं लगता। सूर्य यहां दशम भाव में नीच का होगा। तुला राशि का सूर्य परम नीच का होता है। जातक के पिता को घोर कष्ट होगा। तुला का सूर्य एक हजार राजयोग नष्ट करता है। फलत: ऐसा जातक प्राय: व्यापार में धनार्जन करता है। सूर्य यहां 'दिग्बली' होगा। फलत: जातक को परिश्रम व संघर्ष के बाद धन, यश, प्रतिष्ठा व पद की प्राप्ति होती है।

दृष्टि–दशमस्थ सूर्य की दृष्टि चतुर्थ स्थान (मेष राशि) पर होगी। जातक को सभी प्रकार के भौतिक सुखों की प्राप्ति होगी।

निशानी–ऐसा जातक चुगलखोर होता है तथा दूसरों की निन्दा करने में रुचि रखता है। जातक के पास वाहन सुख उपलब्ध रहेगा।

दशा–सूर्य की दशा-अंतर्दशा में रोजी, रोजगार, व्यवसाय की प्राप्ति होगी।

सूर्य का अन्य ग्रहों से सम्बन्ध–

1. **सूर्य+चंद्र**–'भोजसंहिता' के अनुसार मकरलग्न में सूर्य+चंद्र की युति दसवें स्थान (तुला राशि) में होने के कारण जातक का जन्म कार्तिक कृष्ण अमावस्या को दोपहर 2 से 12 के मध्य होता है। अष्टमेश व सप्तमेश की युति में यहां सूर्य नीच का होगा। जातक को सरकारी नौकरी में बाधा आयेगी पर उसकी पत्नी कमायेगी।
2. **सूर्य+मंगल**–सूर्य के साथ मंगल के 'दिक्बली' होने से जातक ग्राम या शहर का मुखिया होगा।

3. **सूर्य+बुध**–'भोजसंहिता' के अनुसार मकरलग्न में सूर्य अष्टमेश होगा। दशम स्थान में तुला राशिगत यह युति वस्तुत: अष्टमेश सूर्य की षष्टेश+भाग्येश बुध के साथ युति कहलायेगी। यहां बैठकर दोनों ग्रह सुख भाव को पूर्ण दृष्टि से देखेंगे। सूर्य यहां नीच का होगा। '**कुलदीपक योग**' के कारण जातक अपने कुटुम्ब परिवार का नाम दीपक के समान रोशन करेगा। जातक उत्तम वाहन का स्वामी होगा उसे माता की सम्पत्ति मिलेगी। जातक समाज का लब्ध-प्रतिष्ठित व्यक्ति होगा।
4. **सूर्य+गुरु**–सूर्य के साथ बृहस्पति भाइयों से धन लाभ, मित्रों से फायदा दिलायेगा।
5. **सूर्य+शुक्र**–सूर्य के साथ शुक्र होने से '**नीचभंग राजयोग**' बनेगा। जातक राजातुल्य ऐश्वर्यशाली एवं विद्यावान होगा। विद्या एवं हुनर से जातक का नाम चमकेगा।
6. **सूर्य+शनि**–यहां दोनों ग्रह तुला राशि में होंगे। सूर्य यहां नीच का तो शनि नीच का होने से 'नीचभंग योग' बना। जातक राजा तुल्य ऐश्वर्यशाली व धनी होगा। अष्टमेश व द्वितीयेश की युति दशम भाव में विस्फोटक है। नौकरी में बाधा, राजदण्ड एवं झूठी बदनामी का योग है।
7. **सूर्य+राहु**–सूर्य के साथ राहु राज-सरकार से अवमानना, असहयोग की स्थिति उत्पन्न करेगा।
8. **सूर्य+केतु**–सूर्य के साथ केतु राजदण्ड दिलायेगा। कोर्ट-केस में जातक की पराजय होगी।

मकरलग्न में सूर्य की स्थिति एकादश स्थान में

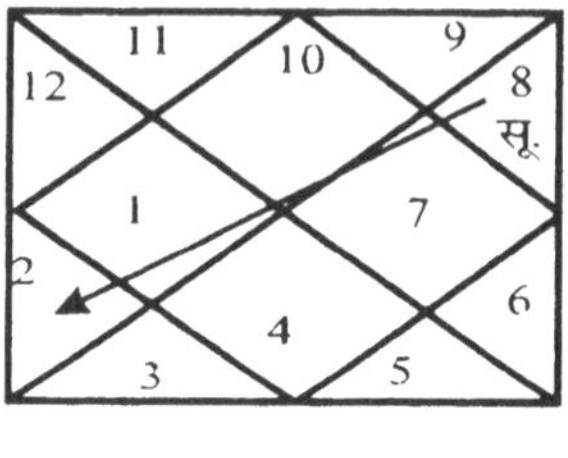

मकरलग्न में सूर्य अष्टमेश होने से अशुभ है। सूर्य शनि का शत्रु होने से अशुभ ग्रहों के सान्निध्य से कभी-कभी मारक का काम भी करेगा। संहिता ग्रंथों के अनुसार सूर्य की यहां अष्टमेश का दोष नहीं लगता। एकादश स्थान में सूर्य वृश्चिक (मित्र) राशि में होगा। ऐसे जातक को अच्छी व्यवसाय, व्यापार से धन, यश व प्रतिष्ठा की प्राप्ति होती है। जातक के स्वभाव में तेजी व उग्रता रहेगी। जातक को आध्यात्मिक एवं भौतिक उन्नति के प्रति असंतोष रहता है।

दृष्टि–एकादश भाव स्थित सूर्य की दृष्टि पंचम भाव (वृष राशि) पर होगी। प्रारंभिक विद्या प्राप्ति में रुकावट आयेगी।

निशानी–ऐसा जातक बाल्य अवस्था में दु:खी फिर सुखी होता है। जातक को प्राय: संतान का अभाव होता है। संतान (पुत्र) सुख ईश्वर कृपा, धार्मिक अनुष्ठान से मिलेगा।

दशा–सूर्य की दशा-अंतर्दशा में जातक को धन लाभ होगा।

सूर्य का अन्य ग्रहों से सम्बन्ध–

1. **सूर्य+चंद्र**–'भोजसंहिता' के अनुसार मकरलग्न में सूर्य+चंद्र की युति एकादश स्थान (वृश्चिक राशि) में होने के कारण जातक का जन्म मार्गशीर्ष अमावस्या को दिन में 12 से 10 के मध्य होता है। अष्टमेश व सप्तमेश की युति में यहां चंद्रमा नीच का होगा। लाभ में बाधा भागीदारों में वैमनस्य रहेगा।
2. **सूर्य+मंगल**–सूर्य के साथ मंगल जातक को उद्योगपति बनायेगा।
3. **सूर्य+बुध**–'भोजसंहिता' के अनुसार मकरलग्न में सूर्य अष्टमेश होगा। एकादश स्थान में वृश्चिक राशिगत यह युति वस्तुत: अष्टमेश सूर्य की षष्टेश+भाग्येश बुध के साथ युति होगी। यहां बैठकर दोनों ग्रह पंचम भाव को पूर्ण दृष्टि से देखेंगे। फलत: जातक बुद्धिमान होगा। व्यापारी वर्गीय होगा। व्यापार द्वारा प्रचुर मात्रा में धन अर्जित करेगा। जातक शिक्षित होगा। जातक की संतति भी शिक्षित होगी। जातक समाज का अग्रगण्य व लब्ध-प्रतिष्ठित व्यक्ति होगा।
4. **सूर्य+गुरु**–सूर्य के साथ बृहस्पति जातक को पराक्रमी तथा धर्म प्रिय बनायेगा। पुत्र लाभ देगा।
5. **सूर्य+शुक्र**–सूर्य के साथ शुक्र जातक को उच्च शिक्षा, उच्च पद व प्रतिष्ठा दिलायेगा। जातक को स्त्री-पुरुष दोनों संतति का लाभ होगा।
6. **सूर्य+शनि**–यहां दोनों ग्रह वृश्चिक राशि में होंगे। सूर्य यहां मित्र राशि में तो, शनि यहां शत्रु राशि में होगा। अष्टमेश, द्वितीयेश की यह युति एकादश स्थान में विस्फोटक है। व्यापार-व्यवसाय में बाधा, लाभ में रुकावट, भागीदारी में नुकसान होगा। पिता की मृत्यु के बाद जातक बड़े उद्योग का स्वामी होगा।
7. **सूर्य+राहु**–सूर्य के साथ राहु व्यापारिक लाभ की बनिस्बत हानि करायेगा।
8. **सूर्य+केतु**–सूर्य के साथ केतु धन प्राप्ति में बाधक है।

मकरलग्न में सूर्य की स्थिति द्वादश स्थान में

मकरलग्न में सूर्य अष्टमेश होने से अशुभ है। सूर्य शनि का शत्रु होने से अशुभ ग्रहों के सान्निध्य से कभी-कभी मारक का काम भी करेगा। संहिता ग्रंथों के अनुसार

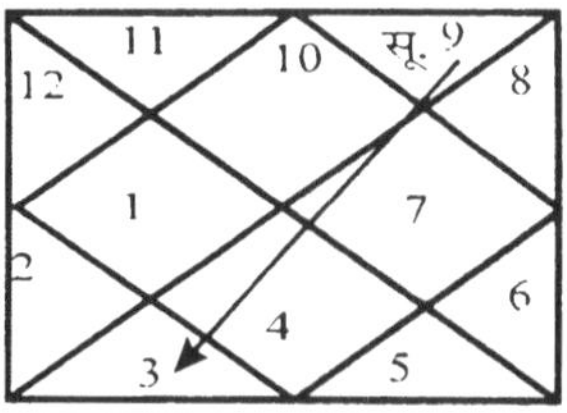

सूर्य को यहां अष्टमेश का दोष नहीं लगता। द्वादश स्थान में सूर्य धनु (मित्र) राशि में होगा। सूर्य की इस स्थिति से सरल नामक **'विपरीत राजयोग'** की सृष्टि होगी। जातक धनी, मानी-अभिमानी होगा। ऐसा जातक स्वभाव में घमण्डी दिखाई देगा। इसके कारण उसके शत्रु बहुत होंगे, जो उसे परेशान करते रहेंगे।

दृष्टि–द्वादशभावगत सूर्य की दृष्टि छठे भाव पर होगी। फलत: जातक अपने ऋण रोग व शत्रुओं का नाश करने में सक्षम होगा।

निशानी–ऐसे जातक का पैसा गलत कार्य में खर्च होता है। धन, यश व प्रतिष्ठा की हानि होती है। जातक को नेत्र पीड़ा रहेगी।

दशा–सूर्य की दशा-अंतर्दशा अशुभ फल देगी। ऋण, रोग व शत्रु परेशान करेंगे।

सूर्य का अन्य ग्रहों से सम्बन्ध–

1. **सूर्य+चंद्र**–'भोजसंहिता' के अनुसार मकरलग्न में सूर्य+चंद्र की युति द्वादश स्थान (धनु राशि) में होने के कारण जातक का जन्म पौष कृष्ण अमावस्या को प्रात: 10 से 8 बजे के मध्य होता है। अष्टमेश व सप्तमेश की युति यहां पर '**विवाहभंग योग**' एवं सरल नामक **'विपरीत राजयोग'** बनायेगी। ऐसा जातक धनी-मानी होगा। पर विवाह में विलम्ब होगा व नेत्र पीड़ा रहेगी।
2. **सूर्य+मंगल**–सूर्य के साथ मंगल '**सुखहीन योग**', '**लाभभंग योग**' के साथ विलम्ब विवाह करायेगा।
3. **सूर्य+बुध**–'भोजसंहिता' के अनुसार मकरलग्न में सूर्य अष्टमेश होगा। द्वादश स्थान में धनुराशिगत यह युति वस्तुत: अष्टमेश सूर्य की षष्टेश+भाग्येश बुध के साथ युति होगी। यहां बैठकर दोनों ग्रह छठे भाव को पूर्ण दृष्टि से देखेंगे। षष्टेश बुध के बारहवें स्थान पर होने से '**हर्ष योग**' बनेगा। फलत: जातक अपने शत्रुओं का नाश करने में सक्षम होगा। अष्टमेश सूर्य के बारहवें जाने से '**सरल योग**' बनेगा जो कि जातक को रोग से लड़ने की शक्ति व सामर्थ्य देगा तथा जातक दीर्घजीवी होगा। जातक समाज का अग्रगण्य प्रतिष्ठित व्यक्ति होगा।
4. **सूर्य+गुरु**–सूर्य के साथ बृहस्पति जातक को धनवान बनायेगा पर जातक धार्मिक कार्य, समाज सेवा व परोपकार में रुपया खर्च करेगा।

5. **सूर्य+शुक्र**–सूर्य के साथ शुक्र संतति प्राप्ति में बाधक है। राजा से दण्ड भी संभव है।

6. **सूर्य+शनि**–यहां दोनों ग्रह धनु राशि में होंगे। सूर्य यहां मित्र क्षेत्री होकर सरल नामक '**विपरीत राजयोग**' बना रहा है। तो शनि सम क्षेत्री होकर '**लग्नभंग योग**' व '**धनहीन योग**' की सृष्टि कर रहा है। अष्टमेश व द्वितीयेश की यह युति द्वादश भाव में विस्फोटक है। जातक धनी-मानी अभिमानी होगा पर उसे यात्रा से धन हानि, शरीर हानि एवं नेत्र पीड़ा होगी।

7. **सूर्य+राहु**–सूर्य के साथ राहु राजदण्ड, यात्रा में हानि, दुर्घटना का संकेत देता है।

8. **सूर्य+केतु**–सूर्य के साथ केतु दु:स्वप्न लायेगा।

❑❑❑

मकरलग्न में चंद्रमा की स्थिति

मकरलग्न में चंद्रमा की स्थिति प्रथम स्थान में

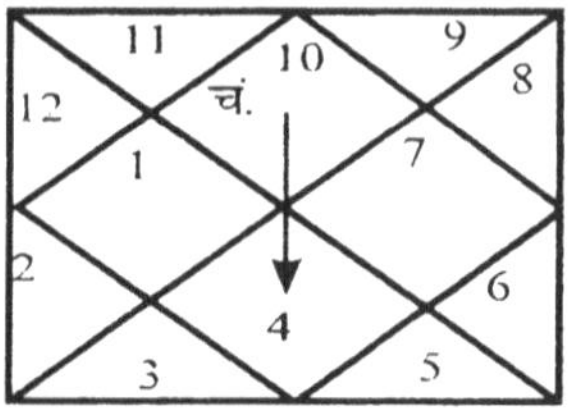

मकरलग्न में चंद्रमा सप्तमेश है। मारक स्थान का स्वामी होने से उसे यहां अल्पदोष है, क्योंकि यह शनि से सम भाव रखता है। चंद्रमा यहां प्रथम स्थान में मकर (शत्रु) राशि में होगा। जातक सुन्दर, विनोदी, विनम्र, चंचल स्वभाव वाला होगा। जातक कल्पनाशील होगा तथा परम्परगत मान्यताओं में विश्वास नहीं रखेगा। जातक विद्यावान (Educational Degree Holder) होगा।

दृष्टि–लग्नस्थ चंद्रमा की दृष्टि सप्तम भाव (कर्क राशि) पर है। फलत: जातक की पत्नी हृष्ट-पुष्ट, गदराये बदन वाली सुन्दर स्त्री होगी।

निशानी–जातक ज्यादा बोलने वाला होगा।

दशा–चंद्रमा की दशा-अंतर्दशा उन्नतिदायक साबित होगी।

चंद्रमा का अन्य ग्रहों से सम्बन्ध–

1. **चंद्र+सूर्य**–'भोजसंहिता' के अनुसार मकरलग्न में सूर्य+चंद्र की युति प्रथम स्थान में होने के कारण जातक का जन्म माघ कृष्ण अमावस्या को प्रात: सूर्योदय के समय (6 से 8 के) मध्य होता है। अष्टमेश व सप्तमेश की युति लग्न स्थान में होने के कारण जातक विकल अंगों वाला एवं विचलित मन-मस्तिष्क वाला होगा।
2. **चंद्र+मंगल**–यहां प्रथम स्थान में दोनों ग्रह मकर राशि में होंगे। मकर राशि में मंगल उच्च का होगा तथा यहां **'रुचक योग'** बनेगा। फलत: **'महालक्ष्मी योग'** बना। यहां बैठकर दोनों ग्रह चतुर्थ भाव (मेष राशि), सप्तम भाव (कर्क

राशि) एवं अष्टम भाव (सिंह राशि) को देखेंगे। फलतः जातक महाधनी होगा। जातक को शानदार भौतिक उपलब्धियों की प्राप्ति होगी। जातक लम्बी उम्र का स्वामी होगा।

3. **चंद्र+बुध**–चंद्रमा के साथ बुध जातक को भाग्यशाली बनायेगा। जातक का भाग्योदय सही अर्थों में विवाह के बाद होगा।

4. **चंद्र+गुरु**–आपका जन्म मकरलग्न में है। 'भोजसंहिता' के अनुसार मकरलग्न के प्रथम भाव में गुरु+चंद्र की युति 'मकर राशि' में होगी। यह युति वस्तुत सप्तमेश चंद्रमा की व्ययेश+तृतीयेश बृहस्पति के साथ युति होगी। बृहस्पति यहां नीच राशि में होगा। लग्नस्थ दोनों ग्रह क्रमशः '**कुलदीपक योग**', '**यामिनीनाथ योग**' की सृष्टि करते हुए पंचम भाव, सप्तम भाव एवं भाग्य भवन को पूर्ण दृष्टि से देखेंगे। फलतः जातक का भाग्योदय विवाह के तत्काल बाद होगा। दूसरा भाग्योदय प्रथम संतति के बाद होगा। जातक की गणना समाज के अग्रगण्य प्रतिष्ठित व्यक्तियों में होगी।

5. **चंद्र+शुक्र**–चंद्रमा के साथ शुक्र जातक को रंगीन मिजाज का व्यक्ति बनायेगा। जातक का जीवन साथी सुन्दर होगा।

6. **चंद्र+शनि**–चंद्रमा के साथ शनि होने से जातक को ससुराल की सम्पत्ति मिलेगी।

7. **चंद्र+राहु**–चंद्रमा के साथ राहु होने से जातक की पत्नी उम्र में उससे बड़ी होगी।

8. **चंद्र+केतु**–चंद्रमा के साथ केतु कीर्तिदायक है।

मकरलग्न में चंद्रमा की स्थिति द्वितीय स्थान में

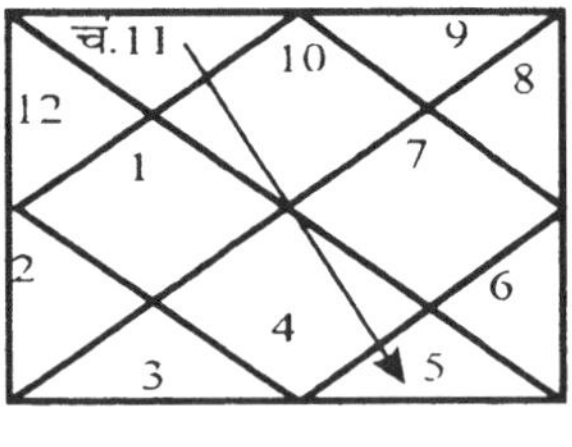

मकरलग्न में चंद्रमा सप्तमेश है। मारक स्थान का स्वामी होने से उसे यहां अल्पदोष है, क्योंकि यह शनि से सम भाव रखता है। द्वितीय स्थान में चंद्रमा कुंभ (शत्रु) राशि में होगा। ऐसा जातक धनी होगा। स्वयं की पत्नी एवं अन्य स्त्रियों द्वारा धन लाभ होता रहेगा। जातक मिष्टभाषी, सौम्य, शिष्ट और विनम्र होगा। जातक को कुटुम्ब का सुख, धन-प्रतिष्ठा, पद, लाभ बराबर मिलता रहेगा।

दृष्टि–द्वितीयस्थ चंद्रमा की दृष्टि अष्टम भाव (सिंह राशि) पर होगी। जातक लम्बी उम्र का स्वामी होगा।

निशानी–जातक दीर्घसूत्री एवं कामक्रीड़ा में स्त्री को परास्त करेगा। विवाह के बाद जातक धनी होगा।

दशा–चंद्रमा की दशा-अंतर्दशा शुभ फल देगी। इस दशा में जातक धन कमायेगा एवं गृहस्थ सुख को भोगेगा।

चंद्रमा का अन्य ग्रहों से सम्बन्ध–

1. **चंद्र+सूर्य**–'भोजसंहिता' के अनुसार मकरलग्न में सूर्य+चंद्र की युति द्वितीय स्थान में होने के कारण जातक का जन्म फाल्गुन कृष्ण अमावस्या को प्रात: सूर्योदय के पूर्व 2 से 4 बजे के मध्य होता है। अष्टमेश व सप्तमेश की युति धन स्थान में, धन-हानि करायेगी। पत्नी की बीमारी में रुपया खर्च होगा।
2. **चंद्र+मंगल**–यहां द्वितीय स्थान में दोनों ग्रह कुंभ राशि में होंगे। यहां बैठकर दोनों ग्रह पंचम स्थान (वृष राशि), भाग्य भाव (सिंह राशि) एवं दशम भाव (तुला राशि) को देखेंगे। फलत: जातक धनवान व सौभाग्यशाली होगा। उसका राजनीति (सरकार) में दबदबा होगा। जातक का आर्थिक विकास प्रथम संतति के बाद होगा।
3. **चंद्र+बुध**–चंद्रमा के साथ बुध जातक को धनवान बनायेगा। जातक की वाणी विनम्र एवं मीठी होगी।
4. **चंद्र+गुरु**–आपक जन्म मकरलग्न में हुआ है। 'भोजसंहिता' के अनुसार मकरलग्न के द्वितीय भाव में गुरु+चंद्र की युति 'कुंभ राशि' में होगी। यह युति वस्तुत: सप्तमेश चंद्रमा की व्ययेश+तृतीयेश गुरु के साथ युति है। यहां बैठकर दोनों ग्रह षष्टम, अष्टम स्थान एवं दशम भाव को पूर्ण दृष्टि से देखेंगे। फलत: जातक को ऋण-रोग व शत्रु का भय नहीं रहेगा। जातक रोग व शत्रु का नाश करने में पूर्णत: सक्षम होगा। उसे राज्यपक्ष (सरकार) कोर्ट-कचहरी में विजय मिलेगी। यह योग जातक के लिए 60% शुभ फलदायक है।
5. **चंद्र+शुक्र**–चंद्रमा के शुक्र विवाह के बाद जातक को ऊंची नौकरी दिलायेगा। जातक की संतति भाग्यशाली होगी।
6. **चंद्र+शनि**–चंद्रमा के साथ स्वगृही शनि होने से जातक **'महाधनी'** होगा। यहां **'कलत्रमूल धनयोग'** के कारण जातक को ससुराल से धन मिलेगा। जातक की पत्नी भी धनी घराने से होगी।

7. **चंद्र+राहु**–चंद्रमा के साथ राहु धन संग्रह में बाधक है तथा पति-पत्नी के परस्पर प्रेम में बाधक है।
8. **चंद्र+केतु**–चंद्रमा के साथ केतु आर्थिक विषमताएं उत्पन्न करेगा।

मकरलग्न में चंद्रमा की स्थिति तृतीय स्थान में

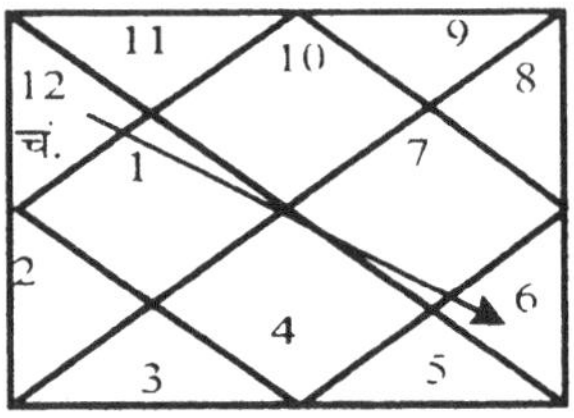

मकरलग्न में चंद्रमा सप्तमेश है। मारक स्थान का स्वामी होने से उसे यहां अल्पदोष है, क्योंकि यह शनि से सम भाव रखता है। यहां तृतीय स्थान में चंद्रमा मीन राशि में होगा। चंद्रमा अपनी राशि से नवम स्थान पर होने से शुभ है। जातक भाग्यशाली होगा। उसे पिता, सहोदर एवं पत्नी का पूर्ण सुख मिलेगा। जातक साहसी व पराक्रमी होगा। जातक साहित्य प्रेमी होगा। उसकी व्यवसायिक उन्नति होगी।

दृष्टि–तृतीयस्थ चंद्रमा की दृष्टि भाग्य स्थान (कन्या राशि) पर होगी। जातक भाग्यशाली, धर्मभीरु तथा विद्वान होगा एवं पिता को प्रिय होगा।

निशानी–जातक ठंडे दिमाग का होगा क्योंकि चंद्रमा जल तत्व प्रधान है, मीन राशि भी जल तत्व वाली है। अत: ऐसा जातक झगड़े-टंटे, कलह-विवाद में रुचि नहीं रखेगा।

दशा–चंद्रमा की दशा-अंतर्दशा अति उत्तम फल देगी। जातक का पराक्रम बढ़ायेगी एवं उसका भाग्योदय भी करायेगी।

चंद्रमा का अन्य ग्रहों से सम्बन्ध–

1. **चंद्र+सूर्य**–'भोजसंहिता' के अनुसार मकरलग्न में सूर्य+चंद्र की युति तृतीय स्थान में होने से जातक का जन्म चैत्र कृष्ण अमावस्या को रात्रि 2 से 4 बजे के मध्य होता है। अष्टमेश व सप्तमेश की युति पराक्रम स्थान में होने से जातक को छोटे भाई का सुख प्राप्त नहीं होगा। भाई-बहनों में मनमुटाव रहेगा।
2. **चंद्र+मंगल**–यहां तृतीय स्थान में दोनों ग्रह मीन राशि में होंगे। यहां बैठकर दोनों ग्रहों की दृष्टि षष्टम् स्थान (मिथुन राशि), भाग्य भवन (कन्या राशि) एवं दशम भाव (तुला राशि) पर होगी। फलत: जातक धनवान होगा। जातक ऋण-रोग व शत्रुओं का नाश करने में सक्षम होगा। जातक सौभाग्यशाली होगा। जातक का राजनीति (सरकार), कोर्ट-कचहरी में वर्चस्व रहेगा।

3. **चंद्र+बुध**–चंद्रमा के साथ बुध जातक का शीघ्र विवाह करायेगा एवं विवाह के बाद जातक का भाग्योदय भी शीघ्र होगा।

4. **चंद्र+गुरु**–आपका जन्म मकरलग्न में है। 'भोजसंहिता' के अनुसार मकरलग्न के तृतीय भाव में गुरु+चंद्र की युति 'मीन राशि' के अंतर्गत होगी। यह युति वस्तुत: सप्तमेश चंद्रमा की व्ययेश+तृतीयेश बृहस्पति के साथ युति है। यहां बैठकर दोनों ग्रह सप्तम भाव, नवम भाव एवं एकादश भाव को पूर्ण दृष्टि से देखेंगे। यहां बृहस्पति स्वगृही होगा। फलत: जातक का भाग्योदय विवाह के बाद होगा। जातक का वैवाहिक जीवन सुखमय होगा। जातक को व्यापार-व्यवसाय में लाभ होगा। जातक के मित्र, परिजन जातक के सहायक होंगे। जातक महान पराक्रमी होगा।

5. **चंद्र+शुक्र**–चंद्रमा के साथ उच्च का शुक्र जातक को परम पराक्रमी बनायेगा। जातक की बहनें अधिक होंगी तथा उसे स्त्री-मित्रों से लाभ होगा।

6. **चंद्र+शनि**–चंद्रमा के साथ शनि होने से जातक अपने परिश्रम से स्वयं को खूब धनी व प्रसिद्ध व्यक्ति बनायेगा।

7. **चंद्र+राहु**–चंद्रमा के साथ राहु होने से जातक के परिजनों में विद्वेष जातक के ससुराल के कारण होगा।

8. **चंद्र+केतु**–चंद्रमा के साथ केतु शत-प्रतिशत कीर्तिदायक साबित होगा।

मकरलग्न में चंद्रमा की स्थिति चतुर्थ स्थान में

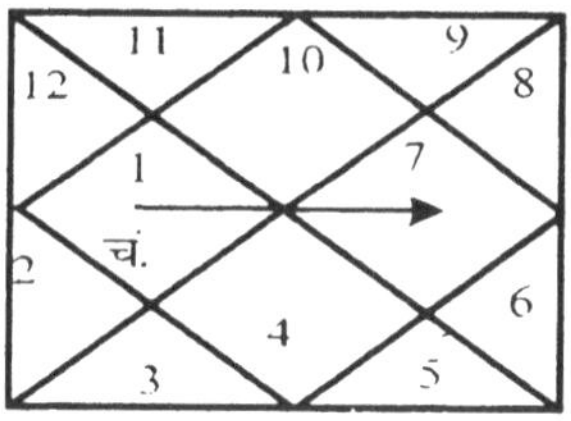

मकरलग्न में चंद्रमा सप्तमेश है। मारक स्थान का स्वामी होने से उसे यहां अल्पदोष है, क्योंकि यह शनि से सम भाव रखता है। यहां चतुर्थ स्थान में चंद्रमा मेष (मित्र) राशि में होगा। यह चंद्रमा अपनी राशि से दसवें स्थान पर होने से शुभ फलदाई है। ऐसे जातक को माता-पिता का सुख, जमीन-जायदाद, वाहन का सुख पूर्ण मिलेगा। जातक को स्त्री-संतान का पूर्ण सुख मिलेगा। जातक धनवान होगा एवं वैभवशाली जीवन जीयेगा। जातक यशस्वी होगा।

दृष्टि–चतुर्थ भावगत चंद्रमा की दृष्टि दशम स्थान (तुला राशि) पर होगी। जातक को रोजी-रोजगार की तकलीफ नहीं आयेगी। व्यापार अच्छा चलेगा।

निशानी–महर्षि पाराशर के अनुसार ऐसे जातक की पत्नी जातक के वश (कहने) में नहीं रहती। चंद्रमा उच्चाभिलाषी होने से जातक महत्वाकांक्षी होगा।

दशा–चंद्रमा की दशा-अंतर्दशा शुभ फल देगी। जातक को भौतिक सुखों-संसाधनों की प्राप्ति होगी।

चंद्रमा का अन्य ग्रहों से सम्बन्ध–

1. **चंद्र+सूर्य**–'भोजसंहिता' के अनुसार मकरलग्न में सूर्य+चंद्र की चतुर्थ स्थान में होने के कारण जातक का जन्म वैशाख कृष्ण अमावस्या को रात्रि 2 से 12 के मध्य होता है। अष्टमेश व सप्तमेश की युति मेष राशि (उच्च के सूर्य) में होने से '**रविकृत राजयोग**' बनेगा। जातक राजा के समान पराक्रमी होगा पर वाहन दुर्घटना का भय रहेगा।
2. **चंद्र+मंगल**–यहां चतुर्थ स्थान में दोनों ग्रह मेषराशि में होंगे। मंगल यहां स्वगृही होने से '**रुचक योग**' बनेगा एवं '**महालक्ष्मी योग**' की सृष्टि होगी। यहां बैठकर दोनों ग्रह सप्तम भाव (कर्क राशि), दशम भाव (तुला राशि) एवं एकादश भाव (वृश्चिक राशि) को देखेंगे। फलत: जातक महाधनी होगा व व्यापार-व्यवसाय से लाभ होगा। विवाह के बाद जातक आर्थिक रूप से सम्पन्न होगा। जातक राजनीति में उच्च पद को प्राप्त करेगा।
3. **चंद्र+बुध**–चंद्रमा के साथ बुध जातक को माता की सम्पत्ति दिलायेगा, परन्तु उनमें थोड़ी-सी मनोमालिन्यता रहेगी।
4. **चंद्र+गुरु**–आपका जन्म मकरलग्न में हुआ है। 'भोजसंहिता' के अनुसार मकरलग्न के चतुर्थ भाव में गुरु+चंद्र की युति 'मेष राशि' में होगी। यहां यह युति वस्तुत: सप्तमेश चंद्रमा की व्ययेश+तृतीयेश बृहस्पति के साथ युति होगी। यह युति केन्द्रवर्ती होने के कारण '**यामिनीनाथ योग**' एवं '**कुलदीपक योग**' की सृष्टि होगी। यहां बैठकर दोनों ग्रह अष्टम भाव, दशम भाव एवं व्यय भाव को पूर्ण दृष्टि से देखेंगे। फलत: जातक का धन शुभ कार्य, परोपकार के कार्यों में खर्च होगा। जातक का दुर्घटनाओं व संकट से बचाव होता रहेगा। जातक को कोर्ट-कचहरी में विजय मिलेगी।
5. **चंद्र+शुक्र**–चंद्रमा के साथ शुक्र की युति माता के सुख में वृद्धि कारक है। जातक के पास एक से अधिक वाहन होंगे।
6. **चंद्र+शनि**–चंद्रमा के साथ शनि भले ही नीच का हो पर वाहन सुख देगा। जातक की माता बचपन में गुजर जायेगी।
7. **चंद्र+राहु**–चंद्रमा के साथ राहु की युति माता की लम्बी आयु में बाधक है।
8. **चंद्र+केतु**–चंद्रमा के साथ केतु माता के सुख में न्यूनता देगा।

मकरलग्न में चंद्रमा की स्थिति पंचम स्थान में

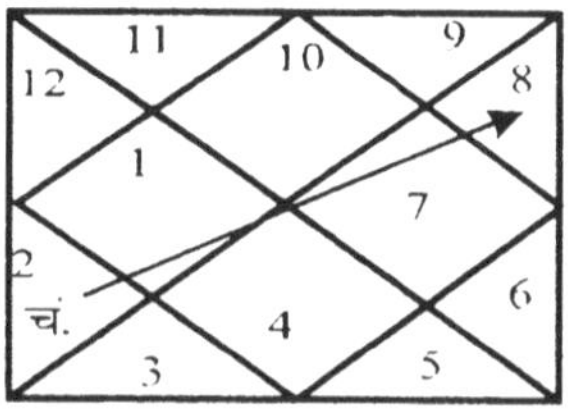

मकरलग्न में चंद्रमा सप्तमेश है। मारक स्थान का स्वामी होने से उसे यहां अल्पदोष है, क्योंकि यह शनि से सम भाव रखता है। यहां पंचम स्थान में चंद्रमा उच्च का होगा। वृष राशि के अंशों में चंद्रमा परमोच्च का होगा। चंद्रमा अपने स्थान में एकादश स्थान पर स्थित है। ऐसा जातक बहुत ऊंची विद्या प्राप्त करेगा। जातक विनम्र, सौम्य एवं मृदु स्वभाव का होगा। उसे स्त्री-संतान, पद-प्रतिष्ठा, घोड़ा-गाड़ी का पूरा सुख मिलता है।

दृष्टि–पंचमस्थ चंद्रमा की दृष्टि एकादश स्थान (वृश्चिक राशि) पर होगी। फलत: जातक को व्यापार में लाभ होगा।

विशेष–'भावार्थ रत्नाकर' के अनुसार मकरलग्न में पंचम स्थान में चंद्रमा हो तथा बुध+शुक्र लग्न में हों तो व्यक्ति **'राजराजेश्वर'** होता है। बृहज्जातक में उसे **'महाराजा योग'** King of Kings कहा है।

निशानी–ऐसा व्यक्ति आशावादी विचारों वाला एवं सदा हर्षित रहता है। प्रथम संतति कन्या होगी। कन्याएं अधिक होंगी।

दशा–चंद्रमा की दशा बहुत उत्तम फल देगी।

चंद्रमा का अन्य ग्रहों से सम्बन्ध–

1. **चंद्र+सूर्य**–'भोजसंहिता' के अनुसार मकरलग्न में सूर्य+चंद्र युति पंचम स्थान (वृष राशि) में होने के कारण जातक का जन्म ज्येष्ठ कृष्ण अमावस्या की रात्रि 12 से 10 के मध्य होता है। अष्टमेश व सप्तमेश की युति संतान भाव में होने से ज्येष्ठ संतति का नाश करायेगी। जातक की कन्या संतति अधिक होगी।
2. **चंद्र+मंगल**–यहां पंचम स्थान मे दोनों ग्रह वृष राशि में होंगे। वृष राशि में चंद्रमा उच्च का होगा फलत: यहां **'महालक्ष्मी योग'** बनेगा। यहां बैठकर दोनों ग्रह अष्टम भाव (सिंह राशि), लाभ स्थान (वृश्चिक राशि) एवं व्यय भाव (धनु राशि) पर होगा। फलत: ऐसा जातक महाधनी होगा। जातक व्यापार-व्यवसाय से धन कमायेगा। जातक लम्बी उम्र का स्वामी होगा। जातक थोड़ा खर्चीले स्वभाव का होगा।
3. **चंद्र+बुध**–चंद्रमा के साथ बुध तीन कन्याएं देगा। यदि पुरुष ग्रह की युति या दृष्टि संबंध न हो तो अधिक कन्याएं भी देगा परंतु संतान सुन्दर होगी।

4. **चंद्र+गुरु**—आपका जन्म मकरलग्न में हुआ है। 'भोजसंहिता' के अनुसार मकरलग्न के पंचम भाव में गुरु+चंद्र की युति 'वृष राशि' में होगी। वृष राशि में यह युति वस्तुत: सप्तमेश चंद्रमा की व्ययेश+तृतीयेश गुरु के साथ युति होगी। यहां चंद्रमा उच्च का होगा। यहां से दोनों शुभ ग्रह भाग्य भवन, लाभ स्थान एवं लग्न स्थान को देखेंगे। फलत: जातक का भाग्योदय प्रथम संतान के बाद होगा। जातक को व्यापार-व्यवसाय से लाभ होगा। जातक व्यापार से कमायेगा। ऐसे जातक का सर्वांगीण विकास होगा। उसकी गणन समाज के अग्रगण्य प्रतिष्ठित लोगों में होगी।

5. **चंद्र+शुक्र**—चंद्रमा के साथ शुक्र **'किम्बहुना नामक'** राजयोग बनायेगा। जातक के पांच पुत्र होंगे। जातक के बहुपुत्र योग होता है।

6. **चंद्र+शनि**—चंद्रमा के साथ शनि होने से जातक का भाग्योदय प्रथम संतति के बाद होगा।

7. **चंद्र+राहु**—चंद्रमा के साथ राहु पुत्र संतान की प्राप्ति में बाधक है।

8. **चंद्र+केतु**—चंद्रमा के साथ केतु गर्भस्राव करायेगा।

मकरलग्न में चंद्रमा की स्थिति षष्टम स्थान में

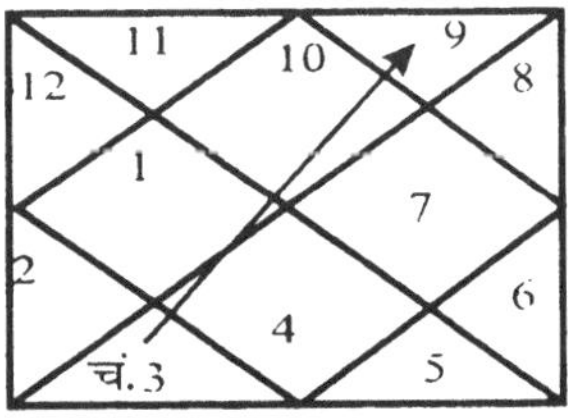

मकरलग्न में चंद्रमा सप्तमेश है। मारक स्थान का स्वामी होने से उसे यहां अल्पदोष है, क्योंकि यह शनि से सम भाव रखता है। छठे स्थान में चंद्रमा मिथुन राशि में शत्रुक्षेत्री होगा। यह अपनी राशि (कर्क) से द्वादश स्थान में स्थित होकर शुभ फलों को तोड़ रहा है। चंद्रमा इस स्थिति में होने से **'विवाहभंग योग'** बनता है। ऐसे जातक का विवाह विलम्ब से होता है तथा गृहस्थ जीवन के सुख नष्ट होते हैं। जातक का जीवन संघर्षमय होता है।

दृष्टि—षष्टमस्थ चंद्रमा की दृष्टि द्वादश भाव (धनु राशि) पर होगी। फलत: जातक कर्जदार होगा। उसे ऋण, रोग व शत्रु परेशान करते रहेंगे।

निशानी—**'बृहत्पाराशर होराशास्त्र'** के अनुसार—दारेशे रिपुभावस्थे आर्यातस्य रुजान्विता' सप्तमेश के छठे होने पर जातक की पत्नी सदा बीमार रहती है तथा जातक क्रोधी होता है एवं स्त्री से प्रेम नहीं करता।

दशा—चंद्रमा की दशा-अंतर्दशा अनिष्ट फल देगी। चंद्रमा की दशा जीवन के बुरे दिनों व दुर्भाग्य से जातक परिचय कराती है।

चंद्रमा का अन्य ग्रहों से सम्बन्ध–

1. **चंद्र**+**सूर्य**–'भोजसंहिता' के अनुसार मकरलग्न में सूर्य+चंद्र की युति छठे स्थान (मिथुन राशि) में होने के कारण जातक का जन्म आषाढ़ कृष्ण अमावस्या की रात्रि 10 से 8 के मध्य होता है। अष्टमेश व सप्तमेश की युति यहां पर होने से '**विवाहभंग योग**' एवं सरल नामक '**विपरीत राजयोग**' बनेगा। जातक धनी-मानी होगा परन्तु उसका विवाह विलम्ब से होगा।

2. **चंद्र**+**मंगल**–यहां षष्टम् स्थान में दोनों ग्रह मिथुन राशि में होंगे। यहां बैठकर दोनों ग्रहों की दृष्टि भाग्य स्थान (कन्या राशि), व्यय भाव (धनु राशि) एवं लग्न स्थान (मकर राशि) पर होगी। चंद्रमा के कारण '**विवाहभंग योग**' एवं मंगल के छठे जाने से '**सुखहीन योग**' व '**लाभभंग योग**' बनेगा। ऐसा जातक धनवान तो होगा परन्तु सुख-ऐश्वर्य में कमी एवं लाभ में कमी महसूस करेगा।

3. **चंद्र**+**बुध**–चंद्रमा के साथ बुध हर्ष नामक '**विपरीत राजयोग**' करायेगा। ऐसा जातक धनी होगा पर पत्नी से कम बनेगी।

4. **चंद्र**+**गुरु**–आपका जन्म मकरलग्न में है। 'भोजसंहिता' के अनुसार मकरलग्न के छठे भाव में गुरु+चंद्र की युति 'मिथुन राशि' में होगी। यह युति वस्तुत: चंद्रमा की व्ययेश+तृतीयेश गुरु के साथ युति है। चंद्रमा यहां शत्रुक्षेत्री है। यहां पर खड्ढे में गिरे गुरु के कारण '**पराक्रमभंग योग**' तथा चंद्रमा के कारण '**विवाहभंग योग**' भी बना। यहां बैठकर दोनों ग्रह दशम भाव, व्यय भाव एवं धन भाव को देखेंगे। फलत: जातक को यथेष्ट धन की प्राप्ति होती रहेगी। मित्रों से धोखा मिलेगा। जीवन साथी से मनमुटाव होगा। जातक खर्चीली प्रवृत्ति का होगा पर '**गजकेसरी योग**' के कारण जातक सभी संकटों से पार निकल जायेगा तथा एक सफल व्यक्ति कहलायेगा।

5. **चंद्र**+**शुक्र**–चंद्रमा के साथ शुक्र यहां वैवाहिक सुख में बाधक है। जातक को संतति से संबंधित चिंता करायेगा।

6. **चंद्र**+**शनि**–चंद्रमा के साथ शनि '**लग्नभंग योग**', '**धनहीन योग**' बनायेगा। जातक को आर्थिक विषमताओं का सामना करना पड़ेगा।

7. **चंद्र**+**राहु**–चंद्रमा के साथ राहु दायें अंगों में चोट पहुंचायेगा एवं पांव की हड्डी तोड़ेगा।

8. **चंद्र**+**केतु**–चंद्रमा के साथ केतु गुप्त रोग देगा।

मकरलग्न में चंद्रमा की स्थिति सप्तम स्थान में

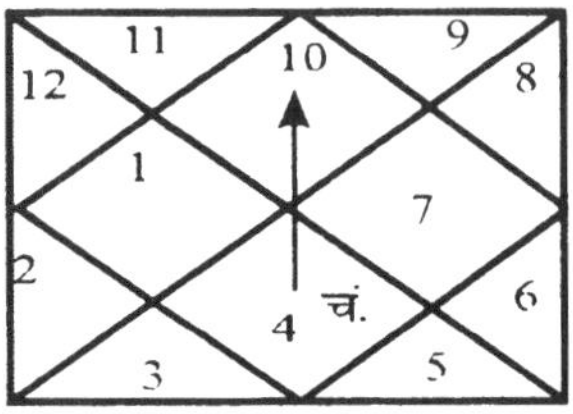

मकरलग्न में चंद्रमा सप्तमेश है। मारक स्थान का स्वामी होने से उसे यहां अल्पदोष है, क्योंकि यह शनि से सम भाव रखता है। चंद्रमा यहां सप्तम स्थान में स्वगृही होगा। फलत: '**यामिनीनाथ योग**' की सृष्टि करेगा। यह एक प्रकार का राजयोग है। जातक की पत्नी साक्षात् रम्भा तुल्य सुन्दर होगी एवं रानी की तरह राज करेगी। जातक धनवान, बुद्धिमान व चतुर होगा। जातक का गृहस्थ सुख अति उत्तम रहेगा। पति-पत्नी में खूब बनेगी। संतान सुख भी उत्तम होगा।

दृष्टि–सप्तमस्थ चंद्रमा की दृष्टि लग्न भाव (मकर राशि) पर होगी। जातक द्वारा किये गये परिश्रम का जातक को पूर्ण फल मिलेगा। पुरुषार्थ सफलीभूत होंगे।

निशानी–ऐसा जातक बहुत बोलने वाला (Over talkative) होगा।

दशा–चंद्रमा की दशा-अंतर्दशा में जातक की उन्नति होगी। गृहस्थ सुख में बढ़ोत्तरी होगी।

चंद्रमा का अन्य ग्रहों से सम्बन्ध–

1. **चंद्र+सूर्य**–'भोजसंहिता' के अनुसार मकरलग्न में सूर्य+चंद्र की युति सातवें स्थान (कर्क राशि) में होने के कारण जातक का जन्म श्रावण कृष्ण अमावस्या की रात्रि 8 से 6 के मध्य होता है। अष्टमेश व सप्तमेश की युति में यहां चंद्रमा के कारण '**यामिनीनाथ योग**' बनेगा। जातक राजा तुल्य पराक्रमी होगा। पत्नी सुन्दर होगी पर ससुराल से मनमुटाव रहेगा।
2. **चंद्र+मंगल**–यहां सप्तम स्थान में दोनों ग्रह कर्क राशि में होंगे। मंगल यह नीचं का एवं चंद्रमा स्वगृही होने से '**नीचभंग राजयोग**' बनेगा। यहां बैठकर दोनों ग्रह दशम भाव (तुला राशि), लग्न भाव (मकर राशि) एवं धन भाव (कुंभ राशि) को देखेंगे। फलत: यहां '**महालक्ष्मी योग**' बनेगा। जातक महाधनी होगा। वह जो भी कार्य हाथ में लेगा उसमें बराबर सफलता मिलेगी। जातक का राज्य (सरकार) पक्ष में दबदबा होगा।
3. **चंद्र+बुध**–चंद्रमा के साथ बुध विवाह के बाद भाग्योदय करायेगा। जातक की पत्नी सुंदर व बुद्धिमान होगी।
4. **चंद्र+गुरु**–आपका जन्म मकरलग्न में हुआ है। 'भोजसंहिता' के अनुसार मकरलग्न के सप्तम भाव में गुरु+चंद्र की युति कर्क राशि में हो रही है। कर्क

राशि में यह युति वस्तुत: सप्तमेश चंद्रमा की व्ययेश+तृतीयेश बृहस्पति के साथ युति है। चंद्रमा यहां स्वगृही होगा तथा गुरु उच्च का होगा। '**गजकेसरी योग**' की यह स्थिति सर्वोत्तम स्थिति है इस स्थिति के कारण '**हंसयोग**', '**कुलदीपक योग**' एवं '**यामिनीनाथ योग**' की सृष्टि होगी। यहां बैठकर दोनों ग्रह लाभ स्थान, लग्न स्थान एवं पराक्रम स्थान को देखेंगे। फलत: जातक तेजस्वी व्यक्तित्व का धनी होगा। जातक की पत्नी सुन्दर तथा धनवान घराने से होगी। जातक व्यापार से धन कमायेगा तथा महान पराक्रमी, यशस्वी होगा तथा राजातुल्य ऐश्वर्य को भोगेगा।

5. **चंद्र+शुक्र**–चंद्रमा के साथ शुक्र राजयोग देगा। विवाह के बाद ऊंची नौकरी मिलेगी या ऊंचा व्यापार मिलेगा।
6. **चंद्र+शनि**–चंद्रमा के साथ शनि '**लग्नाधिपति योग**' बनायेगा। जातक का पुरुषार्थ सार्थक होगा। परिश्रम में सफलता मिलेगी।
7. **चंद्र+राहु**–च्रंदमा के साथ राहु गृहस्थ सुख में बाधक है। जातक की पत्नी बीमार रहेगी।
8. **चंद्र+केतु**–चंद्रमा के साथ केतु जातक के जीवन साथी को स्थाई रोगी बनायेगा।

मकरलग्न में चंद्रमा की स्थिति अष्टम स्थान में

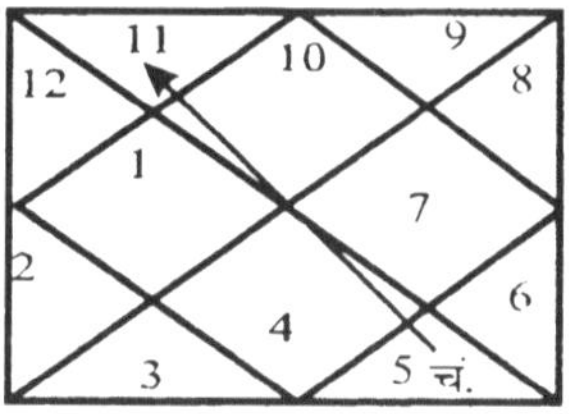

मकरलग्न में चंद्रमा सप्तमेश है। मारक स्थान का स्वामी होने से उसे यहां अल्पदोष है, क्योंकि यह शनि से सम भाव रखता है। अष्टम स्थान में चंद्रमा सिंह (मित्र) राशि का होगा। चंद्रमा अपनी राशि से दूसरे स्थान पर होगा। चंद्रमा की इस स्थिति से '**विवाहभंग योग**' बनता है। प्रथमत: जातक का विवाह विलम्ब से होगा। विवाह हो तो गृहस्थ सुख ठीक नहीं। चंद्रमा अग्निसंज्ञक राशि में होने से जातक क्रोधी, भड़कीले स्वभाव का होगा। जातक के जीवन में संघर्ष बहुत रहेगा।

दृष्टि–अष्टमस्थ चंद्रमा की दृष्टि धन भाव (कुंभ राशि) पर होगी। फलत: धन संग्रह नहीं हो पायेगा। जातक पर ऋण, रोग व शत्रु हावी रहेंगे।

निशानी–'बृहत्पाराशर होराशास्त्र' के अनुसार 'भार्याऽपि रोगयुक्ताऽस्य दु:शीलाऽपि न चानुगा' ऐसे जातक की पत्नी रोगिणी, दु:शीला होती है तथा पति का कहना नहीं मानती। पति के वश में नहीं रहती।

दशा–चंद्रंमा की दशा-अंतर्दशा अनिष्ट फल देगी एवं जीवन के दुर्दिनों में परिचय करायेगी।

चंद्रमा का अन्य ग्रहों से सम्बन्ध–

1. **चंद्र+सूर्य**–'भोजसंहिता' के अनुसार मकरलग्न में सूर्य+चंद्र की युति आठवें स्थान (सिंह राशि) में होने के कारण जातक का जन्म भाद्र कृष्ण अमावस्या की सायं 6 से 4 के मध्य होता है। अष्टमेश एवं सप्तमेश की युति यहां पर '**विवाहभंग योग**' एवं सरल नामक '**विपरीत राजयोग**' बनायेगी। फलत: जातक धनी-मानी होगा पर उसके विवाह में विलम्ब होगा। जातक को गृहस्थ सुख में परेशानी रहेगी।
2. **चंद्र+मंगल**–यहां अष्टम स्थान में दोनों ग्रह सिंह राशि में होंगे। चंद्रमा के कारण यहां '**विवाहभंग योग**' बनेगा। मंगल अष्टम स्थान में होने से '**सुखहीन योग**' एवं '**लाभभंग योग**' बनेगा। यहां बैठकर दोनों ग्रह लाभ स्थान (वृश्चिक राशि), धन भाव (कुंभ राशि) एवं पराक्रम भाव (मीन राशि) को देखेंगे। ऐसा जातक धनवान तो होगा पर उसको सुख एवं लाभ में कमी महसूस होती रहेगी।
3. **चंद्र+बुध**–चंद्रमा के साथ बुध हर्षनामक '**विपरीत राजयोग**' देगा। जातक धनी होगा परन्तु भाग्योदय हेतु किये गये प्रयत्नों में उसे बराबर बाधाएं आती रहेंगी।
4. **चंद्र+गुरु**–आपका जन्म मकरलग्न में है। 'भोजसंहिता' के अनुसार मकरलग्न के अष्टम भाव में गुरु+चंद्र की युति सिंह राशि में होगी। सिंह राशि में यह युति वस्तुत: सप्तमेश चंद्रमा की व्ययेश+तृतीयेश बृहस्पति के साथ युति है। बृहस्पति के कारण '**पराक्रमभंग योग**' तथा चंद्रमा के कारण '**विवाहभंग योग**' बनता है। यहां बैठकर दोनों शुभ ग्रह व्यय भाव धन भाव एवं सुख स्थान को देखेंगे। फलत: जातक का पत्नी से मनमुटाव रहेगा एवं मित्र उसे धोखा देंगे। जातक के धन का अपव्यय होगा। विपरीत परिस्थितियों में भी इस शुभ योग के कारण अंतिम सफलता मिलेगी।
5. **चंद्र+शुक्र**–चंद्रमा के साथ शुक्र राजयोग में बाधक है। यह युति जातक को संतान संबंधी चिंता देगी।
6. **चंद्र+शनि**–चंद्रमा के साथ शनि '**लग्नभंग योग**' एवं '**धनहीन योग**' बनायेगा। जातक को परिश्रम का लाभ नहीं मिलेगा।
7. **चंद्र+राहु**–चंद्रमा के साथ राहु जातक के बायें पावं में चोट पहुंचायेगा।
8. **चंद्र+केतु**–चंद्रमा के साथ केतु गुप्त बीमारी देगा।

मकरलग्न में चंद्रमा की स्थिति नवम स्थान में

मकरलग्न में चंद्रमा सप्तमेश है। मारक स्थान का स्वामी होने से उसे यहां अल्पदोष है, क्योंकि यह शनि से सम भाव रखता है। यहां नवम स्थान में चंद्रमा कन्या

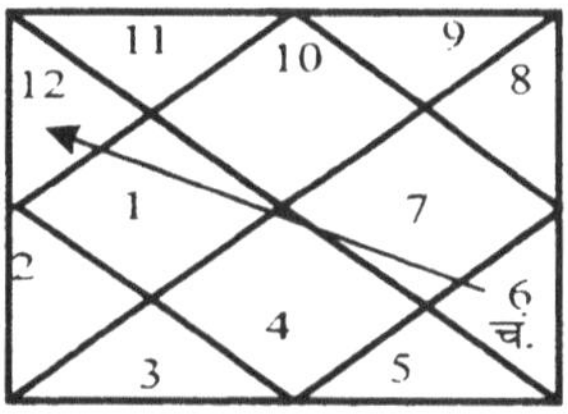

राशि में शत्रुक्षेत्री होगा। यहां चंद्रमा अपनी (कर्क) राशि से तीसरे स्थान पर है। ऐसा जातक भाग्यशाली होगा सरकारी या गैर सरकारी नौकरी में उच्च पद व प्रतिष्ठा प्राप्त करेगा। जातक धनी होगा। जातक को माता-पिता, बहन-भाई, स्त्री संतान का सुख मिलेगा। जातक उच्च शिक्षा एवं उच्च वाहन को प्राप्त करेगा। विवाह के बाद जातक का भाग्योदय होगा।

दृष्टि–नवम भावगत चंद्रमा की दृष्टि पराक्रम स्थान (मीन राशि) पर होगी। फलत: जातक पराक्रमी होगा। उसके मित्र अच्छे व सच्चे होंगे।

निशानी–ऐसा जातक बहुत सारे धंधों को एक साथ करने में रुचि रखेगा। Source of Income will be two & three side.

दशा–चंद्रमा की दशा-अंतर्दशा उत्तम फल देगी। जातक की किस्मत चमकेगी।

चंद्रमा का अन्य ग्रहों से सम्बन्ध–

1. **चंद्र+सूर्य**–'भोजसंहिता' के अनुसार मकरलग्न में सूर्य+चंद्र की युति नवम स्थान (कन्या राशि) में होने के कारण जातक का जन्म आश्विन कृष्ण अमावस्या को दोपहर 4 से 2 के मध्य होता है। अष्टमेश एवं सप्तमेश की युति यहां भाग्योदय में बाधक है पर विवाह के बाद जातक की उन्नति होगी।
2. **चंद्र+मंगल**–यहां नवम स्थान में दोनों ग्रह कन्या राशि में होंगे। यहां बैठकर दोनों ग्रह व्यय भाव (धनु राशि), पराक्रम भाव (मीन राशि) एवं चतुर्थ स्थान (मेष राशि) को देखेंगे। ऐसा जातक धनवान होगा। उसे जीवन में सभी भौतिक सुख-सुविधाओं एवं ऐश्वर्य की प्राप्ति होगी। जातक महान पराक्रमी होगा।
3. **चंद्र+बुध**–चंद्रमा के साथ बुध जातक को परम भाग्यशाली बनायेगा। जातक धनवान होगा।
4. **चंद्र+गुरु**–आपका जन्म मकरलग्न में हुआ है। 'भोजसंहिता' के अनुसार मकरलग्न के नवम भाव में गुरु+चंद्र की युति कन्या राशि में हुई। कन्या राशि में यह युति वस्तुत: सप्तमेश चंद्रमा की व्ययेश+तृतीयेश बृहस्पति के साथ युति है। चंद्रमा यहां शत्रु क्षेत्री है। इन दोनों शुभ ग्रहों की दृष्टि लग्न स्थान, पराक्रम स्थान एवं पंचम भाव पर है। फलत: जातक के व्यक्तित्व विकास में यह युति सहायक होगी। जातक शिक्षित होगा उसकी संतान भी शिक्षित होगी। जातक स्वयं का भाग्योदय प्रथम संतति के तत्काल बाद होगा। जातक महान पराक्रमी व यशस्वी होगा।

5. **चंद्र+शुक्र**–चंद्रमा के साथ शुक्र भले ही नीच का हो जातक को उत्तम व्यापार, उत्तम आमदनी देगा।
6. **चंद्र+शनि**–चंद्रमा के साथ शनि होने से जातक का जीवनसाथी उन्नतिशील विचारों वाला होगा।
7. **चंद्र+राहु**–चंद्रमा के साथ राहु भाग्योदय में बाधाएं उत्पन्न करेगा।
8. **चंद्र+केतु**–चंद्रमा के साथ केतु जातक को उत्साही बनायेगा। जातक के निर्णय प्राय: त्रुटिपूर्ण होंगे।

मकरलग्न में चंद्रमा की स्थिति दशम स्थान में

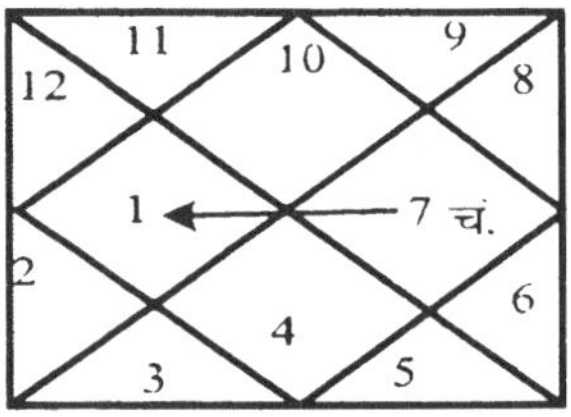

मकरलग्न में चंद्रमा सप्तमेश है। मारक स्थान का स्वामी होने से उसे यहां अल्पदोष है, क्योंकि यह शनि से सम भाव रखता है। यहां दशम स्थान में चंद्रमा तुला (मित्र) राशि में होगा। चंद्रमा अपनी (कर्क) राशि से चौथे स्थान पर होकर केन्द्रवर्ती होगा। फलत: जातक को माता का सुख, उत्तम भवन का सुख, वाहन का सुख, नौकरी-व्यवसाय का सुख मिलेगा। जातक महत्वाकांक्षी होगा तथा उसका मनोबल ऊंचा रहेगा।

दृष्टि–दशमस्थ चंद्रमा की दृष्टि चतुर्थ भाव (मेष राशि) पर होगी। फलत: जातक को सभी प्रकार के भौतिक सुख-संसाधनों की प्राप्ति सहज में होगी।

निशानी–'बृहत्पाराशर होराशास्त्र' के अनुसार **धनपुत्रादिसंयुत:** ऐसा जातक धन एवं पुत्र सुख से युक्त होता है। जातक धर्मात्मा होता है परन्तु जातक की स्त्री जातक के वश में नहीं रहती तथा वह अपनी मनमानी करती है।

दशा–चंद्रमा की दशा-अंतर्दशा शुभ फल देगी। जातक को रोजी-रोजगार की प्राप्ति होगी।

चंद्रमा का अन्य ग्रहों से सम्बन्ध–

1. **चंद्र+सूर्य**–'भोजसंहिता' के अनुसार मकरलग्न में सूर्य+चंद्र की युति दसवें स्थान (तुला राशि) में होने के कारण जातक का जन्म कार्तिक कृष्ण अमावस्या को दोपहर 2 से 12 के मध्य होता है। अष्टमेश व सप्तमेश की युति में यहां सूर्य नीच का होगा। जातक को सरकारी नौकरी में बाधा आयेगी पर उसकी पत्नी कमायेगी।

2. **चंद्र+मंगल**–यहां दशम स्थान में दोनों ग्रह तुला राशि में होंगे। यहां बैठकर दोनों ग्रह लग्न स्थान (मकर राशि), चतुर्थ भाव (मेष राशि) एवं पंचम भाव (वृष राशि) को देखेंगे। फलतः जातक धनवान होगा। जातक को जीवन के प्रत्येक कार्य में सफलता मिलेगी तथा उसे ऐशो-आराम एवं भौतिक सुखों की प्राप्ति होगी। मंगल यहां दिक्बली होकर '**कुलदीपक योग**' बनायेगा। जातक की आर्थिक उन्नति प्रथम संतति के बाद होगी।

3. **चंद्र+बुध**–चंद्रमा के साथ बुध, जातक को उत्तम भवनों का स्वामी बनायेगा।

4. **चंद्र+गुरु**–आपका जन्म मकरलग्न में हुआ है। 'भोजसंहिता' के अनुसार मकरलग्न के दशम भाव में गुरु+चंद्र की युति तुला राशि में है। तुला राशि में यह यति वस्तुतः सप्तमेश चंद्रमा की व्ययेश+तृतीयेश बृहस्पति के साथ युति है। केन्द्रवर्ती गुरु+चंद्र के कारण '**यामिनीनाथ योग**' एवं '**कुलदीपक योग**' की सृष्टि हुई। ये दोनों ग्रह यहां धन स्थान, सुख स्थान एवं षष्टम स्थान को देखेंगे। फलतः ऐसे जातक को धन की यथेष्ट प्राप्ति होती रहेगी व उसको उत्तम वाहन भी मिलेगा। भौतिक सुख-संसाधनों की कमी नहीं रहेगी। जातक अपने शत्रुओं व रोगों का शमन करने में पूर्णतः सक्षम होगा।

5. **चंद्र+शुक्र**–चंद्रमा के साथ शुक्र '**मालव्य योग**' बनायेगा। जातक राजा के समान पराक्रमी एवं प्रभावशाली होगा।

6. **चंद्र+शनि**–चंद्रमा के साथ शनि '**शश योग**' के कारण जातक को राजा के समान प्रभावशाली पराक्रमी बनायेगा।

7. **चंद्र+राहु**–चंद्रमा के साथ राहु '**राजयोग**' में बाधक है।

8. **चंद्र+केतु**–चंद्रमा के साथ केतु जातक के सरकारी लाभ में बाधा डालेगा।

मकरलग्न में चंद्रमा की स्थिति एकादश स्थान में

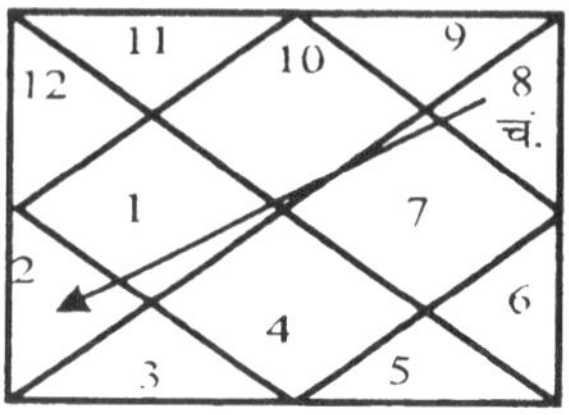

मकरलग्न में चंद्रमा सप्तमेश है। मारक स्थान का स्वामी होने से उसे यहां अल्पदोष है, क्योंकि यह शनि से सम भाव रखता है। एकादश स्थान में चंद्रमा नीच का होगा। वृश्चिक राशि के अंशों में चंद्रमा परम नीच का होता है। यहां चंद्रमा अपनी राशि से पांचवे स्थान पर होने के कारण शुभ फल देने वाला साबित होगा। ऐसा जातक विद्यावान् होगा। जातक थोड़ा ईर्ष्यालु स्वभाव का होगा। उसे स्त्री-संतान, उत्तम व्यापार-व्यवसाय, पद-प्रतिष्ठा, मान-सम्मान सब कुछ मिलेगा।

दृष्टि—एकादश भावगत चंद्रमा की दृष्टि पंचम स्थान (वृष राशि) पर होगी। फलत: जातक को उत्तम संतति की प्राप्ति होगी।

निशानी—जातक की प्रथम संतति कन्या होगी। कन्या संतति अधिक होगी। पाराशर ऋषि के अनुसार **'दारेशेलाभभावस्थे दारैरर्थ समागम:'** सप्तमेश के लाभ स्थान में होने पर जातक की स्त्री द्वारा धन मिलता है। उसकी पत्नी प्राय: कमाने वाली महिला होती है।

दशा—चंद्रमा की दशा-अंतर्दशा शुभ फल एवं धन लाभ देगी। यह दशा गृहस्थ सुख में वृद्धि करेगा।

चंद्रमा का अन्य ग्रहों से सम्बन्ध—

1. **चंद्र+सूर्य**—'भोजसंहिता' के अनुसार मकरलग्न में सूर्य+चंद्र की युति एकादश स्थान (वृश्चिक राशि) में होने के कारण जातक का जन्म मार्गशीर्ष अमावस्या को दिन 12 से 10 के मध्य होता है। अष्टमेश व सप्तमेश की युति में यहां चंद्रमा नीच का होगा। लाभ में बाधा भागीदारों में वैमनस्य रहेगा।
2. **चंद्र+मंगल**—यहां एकादश स्थान में दोनों ग्रह वृश्चिक राशि में होंगे। चंद्रमा यहां नीच का तो मंगल स्वगृही होने से **'नीचभंग राजयोग'** बना फलत: **'महालक्ष्मी योग'** की सृष्टि हुई। यहां बैठकर दोनों ग्रह धन भाव (कुंभ राशि), पंचम भाव (वृष राशि) एवं षष्टम भाव (मिथुन राशि) को देखेंगे। फलत: जातक महाधनी होगा। जातक ऋण-रोग व शत्रुओं का नाश करने में सक्षम होगा। जातक का आर्थिक विकास प्रथम संतति के जन्म के बाद होगा।
3. **चंद्र+बुध**—चंद्रमा के साथ बुध उत्तम विद्या देगा।
4. **चंद्र+गुरु**—आपका जन्म मकरलग्न में हुआ है। 'भोजसंहिता' के अनुसार मकरलग्न में गुरु+चंद्र की युति एकादश स्थान में वृश्चिक राशि के अंतर्गत होगी। भोजसंहिता के अनुसार यह युति वस्तुत सप्तमेश चंद्रमा की व्ययेश+तृतीयेश बृहस्पति के साथ युति है। चंद्रमा यहां वृश्चिक राशि में नीच का होगा। इन दोनों ग्रह की दृष्टि पराक्रम भाव, पंचम भाव एवं सप्तम भाव पर होगी। फलत: जातक का भाग्योदय विवाह के बाद तत्काल बाद होगा। दूसरा भाग्योदय प्रथम संतति के बाद होगा। जातक सुशिक्षित एवं संस्कारी होगा। जातक महान पराक्रमी एवं यशस्वी होगा।
5. **चंद्र+शुक्र**—चंद्रमा के साथ बुध उत्तम विद्या देगा।
6. **चंद्र+शनि**—चंद्रमा के साथ शनि उत्तम धन देगा। जातक विवाह के बाद धनी व्यक्ति होगा।

7. **चंद्र+राहु**–चंद्रमा के साथ राहु व्यापारिक लाभ में बाधक है।
8. **चंद्र+केतु**–चंद्रमा के साथ केतु व्यापार में हानि देगा।

मकरलग्न में चंद्रमा की स्थिति द्वादश स्थान में

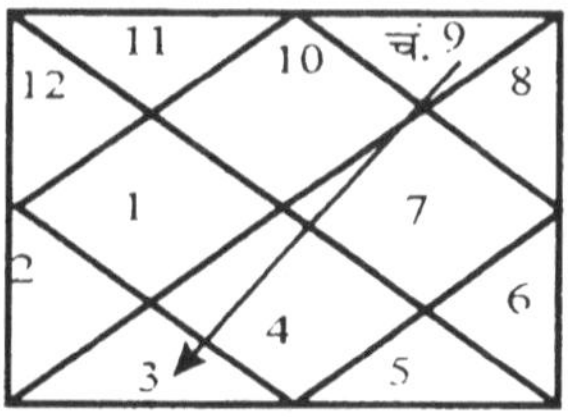

मकरलग्न में चंद्रमा सप्तमेश है। मारक स्थान का स्वामी होने से उसे यहां अल्पदोष है, क्योंकि यह शनि से सम भाव रखता है। चंद्रमा यहां द्वादश स्थान में धनु (मित्र) राशि में होगा। चंद्रमा यहां अपनी राशि में '**षडाष्टक योग**' बना रहा है। चंद्रमा की यह स्थिति '**विवाहभंग योग**' की सृष्टि करती है। प्रथमत: ऐसे जातक का विवाह विलम्ब से होता है। विवाह होता भी है तो गृहस्थ सुख में न्यूनता बनी रहती है। महर्षि पाराशर के अनुसार– '**दारेशे व्ययगे जातो दरिद्र: कृपणोऽपिच**' जातक दरिद्र होता है। उसकी पत्नी अत्यधिक खर्चीले स्वभाव की होती है। जातक को जहां धन खर्च करना चाहिए वहां नहीं करता इसलिए वह कंजूस व्यक्ति कहलाता है। जातक का जीवन संघर्षमय होता है।

दृष्टि–द्वादशस्थ चंद्रमा की दृष्टि छठे स्थान (मिथुन राशि) पर होगी। ऐसे जातक को गुप्त रोग व शत्रु परेशान करेंगे।

निशानी–जातक वस्त्र-व्यवसाय एवं विदेशी व्यापार से कमायेगा।

दशा–चंद्रमा की दशा-अंतर्दशा अनिष्ट फल देगी एवं जीवन के कठिन क्षणों से जातक का परिचय करायेगी।

चंद्रमा का अन्य ग्रहों से सम्बन्ध–

1. **चंद्र+सूर्य**–'भोजसंहिता' के अनुसार मकरलग्न में सूर्य+चंद्र की युति द्वादश स्थान (धनु राशि) में होने के कारण जातक का जन्म पौष कृष्ण अमावस्या को प्रात: 10 से 8 के मध्य होता है। अष्टमेश व सप्तमेश की युति यहां पर '**विवाहभंग योग**' एवं सरल नामक '**विपरीत राजयोग**' बनायेगी। ऐसा जातक धनी-मानी होगा पर विवाह में विलम्ब होगा। जातक को नेत्र पीड़ा रहेगी।
2. **चंद्र+मंगल**–यहां द्वादश भाव में दोनों ग्रह धनु राशि में होंगे। जहां बैठकर दोनों ग्रह तृतीय भाव (मीन राशि), षष्टम् भाव (मिथुन राशि) एवं सप्तम भाव (कर्क राशि) को देखेंगे। चंद्रमा के कारण '**विवाहभंग योग**', मंगल के कारण '**सुखहीन योग**' एवं '**लाभभंग योग**' भी बनेगा। ऐसा जातक धनवान तो होगा परन्तु सुख एवं लाभ में कमी महसूस करता रहेगा।

3. **चंद्र+बुध**—चंद्रमा के साथ बुध भाग्य में भारी रुकावटें उत्पन्न करेगा।

4. **चंद्र+गुरु**—आपका जन्म मकरलग्न में हुआ है। मकरलग्न में गुरु+चंद्र की युति द्वादश स्थान में 'धनु राशि' के अंतर्गत हो रही है। 'भोजसंहिता' के अनुसार गुरु+चंद्र की युति वस्तुत: सप्तमेश चंद्रमा की व्ययेश+तृतीयेश बृहस्पति के साथ युति है। बृहस्पति यहां स्वगृही होगा। '**कीर्तिभंग योग**' एवं '**विवाहभंग योग**' यहां इतनी प्रभावशाली नहीं रहेगा। इन दोनों शुभ ग्रहों की दृष्टि सुख स्थान, षष्टम स्थान एवं अष्टम स्थान पर होगी। फलत: जातक का दुर्घटना व अपघातों से बचाव होता रहेगा। जातक को शत्रु भी ज्यादा परेशान नहीं कर पायेंगे। जातक ऋण-रोग व शत्रुओं के कुप्रभाव से बचा रहेगा। जातक पराक्रमी, सुखी एवं सम्पन्न व्यक्ति होगा।

5. **चंद्र+शुक्र**—चंद्रमा के साथ शुक्र संतान संबंधी चिंता करायेगा।

6. **चंद्र+शनि**—चंद्रमा के साथ शनि जातक को परिश्रम का लाभ नहीं होने देगा।

7. **चंद्र+राहु**—चंद्रमा के साथ राहु जातक को मानसिक पीड़ा पहुंचायेगा।

8. **चंद्र+केतु**—चंद्रमा के साथ केतु व्यर्थ की यात्राएं करायेगा।

❑❑❑

मकरलग्न में मंगल की स्थिति

मकरलग्न में मंगल की स्थिति प्रथम स्थान में

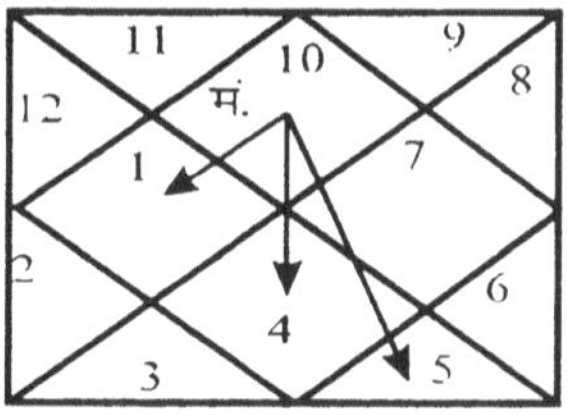

मकरलग्न में मंगल चतुर्थेश एवं लाभेश होने से अशुभ है, फलत: यहां मंगल मारकेश का काम करेगा। यहां लग्न स्थान में मंगल उच्च का होगा। मकर राशि के 28 अंशों में मंगल परमोच्च का होता है। यहां मंगल के कारण **'रुचक योग'** बना। ऐसा जातक राजा के समान पराक्रमी एवं ऐश्वर्यशाली होता है। लग्नस्थ मंगल के कारण कुण्डली मांगलिक होगी फलत: विवाह में देरी होगी। जीवन साथी का चुनाव मुश्किल से होगा। जातक के पास बड़ी भू-सम्पत्ति होगी एवं उसे भाई-बहन का सुख प्राप्त होगा।

दृष्टि–मंगल की दृष्टि चतुर्थ स्थान (मेष राशि), सप्तम भाव (कर्क राशि) एवं अष्टम भाव (सिंह राशि) पर होगी। ऐसा जातक प्रतियोगी परीक्षाओं में उत्तीर्ण होता है। जातक के वैवाहिक जीवन में कटुता आती है। ऐसा जातक अपने शत्रुओं का दमन करने में सक्षम होता है।

निशानी–जातक बहुत अच्छा वक्ता होगा तथा उसकी वाणी ओजस्वी होगी।

दशा–मंगल की दशा-अंतर्दशा में जातक भौतिक उपलब्धियों को प्राप्त करेगा।

मंगल का अन्य ग्रहों से सम्बन्ध–

1. **मंगल+सूर्य**–मंगल के साथ सूर्य जातक को तेजस्वी, क्रोधयुक्त एवं रक्तवर्णीय बनाता है।
2. **मंगल+चंद्र**–यहां प्रथम स्थान में दोनों ग्रह मकर राशि में होंगे। मकर राशि में मंगल उच्च का होगा जिसके कारण **'रुचक योग'** बनेगा। फलत: **'महालक्ष्मी योग'** बना। यहां बैठकर दोनों ग्रह चतुर्थ भाव (मेष राशि), सप्तम भाव (कर्क राशि) एवं अष्टम भाव (सिंह राशि) को देखेंगे। फलत: जातक महाधनी

होगा। जातक को शानदार भौतिक उपलब्धियों की प्राप्ति होगी। जातक लम्बी उम्र का स्वामी होगा।

3. **मंगल+बुध**–मंगल के साथ बुध होंने से जातक परम भाग्यशाली एवं बुद्धिशाली होगा। रचनात्मक बुद्धि का स्वामी होगा।
4. **मंगल+गुरु**–मंगल के साथ बृहस्पति की युति होने से '**नीचभंग राजयोग**' बनेगा जिसके कारण जातक राजा के समान पराक्रमी, गम्भीर एवं धार्मिक होगा।
5. **मंगल+शुक्र**–मंगल के साथ शुक्र जातक को प्रबल राजयोग देगा। जातक राजसरकार में ऊंचा पद प्राप्त करेगा।
6. **मंगल+शनि**–मंगल के साथ शनि '**किम्बहुना नामक राजयोग**' बनायेगा। जातक निश्चित रुप से राजा होगा। उसका व्यक्तित्व प्रभावशाली व आकर्षक होगा।
7. **मंगल+राहु**–मंगल के साथ राहु होने से जातक बड़ा हठी व दम्भी होगा। जातक दुश्मनों को दहलाने वाला होगा।
8. **मंगल+केतु**–मंगल के साथ केतु जातक को शत्रुहन्ता बनायेगा। शत्रु उससे घबरायेंगे।

मकरलग्न में मंगल की स्थिति द्वितीय स्थान में

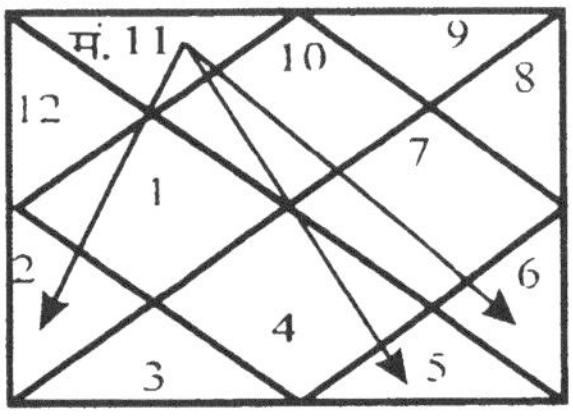

मकरलग्न में मंगल चतुर्थेश एवं लाभेश होने से अशुभ है, फलत: यहां मंगल मारकेश का काम करेगा। द्वितीय स्थान में मंगल कुंभ राशि में होगा। मंगल यहां मेष राशि से ग्यारहवें तथा वृश्चिक राशि से चौथे स्थान पर होगा। ऐसा जातक धनवान होता है तथा सब प्रकार के संसाधनों से युक्त होता है। पाराशर ऋषि के अनुसार ऐसा जातक 'धार्मिकश्च सुखी सदा' धर्मात्मा एवं सुखी होता है।

दृष्टि–द्वितीयस्थ मंगल की दृष्टि पंचम भाव (वृष राशि), अष्टम भाव (सिंह राशि) एवं नवम भाव (कन्या राशि) पर होगी। जातक के संतान सुख में बाधा आयेगी। जातक अनैतिक कार्यों से धन कमायेगा। जातक का भाग्योदय संघर्ष के साथ होगा।

निशानी–जातक को प्रथम संतति हाथ नहीं लगेगी। एकाध गर्भस्राव अवश्यम्भावी है।

दशा–मंगल की दशा-अंतर्दशा अच्छी जायेगी। मंगल की दशा में धन, यश, पद व सम्मान मिलेगा।

मंगल का अन्य ग्रहों से सम्बन्ध–

1. **मंगल+सूर्य**–मंगल के साथ सूर्य धन प्राप्ति में 50% कटौती करेगा। जातक के पास चल सम्पत्ति के बनिस्पत स्थाई सम्पत्ति ज्यादा होगी।
2. **मंगल+चंद्र**–यहां द्वितीय स्थान में दोनों ग्रह कुंभ राशि में होंगे। यहां बैठकर दोनों ग्रह पंचम स्थान (वृष राशि), भाग्य भाव (सिंह राशि) एवं दशम भाव (तुला राशि) को देखेंगे। फलत: जातक धनवान एवं सौभाग्यशाली होगा। जातक का राजनीति (सरकार) में दबदबा होगा। जातक का आर्थिक विकास प्रथम संतति के बाद होगा।
3. **मंगल+बुध**–मंगल के साथ बुध होने से जातक भाग्यशाली होगा। जो भी वचन बोलेगा, सोच-समझकर जिम्मेदारी के साथ बोलेगा।
4. **मंगल+गुरु**–मंगल के साथ बृहस्पति होने से मित्रों से फायदा देगा। जातक धार्मिक एवं सिद्धान्तवादी सोच वाला होगा।
5. **मंगल+शुक्र**–मंगल के साथ शुक्र जातक को राजयोग दिलायेगा। जातक धनी होगा व कुटम्बियों से प्रेम रखेगा।
6. **मंगल+शनि**–मंगल के साथ शनि होने से जातक महाधनी होगा। ऐसे जातक का बैंक-बैलेन्स सुदृढ़ होगा।
7. **मंगल+राहु**–मंगल के साथ राहु होने से जातक के स्थाई सम्पत्ति में विवाद करायेगा।
8. **मंगल+केतु**–मंगल के साथ केतु जातक के धन संग्रह में बाधक है।

मकरलग्न में मंगल की स्थिति तृतीय स्थान में

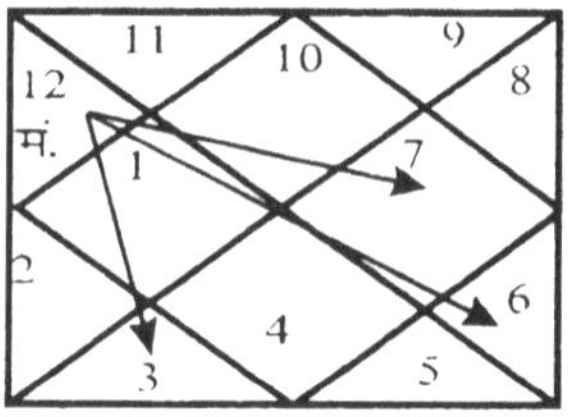

मकरलग्न में मंगल चतुर्थेश एवं लाभेश होने से अशुभ है, फलत: यहां मंगल मारकेश का काम करेगा। यहां पर तृतीय स्थान में मीन (मित्र) राशि में होगा। ऐसे व्यक्ति स्वाभिमानी होते हैं तथा बाहुबल में विश्वास रखते हैं। जातक का शौर्य, पराक्रम एवं जनसम्पर्क सघन होगा। जातक के भाई होंगे पर भाइयों से उसकी बनेगी नहीं। यदि लग्नेश शनि या शुक्र की स्थिति ठीक हो तो जातक बड़ा व्यवसायी एवं उद्योगपति होता है।

दृष्टि–तृतीयस्थ मंगल की दृष्टि छठे स्थान (मिथुन राशि), भाग्य स्थान (कन्या राशि) एवं दशम स्थान (तुला राशि) पर होगी। फलत: ऋण व शत्रुओं का नाश होगा। भाग्योदय 28 वर्ष की आयु के बाद होगा। जातक की आजीविका के साधन सुदृढ़ होंगे। जातक को खूब धन, यश व प्रतिष्ठा मिलेगी।

निशानी–ऐसे जातक को शूल रोग होगा। जातक युद्ध प्रिय होगा तथा वह शत्रुओं को परास्त करके कीर्ति अर्जित करेगा।

दशा–मंगल की दशा-अंतर्दशा पराक्रम बढ़ायेगी एवं शुभ फल देगी।

मंगल का अन्य ग्रहों से सम्बन्ध–

1. **मंगल+सूर्य**–मंगल के साथ सूर्य जातक को प्रबल पराक्रमी बनायेगा पर जातक को बड़े भाई का सुख प्राप्त नहीं होगा।
2. **मंगल+चंद्र**–यहां तृतीय स्थान में दोनों ग्रह मीन राशि में होंगे। यहां बैठकर दोनों ग्रहों की दृष्टि षष्टम् स्थान (मिथुन राशि), भाग्य भवन (कन्या राशि) एवं दशम भाव (तुला राशि) पर होगी। फलत: जातक धनवान होगा। जातक ऋण-रोग व शत्रुओं का नाश करने में सक्षम होगा। जातक सौभाग्यशाली होगा। जातक का राजनीति (सरकार) कोर्ट-कचहरी में वर्चस्व रहेगा।
3. **मंगल+बुध**–मंगल के साथ बुध नीच का जातक को भाई-बहनों एवं इष्ट-मित्रों का सुख देगा।
4. **मंगल+गुरु**–मंगल के साथ स्वगृही गुरु जातक को मित्रों से, परिजनों से लाभ दिलायेगा। जातक पराक्रमी होगा।
5. **मंगल+शुक्र**–मंगल के साथ उच्च का शुक्र जातक की कीर्ति को पराकाष्ठा पर ले जायेगा। जातक का राजनीति में सीधा हस्तक्षेप होगा।
6. **मंगल+शनि**–मंगल के साथ शनि होने से जातक प्रबल पुरुषार्थी होगा एवं परिश्रम से अपना भाग्य चमकायेगा।
7. **मंगल+राहु**–मंगल के साथ राहु भाइयों में विग्रह-विवाद पैदा करेगा।
8. **मंगल+केतु**–मंगल के साथ केतु परिजनों में विद्वेष पर अन्य समाज में कीर्ति देगा।

मकरलग्न में मंगल की स्थिति चतुर्थ स्थान में

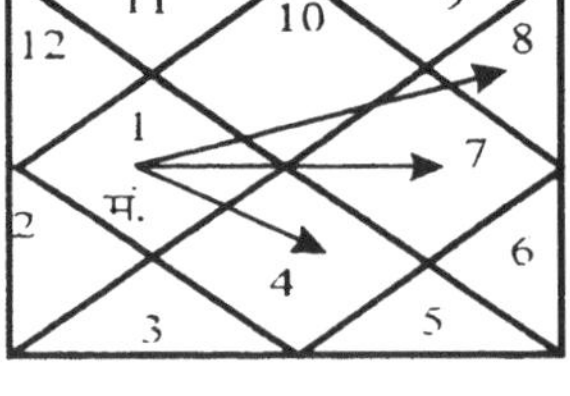

मकरलग्न में मंगल चतुर्थेश एवं लाभेश होने से अशुभ है, फलत: यहां मंगल मारकेश का काम करेगा। यहां चतुर्थ स्थान में मेष राशि का मंगल स्वगृही होगा। मंगल इस स्थिति में कुण्डली 'मांगलिक' होगी तथा **'रुचक योग'** भी बनेगा। ऐसा जातक राजा के समान ऐश्वर्यशाली एवं पराक्रमी होगा।

जातक उच्च श्रेणी का उद्योगपति होगा। बड़ी भू-सम्पत्ति व जमीन का स्वामी होगा। उच्च वाहन होंगे पर पत्नी के पूर्ण सुख का अभाव रहेगा।

दृष्टि–चतुर्थ भावगत मंगल की दृष्टि सप्तम भाव (कर्क राशि), दशम भाव (तुला राशि) एवं एकादश भाव अपने स्वयं के घर वृश्चिक राशि पर होगी। विवाह में विलम्ब होगा वराज्य सरकार में वर्चस्व रहेगा एवं जातक व्यापार-व्यवसाय से खूब धन अर्जित करेगा।

निशानी–पाराशर ऋषि के अनुसार ऐसा जातक मातृकुल व कृषि से धन पाता है, तीर्थयात्रा करता है तथा सुखी होता है।

दशा–मंगल की दशा-अंतर्दशा में जातक को भूमि लाभ होगा। कोर्ट-कचहरी में विजय मिलेगी। व्यापार में लाभ होगा।

मंगल का अन्य ग्रहों से सम्बन्ध–

1. **मंगल+सूर्य**–मंगल के साथ उच्च का सूर्य **'किम्बहुना नामक राजयोग'** बनायेगा। **'रविकृत राजयोग'** के कारण जातक को माता-पिता की सम्पत्ति, बढ़िया भवन एवं चार पहियों का बढ़िया वाहन मिलेगा। जातक निश्चय ही राजा या राजातुल्य पराक्रमी पुरुष होगा।
2. **मंगल+चंद्र**–यहां चतुर्थ स्थान में दोनों ग्रह मेष राशि में होंगे। मंगल यहां स्वगृही होने से **'रुचक योग'** बनेगा एवं **'महालक्ष्मी योग'** की सृष्टि होगी। यहां बैठकर दोनों ग्रह सप्तम भाव (कर्क राशि), दशम भाव (तुला राशि) एवं एकादश भाव (वृश्चिक राशि) को देखेंगे। फलत: जातक महाधनी होगा। व्यापार-व्यवसाय से लाभ होगा। विवाह के बाद जातक आर्थिक रूप से सम्पन्न होगा एवं उसे जातक राजनीति में उच्च पद को प्राप्त करेगा।
3. **मंगल+बुध**–मंगल के साथ बुध जातक को उत्तम वाहन देगा। उसके पास एक से अधिक वाहन होंगे।
4. **मंगल+गुरु**–मंगल के साथ गुरु मित्रों से लाभ देने के साथ-साथ जातक को धार्मिक बुद्धि भी देगा। जातक जिम्मेदार व्यक्ति होगा।
5. **मंगल+शुक्र**–मंगल के साथ शुक्र जातक को अनेक वाहन देगा एवं माता की सम्पत्ति दिलायेगा। भूमि से लाभ दिलायेगा।
6. **मंगल+शनि**–मंगल के साथ शनि **'नीचभंग राजयोग'** बनायेगा। जातक राजा के समान पराक्रमी एवं धनी होगा।
7. **मंगल+राहु**–मंगल के साथ राहु होने से माता की अकाल मृत्यु देगा।
8. **मंगल+केतु**–मंगल के साथ केतु जातक की माता को लम्बी बीमारी देगा।

मकरलग्न में मंगल की स्थिति पंचम स्थान में

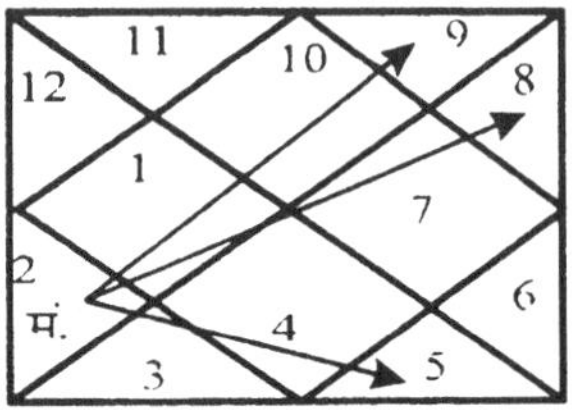

मकरलग्न में मंगल चतुर्थेश एवं लाभेश होने से अशुभ है, फलत: यहां मंगल मारकेश का काम करेगा। पंचम स्थान में मंगल वृष राशि में होता है। ऐसा जातक विद्यावान् होगा। अर्थकरी विद्या का ज्ञाता एवं व्यवहारिक ज्ञान से भरपूर होगा। पाराशर ऋषि के अनुसार ऐसा जातक सर्वजनप्रिय, गुणी, मानी एवं 'स्वभुजार्जित वित्तवान' अपने खुद के पुरुषार्थ से धन कमाकर महाधनी होगा।

दृष्टि–पंचम भावगत मंगल की दृष्टि अष्टम स्थान (सिंह राशि), लाभ स्थान, अपने ही घर वृश्चिक राशि एवं व्यय भाव (धनु राशि) पर होगी। फलत: जातक शत्रुओं का नाश करने में सक्षम होगा तथा व्यापार-व्यवसाय के द्वारा खूब धन कमायेगा। ऐसा जातक उदार मनोवृत्ति के कारण खर्च भी खूब करेगा। तीर्थ यात्रा, परोपकार पर रुपया खर्च करेगा।

निशानी–जातक पुत्रवान होगा। पुत्र सुखी होगा।

दशा–मंगल की दशा-अंतर्दशा मिश्रित फल देगी।

मंगल का अन्य ग्रहों से सम्बन्ध–

1. **मंगल+सूर्य**–मंगल के साथ सूर्य एकाध पुत्र की मृत्यु का कारण बनेगा।
2. **मंगल+चंद्र**–यहां पंचम स्थान में दोनों ग्रह वृष राशि में होंगे। वृष राशि में चंद्रमा उच्च का होगा फलत: यहां '**महालक्ष्मी योग**' बनेगा। यहां बैठकर दोनों ग्रहों की दृष्टि अष्टम भाव (सिंह राशि), लाभ स्थान (वृश्चिक राशि) एवं व्यय भाव (धनु राशि) पर होगी। फलत: ऐसा जातक महाधनी होगा। जातक व्यापार-व्यवसाय से धन कमायेगा। जातक लम्बी उम्र का स्वामी होगा। जातक थोड़ा खर्चीले स्वभाव का होगा।
3. **मंगल+बुध**–मंगल के साथ बुध जातक को कम्प्यूटर की तरह तेज बुद्धि देगा।
4. **मंगल+गुरु**–मंगल के साथ गुरु पुत्र संतान एवं आध्यात्मिक ज्ञान देगा।
5. **मंगल+शुक्र**–मंगल के साथ स्वगृही शुक्र जातक को राजयोग देगा। जातक राजनीति में प्रभावशाली व्यक्ति होगा।
6. **मंगल+शनि**–मंगल के साथ शनि परिश्रम का लाभ देगा। जातक धनी होगा एवं उसकी संतति भी धनवान होगी।

7. **मंगल+राहु**–मंगल के साथ राहु संतान सुख में बाधक है।

8. **मंगल+केतु**–मंगल के साथ केतु विद्या में रुकावट देगा।

मकरलग्न में मंगल की स्थिति षष्टम स्थान में

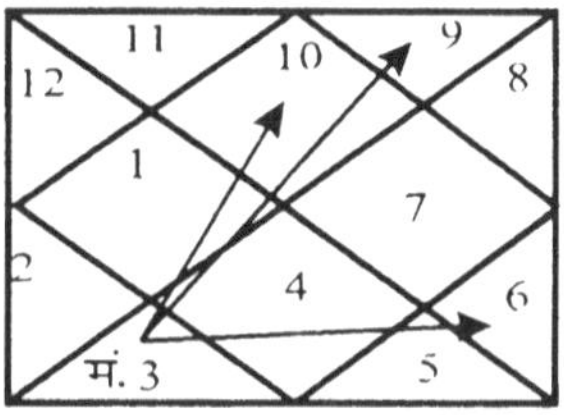

मकरलग्न में मंगल चतुर्थेश एवं लाभेश होने से अशुभ है, फलतः यहां मंगल मारकेश का काम करेगा। छठे स्थान में मंगल मिथुन राशि में होगा। मंगल की इस स्थिति में '**सुखहीन योग**' एवं '**लाभभंग योग**' बनेगा। 'बृहत्पाराशर होराशास्त्र' के अनुसार– '**लाभेशे रोग भावस्थे जातो रोग समन्वितः।**' 'क्रूर बुद्धिः प्रवासी च शत्रुभिः परिपीड़ितः' ऐसा जातक रोगी होता है। क्रूर, विनाशक बुद्धि से प्रेरित रहता है एवं शत्रुओं से पीड़ित रहता है। जीवन में संघर्ष की स्थिति बनी रहती है।

दृष्टि–षष्टमस्थ मंगल की दृष्टि भाग्य स्थान (कन्या राशि), व्यय स्थान (धनु राशि) एवं लग्न स्थान (मकर राशि) पर होगी। जातक को भाग्योदय हेतु संघर्ष करना पड़ेगा। धन व्यर्थ में खर्च होगा। जातक को पुरुषार्थ-परिश्रम का फल बराबर नहीं मिलेगा।

निशानी–जातक माता के सुख से हीन होता है। जातक को ब्लड प्रेशर रहता है।

दशा–मंगल की दशा-अंतर्दशा अनिष्ट फल देगी।

मंगल का अन्य ग्रहों से सम्बन्ध–

1. **मंगल+सूर्य**–मंगल के साथ सूर्य सरल नामक '**विपरीत राजयोग**' देगा। जातक धनी होगा। पर भूमि को लेकर मुकदमेबाजी होगी।

2. **मंगल+चंद्र**–यहां षष्टम् स्थान में दोनों ग्रह मिथुन राशि में होंगे। यहां बैठकर दोनों ग्रहों की दृष्टि भाग्य स्थान (कन्या राशि), व्यय भाव (धनु राशि) एवं लग्न स्थान (मकर राशि) पर होगी। चंद्रमा के कारण '**विवाहभंग योग**' एवं मंगल के छठे जाने से '**सुखहीन योग**' व '**लाभभंग योग**' बनेगा। ऐसा जातक धनवान तो होगा परन्तु सुख-ऐश्वर्य में कमी एवं लाभ में कमी महसूस करेगा।

3. **मंगल+बुध**–मंगल के साथ बुध होने से हर्ष नामक '**विपरीत राजयोग**' बनेगा। जातक धनी होगा पर उसकी किस्मत संघर्ष के बाद चमकेगी।

4. **मंगल+गुरु**–मंगल के साथ गुरु '**पराक्रम भंग योग**' के साथ विमल नामक '**विपरीत राजयोग**' बनायेगा। जातक धनी होगा। पर उसे अपयश मिलता रहेगा।

5. **मंगल+शुक्र**–मंगल के साथ शुक्र '**संतानहीन योग**' एवं '**राजभंग योग**' बनायेगा। जातक की प्रारंभिक विद्या में रुकावट आयेगी।

6. **मंगल+शनि**–मंगल के साथ शनि '**लग्नभंग योग**' एवं '**धनहीन योग**' बनायेगा। जातक को आर्थिक विषमता से जूझना पड़ेगा।

7. **मंगल+राहु**–मंगल के साथ राहु अंग पीड़ा देगा।

8. **मंगल+केतु**–मंगल के साथ केतु पैरों में कष्ट होगा।

मकरलग्न में मंगल की स्थिति सप्तम स्थान में

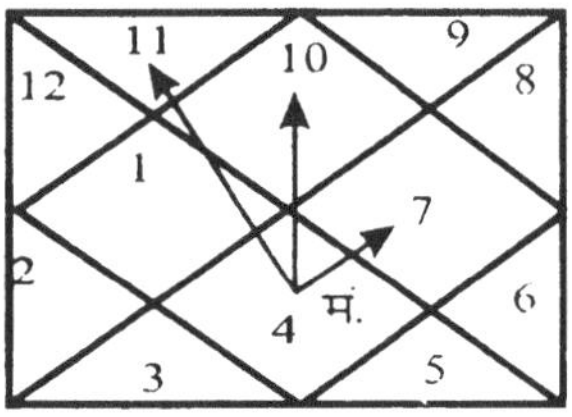

मकरलग्न में मंगल चतुर्थेश एवं लाभेश होने से अशुभ है, फलतः यहां मंगल मारकेश का काम करेगा। यहां सप्तम स्थान में मंगल नीच का होगा। कर्क राशि के 28 अंशों में मंगल परम नीच का होगा। मंगल की इस स्थिति से कुण्डली '**मांगलिक**' हो गई है। फलतः विवाह में विलम्ब होगा या गृहस्थ सुख में बाधा रहेगी। विवाह होने के बाद जातक पत्नी से दबा रहेगा। पाराशर ऋषि कहते हैं–'**समायां मूकवद् भवेत**' जातक सभा में गूंगे के समान तथा कामी होगा।

दृष्टि–सप्तमस्थ मंगल की दृष्टि दशम भाव (तुला राशि), लग्न स्थान (मकर राशि) एवं धन स्थान (कुंभ राशि) पर होगी। जातक का राज-सरकार में प्रभाव रहेगा। जातक को पुरुषार्थ का लाभ मिलेगा। जातक धनी होगा। भूमि में धन, गुप्त समझौतों से लाभ मिलेगा।

निशानी–जातक की अपने जीवनसाथी के साथ सदैव कलह रहेगा। अहम् की टकराहट होती रहेगी।

दशा–मंगल की दशा-अंतर्दशा मिश्रित फल देगी।

मंगल का अन्य ग्रहों से सम्बन्ध–

1. **मंगल+सूर्य**–मंगल के साथ सूर्य वैवाहिक सुख में बाधक है।

2. **मंगल+चंद्र**–यहां सप्तम स्थान में दोनों ग्रह कर्क राशि में होंगे। मंगल यहां नीच का एवं चंद्रमा स्वगृही होने से '**नीचभंग राजयोग**' बनेगा। यहां बैठकर दोनों ग्रह दशम भाव (तुला राशि), लग्न भाव (मकर राशि) एवं धन भाव (कुंभ राशि) को देखेंगे। फलतः यहां '**महालक्ष्मी योग**' बनेगा। जातक महाधनी

होगा। वह जो भी कार्य हाथ में लेगा उसमें उसे बराबर सफलता मिलेगी। जातक का राज्य (सरकार) पक्ष में दबदबा होगा।

3. **मंगल+बुध**–मंगल के साथ बुध जातक के भाग्योदय में वृद्धि करायेगा।
4. **मंगल+गुरु**–मंगल के साथ बृहस्पति '**नीचभंग राजयोग**' बनायेगा। जातक राजा के समान पराक्रमी होगा।
5. **मंगल+शुक्र**–मंगल के साथ शुक्र विद्या में बढ़ोतरी करायेगा। राजयोग में लाभ करायेगा। विवाह के बाद जातक की उन्नति होगी।
6. **मंगल+शनि**–मंगल के साथ शनि '**लग्नाधिपति योग**' बनायेगा। जातक को परिश्रम का पूरा-पूरा लाभ मिलेगा। जातक सफल व्यक्ति होगा।
7. **मंगल+राहु**–मंगल के साथ राहु पति-पत्नी में विवाद व कलह करायेगा।
8. **मंगल+केतु**–मंगल के साथ केतु विवाह सुख में न्यूनता उत्पन्न करेगा।

मकरलग्न में मंगल की स्थिति अष्टम स्थान में

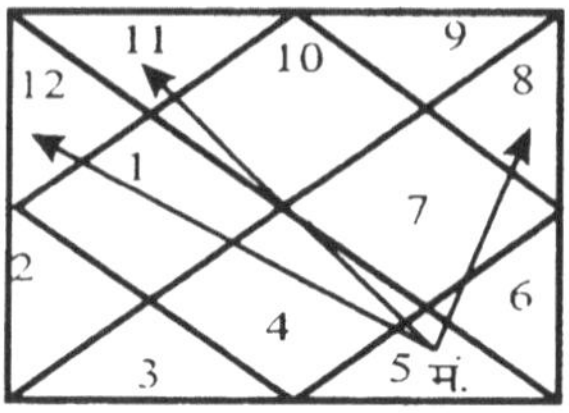

मकरलग्न में मंगल चतुर्थेश एवं लाभेश होने से अशुभ है, फलतः यहां मंगल मारकेश का काम करेगा। यहां अष्टम स्थान मे मंगल सिंह (मित्र) राशि में होगा। मंगल की इस स्थिति में होने से कुण्डली 'मांगलिक' कहलायेगी। मंगल की इस स्थिति से '**सुखहीन योग**' एवं '**लाभभंग योग**' बनता है। ऐसे जातक का जीवन संघर्षशील रहेगा। जातक जिस काम में हाथ डालेगा, नुकसान होगा। पाराशर ऋषि कहते हैं–'**जातः क्लीबसमो भवेत्**', ऐसे जातक को माता-पिता का अल्प सुख मिलता है। जातक मकान के सुख से हीन होता है तथा परिश्रम के फल न मिलने से जातक नपुसंक के समान हो जाता है।

दृष्टि–अष्टमस्थ मंगल की दृष्टि लाभ स्थान (वृश्चिक राशि), धन भाव (कुंभ राशि) एवं पराक्रम भाव (मीन राशि) पर होगी। फलतः लाभ में रुकावट, धन की हानि एवं पराक्रम भंग होने का भय बना रहेगा।

निशानी–ऐसा जातक विधुर होगा। उसकी पत्नी का मरण उसके सामने होगा।

दशा–मंगल की दशा-अंतर्दशा अशुभ फल देगी।

मंगल का अन्य ग्रहों से सम्बन्ध–

1. **मंगल+सूर्य**–मंगल के साथ सूर्य स्वगृही होकर सरल नामक '**विपरीत राजयोग**' बनायेगा। जातक धनी होगा पर वह भूमि विवाद में उलझ सकता है।

2. **मंगल+चंद्र**–यहां अष्टम स्थान में दोनों ग्रह सिंह राशि में होंगे। चंद्रमा के कारण यहां '**विवाहभंग योग**' बनेगा। मंगल अष्टम में होने से '**सुखहीन योग**' एवं '**लाभभंग योग**' बनेगा। यहां बैठकर दोनों ग्रह लाभ स्थान (वृश्चिक राशि), धन भाव (कुंभ राशि) एवं पराक्रम भाव (मीन राशि) को देखेंगे। ऐसा जातक धनवान तो होगा पर उसको सुख एवं लाभ में कमी महसूस होती रहेगी।

3. **मंगल+बुध**–मंगल के साथ बुध हर्ष नामक '**विपरीत राजयोग**' बनायेगा। ऐसा जातक धनी होगा। जातक के विवाह में विलम्ब संभव है।

4. **मंगल+गुरु**–मंगल के साथ बृहस्पति '**पराक्रम भंग योग**' एवं विमल नामक '**विपरीत राजयोग**' बनायेगा। जातक धनी होगा एवं उसे अपयश मिलेगा।

5. **मंगल+शुक्र**–मंगल के साथ शुक्र '**राजभंग योग**' व '**संतानहीन योग**' बनायेगा। जातक को संतान संबंधी परेशानी रहेगी। पत्नी से मनमुटाव रहेगा।

6. **मंगल+शनि**–मंगल के साथ शनि '**लग्नभंग योग**' एवं '**धनहीन योग**' बनायेगा। जातक को परिश्रम का यथेष्ट लाभ नहीं मिलेगा।

7. **मंगल+राहु**–मंगल के साथ राहु गुप्त बीमारी देगा व अचानक दुर्घटना करायेगा।

8. **मंगल+केतु**–मंगल के साथ केतु मानसिक तनाव देगा।

मकरलग्न में मंगल की स्थिति नवम स्थान में

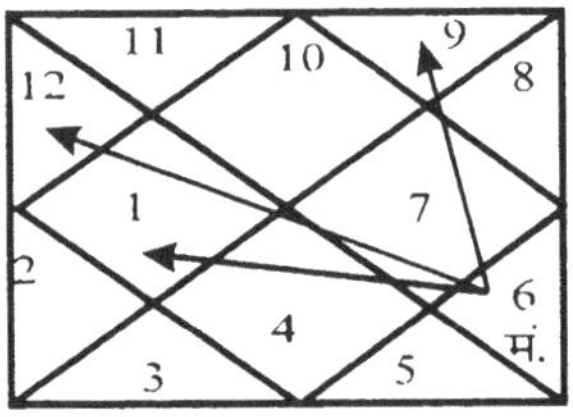

मकरलग्न में मंगल चतुर्थेश एवं लाभेश होने से अशुभ है, फलत: मंगल यहां मारकेश का काम करेगा। नवम स्थान में मंगल कन्या राशि में होगा ऐसा जातक भाग्यशाली होता है। पाराशर ऋषि कहते हैं– '**चतुर: सत्यवादी च राजपूज्यो धनाधिप:,**' ऐसा जातक बहुत चतुर-चालाक एवं सिद्धान्तवादी होगा। जातक राजा के द्वारा सम्मानित होगा एवं धनवान होगा।

दृष्टि–नवमस्थ मंगल की दृष्टि व्यय भाव (धनु राशि), पराक्रम स्थान (मीन राशि) एवं चतुर्थ स्थान (मेष राशि) पर होगी। जातक खर्चीले स्वभाव का एवं पराक्रमी होगा। मित्र बहुत होगें। वाहन का सुख जातक को प्राप्त होगा। बड़ी भू-सम्पत्ति का स्वामी होगा।

निशानी–जातक बाल्यवस्था में बीमार होगा तथा पिता की सम्पत्ति को तुच्छ समझेगा। सहोदर भ्राता एवं पिता से जातक के विचार नहीं मिलेंगे।

दशा–मंगल की दशा-अंतर्दशा शुभ फल देगी।

मंगल का अन्य ग्रहों से सम्बन्ध–

1. **मंगल+सूर्य**–मंगल के साथ सूर्य जातक को अतुल तेज व पराक्रम देगा।
2. **मंगल+चंद्र**–यहां नवम स्थान में दोनों कन्या राशि में होंगे। यहां बैठकर दोनों ग्रह व्यय भाव (धनु राशि), पराक्रम भाव (मीन राशि) एवं चतुर्थ स्थान (मेष राशि) को देखेंगे। ऐसा जातक धनवान होगा। उसे जीवन में सभी भौतिक सुख-सुविधाओं एवं ऐश्वर्य की प्राप्ति होगी। जातक महान पराक्रमी होगा।
3. **मंगल+बुध**–मंगल के साथ बुध जातक को सौभाग्यशाली बनायेगा। जातक बुद्धिबल से आगे बढ़ता हुआ शत्रुओं को परास्त करेगा।
4. **मंगल+गुरु**–मंगल के साथ गुरु जातक को मित्रों, परिजनों से लाभ वांछित सहयोग दिलायेगा।
5. **मंगल+शुक्र**–मंगल के साथ शुक्र भले ही नीच का हो जातक को राजयोग देगा तथा प्रभावशाली बनायेगा।
6. **मंगल+शनि**–मंगल के साथ शनि जातक को माता की सम्पत्ति एवं भूमि लाभ देगा।
7. **मंगल+राहु**–मंगल के साथ राहु होने से जातक पिता की सम्पत्ति ठुकरा देगा।
8. **मंगल+केतु**–मंगल के साथ केतु जातक को पुरुषार्थ से लाभ एवं तेजस्विता देगा।

मकरलग्न में मंगल की स्थिति दशम स्थान में

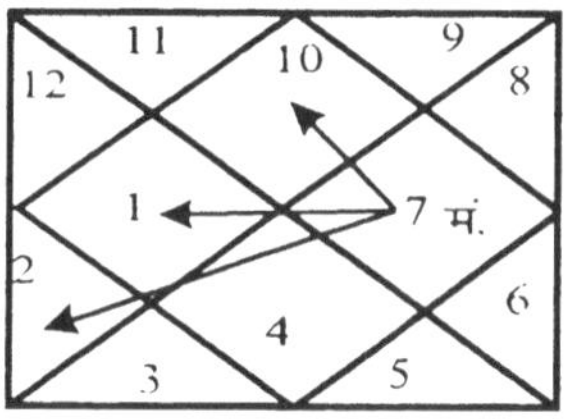

मकरलग्न में मंगल चतुर्थेश एवं लाभेश होने से अशुभ है, फलत: यहां मंगल मारकेश का काम करेगा। यहां दशम स्थान में मंगल तुला राशि में होगा। मंगल यहां स्वगृहाभिलाषी एवं **'दिग्बली'** है। मंगल की यह स्थिति सर्वाधिक शक्तिशाली होकर **'कुलदीपक योग'** की सृष्टि कर रही है। जातक अपने परिवार कुटुम्ब का नाम दीपक के समान रोशन करता हुआ अनेक शुभ फलों को प्राप्त करेगा। जातक राजा द्वारा पूजित होगा तथा उसे सरकारी सम्मान मिलेगा।

दृष्टि–दशमस्थ मंगल की दृष्टि लग्न स्थान (मकर राशि), चतुर्थ भाव (मेष राशि) एवं पंचम भाव (वृष राशि) पर होगी। जातक को परिश्रम का पूरा लाभ मिलेगा। जातक के पास उच्च वाहन एवं प्रचुर भूमि होगी। जातक को पुत्र सुख जरूर प्राप्त होगा।

निशानी–जातक अर्थकारी विद्या का जानकार एवं अनुभवी विद्वान होगा।

दशा–मंगल की दशा-अंतर्दशा में जातक की उन्नति होगी।

मंगल का अन्य ग्रहों से सम्बन्ध–

1. **मंगल+सूर्य**–मंगल के साथ सूर्य नीच का होगा। जातक को राज दरबार में सम्मान मिलेगा।
2. **मंगल+चंद्र**–यहां दशम स्थान में दोनों ग्रह तुला राशि में होंगे। यहां बैठकर दोनों ग्रह लग्न स्थान (मकर राशि), चतुर्थ भाव (मेष राशि) एवं पंचम भाव (वृष राशि) को देखेंगे। फलतः जातक धनवान होगा। जातक को जीवन के प्रत्येक कार्य में सफलता मिलेगी तथा ऐशो-आराम एवं भौतिक सुखों की प्राप्ति होगी। मंगल यहां दिक्बली होकर '**कुलदीपक योग**' बनायेगा। जातक की आर्थिक उन्नति प्रथम संतति के बाद होगी।
3. **मंगल+बुध**–मंगल के साथ बुध होने से जातक को व्यापार में लाभ, भूमि-भवन में लाभ होगा।
4. **मंगल+गुरु**–मंगल के साथ बृहस्पति जातक को मित्रों से लाभ देगा। जातक धार्मिक एवं पराक्रमी होगा।
5. **मंगल+शुक्र**–मंगल के साथ शुक्र '**मालव्य योग**' बनायेगा। जातक राजा के समान पराक्रमी एवं प्रभावशाली व्यक्तित्व का धनी होगा।
6. **मंगल+शनि**–मंगल के साथ शनि '**शश योग**' बनायेगा। ऐसा जातक स्वयं राजा व राजपुरुष से कम नहीं होगा।
7. **मंगल+राहु**–मंगल के साथ राहु राजकाज में बाधक है।
8. **मंगल+केतु**–मंगल के साथ केतु का होना सरकारी कार्य में विघ्न डालेगा।

मकरलग्न में मंगल की स्थिति एकादश स्थान में

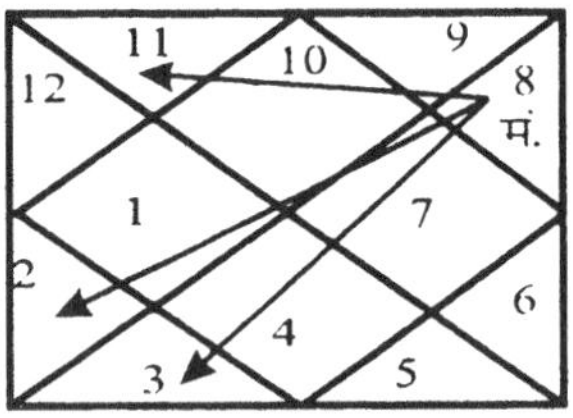

मकरलग्न में मंगल चतुर्थेश एवं लाभेश होने से अशुभ है, फलतः यहां मंगल मारकेश का काम करेगा। एकादश स्थान में मंगल वृश्चिक राशि का स्वगृही होगा। अपनी राशि में 'षडाष्टक योग' करने से यह मंगल शुभ फलदायक नहीं है। ऐसा जातक अनेक प्रकार के धंधे करेगा। सभी धंधों में उसे थोड़ा-थोड़ा लाभ मिलता रहेगा। जातक के पास बड़ा मकान होगा। जातक बड़ा व्यवसायी व उद्योगपति होगा।

दृष्टि–एकादश भावगत मंगल की दृष्टि धन स्थान (कुंभ राशि), पंचम भाव (वृष राशि) एवं छठे स्थान (मिथुन राशि) पर होगी। फलतः जातक धनी होगा।

जातक उत्तम संतति का स्वामी होगा। जातक अपने शत्रुओं का नाश करने में सक्षम होगा। रोग व ऋण पास नहीं आयेंगे।

निशानी–जातक के प्रथम पुत्र होगा। कन्या भी होगी। दोनों का सुख रहेगा।

दशा–मंगल की दशा-अंतर्दशा शुभ फल देगी।

मंगल का अन्य ग्रहों से सम्बन्ध–

1. **मंगल+सूर्य**–मंगल के साथ सूर्य लाभ में रुकावट डालेगा। जातक की भागीदारों से नहीं निभेगी।
2. **मंगल+चंद्र**–यहां एकादश स्थान में दोनों ग्रह वृश्चिक राशि में होंगे। चंद्रमा यहां नीच का तो मंगल स्वगृही होने से '**नीचभंग राजयोग**' बना फलत: '**महालक्ष्मी योग**' की सृष्टि हुई। यहां बैठकर दोनों ग्रह धन भाव (कुंभ राशि), पंचम भाव (वृष राशि) एवं षष्टम भाव (मिथुन राशि) को देखेंगे। फलत: जातक महाधनी होगा। जातक ऋण-रोग व शत्रुओं का नाश करने में सक्षम होगा। जातक का आर्थिक विकास प्रथम संतति के जन्म के बाद होगा।
3. **मंगल+बुध**–मंगल के साथ बुध भाग्योदय कारक है। जातक उद्योगपति होगा।
4. **मंगल+गुरु**–मंगल के साथ बृहस्पति मित्रों से लाभ दिलायेगा।
5. **मंगल+शुक्र**–मंगल के साथ शुक्र विद्या योग तथा राजकीय लाभ देगा।
6. **मंगल+शनि**–मंगल के साथ शनि जातक को उद्योग से धन देगा।
7. **मंगल+राहु**–मंगल के साथ राहु व्यापार में नुकसान देगा।
8. **मंगल+केतु**–मंगल के साथ केतु व्यापार में तनाव देगा।

मकरलग्न में मंगल की स्थिति द्वादश स्थान में

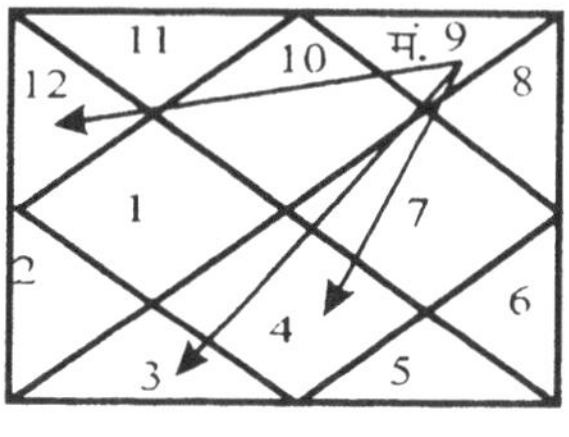

मकरलग्न में मंगल चतुर्थेश एवं लाभेश होने से अशुभ है, फलत: यहां मंगल मारकेश का काम करेगा। द्वादश स्थान में मंगल धनु राशि में होगा। मंगल की इस स्थिति से कुण्डली '**मांगलिक**' बनेगी। मंगल की इस स्थिति से '**सुखहीन योग**' एवं '**लाभभंग योग**' बना। जातक को जीवन में संघर्ष ज्यादा करना पड़ेगा। महर्षि पाराशर के अनुसार–'**जातो दुर्व्यसनी मूढः रुदाऽऽ लस्य समन्वित:**' जातक गृह सुख से हीन, दुर्व्यसनी व आलसी होता है। ऐसे जातक को यात्रा, विदेश प्रवास का योग अधिक होगा।

दृष्टि–द्वादश भावगत मंगल की दृष्टि पराक्रम स्थान (मीन राशि), छठे भाव (मिथुन राशि) एवं सप्तम भाव (कर्क राशि) पर होगी। जातक पराक्रमी होगा। जातक के शत्रु बहुत होंगे। जातक के विवाह सुख में बाधा आयेगी।

निशानी–जातक की मित्रता म्लेच्छों (निम्न वर्ग के लोगों) से ज्यादा होगी।

दशा–मंगल की दशा-अंतर्दशा अशुभ फल देगी।

मंगल का अन्य ग्रहों से सम्बन्ध–

1. **मंगल+सूर्य**–मंगल के साथ सूर्य होने से जातक के गृहस्थ जीवन के उत्तम फल, सभी सुख नष्ट हो जायेंगे।
2. **मंगल+चंद्र**–यहां द्वादश भाव में दोनों ग्रह धनु राशि में होंगे। जहां बैठकर दोनों ग्रह तृतीय भाव (मीन राशि), षष्टम् भाव (मिथुन राशि) एवं सप्तम भाव (कर्क राशि) को देखेंगे। चँद्रमा के कारण '**विवाहभंग योग**' मंगल के कारण '**सुखहीन योग**' एवं '**लाभभंग योग**' भी बनेगा। ऐसा जातक धनवान तो होगा परन्तु सुख एवं लाभ में कमी महसूस करता रहेगा।
3. **मंगल+बुध**–मंगल के साथ बुध '**भाग्यहीन योग**' एवं '**विपरीत राजयोग**' बनायेगा। जातक धनी होगा पर परेशान रहेगा।
4. **मंगल+गुरु**–मंगल के साथ बृहस्पति स्वगृही होकर विमल नामक '**विपरीत राजयोग**' बनायेगा। जातक धनी, मानी एवं ऐश्वर्यशाली जीवन जीयेगा।
5. **मंगल+शुक्र**–मंगल के साथ शुक्र '**राजभंग योग**' एवं '**संतानहीन योग**' बनायेगा। जातक को आर्थिक परेशानी एवं संतान संबंधी चिंता रहेगी।
6. **मंगल+शनि**–मंगल के साथ शनि '**लग्नभंग योग**' एवं '**धनहीन योग**' बनाता है। जातक को परिश्रम का फल नहीं मिलेगा।
7. **मंगल+राहु**–मंगल के साथ राहु अचानक दुर्घटना, विस्फोट करा सकता है।
8. **मंगल+केतु**–मंगल के साथ केतु शारीरिक कष्ट एवं मानसिक कष्ट का सूचक है।

❑❑❑

मकरलग्न में बुध की स्थिति

मकरलग्न में बुध की स्थिति प्रथम स्थान में

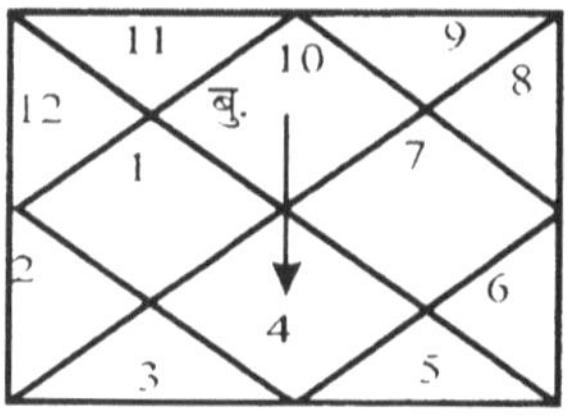

मकरलग्न में बुध षष्टेश एवं भाग्येश है। बुध लग्नेश शनि का मित्र होने से यहां राजयोग कारक एवं शुभ फल देने वाला ग्रह है। बुध यहां प्रथम स्थान में मकर (सम) राशि में होकर **'कुलदीपक योग'** की सृष्टि कर रहा है। ऐसा जातक सुन्दर, संस्कारी, बौद्धिक चातुर्य से युक्त, कर्त्तव्यनिष्ठ, जिम्मेदार व्यक्ति होता है। **'लोमेश संहिता'** के अनुसार ऐसा जातक बड़ा ही गुणवान् तथा यशस्वी, कीर्तिवान् होगा। जातक अपने कुटुम्ब-परिवार का नाम दीपक के समान रोशन करेगा।

दृष्टि–लग्नस्थ बुध मिथुन राशि से आठवें एवं कन्या राशि से पांचवें स्थान पर स्थित होकर सप्तम भाव (कर्क राशि) को देख रहा है। ऐसे जातक की कामेच्छा मंद होगी।

निशानी–ऐसा जातक अपने बुद्धिबल से शत्रुओं पर विजय पाता है।

दशा–बुध की दशा-अंतर्दशा में जातक का भाग्योदय होगा।

बुध का अन्य ग्रहों से सम्बन्ध–

1. **बुध+चंद्र**–बुध के साथ चंद्रमा होने से जातक का जीवनसाथी अति सुन्दर होगा। पर जातक का चरित्र विवादास्पद होगा।
2. **बुध+सूर्य**–'भोजसंहिता' के अनुसार मकरलग्न में सूर्य अष्टमेश होगा। प्रथम स्थान में मकर राशिगत यह युति वस्तुत: अष्टमेश सूर्य की भाग्येश+षष्टेश बुध के साथ युति कहलायेगी। सूर्य यहां शत्रुक्षेत्री होगा। यहां बैठकर दोनों ग्रह

सप्तम भाव को पूर्ण दृष्टि से देखेंगे। जातक बुद्धिमान व तेजस्वी होगा तथा अपने पराक्रम से रुपया कमायेगा। यहां पर यह युति ज्यादा नहीं खिलेगी फिर भी जातक समाज का लब्ध-प्रतिष्ठित व्यक्ति होगा एवं अपने कुल का नाम रोशन करेगा।

3. **बुध+मंगल**–बुध के साथ मंगल उच्च का '**रुचक योग**' बनायेगा। जातक राजा के समान पराक्रमी व ऐश्वर्यशाली होगा। जातक गांव या शहर का प्रमुख व्यक्ति होगा।
4. **बुध+गुरु**–बुध के साथ बृहस्पति नीच का होकर '**केसरी योग**' बनायेगा। जातक पराक्रमी होगा तथा परोपकार, सामाजिक सेवा में रुपया खर्च करेगा।
5. **बुध+शुक्र**–बुध के साथ शुक्र होने से जातक राजक्षेत्र, सरकारी क्षेत्र में प्रभावशाली व्यक्ति होगा एवं उसके पास सुन्दर वाहन होगा।
6. **बुध+शनि**–बुध के साथ शनि होने से '**शश योग**' बनेगा। जातक बुद्धिशाली एवं धनवान होगा। जातक राजा के समान प्रभावशाली होगा।
7. **बुध+राहु**–बुध के साथ राहु होने से जातक के दायें पैर में तकलीफ होगी।
8. **बुध+केतु**–बुध के साथ केतु होने से जातक के गुप्त शत्रु बहुत होंगे।

मकरलग्न में बुध की स्थिति द्वितीय स्थान में

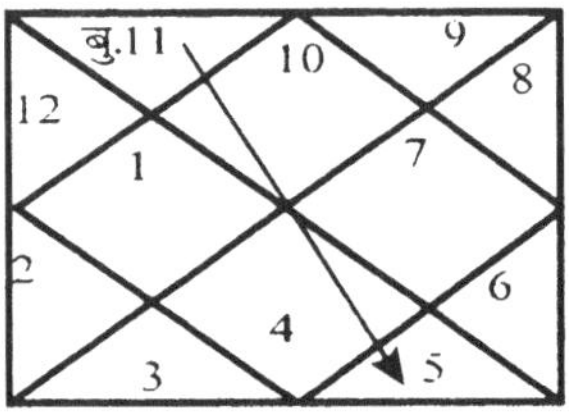

मकरलग्न में बुध षष्टेश एवं भाग्येश है। बुध लग्नेश शनि का मित्र होने से यहां राजयोग कारक एवं शुभ फल देने वाला ग्रह है। बुध यहां द्वितीय स्थान में कुंभ (सम) राशि में है। ऐसा जातक धनवान, बौद्धिक चातुर्य से युक्त, कुशल वक्ता, विवेकी एवं धार्मिक होगा। लोमेश संहिता अ. 9/श्लोक 6 के अनुसार ऐसा जातक सदैव अपने भाग्योदय की चिंता करता रहता है। ऐसा जातक बड़ा ही धनवान, गुणवान्, कामी (विषयी), बड़ा विद्वान् एवं मनुष्यों को प्रिय लगने वाला व्यक्ति होता है।

दृष्टि–बुध मिथुन राशि से नवमें एवं कन्या राशि से छठे स्थान पर स्थित होकर अष्टम भाव (सिंह राशि) को पूर्ण दृष्टि से देखेगा। जातक अपने ऋण-रोग व शत्रुओं का नाश करने में सक्षम होगा।

निशानी–जातक की वाणी विनम्र होगी।

दशा–बुध की दशा-अंतर्दशा में जातक को वांछित धन की प्राप्ति होगी एवं जातक का भाग्योदय होगा।

बुध का अन्य ग्रहों से सम्बन्ध–

1. **बुध+चंद्र**–बुध के साथ चंद्रमा होने से जातक का सही भाग्योदय के बाद होगा।
2. **बुध+सूर्य**–'भोजसंहिता' के अनुसार मकरलग्न में सूर्य अष्टमेश होगा। द्वितीय स्थान में कुंभ राशिगत यह युति वस्तुत: अष्टमेश सूर्य की षष्टेश+भाग्येश बुध के साथ युति कहलायेगी। सूर्य यहां शत्रुक्षेत्री होगा तथा दोनों ग्रह अष्टम भाव को देखेंगे, जो सूर्य का ही घर है। जातक बुद्धिमान व धनवान होगा। आमदनी के जरिए एक से अधिक प्रकार के रहेंगे। जातक में रोग से लड़ने की शक्ति होगी। जातक दीर्घजीवी तथा समाज का लब्ध-प्रतिष्ठित व्यक्ति होगा।
3. **बुध+मंगल**–बुध के साथ सुखेश मंगल होने से जातक धनवान होगा। जातक विशाल भू-सम्पत्ति का स्वामी होगा।
4. **बुध+गुरु**–बुध के साथ तृतीयेश गुरु होने से जातक को मित्रों से धन मिलेगा। जातक को यात्राओं से लाभ होगा।
5. **बुध+शुक्र**–बुध के साथ शुक्र होने से जातक महाधनी होगा। जातक की वाणी अत्यधिक विनम्र एवं सहयोगत्मक होगी। **भावार्थ रत्नाकर** के अनुसार यदि यहां पंचम भाव में चंद्रमा हो तो **'राजराजेश्वर योग'** बनेगा। जातक राजाओं का राजा होगा।
6. **बुध+शनि**–बुध के साथ शनि स्वगृही होने से जातक महाधनी होगा व भाग्यशाली होगा। जातक अपने पुरुषार्थ में खूब धन कमायेगा।
7. **बुध+राहु**–बुध के साथ राहु होने से जातक को धन प्राप्ति में बाधा आयेगी तथा उसकी वाणी में हकलाहट होगी।
8. **बुध+केतु**–बुध के साथ केतु जातक को अस्पष्ट वाणी देगा।

मकरलग्न में बुध की स्थिति तृतीय स्थान में

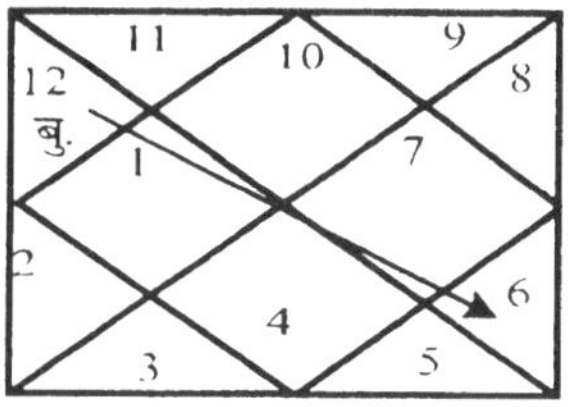

मकरलग्न में बुध षष्टेश एवं भाग्येश है। बुध लग्नेश शनि का मित्र होने से यहां राजयोग कारक एवं शुभ फल देने वाला ग्रह है। बुध यहां तृतीय स्थान में नीच का है। मीन राशि के 15 अंशों में बुध परम नीच का होता है। ऐसा जातक धनी, यशस्वी, न्यायप्रिय, लोकप्रिय एवं भाग्यशाली होता

है। **लोमेश संहिता** के अनुसार ऐसा जातक सदैव भाग्योन्नति के विषय में चिन्तनशील रहेगा। जातक महाधनी, पराक्रमी, गुणवान्, विद्वान एवं कामी होगा।

दृष्टि–बुध मिथुन राशि से दसवें, कन्या राशि से सातवें स्थान पर होकर, भाग्य स्थान अपने ही घर को पूर्ण दृष्टि से देखेगा। फलत: जातक का भाग्योदय, परिजनों एवं मित्रों की मदद से होगा एवं शीघ्र होगा।

निशानी–जातक कहलप्रिय नहीं होगा। युद्ध से दूर रहेगा।

दशा–बुध की दशा-अंतर्दशा में जातक का पराक्रम बढ़ेगा तथा जातक का भाग्योदय होगा।

बुध का अन्य ग्रहों से सम्बन्ध–

1. **बुध+चंद्र**–बुध के साथ चंद्रमा जातक को अधिक बहनें देगा। ससुराल में सालियों, मामी, सासु से जातक की अच्छी पटेगी। स्त्री-मित्रों से लाभ होगा।
2. **बुध+सूर्य**–'भोजसंहिता' के अनुसार मकरलग्न में सूर्य अष्टमेश होगा। तृतीय स्थान में मीन राशिगति यह युति वस्तुत: अष्टमेश सूर्य की षष्टेश+भाग्येश बुध के साथ युति होगी। बुध यहां नीच राशि का होगा। यहां बैठकर दोनों ग्रह भाग्य स्थान को पूर्ण दृष्टि से देखेंगे जो कि बुध की उच्च-राशि होगी। फलत: जातक बुद्धिमान व भाग्यशाली होगा। जातक का पराक्रम तेज होगा। परिजन एवं इष्टमित्रों की मदद जीवन में मिलती रहेगी। जातक का भाग्योदय 26 वर्ष की आयु में होना शुरू होगा। जातक समाज का लब्ध-प्रतिष्ठित व्यक्ति होगा।
3. **बुध+मंगल**–बुध के साथ मंगल जातक को महान पराक्रमी बनायेगा। जातक को कुटुम्ब तथा भाई-बहनों से लाभ प्राप्त होगा
4. **बुध+गुरु**–बुध के साथ बृहस्पति होने से '**नीचभंग राजयोग**' बनेगा। जातक राजातुल्य पराक्रमी होगा। बुद्धि धार्मिक होगी। जातक आशावादी होगी एवं ईश्वर में विश्वास रखेगा।
5. **बुध+शुक्र**–बुध के साथ शुक्र होने से '**नीचभंग राजयोग**' बनेगा। ऐसा जातक निश्चय ही राजातुल्य पराक्रमी एवं बड़े कुटुम्ब, मित्र-मंडली से घिरा रहगा।
6. **बुध+शनि**–बुध के साथ शनि जातक को मित्रों द्वारा धन लाभ के संकेत देता है।
7. **बुध+राहु**–बुध के साथ राहु होने से भाई-बहनों में विद्वेष रहेगा।

8. **बुध+केतु**–बुध के साथ केतु होने से कुटम्बियों में मनमुटाव रहेगा पर जातक कीर्तिवान् होगा।

मकरलग्न में बुध की स्थिति चतुर्थ स्थान में

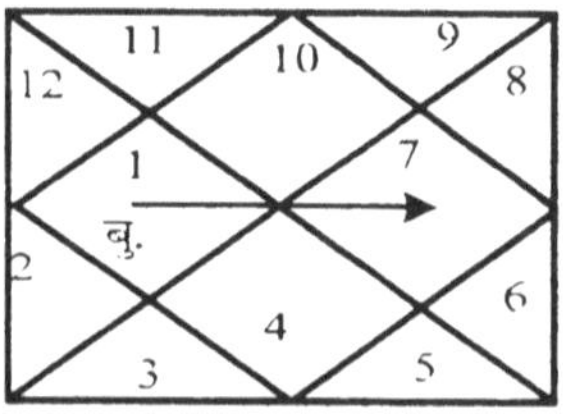

मकरलग्न में बुध षष्टेश एवं भाग्येश है। बुध लग्नेश शनि का मित्र होने से यहां राजयोग कारक एवं शुभ फल देने वाला ग्रह है। बुध यहां चतुर्थ स्थान में मेष (सम) राशि का होकर '**कुलदीपक योग**' बना रहा है। ऐसे जातक को मकान-वाहन, माता-पिता, जमीन-जायदाद का पूर्ण सुख प्राप्त होता है। **लोमेश संहिता** के अनुसार ऐसा जातक राजमंत्री, सेना का अधिपति, राज (सरकार) में उच्च पद, सम्मान को प्राप्त करता है। जातक अपने कुटुम्ब-परिवार का नाम दीपक के समान रोशन करेगा।

दृष्टि–बुध यहां मिथुन राशि से एकादश कन्या राशि से आठवें स्थान पर होकर दशम भाव (तुला राशि) को पूर्ण दृष्टि से देखेगा। जातक को रोजी-रोजगार, व्यापार में पूरा-पूरा फायदा होगा।

निशानी–जातक के स्वयं की तुलना में जातक के माता-पिता अधिक धनी, सुखी व यशस्वी होंगे।

दशा–बुध की दशा-अंतर्दशा में जातक को भौतिक सुख, उपलब्धियों की प्राप्ति होगी। जातक का भाग्योदय होगा।

बुध का अन्य ग्रहों से सम्बन्ध–

1. **बुध+चंद्र**–बुध के साथ चंद्रमा जातक को माता का सुख तो देगा पर जातक की मां बीमार रहेगी अथवा जातक के अपनी माता से विचार कम मिलेंगे।
2. **बुध+सूर्य**–'भोजसंहिता' के अनुसार मकरलग्न में सूर्य अष्टमेश होगा। चतुर्थ स्थान में 'मेष राशिगत' यह युति वस्तुत: अष्टमेश सूर्य की षष्टेश+भाग्येश बुध के साथ युति कहलायेगी। सूर्य यहां उच्च का होगा। सूर्य के कारण '**रविकृत राजयोग**' तथा बुध के कारण '**कुलदीपक योग**' बनेगा। बुद्धिमान होगा। कुटुम्ब परिवार का नाम दीपक के समान रोशन करेगा। जातक राज (सरकार) से लाभ उठायेगा। जातक उत्तम वाहन एवं मकान सुख को प्राप्त करता हुआ समाज का लब्ध-प्रतिष्ठित व्यक्ति कहलायेगा।
3. **बुध+मंगल**–बुध के साथ यहां मंगल होने से '**रुचक योग**' बनेगा। जातक राजातुल्य ऐश्वर्यशाली एवं उच्च वाहन का स्वामी होगा।

4. **बुध+गुरु**–बुध के साथ बृहस्पति जातक को मकान का सुख देता है।
5. **बुध+शुक्र**–बुध के साथ शुक्र होना जातक को उत्तम वाहन सुख देता है।
6. **बुध+शनि**–बुध के साथ शनि नीच का होते हुए भी जातक भौतिक ऐश्वर्य से सम्पन्न, उत्तम वाहन का स्वामी होगा पर वाहन खर्चा बहुत करायेगा।
7. **बुध+राहु**–बुध के साथ राहु वाहन दुर्घटना का संकेत देता है।
8. **बुध+केतु**–बुध के साथ केतु होने से जातक की माता लम्बी बीमारी से ग्रसित रहेगी।

मकरलग्न में बुध की स्थिति पंचम स्थान में

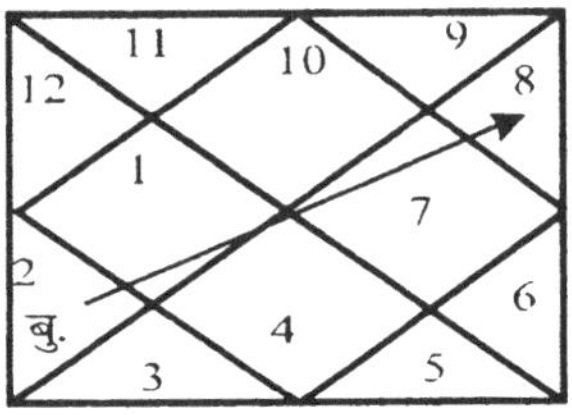

मकरलग्न में बुध षष्टेश एवं भाग्येश है। बुध लग्नेश शनि का मित्र होने से यहां राजयोग कारक एवं शुभ फल देने वाला ग्रह है। बुध यहां पंचम स्थान में वृष (मित्र) राशि का है। ऐसा जातक विद्या-बुद्धि, संतान के सुख से सुखी होगा। उच्च शैक्षणिक उपाधि मिलेगी। जातक आध्यात्मिक गुणों से सम्पन्न होगा। जातक व्यवहारिक बुद्धि एवं ज्ञान से सम्पन्न अति सभ्य व्यक्ति होगा।

दृष्टि–बुध यहां मिथुन राशि से द्वादश होने से षष्टम् भाव के दोष को नष्ट करेगा। कन्या राशि में नवम स्थान पर स्थित होकर एकादश स्थान (वृश्चिक राशि) को देखेगा। फलतः जातक को व्यापार से लाभ एवं बड़े भाई से लाभ देगा।

निशानी–जातक की कन्या संतति अधिक होंगी।

दशा–बुध की दशा-अंतर्दशा में जातक को उत्तम विद्या की प्राप्ति होगी। जातक का भाग्योदय होगा।

बुध का अन्य ग्रहों से सम्बन्ध–

1. **बुध+चंद्र**–बुध के साथ चंद्रमा यहां उच्च का होगा। ऐसे जातक का भाग्योदय विवाह के बाद होता है तथा प्रथम संतति के बाद पुनः भाग्योदय होगा।
2. **बुध+सूर्य**–'भोजसंहिता' के अनुसार मकरलग्न में सूर्य अष्टमेश होगा। पंचम स्थान में वृष राशिगत यह युति वस्तुत अष्टमेश सूर्य की षष्टेश+भाग्येश बुध के साथ युति कहलायेगी। यहां पर बैठकर दोनों ग्रह लाभ स्थान को पूर्ण दृष्टि से देखेंगे। फलतः ऐसा जातक बुद्धिमान, भाग्यशाली, शिक्षित तथा प्रजावान

होगा। कन्या संतति की बाहुल्यता रहेगी। एक-दो गर्भपात होंगे। जातक व्यापार प्रिय होगा तथा समाज का अग्रगण्य प्रतिष्ठित व्यक्ति होगा।

3. **बुध+मंगल**–बुध के साथ मंगल होने से जातक तकनीकी विद्या का जानकार एवं धनी होगा।
4. **बुध+गुरु**–बुध के साथ बृहस्पति होने से जातक धर्मभीरू होगा।
5. **बुध+शुक्र**–बुध के साथ शुक्र स्वगृही होगा। जातक का राजयोग शक्तिशाली होगा।
6. **बुध+शनि**–बुध के साथ शनि होने से जातक का भाग्योदय विद्यार्जन के बाद होगा।
7. **बुध+राहु**–बुध के साथ राहु की उपस्थिति विद्या में बाधक है।
8. **बुध+केतु**–बुध के साथ केतु रुकावट के साथ विद्याध्ययन करायेगा।

मकरलग्न में बुध की स्थिति षष्टम स्थान में

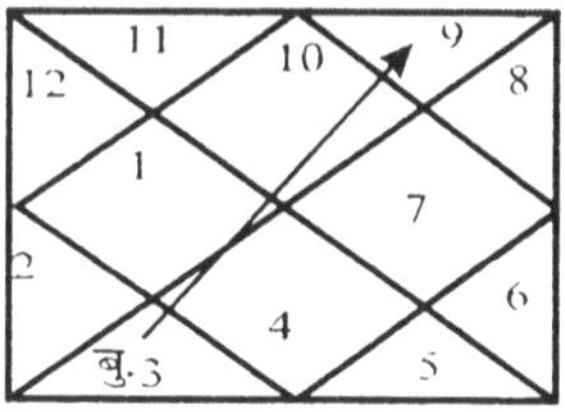

मकरलग्न में बुध षष्टेश एवं भाग्येश है। बुध लग्नेश शनि का मित्र होने से यहां राजयोग कारक एवं शुभ फल देने वाला ग्रह है। बुध यहां छठे स्थान में स्वगृही होकर हर्ष नामक **'विपरीत राजयोग'** तथा **'भाग्यभंग योग'** बना रहा है। ऐसा जातक धनी, मानी-अभिमानी एवं संपन्न व्यक्ति होगा। ऐसे जातक के विरोधियों की संख्या बहुत होती है, शत्रु बहुत होंगे परंतु प्रबल आत्मविश्वास के कारण जातक शत्रुओं का नाश करने में सक्षम होगा। जातक एक सफल व्यक्ति होगा पर सफलता संघर्ष के बाद ही मिलेगी।

दृष्टि–बुध षष्टमस्थ होकर व्यय भाव (धनु राशि) पर दृष्टि करेगा। फलतः जातक खर्चीले स्वभाव का एवं यात्रा प्रेमी होगा।

निशानी–लोमेश संहिता अ. 92 श्लोक 4 के अनुसार जातक को अपने मामा एवं बड़े भाई का सुख नहीं मिलता।

दशा–बुध की दशा-अंतर्दशा शुभ फल देगी।

बुध का अन्य ग्रहों से सम्बन्ध–

1. **बुध+चंद्र**–बुध के साथ चंद्रमा **'विलम्ब विवाह योग'** बनाता है। जातक धनवान होगा पर चरित्र विवादास्पद होगा।
2. **बुध+सूर्य**–'भोजसंहिता' के अनुसार मकर लग्न में सूर्य अष्टमेश होगा। छठे स्थान में मिथुन राशिगत यह युति वस्तुतः अष्टमेश सूर्य की षष्टेश+भाग्येश बुध

के साथ युति कहलायेगी। बुध यहां स्वगृही होगा तथा खर्च स्थान को देखेगा। षष्टेश षष्टम भाव में हो तो '**हर्ष योग**' बनता है। ऐसा जातक अपने शत्रुओं का जड़मूल से नाश करने में सक्षम होता है। अष्टमेश के छठे स्थान पर जाने से '**सरल योग**' की सृष्टि होती है। इससे जातक रोग से लड़ने में सक्षम होकर दीर्घजीवी होता है। फलत: ऐसा जातक बुद्धिशाली, धनवान, भाग्यशाली तथा समाज का लब्ध प्रतिष्ठित व्यक्ति होता है।

3. **बुध+मंगल**–बुध के साथ मंगल '**सुखभंग योग**' एवं '**लाभभंग योग**' बनायेगा। जातक को भौतिक उपलब्धियों की प्राप्ति हेतु संघर्ष करना पड़ेगा।
4. **बुध+गुरु**–बुध के साथ बृहस्पति '**पराक्रमभंग योग**' एवं विमल नामक '**विपरीत राजयोग**' बनायेगा। जातक को मित्रों से धोखा मिलेगा।
5. **बुध+शुक्र**–बुध के साथ शुक्र '**विलम्ब विद्या योग**', '**राजभंग योग**' बनाता है। जातक को राजयोग में बाधा आयेगी।
6. **बुध+शनि**–बुध के साथ शनि '**लग्नभंग योग**' एवं '**धनहीन योग**' बनायेगा। जातक को परिश्रम का फल नहीं मिलेगा। आर्थिक विषमताएं बनी रहेंगी।
7. **बुध+राहु**–बुध के साथ राहु दायें जातक के पैर में चोट पहुंचायेगा।
8. **बुध+केतु**–बुध के साथ केतु जातक के पांव में तकलीफ देगा।

मकरलग्न में बुध की स्थिति सप्तम स्थान में

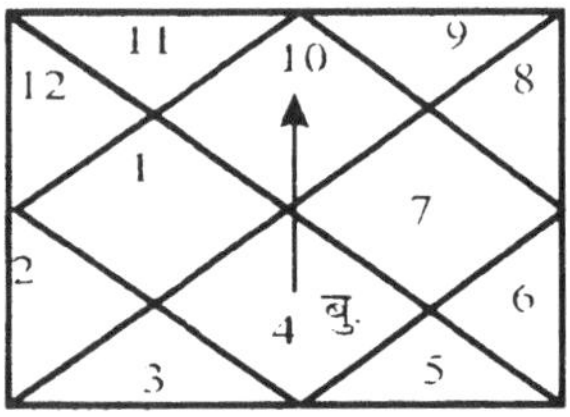

मकरलग्न में बुध षष्टेश एवं भाग्येश है। बुध लग्नेश शनि का मित्र होने से यहां राजयोग कारक एवं शुभ फल देने वाला ग्रह है। बुध यहां सातवें स्थान में कर्क (शत्रु) राशि का होकर '**कुलदीपक योग**' बना रहा है। जातक स्वयं विनम्र-सभ्य होगा तथा जातक का जीवन साथी भी सुंदर, विनम्र, सौम्य एवं सभ्य होगा। दोनों के संवेदनशील भावुक व कल्पनाशील होने के कारण विचारों में विषमता रहेंगी। जातक अपने कुटुम्ब-परिवार का नाम दीपक के समान रोशन करेगा।

दृष्टि–मिथुन राशि से बुध द्वितीय, कन्या राशि से ग्यारहवें स्थान पर स्थित होकर लग्न भाव (मकर राशि) को देखेगा। फलत: परिश्रमपूर्वक किये गये प्रयत्न से बराबर सफलता मिलेगी।

निशानी–'लोमेश संहिता अ. 9/श्लोक 5' के अनुसार ऐसा जातक बड़ा ही गुणवान्, यशस्वी एवं कीर्तिवान् होता है। जातक की सही उन्नति विवाह के बाद होगी।

दशा–बुध की दशा-अंतर्दशा में गृहस्थ सुख में बढ़ोतरी होगी। शत्रुओं का नाश होगा एवं भाग्योदय के नये अवसर प्राप्त होंगे।

बुध का अन्य ग्रहों से सम्बन्ध–

1. **बुध+चंद्र**–बुध के साथ चंद्रमा स्वगृही होगा। ऐसे जातक की पत्नी सुन्दर होगी। जातक का स्वभाव विनम्र होगा।
2. **बुध+सूर्य**–'भोजसंहिता' के अनुसार मकरलग्न में सूर्य अष्टमेश होगा। सातवें स्थान में कर्क राशिगत यह युति वस्तुत: अष्टमेश सूर्य की षष्टमेश+भाग्येश बुध के साथ युति कहलायेंगी। यहां बैठकर दोनों ग्रह लग्न स्थान को पूर्ण दृष्टि से देखेंगे। फलत: जातक बुद्धिमान होगा तथा उसका विवाह शीघ्र होगा। जातक धनवान होगा। उसके प्रयत्न निष्फल नहीं जायेंगे। जातक समाज का अग्रगण्य लब्ध-प्रतिष्ठित व्यक्ति होगा तथा अपने कुटुम्ब-कुल का नाम दीपक के समान रोशन करेगा।
3. **बुध+मंगल**–बुध के साथ मंगल नीच का होगा। जातक को विवाह के वाद भूमि लाभ होगा।
4. **बुध+गुरु**–बुध के साथ बृहस्पति उच्च का होगा, फलत: जातक का ससुराल पराक्रमी होगा। जीवनसाथी सुशील व धार्मिक होगा।
5. **बुध+शुक्र**–बुध के साथ यहां शुक्र होने से जातक का जीवनसाथी सुन्दर एवं सुडौल शरीर का स्वामी होगा।
6. **बुध+शनि**–बुध के साथ शनि होने से जातक की पत्नी धनवान होगी। जातक के प्रयत्न सफल होंगे।
7. **बुध+राहु**–बुध के साथ राहु **'द्विभार्या योग'** बनाता है।
8. **बुध+केतु**–बुध के साथ केतु गृहस्थ सुख में बाधक है।

मकरलग्न में बुध की स्थिति अष्टम स्थान में

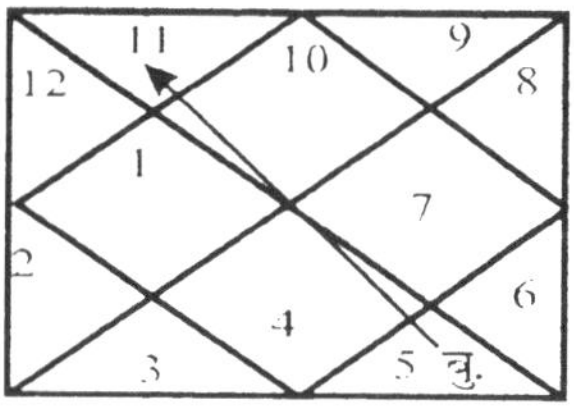

मकरलग्न में बुध षष्टेश एवं भाग्येश है। बुध लग्नेश शनि का मित्र होने से यहां राजयोग कारक एवं शुभ फल देने वाला ग्रह है। बुध यहां आठवें स्थान में सिंह (मित्र) राशि में बैठकर हर्ष नामक **'विपरीत राजयोग'** एवं **'भाग्यभंग योग'** भी बना रहा है। ऐसा जातक धनी, मानी, अभिमानी एवं ऐश्वर्य सम्पन्न होता है। जातक के गुप्त शत्रु एवं

विरोधी बहुत होंगे। पर संघर्ष के बाद जातक को धन, यश एवं सफलता की प्राप्ति होंगी।

दृष्टि–मिथुन राशि से तीसरे, कन्या राशि से बारहवें होकर बुध की दृष्टि धन स्थान (कुंभ राशि) पर होगी। जातक धनवान होगा पर बीमारी में उसका रुपया खर्च होगा।

निशानी–जातक को मामा का सुख कमजोर रहेगा।

दशा–बुध की दशा-अंतर्दशा अशुभ फल देगी।

बुध का अन्य ग्रहों से सम्बन्ध–

1. **बुध+चंद्र**–बुध के साथ चंद्रमा '**विलम्ब विवाह**' या अविवाह का योग बनाता है।
2. **बुध+सूर्य**–'भोजसंहिता' के अनुसार मकरलग्न में सूर्य अष्टमेश होगा। अष्टम स्थान में सिंह राशिगत यह युति वस्तुत: अष्टमेश सूर्य की षष्टेश+भाग्येश बुध के साथ युति होगी। यहां बैठकर दोनों ग्रह धन स्थान को पूर्ण दृष्टि से देखेंगे। षष्टेश के आठवें जाने से '**हर्ष योग**' बना। जिसके कारण व्यक्ति शत्रुओं का नाश करने में समर्थ होगा। अष्टमेश के स्वगृही होकर अष्टम स्थान में बैठने से '**सरल योग**' बनता है। इस कारण जातक में रोग से लड़ने की शक्ति होती है। जातक दीर्घायु को प्राप्त करेगा। जातक समाज का लब्ध-प्रतिष्ठित व्यक्ति होगा।
3. **बुध+मंगल**–बुध के साथ मंगल '**सुखहीन योग**' एवं '**लाभभंग योग**' बनाता है। ऐसे जातक के विवाह सुख में विलम्ब या गड़बड़ उत्पन्न होगी।
4. **बुध+गुरु**–बुध के साथ बृहस्पति '**पराक्रमभंग योग**' एवं विमल नामक '**विपरीत राजयोग**' बनाता है। जातक धनी होगा पर विवादास्पद व्यक्ति होगा।
5. **बुध+शुक्र**–बुध के साथ शुक्र '**संतानहीन योग**' एवं '**राजभंग योग**' बनाता है। जातक को संतति विषयक चिंता रहेगी। सरकार से दण्डित होने का भय रहेगा।
6. **बुध+शनि**–बुध के साथ शनि '**लग्नभंग योग**' एवं '**धनहीन योग**' बनाता है। जातक को परिश्रम का लाभ नहीं मिलेगा। आर्थिक विषमताएं बनी रहेगी।
7. **बुध+राहु**–बुध के साथ राहु दो पत्नी योग बनाता है।
8. **बुध+केतु**–बुध के साथ केतु की युति विवाह सुख में बाधक है।

मकरलग्न में बुध की स्थिति नवम स्थान में

मकरलग्न में बुध षष्टेश एवं भाग्येश है। बुध लग्नेश शनि का मित्र होने से यहां राजयोग कारक एवं शुभ फल देने वाला ग्रह है। बुध यहां नवम स्थान में उच्च

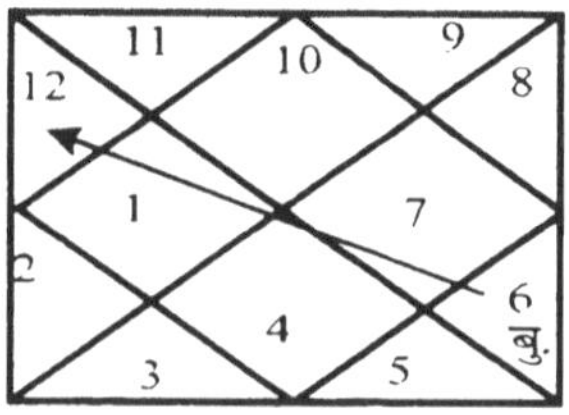

का है। कन्या राशि के 15 अंशों में बुध परमोच्च का होता है। जातक उच्च विद्या, उच्च राज्यपद एवं उच्च श्रेणी के व्यापार-व्यवसाय से सुखी व सम्पन्न होगा। जातक को माता-पिता का सुख एवं पिता की सम्पत्ति मिलेगी। ऐसे जातक को पत्नी व संतान का सुख भी उत्तम मिलता है।

दृष्टि–मिथुन राशि के चौथे स्थान पर स्थित होकर बुध की दृष्टि पराक्रम स्थान (मीन राशि) पर होगी। ऐसा जातक प्रबल पराक्रमी व पुरुषार्थी होगा एवं महत्वाकांक्षी होगा। उसकी महत्वाकांक्षाएं पूर्ण होती रहेगी।

निशानी–जातक को मित्रों से बड़ा लाभ होता रहेगा। लोमेश संहिता अ. 9/ श्लोक 1 के अनुसार ऐसा जातक देखने में अत्यन्त सुन्दर होता है। उसके अनेक भाई-बहन होते हैं। जिनके सहित वह सुखी रहता है।

दशा–बुध की दशा-अंतर्दशा में जातक के भाग्योदय का चरम विकास होगा। जातक का पराक्रम बढ़ेगा।

बुध का अन्य ग्रहों से सम्बन्ध–

1. **बुध+चंद्र**–बुध के साथ चंद्रमा जातक को भाग्यशाली जीवनसाथी देगा। विवाह के बाद जातक की किस्मत चमकेगी।
2. **बुध+सूर्य**–'भोजसंहिता' के अनुसार मकरलग्न में सूर्य अष्टमेश होगा। नवम स्थान में कन्या राशिगत यह युति वस्तुत: अष्टमेश, सूर्य की षष्टेश+भाग्येश बुध के साथ युति कहलायेगी। यहां बैठकर दोनों ग्रह पराक्रम स्थान को देखेंगे। यहां पर बुध उच्च राशि का होगा। फलत: ऐसा जातक प्रबल भाग्यशाली होगा। राजा के समान महान पराक्रमी एवं ऐश्वर्यशाली होगा एवं उसे पिता की सम्पत्ति मिलेगी। जातक समाज का प्रतिष्ठित व्यक्ति होगा।
3. **बुध+मंगल**–बुध के साथ मंगल का होना जातक को माता-पिता की संपत्ति व सुख दिलायेगा।
4. **बुध+गुरु**–बुध के साथ बृहस्पति भाइयों व परिजनों से प्रेम बढ़ायेगा।
5. **बुध+शुक्र**–बुध के साथ शुक्र '**नीचभंग राजयोग**' बनायेगा। जातक राजा के समान ऐश्वर्यशाली जीवन जीयेगा।
6. **बुध+शनि**–यहां बुध के साथ शनि हो, तो 'भावार्थ रत्नाकर' के अनुसार जातक परम भाग्यवान् होता है क्योंकि लग्नेश, धनेश शनि की युति उच्च के भाग्येश के साथ भाग्य वृद्धि में सहायक होगी।

7. **बुध+राहु**–बुध के साथ राहु भाग्य में अचानक उन्नति करायेगा। जातक को पैतृक सम्पत्ति से किनारा करना पड़ेगा।
8. **बुध+केतु**–बुध के साथ केतु की युति जातक के भाग्योदय में सहायक है।

मकरलग्न में बुध की स्थिति दशम स्थान में

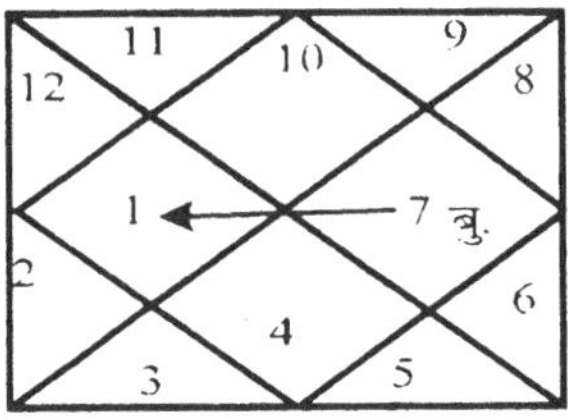

मकरलग्न में बुध षष्टेश एवं भाग्येश है। बुध लग्नेश शनि का मित्र होने से यहां राजयोग कारक एवं शुभ फल देने वाला ग्रह है। बुध यहां दशम स्थान में तुला (मित्र) राशि से होकर '**कुलदीपक योग**' बना रहा है। ऐसा जातक बुद्धिमान, वाक्पटु, मृदु एवं विनोदी स्वभाव का होकर व्यापार-प्रिय होता है। ऐसे जातक को रोजी-रोजगार की तकलीफ नहीं होगी। जातक को राज (सरकार) से मान-सम्मान की प्राप्ति होगी।

दृष्टि–मिथुन राशि से पाचवें एवं कन्या राशि से दूसरे स्थान पर स्थित होकर बुध की दृष्टि चतुर्थ भाव (मेष राशि) पर होगी। जातक को उत्तम वाहन एवं उत्तम भवन का सुख मिलेगा।

निशानी–'लोमेश संहिता' अ. 9/श्लोक 2 के अनुसार–'**भाग्येशे दशमे तुर्ये, मंत्री सेनापतिः भवेत्**' ऐसा जातक राजमंत्री, सेनापति या सरकार में उच्च पद-प्रतिष्ठा को प्राप्त करता है।

दशा–बुध की दशा-अंतर्दशा में जातक का रोजी-रोजगार, व्यापार बढ़ेगा। जातक की उन्नति होगी एवं उसे भाग्योदय के नये अवसर प्राप्त होंगे।

बुध का अन्य ग्रहों से सम्बन्ध–

1. **बुध+चंद्र**–बुध के साथ चंद्रमा राज सम्मान का सूचक है। जातक को विवाह के बाद रोजी-रोजगार के नये अवसर प्राप्त होंगे।
2. **बुध+सूर्य**–'भोजसंहिता' के अनुसार मकरलग्न में सूर्य अष्टमेश होगा। दशम स्थान में तुला राशिगत यह युति वस्तुतः अष्टमेश सूर्य की षष्टेश+भाग्येश बुध के साथ युति कहलायेगी। यहां बैठकर दोनों ग्रह सुख भाव को पूर्ण दृष्टि से देखेंगे। सूर्य यहां नीच का होगा। '**कुलदीपक योग**' के कारण जातक अपने कुटुम्ब परिवार का नाम दीपक के समान रोशन करेगा। जातक उत्तम वाहन का स्वामी होगा। उसे माता की सम्पत्ति मिलेगी। जातक समाज का लब्ध-प्रतिष्ठित व्यक्ति होगा।

3. **बुध+मंगल**–बुध के साथ मंगल भौतिक सुखों में वृद्धि करेगा। जातक के पास एक से अधिक वाहन होंगे।

4. **बुध+गुरु**–बुध के साथ बृहस्पति मित्रों से लाभ दिलायेगा।

5. **बुध+शुक्र**–बुध के साथ शुक्र होने से **'मालव्य योग'** बनेगा। जातक राजा तुल्य ऐश्वर्यशाली होगा। जातक के पास चार पहियों की गाड़ी होगी।

6. **बुध+शनि**–बुध के साथ शनि होने से **'शश योग'** बनेगा। जातक राजा के समान वैभवशाली व पुरुषार्थी होगा।

7. **बुध+राहु**–बुध के साथ राहु राजयोग में बाधक है।

8. **बुध+केतु**–बुध के साथ केतु राज सरकार से सम्मान दिलायेगी।

मकरलग्न में बुध की स्थिति एकादश स्थान में

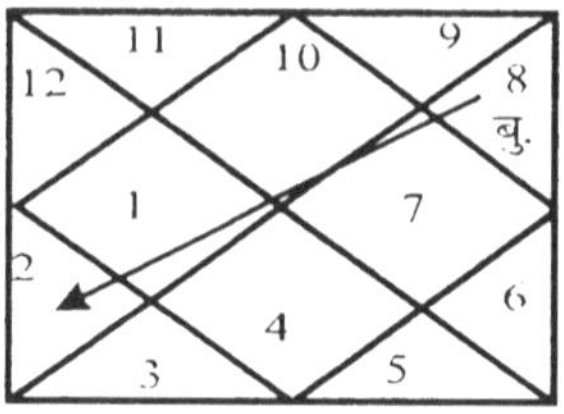

मकरलग्न में बुध षष्ठेश एवं भाग्येश है। बुध लग्नेश शनि का मित्र होने से यहां राजयोग कारक एवं शुभ फल देने वाला ग्रह है। बुध यहां एकदश स्थान में वृश्चिक (सम) राशि में होगा। ऐसे जातक को उच्च विद्या का योग बनता है। जातक को व्यापार से लाभ होगा। **'लोमेश संहिता'** के अनुसार ऐसा मनुष्य बड़ा ही भाग्यशाली, जनप्रिय, गुरुभक्त, स्वाभिमानी, धैर्यवान् एवं अनेक सद्गुणों से युक्त होता है।

दृष्टि–यहां बुध मिथुन राशि से छठे, कन्या राशि से तीसरे स्थान पर स्थित होकर पंचम भाव (वृष राशि) को पूर्ण दृष्टि से देखेगा। जातक को कन्या संतति की बाहुल्यता रहेगी।

निशानी–जातक का मस्तिष्क ऊर्जावान् होगा एवं बुद्धि रचनात्मक होगी।

दशा–बुध की दशा-अंतर्दशा शुभ फल देगी।

बुध का अन्य ग्रहों से सम्बन्ध–

1. **बुध+चंद्र**–यहां बुध के साथ चंद्रमा नीच का होगा। जातक का भाग्योदय विवाह के तत्काल बाद होगा। जातक की पत्नी पढ़ी-लिखी होगी।

2. **बुध+सूर्य**–'भोजसंहिता' के अनुसार मकरलग्न में सूर्य अष्टमेश होगा। एकादश स्थान में वृश्चिक राशिगत यह युति वस्तुतः अष्टमेश सूर्य की षष्ठेश+भाग्येश

बुध के साथ युति होगी। यहां बैठकर दोनों ग्रह पंचम भाव को पूर्ण दृष्टि से देखेंगे। फलतः जातक बुद्धिमान होगा। व्यापारी वर्गी होगा तथा व्यापार द्वारा प्रचुर मात्रा में धन अर्जित करेगा। जातक शिक्षित होगा एवं जातक की संतति भी शिक्षित होगी। जातक समाज का अग्रगण्य लब्ध-प्रतिष्ठित व्यक्ति होगा।

3. **बुध+मंगल**–बुध के साथ मंगल यहां स्वगृही होगा। फलतः जातक को उत्तम मकान एवं वाहन का सुख मिलेगा।
4. **बुध+गुरु**–बुध के साथ बृहस्पति जातक को बड़े भाई का सुख एवं व्यापार में लाभ देगा।
5. **बुध+शुक्र**–बुध के साथ शुक्र जातक को सरकारी नौकरी दिलायेगा या व्यापार से उत्तम लाभ दिलायेगा।
6. **बुध+शनि**–बुध के साथ शनि जातक को धनवान बनायेगा तथा बड़ा व्यापार करायेगा।
7. **बुध+राहु**–बुध के साथ राहु की युति लाभ में बाधक है।
8. **बुध+केतु**–बुध के साथ केतु मिश्रित फलदायक साबित होगा।

मकरलग्न में बुध की स्थिति द्वादश स्थान में

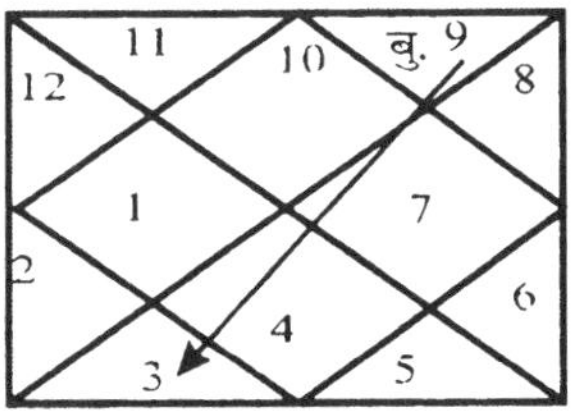

मकरलग्न में बुध षष्टेश एवं भाग्येश है। बुध लग्नेश शनि का मित्र होने से यहां राजयोग कारक एवं शुभ फल देने वाला ग्रह है। बुध यहां द्वादश स्थान में धनु राशि में है। बुध की इस स्थिति के कारण हर्षनामक **'विपरीत राजयोग'** एवं **'भाग्यभंग योग'** बनेगा। ऐसा जातक धनी, मानी, अभिमानी तथा ऐश्वर्य सम्पन्न होगा, पर भाग्योदय हेतु काफी संघर्ष करना पड़ेगा। जातक के व्यापार-व्यवसाय में काफी उतार-चढ़ाव आयेगा।

दृष्टि–मिथुन राशि से सातवें व कन्या राशि से चौथे स्थान पर स्थित होकर बुध की दृष्टि अपने ही घर छठे भाव (मिथुन राशि) पर होगी। फलतः जातक ऋण, रोग व शत्रुओं का नाश करने में समर्थ होगा।

निशानी–ऐसे जातक द्वारा निर्णय प्रायः उतावलेपन में लिये जायेंगे, जो गलत होंगे।

दशा–बुध की दशा-अंतर्दशा मिश्रित फल देगी।

बुध का अन्य ग्रहों से सम्बन्ध–

1. **बुध+चंद्र**–बुध के साथ चंद्रमा '**विवाहभंग योग**' बनाता तथा जातक को विवाह सुख से वंचित करता है।

2. **बुध+सूर्य**–'भोजसंहिता' के अनुसार मकरलग्न में सूर्य अष्टमेश होगा। द्वादश स्थान में धनु राशिगत यह युति वस्तुत: अष्टमेश सूर्य की षष्टेश+भाग्येश बुध के साथ युति होगी। यहां बैठकर दोनों ग्रह छठे भाव को पूर्ण दृष्टि से देखेंगे। षष्टेश बुध बारहवें स्थान पर होने से '**हर्ष योग**' बनेगा। फलत: जातक अपने शत्रुओं का नाश करने में सक्षम होगा। अष्टमेश सूर्य के बारहवें जाने से '**सरल योग**' बनेगा जो कि जातक को रोग से लड़ने की शक्ति व सामर्थ्य देगा तथा जातक दीर्घजीवी होगा। जातक समाज का अग्रगण्य प्रतिष्ठित व्यक्ति होगा।

3. **बुध+मंगल**–बुध के साथ मंगल की युति '**सुखहीन योग**' एवं '**लाभभंग योग**' की सृष्टि करेगी। ऐसे जातक को मंगल संबंधी कार्यों में हानि एवं भौतिक सुखों की प्राप्ति हेतु संघर्ष करना पड़ता है।

4. **बुध+गुरु**–बुध के साथ बृहस्पति जातक के धन को परोपकार में खर्च करेगा।

5. **बुध+शुक्र**–बुध के साथ शुक्र की युति होने से विद्या में बाधा, संतान सुख में कमी एवं '**राजबाधा योग**' बनता है।

6. **बुध+शनि**–बुध के साथ शनि '**लग्नभंग योग**' एवं '**धनहीन योग**' बनायेगा। जातक को आर्थिक विषमताओं का सामना करना पड़ेगा।

7. **बुध+राहु**–बुध के साथ राहु यात्रा में हानि करायेगा।

8. **बुध+केतु**–बुध के साथ केतु जातक के भाग्योदय में विलम्ब करायेगा।

❑❑❑

मकरलग्न में बृहस्पति की स्थिति

मकरलग्न में बृहस्पति की स्थिति प्रथम स्थान में

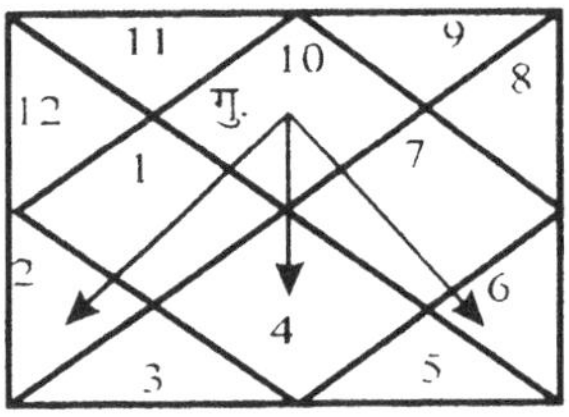

मकरलग्न में बृहस्पति तृतीयेश एवं व्ययेश हैं। अत: बृहस्पति यहां अशुभ फलदायक एवं परम पापी है। गुरु यहां लग्न में नीच राशि का होगा। मकर राशि के अंशों में गुरु परम नीच का होगा। बृहस्पति की यह स्थिति '**कुलदीपक योग**' एवं '**केसरी योग**' बनाती है। ऐसे जातक कृशकाय होते हैं। जातक की पत्नी सुन्दर व धर्मभीरू होगी। जातक पढ़ा-लिखा व शिक्षित होगा।

दृष्टि–लग्नस्थ बृहस्पति की दृष्टि पंचम स्थान (वृष राशि), सप्तम स्थान (कर्क राशि) एवं भाग्य स्थान (कन्या राशि) पर होगी। जातक पुत्रवान होगा। जातक का गृहस्थ सुख उत्तम होगा। जातक भाग्यशाली होगा परन्तु संघर्ष की स्थिति बनी रहेगी।

निशानी–'लोमेश संहिता' अध्याय 3 श्लोक 6 के अनुसार तृतीयेश यदि लग्न में हो तो जातक अपने पराक्रम में खूब धन कमाता है। ऐसा जातक सदैव रोगी, साहसी परन्तु दूसरों की सेवा करने वाला होता है।

दशा–बृहस्पति की दशा-अंतर्दशा में शुभ फलों की प्राप्ति होगी।

बृहस्पति का अन्य ग्रहों से सम्बन्ध–

1. **बृहस्पति+चंद्र**–आपका जन्म मकरलग्न में है। 'भोजसंहिता' के अनुसार मकरलग्न के प्रथम भाव में गुरु+चंद्र की युति 'मकर राशि' में होगी। यह युति वस्तुत सप्तमेश चंद्रमा की व्ययेश+तृतीयेश बृहस्पति के साथ युति होगी। बृहस्पति यहां नीच राशि में होगा। लग्नस्थ दोनों ग्रह क्रमश: '**कुलदीपक योग**', '**यामिनीनाथ योग**' की सृष्टि करते हुए पंचम भाव, सप्तम भाव एवं

भाग्य भवन को पूर्ण दृष्टि से देखेंगे। फलत: जातक के विवाह के तत्काल बाद भाग्योदय होगा। दूसरा भाग्योदय प्रथम संतति के बाद होगा। जातक की गिनती समाज के अग्रगण्य प्रतिष्ठित व्यक्तियों में होगी।

2. **बृहस्पति+सूर्य**-बृहस्पति के साथ सूर्य जातक को आध्यात्मिक शक्ति से ओत-प्रोत करेगा।
3. **बृहस्पति+मंगल**–बृहस्पति के साथ मंगल '**रुचक योग**' एवं '**नीचभंग राजयोग**' बनायेंगा। ऐसा जातक राजा के समान धनी व यशस्वी होगा।
4. **बृहस्पति+बुध**–बृहस्पति के साथ बुध की युति जातक को भाग्यशाली बनायेगी।
5. **बृहस्पति+शुक्र**–बृहस्पति के साथ शुक्र उत्तम राजयोग एवं उत्तम विद्या व सुंदर संतति देगा।
6. **बृहस्पति+शनि**–बृहस्पति के साथ यहां शनि होने पर '**नीचभंग राजयोग**' एवं '**शश योग**' बनाता है। ऐसा जातक राजा के समान पराक्रमी एवं धनी होता है।
7. **बृहस्पति+राहु**–यहां दोनों ग्रह मकर राशि में है। बृहस्पति यहां नीच राशि में होकर भी '**कुलदीपक योग**', '**केसरी योग**' बना रहा है, तो राहु के सम राशि में होने से '**चाण्डाल योग**' बना। ऐसा जातक स्थाई धंधे, रोजगार की तलाश में इधर-उधर भटकता रहेगा। चित्त अशान्त रहेगा।
8. **गुरु+केतु**–बृहस्पति के साथ केतु जातक के चेहरे पर अप्रिय निशान बनायेगा।

मकरलग्न में बृहस्पति की स्थिति द्वितीय स्थान में

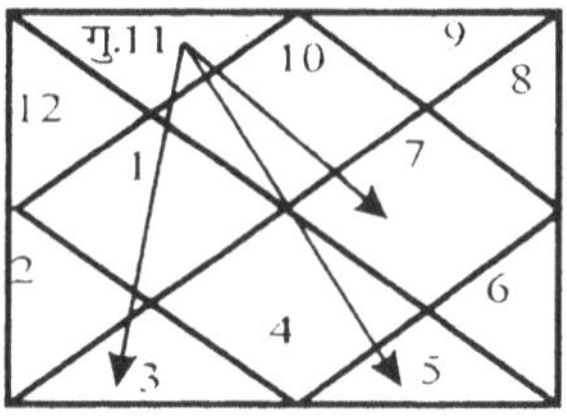

मकरलग्न में बृहस्पति तृतीयेश एवं व्ययेश है। अत: बृहस्पति यहां अशुभ फलदायक एवं परम पापी है। बृहस्पति यहां द्वितीय स्थान में कुंभ (सम) राशि में है। ऐसे जातक को धनसंग्रह तथा कुटुम्ब सुख में दिक्कतें आती हैं तथा संतान सुख में भी दिक्कतें आती है। जातक दूसरों का धन हड़पने में रुचि रखता है। खासकर स्त्री-धन पर जातक की नीयत खराब रहती हैं।

दृष्टि–द्वितीयस्थ बृहस्पति की दृष्टि छठे स्थान (मिथुन राशि), अष्टम स्थान (सिंह राशि) एवं दशम स्थान (तुला राशि) पर होगी। जातक के गुप्त शत्रु बहुत होंगे। जातक रोगी तथा स्थूलकाय होगा। जातक अपने रोजगार से संतुष्ट नहीं होगा।

निशानी–'लोमेश संहिता' अध्याय 3 श्लोक 7 के अनुसार ऐसे जातक को गुदाभंजन का शौक होता है। वे समलैंगिक होते हैं।

दशा–बृहस्पति की दशा-अंतर्दशा संघर्षकारी साबित होगी। जातक का पराक्रम बढ़ेगा पर व्यर्थ का खर्च भी बहुत होगा।

बृहस्पति का अन्य ग्रहों से सम्बन्ध–

1. **बृहस्पति+चंद्र**–आपका जन्म मकरलग्न में हुआ है। 'भोजसंहिता' के अनुसार मकरलग्न के द्वितीय भाव में गुरु+चंद्र की युति 'कुंभ राशि' में होगी। यह युति वस्तुत: सप्तमेश चंद्रमा की व्ययेश+तृतीयेश बृहस्पति के साथ युति है। यहां बैठकर दोनों ग्रह षष्टम, अष्टम स्थान एवं दशम भाव को पूर्ण दृष्टि से देखेंगे। फलत: जातक को ऋण-रोग व शत्रु का भय नहीं रहेगा। जातक रोग व शत्रु का नाश करने में पूर्णत: सक्षम होगा। उसे राज्यपक्ष (सरकार) कोर्ट-कचहरी में विजय मिलेगी। यह योग जातक के लिए 60% शुभ फलदायक है।
2. **बृहस्पति+सूर्य**-बृहस्पति के साथ सूर्य धन हानि में वृद्धि करेगा। ऐसा जातक अपनी आमदनी से संतुष्ट नहीं होगा।
3. **बृहस्पति+मंगल**–बृहस्पति के साथ मंगल जातक को धनी बनायेगा।
4. **बृहस्पति+बुध**–बृहस्पति के साथ बुध जातक को भाग्यशाली बनायेगा।
5. **बृहस्पति+शुक्र**–बृहस्पति के साथ शुक्र होने से जातक निश्चित रूप से धनी होगा। जातक की वाणी विनम्र होगी।
6. **बृहस्पति+शनि**–बृहस्पति के साथ शनि जातक को महाधनी बनायेगा। ऐसा जातक बड़ी उम्र के लोगों के मार्गदर्शन में आगे बढ़ेगा।
7. **बृहस्पति+राहु**–यहां दोनों ग्रह कुंभ राशि में हैं। बृहस्पति यहां सम राशि में है, तो राहु अपनी मूलत्रिकोण राशि में होने से '**चाण्डाल योग**' बना जातक को धनाभाव बना रहेगा। आर्थिक विषमताएं जातक को परेशान करती रहेंगी। जातक की वाणी कठोर (कर्कश) होगी।
8. **बृहस्पति+केतु**–बृहस्पति के साथ केतु आर्थिक संघर्ष की द्योतक है।

मकरलग्न में बृहस्पति की स्थिति तृतीय स्थान में

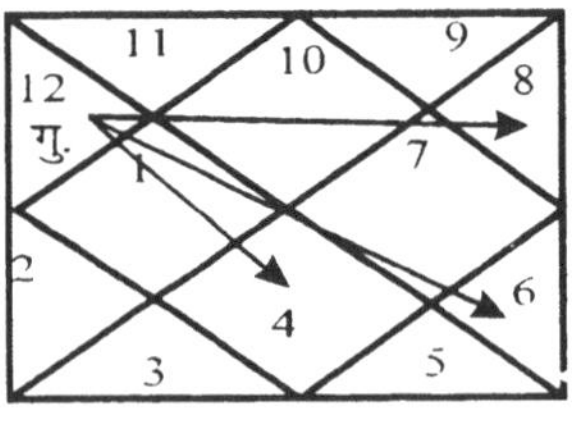

मकरलग्न में बृहस्पति तृतीयेश एवं व्ययेश है। अत: बृहस्पति यहां अशुभ फलदायक एवं परम पापी है। बृहस्पति यहां तृतीय स्थान में स्वगृही होगा। ऐसे जातक को पिता का सुख व सम्पत्ति मिलेगी। जातक को पत्नी, संतान, भाई-बहनों का सुख मिलेगा। जातक धार्मिक होगा एवं आध्यात्म विद्या में पूर्ण रुचि रखेगा।

दृष्टि–तृतीयस्थ बृहस्पति की दृष्टि सप्तम भाव (कर्क राशि), भाग्य भवन (कन्या राशि) एवं लाभ भवन (वृश्चिक राशि) पर होगी। जातक की पत्नी पतिव्रता होगी। जातक भाग्यशाली होगा। जातक को व्यापार-व्यवसाय में लाभ होगा।

निशानी–**'लोमेश संहिता'** के अनुसार तृतीयेश यदि तृतीय स्थान में हो तो ऐसा मनुष्य बड़ा पराक्रमी, पुत्र सुख से युक्त, धनवान्, हृष्ट-पुष्ट बलवान् एवं अद्‌भुत सुख व ऐश्वर्य भोगने वाला होता है।

दशा–बृहस्पति की दशा-अंतर्दशा शुभ फल देगी।

गुरु का अन्य ग्रहों से सम्बन्ध–

1. **बृहस्पति+चंद्र**–आपका जन्म मकरलग्न में हुआ है। 'भोजसंहिता' के अनुसार मकरलग्न के तृतीय भाव में गुरु+चंद्र की युति 'मीन राशि' के अंतर्गत होगी। यह युति वस्तुत: सप्तमेश चंद्रमा की व्ययेश+तृतीयेश बृहस्पति के साथ युति है। यहां बैठकर दोनों ग्रह सप्तम भाव, नवम भाव एवं एकादश भाव को पूर्ण दृष्टि से देखेंगे। यहां बृहस्पति स्वगृही होगा। फलत: जातक का भाग्योदय विवाह के बाद होगा। जातक का वैवाहिक जीवन सुखमय होगा तथा जातक को व्यापार-व्यवसाय में लाभ होगा। जातक के मित्र, परिजन जातक के सहायक होंगे। जातक महान पराक्रमी होगा।
2. **बृहस्पति+सूर्य**-बृहस्पति के साथ सूर्य जातक को विशेष पराक्रमी बनायेगा। परन्तु भाइयों में नहीं बनेगी।
3. **बृहस्पति+मंगल**–बृहस्पति के साथ मंगल जातक को भाइयों से लाभ देगा। जातक महान् पराक्रमी होगा। जातक के चार या उससे अधिक भाई हो सकते हैं।
4. **बृहस्पति+बुध**–बृहस्पति के साथ बुध की युति होने से जातक स्वयं भाग्यशाली होगा। जातक के मित्र भी भाग्यशाली होंगे।
5. **बृहस्पति+शुक्र**–बृहस्पति के साथ शुक्र **'किम्बहुना नामक राजयोग'** बनायेगा। जातक महान प्रतापी होगा। उसके बहुत से रिश्तेदार, मित्र व शुभचिंतक होंगे।
6. **बृहस्पति+शनि**–बृहस्पति के साथ शनि मित्रों से धन लाभ करायेगा। जातक को जनसंपर्क से लाभ होगा।
7. **बृहस्पति+राहु**–यहां दोनों ग्रह मीन राशि में हैं। बृहस्पति यहां स्वगृही होगा तथा राहु के अपनी नीच राशि में होने से **'चाण्डाल योग'** बना। परिजनों में वैमनस्य रहेगा। मित्र बृहस्पति दगा देंगे फिर भी राहु के कारण जातक प्रबल पराक्रमी होगा।
8. **बृहस्पति+केतु**–बृहस्पति के साथ केतु जातक को यशस्वी, लेखक व साहित्यकार बनायेगा।

मकरलग्न में बृहस्पति की स्थिति चतुर्थ स्थान में

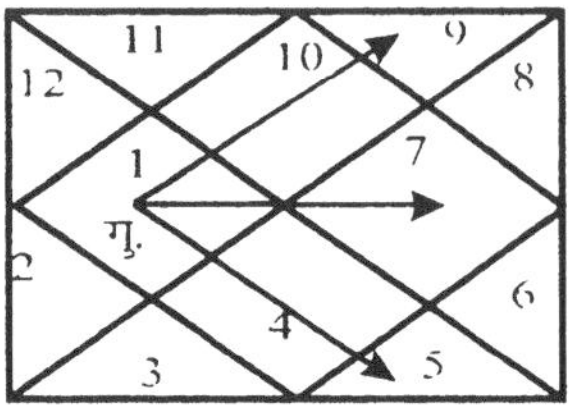

मकरलग्न में बृहस्पति तृतीयेश एवं व्ययेश है। अत: बृहस्पति यहां अशुभ फलदायक एवं परम पापी है। बृहस्पति यहां चतुर्थ स्थान में मेष (मित्र) राशि का होकर, '**कुलदीपक योग**', '**केसरी योग**' बनायेगा। जातक अपने कुटुम्ब-परिवार का नाम दीपक के समान रोशन करेगा। जातक सबका चहेता व प्यारा होगा। ऐसा जातक सदैव सुखमय जीवन व्यतीत करेगा परन्तु यश, धन, पद-प्रतिष्ठा का उतना लाभ नहीं मिलेगा जितना मिलना चाहिए।

दृष्टि–चतुर्थ भावगत बृहस्पति की दृष्टि अष्टम भाव (सिंह राशि), दशम भाव (तुला राशि) एवं द्वादश भाव (धनु राशि) पर होगी। फलत: जातक ऋण; रोग व शत्रु पर विजय प्राप्त करने में सक्षम होगा।

निशानी–'लोमेश संहिता' अध्याय 3/श्लोक 2' के अनुसार ऐसे जातक की पत्नी क्रूर व क्रोधी स्वभाव की होगी।

दशा–बृहस्पति की दशा-अंतर्दशा सामान्य फल देगी।

बृहस्पति का अन्य ग्रहों से सम्बन्ध–

1. **बृहस्पति+चंद्र**–आपका जन्म मकरलग्न में है। 'भोजसंहिता' के अनुसार मकरलग्न के चतुर्थ भाव में गुरु+चंद्र की युति 'मेष राशि' में होगी। यहां यह युति वस्तुत: सप्तमेश चंद्रमा की व्ययेश+तृतीयेश बृहस्पति के साथ युति होगी। यह युति केन्द्रवर्ती होने के कारण '**यामिनीनाथ योग**' एवं '**कुलदीपक योग**' की सृष्टि होगी। यहां बैठकर दोनों ग्रह अष्टम भाव, दशम भाव एवं व्यय भाव को पूर्ण दृष्टि से देखेंगे। फलत: जातक का धन शुभ कार्य एवं परोपकार कार्य में खर्च होगा। जातक का दुर्घटनाओं व संकट से बचाव होता रहेगा। जातक को कोर्ट-कचहरी में विजय मिलेगी।
2. **बृहस्पति+सूर्य**-बृहस्पति के साथ सूर्य हो तो '**राजयोग**' शक्तिशाली होगा क्योंकि मकर लग्न में अकेला गुरु निर्बल होता है।
3. **बृहस्पति+मंगल**–बृहस्पति के साथ मंगल '**रुचक योग**' बनायेगा। ऐसा जातक बड़ी भू-सम्पत्ति का स्वामी होगा।
4. **बृहस्पति+बुध**–बृहस्पति के साथ बुध जातक को पराक्रमी, बुद्धिजीवी एवं महातेजस्वी बनायेगा।

5. **बृहस्पति+शुक्र**–बृहस्पति के साथ शुक्र जातक का राजयोग बलवान बनाता है। जातक का राजा द्वारा सम्मान होगा।

6. **बृहस्पति+शनि**–बृहस्पति के साथ शनि जातक को मित्र से लाभ देगा पर जातक की माता बीमार रहेगी।

7. **बृहस्पति+राहु**–यहां दोनों ग्रह मेष राशि में हैं। बृहस्पति यहां मित्र राशि में, तो राहु सम राशि में होने से '**चाण्डाल योग**' बना। '**केसरी योग**' एवं '**कुलदीपक योग**' भी बृहस्पति बना रहा है। जातक बुद्धिमान व समझदार होगा पर उसकी माता बीमार रहेगी। वाहन दुर्घटना का भय रहेगा।

8. **बृहस्पति+केतु**–बृहस्पति के साथ केतु जातक की माता को लम्बी बीमारी देगा।

मकरलग्न में बृहस्पति की स्थिति पंचम स्थान में

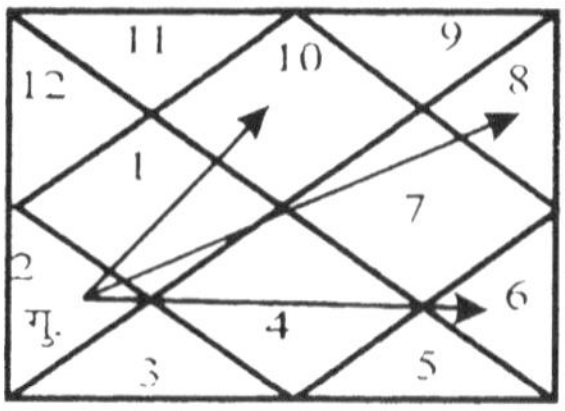

मकरलग्न में बृहस्पति तृतीयेश एवं व्ययेश है। अत: बृहस्पति यहां अशुभ फलदायक एवं परम पापी है। बृहस्पति यहां पंचम भाव में वृष (शत्रु) राशि में होगा। ऐसे जातक को पिता एवं ज्येष्ठ सहोदर का पूरा सुख मिलेगा। जातक को उच्च शैक्षणिक उपाधि मिलेगी। जातक को पुत्र संतान का सुख प्राप्त होगा। जातक को उच्च पद-प्रतिष्ठा मिलेगी।

दृष्टि–पंचमस्थ बृहस्पति की दृष्टि भाग्य भवन (कन्या राशि), लाभ भवन (वृश्चिक राशि) एवं लग्न भाव (मकर राशि) पर होगी। जातक भाग्यशाली होगा तथा उसे व्यापार से लाभ होगा। जातक स्व विवेक एवं बुद्धिबल से आगे बढ़ेगा।

निशानी–'लोमेश संहिता' अध्याय 3/ श्लोक 2 के अनुसार यदि तृतीयेश पंचम स्थान में हो तो जातक की पत्नी क्रूर व क्रोधी स्वभाव की होगी।

दशा–बृहस्पति की दशा-अंतर्दशा शुभ फल देगी। नई जानकारियां मिलेंगी। नवीन ज्ञान की प्राप्ति होगी।

बृहस्पति का अन्य ग्रहों से सम्बन्ध–

1. **बृहस्पति+चंद्र**–आपका जन्म मकरलग्न में हुआ है। 'भोजसंहिता' के अनुसार मकरलग्न के पंचम भाव में गुरु+चंद्र की युति 'वृष राशि' में होगी। वृष राशि में यह युति वस्तुत: सप्तमेश चंद्रमा की व्ययेश+तृतीयेश बृहस्पति के साथ युति होगी। यहां चंद्रमा उच्च का होगा। यहां से दोनों शुभ ग्रह भाग्य भवन, लाभ स्थान एवं लग्न स्थान को देखेंगे। फलत: जातक का भाग्योदय प्रथम संतान

के बाद होगा। जातक को व्यापार-व्यवसाय से लाभ होगा। जातक व्यापार से कमायेगा। ऐसे जातक का सर्वांगीण विकास होगा। उनकी गणना समाज के अग्रगण्य प्रतिष्ठित लोगों में होगी।

2. **बृहस्पति+सूर्य**-बृहस्पति के साथ सूर्य जातक को प्रथम संतति हाथ नहीं लगने देगा। जातक की एकाध संतान की अपरिपक्व अवस्था में मृत्यु संभव है।
3. **बृहस्पति+मंगल**–बृहस्पति के साथ मंगल जातक का भाग्योदय प्रथम संतान के बाद होगा।
4. **बृहस्पति+बुध**–बृहस्पति के साथ बुध जातक को आध्यात्मिक एवं भाग्यशाली बनायेगा।
5. **बृहस्पति+शुक्र**–बृहस्पति के साथ शुक्र स्वगृही होने से जातक का राजयोग शक्तिशाली होगा एवं उसकी विद्या उत्कृष्ट होगी।
6. **बृहस्पति+शनि**–बृहस्पति के साथ शनि होने से जातक परिश्रमी, पुरुषार्थी एवं यशस्वी होगा।
7. **बृहस्पति+राहु**–यहां दोनों ग्रह वृष राशि में हैं। बृहस्पति यहां शत्रु राशि में तो राहु उच्च राशि में होने से **'चाण्डाल योग'** बना। जातक को विद्या प्राप्ति में बाधा आयेगी एवं पुत्र संतति को लेकर चिंता बनी रहेगी।
8. **बृहस्पति+केतु**–बृहस्पति के साथ केतु जातक को विद्या प्राप्ति में प्रारंभिक रुकावट देगा।

मकरलग्न में बृहस्पति की स्थिति षष्टम स्थान में

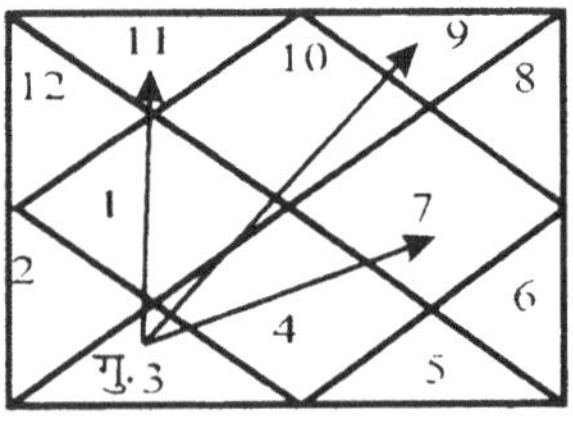

मकरलग्न में बृहस्पति तृतीयेश एवं व्ययेश है। अत: गुरु यहां अशुभ फलदायक एवं परम पापी है। गुरु यहां छठे भाव में मिथुन (शत्रु) राशि में होकर विमल नामक **'विपरीत राजयोग'** बनायेगा। ऐसा जातक धनी-मानी होगा। जीवन के समस्त ऐश्वर्य, भौतिक सुखों की प्राप्ति जातक को सहज में हो जायेगी। यहां **'पराक्रमभंग योग'** होने के कारण जातक अपने इष्ट-मित्रों व संबंधियों द्वारा प्रताड़ित होगा। जातक को ऋण, रोग व शत्रु परेशान करते रहेंगे।

दृष्टि–षष्टमस्थ बृहस्पति की दृष्टि दशम स्थान (तुला राशि), द्वादश स्थान (धनु राशि) एवं धन भाव (कुंभ राशि) पर होगी। जातक की राजनीति में रुचि रहेगी। यात्रा में नुकसान की संभावना रहेगी। धन प्राप्ति के प्रयासों में कठिनाई महसूस करेंगे।

निशानी–'लोमेश संहिता' अध्याय 3/श्लोक 3 के अनुसार जातक के भाई ही जातक का शत्रु होता है। जातक को मामा का सुख नहीं होता।

दशा–बृहस्पति की दशा-अंतर्दशा मिश्रित फल देगी।

बृहस्पति का अन्य ग्रहों से सम्बन्ध–

1. **बृहस्पति+चंद्र**–आपका जन्म मकरलग्न में हुआ है। 'भोजसंहिता' के अनुसार मकरलग्न के छठे भाव में गुरु+चंद्र की युति 'मिथुन राशि' में होगी। यह युति वस्तुत: चंद्रमा की व्ययेश+तृतीयेश बृहस्पति के साथ युति है। चंद्रमा यहां शत्रुक्षेत्री है। यहां पर खड्ढे में गिरे बृहस्पति के कारण '**पराक्रमभंग योग**' तथा चंद्रमा के कारण '**विवाहभंग योग**' भी बना। यहां बैठकर दोनों ग्रह दशम भाव, व्यय भाव एवं धन भाव को देखेंगे। फलत: जातक को यथेष्ट धन की प्राप्ति होती रहेगी। जातक को मित्रों से धोखा मिलेगा। जातक का अपने जीवन साथी से मनमुटाव होगा। जातक खर्चीली प्रवृत्ति का होगा पर '**गजकेसरी योग**' के कारण जातक सभी संकटों से पार निकल जायेगा तथा एक सफल व्यक्ति कहलायेगा।
2. **बृहस्पति+सूर्य**-बृहस्पति के साथ सूर्य सरल नामक '**विपरीत राजयोग**' बनायेगा। जातक धनी होगा तथा उसे भौतिक सुख-सुविधाएं पूर्ण रूप से प्राप्त होगी।
3. **बृहस्पति+मंगल**–बृहस्पति के साथ मंगल '**सुखहीन योग**' व '**लाभभंग योग**' बना रहा है। जातक को भाग्योदय हेतु अति कठोर परिश्रम करना पड़ेगा।
4. **बृहस्पति+बुध**–बृहस्पति के साथ बुध '**विपरीत राजयोग**' बनायेगा। जातक महाधनी एवं ऐश्वर्यशाली होगा।
5. **बृहस्पति+शुक्र**–बृहस्पति के साथ शुक्र '**संतानहीन योग**' एवं '**राजभंग योग**' बनायेगा। जातक को सरकार से परेशानी होगी।
6. **बृहस्पति+शनि**–बृहस्पति के साथ शनि '**लग्नभंग योग**' एवं '**धनहीन योग**' बनायेगा। जातक को आर्थिक मुसीबतों का सामना करना पड़ेगा।
7. **बृहस्पति+राहु**–यहां दोनों ग्रह मिथुन राशि में हैं। बृहस्पति यहां शत्रु राशि में है, तथा विमल नामक '**विपरीत राजयोग**' बना रहा है। राहु मूलत्रिकोण राशि में स्वगृही होकर '**चाण्डाल योग**' बना रहा है। जातक धनवान एवं अभिमानी होगा। जातक के गुप्त शत्रु बहुत होंगे। जीवन में परेशानियां बहुत आयेगी।
8. **बृहस्पति+केतु**–जातक को गुप्त रोग या बायें पैर में कष्ट संभव है।

मकरलग्न में बृहस्पति की स्थिति सप्तम स्थान में

मकरलग्न में बृहस्पति तृतीयेश एवं व्ययेश है। अत: बृहस्पति यहां अशुभ फलदायक एवं परम पापी है। बृहस्पति यहां उच्च का होगा। कर्क राशि के 5 अंशों

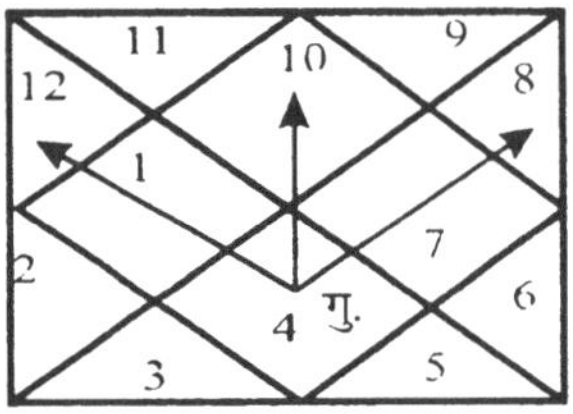

में बृहस्पति परमोच्च का होता है। बृहस्पति के कारण यहां '**कुलदीपक योग**', '**केसरी योग**' एवं '**हंस योग**' बना। यहां बृहस्पति भले ही सप्तम में उच्च का हो, पर जातक का सप्तम भाव पीड़ित रहता है। ऐसे जातक का गृहस्थ जीवन अशान्त रहता है। जातक के गुप्त शत्रु भी जातक को परेशान करते रहेंगे। यहां अकेला बृहस्पति कमजोर है। किसी भी अन्य ग्रह के साथ होने से बृहस्पति बलवान हो जायेगा। जातक परिवार का नाम रोशन करेगा।

दृष्टि–सप्तमस्थ बृहस्पति लाभ स्थान (मीन राशि), लग्न स्थान (मकर राशि) एवं तृतीय स्थान (वृश्चिक राशि) को देखेगा। जातक को व्यापार में लाभ होगा। जातक को प्रयास में सफलता मिलेगी एवं जातक पराक्रमी होगा।

निशानी–'लोमेश संहिता' अध्याय 3/श्लोक 5 के अनुसार–'**तृतीयेशेऽष्टमे द्यूने राजद्वारे मृतिभवेत्**' तृतीयेश यदि सातवें हो तो ऐसे जातक की मृत्यु राजदंड पाकर होती है।

दशा–बृहस्पति की दशा-अंतर्दशा मिले-जुले परिणाम देगी। जातक का पराक्रम बढ़ेगा।

बृहस्पति का अन्य ग्रहों से सम्बन्ध–

1. **बृहस्पति+चंद्र**–आपका जन्म मकरलग्न में है। 'भोजसंहिता' के अनुसार मकरलग्न के सप्तम भाव में गुरु+चंद्र की युति कर्क राशि में हो रही है। कर्क राशि में यह युति वस्तुत: सप्तमेश चंद्रमा की व्ययेश+तृतीयेश बृहस्पति के साथ युति है। चंद्रमा यहा स्वगृही होगा तथा गुरु उच्च का होगा। '**गजकेसरी योग**' की यह स्थिति सर्वोत्तम स्थिति है इस स्थिति के कारण '**हंसयोग**', '**कुलदीपक योग**' एवं '**यामिनीनाथ योग**' की सृष्टि होगी। यहां बैठकर दोनों ग्रह लाभ स्थान, लग्न स्थान एवं पराक्रम स्थान को देखेंगे। फलत: जातक एक तेजस्वी व्यक्तित्व का धनी होगा। जातक की पत्नी सुन्दर एवं धनवान घराने से होगी। जातक व्यापार से धन कमायेगा तथा महान पराक्रमी, यशस्वी होगा तथा राजातुल्य ऐश्वर्य को भोगेगा।
2. **बृहस्पति+सूर्य**-बृहस्पति के साथ सूर्य जातक का जीवनसाथी के साथ बिछोह (तलाक) करायेगा।
3. **बृहस्पति+मंगल**–बृहस्पति के साथ मंगल नीच का होने से '**नीचभंग राजयोग**' बनायेगा। जातक राजा के समान पराक्रमी होगा। जातक का ससुराल पक्ष धनी होगा।

4. **बृहस्पति+बुध**–बृहस्पति के साथ बुध जातक को सुन्दर पत्नी देगा। पर पत्नी वैचारिक मतभेद रहेंगे।

5. **बृहस्पति+शुक्र**–बृहस्पति के साथ शुक्र होने के कारण जातक का जीवनसाथी सुडौल व सुन्दर होगा।

6. **बृहस्पति+शनि**–बृहस्पति के साथ शनि होने के कारण जातक का जीवनसाथी जातक से बड़ी उम्र का दिखेगा।

7. **बृहस्पति+राहु**–यहां दोनों ग्रह कर्क राशि में हैं। बृहस्पति यहां उच्च का होकर '**हंसयोग**' बना रहा है, तो राहु शत्रु राशि में होकर '**चाण्डाल योग**' बना रहा है। जातक राजा के समान पराक्रमी एवं धनी होगा। परन्तु जातक के गृहस्थ सुख में न्यूनता रहेगी। **द्विभार्यायोग** बनता है।

8. **बृहस्पति+केतु**–बृहस्पति के साथ केतु गृहस्थ सुख में बाधक है।

मकरलग्न में बृहस्पति की स्थिति अष्टम स्थान में

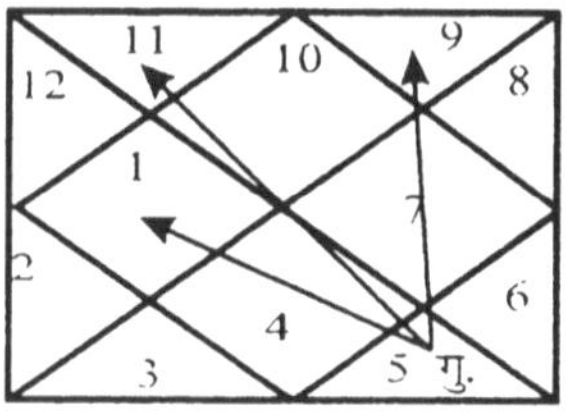

मकरलग्न में बृहस्पति तृतीयेश एवं व्ययेश है। अत: बृहस्पति यहां अशुभ फलदायक एवं परम पापी है। गुरु यहां आठवें स्थान में सिंह (मित्र) राशि में होगा। गुरु के कारण '**पराक्रमभंग योग**' एवं विमल नामक '**विपरीत राजयोग**' बनेगा। ऐसा जातक धनी, मानी, अभिमानी व शत्रुहन्ता होते हैं। ऐसे जातक पूर्णज्ञानी होता है पर एंन वक्त पर जब खास जरूरत हो, जातक बृहस्पति द्वारा प्रदत्त विद्या भूल जायेगा।

दृष्टि–अष्टमस्थ बृहस्पति की दृष्टि व्यय भाव (धनु राशि), धन भाव (कुंभ राशि) एवं चतुर्थ भाव (मेष राशि) पर होगी। जातक खर्चीले स्वभाव का होगा तथा उसे धन प्राप्ति हेतु किये गये प्रयत्नों में असफलता मिलेगी। जातक को माता व संतान का सुख कमजोर होगा।

निशानी–'**लोमेश संहिता**' अध्याय 3/श्लोक 5 के अनुसार यदि तृतीयेश आठवें स्थान हो तो ऐसे जातक की मृत्यु राजदण्ड पाकर होती है।

दशा–बृहस्पति की दशा-अंतर्दशा अशुभ फल देगी।

बृहस्पति का अन्य ग्रहों से सम्बन्ध–

1. **बृहस्पति+चंद्र**–आपका जन्म मकरलग्न में है। 'भोजसंहिता' के अनुसार मकरलग्न के अष्टम भाव में गुरु+चंद्र की युति सिंह राशि में होगी। सिंह राशि

में यह युति वस्तुत: सप्तमेश चंद्रमा की व्ययेश+तृतीयेश बृहस्पति के साथ युति है। बृहस्पति के कारण '**पराक्रमभंग योग**' तथा चंद्रमा के कारण '**विवाहभंग योग**' बनता है। यहां बैठकर दोनों शुभ ग्रह व्यय भाव धन भाव एवं सुख स्थान को देखेंगे। फलत: जातक का अपनी पत्नी से मनमुटाव रहेगा। जातक के मित्र उसे धोखा देंगे। धन का अपव्यय होगा। विपरीत परिस्थितियों में भी इस शुभ योग के कारण जातक को अंतिम सफलता मिलेगी।

2. **बृहस्पति+सूर्य**-बृहस्पति के साथ सूर्य सरल नामक '**विपरीत राजयोग**' बनायेगा। जातक महाधनी होगा तथा उसे आधुनिक सभी सुख-सुविधाएं सहज ही प्राप्त होंगी।
3. **बृहस्पति+मंगल**—बृहस्पति के साथ मंगल '**सुखहीन योग**' व '**लाभभंग योग**' बनायेगा। जातक को भाग्य की उन्नति हेतु काफी संघर्ष करना पड़ेगा।
4. **बृहस्पति+बुध**—बृहस्पति के साथ बुध '**विपरीत राजयोग**' बनायेगा। जातक धनी होगा एवं उसे सभी भौतिक सुख सुविधाएं प्राप्त होंगी।
5. **बृहस्पति+शुक्र**—बृहस्पति के साथ शुक्र '**संतानहीन योग**' एवं '**राजभंग योग**' बनायेगा। ऐसे में जातक को संतान संबंधी चिंता बनी रहेगी।
6. **बृहस्पति+शनि**—बृहस्पति के साथ शनि '**लग्नभंग योग**' एवं '**धनहीन योग**' बनाता है। ऐसे जातक को परिश्रम का लाभ नहीं मिलता। जातक आर्थिक परेशानी में रहेगा।
7. **बृहस्पति+राहु**—यहां दोनों ग्रह सिंह राशि में हैं। बृहस्पति मित्र राशि में विमल नाम '**विपरीत राजयोग**' बना रहा है, तो राहु शत्रु राशि में बैठकर '**चाण्डाल योग**' बना रहा है। जातक धनवान एवं अभिमानी होगा, पर अचानक दुर्घटना का भय बना रहेगा। जातक समाज का अग्रगण्य व्यक्ति होगा।
8. **बृहस्पति+केतु**—बृहस्पति के साथ केतु जातक के पैरों में चोट पहुंचायेगा।

विशेष—यदि सूर्य यहां तृतीय स्थान या द्वादश भाव में हो तो जातक की आयु क्षीण होगी।

मकरलग्न में बृहस्पति की स्थिति नवम स्थान में

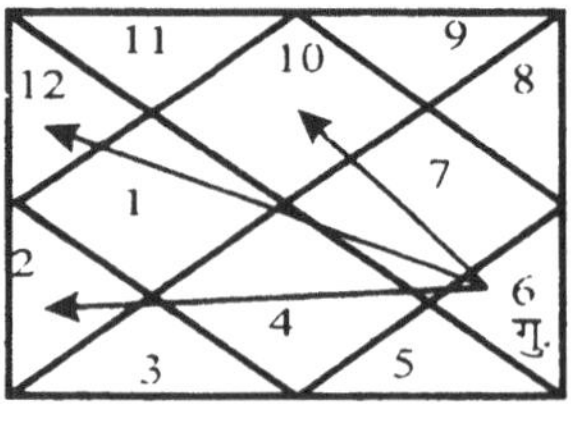

मकरलग्न में बृहस्पति तृतीयेश एवं व्ययेश है। अत: बृहस्पति यहां अशुभ फलदायक एवं परम पापी है। बृहस्पति यहां नवम स्थान में कन्या (शत्रु) राशि में होगा। ऐसे जातक को रिश्तेदार, परिजनों व सहोदर एवं माता-पिता का सुख मिलेगा।

पर सभी से वैचारिक मतभेद रहेंगे। जातक को मान-सम्मान, पद, प्रतिष्ठा, समाज में उच्च पद मिलेगा। जातक धार्मिक एवं आध्यात्मिक बुद्धि से सम्पन्न व्यक्ति होगा।

दृष्टि–नवम भावगत बृहस्पति की दृष्टि लग्न स्थान (मकर राशि), पराक्रम स्थान (मीन राशि) एवं पंचम स्थान (वृष राशि) पर होगी। जातक के परिश्रम सार्थक होंगे। जातक पराक्रमी होगा एवं जातक को पुत्र रत्न (उत्तम संतति) की प्राप्ति होगी।

निशानी–**'लोमेश संहिता'** अध्याय 3/श्लोक 4 के अनुसार यदि तृतीयेश भाग्य स्थान में हो तो जातक का भाग्योदय स्त्री से होता है। ऐसे जातक का पिता चोर होता है।

दशा–बृहस्पति की दशा-अंतर्दशा जातक का पराक्रम बढ़ायेगी तथा भाग्योदय के नये अवसर प्रदान करेगी।

बृहस्पति का अन्य ग्रहों से सम्बन्ध–

1. **बृहस्पति+चंद्र**–आपका जन्म मकरलग्न में है। **'भोजसंहिता'** के अनुसार मकरलग्न के नवम भाव में गुरु+चंद्र की युति कन्या राशि में हुई है। कन्या राशि में यह युति वस्तुत: सप्तमेश चंद्रमा की व्ययेश+तृतीयेश बृहस्पति के साथ युति है। चंद्रमा यहां शत्रु क्षेत्री है। इन दोनों शुभ ग्रहों की दृष्टि लग्न स्थान, पराक्रम स्थान एवं पंचम भाव पर है। फलत: जातक के व्यक्तित्व विकास में यह युति सहायक होगी। जातक शिक्षित होगा तथा उसकी संतान भी शिक्षित होगी। जातक का स्वयं का भाग्योदय प्रथम संतति के तत्काल बाद होगा। जातक महान पराक्रमी व यशस्वी होगा।
2. **बृहस्पति+सूर्य**-बृहस्पति के साथ सूर्य जातक को तेजस्वी बनायेगा।
3. **बृहस्पति+मंगल**–बृहस्पति के साथ मंगल जातक को बड़ी भू-सम्पत्ति का स्वामी बनायेगा।
4. **बृहस्पति+बुध**–बृहस्पति के साथ बुध उच्च का होगा। जातक वैभवशाली, गौरवशाली जीवन जीयेगा।
5. **बृहस्पति+शुक्र**–बृहस्पति के साथ शुक्र नीच का होकर भी उत्तम विद्या, श्रेष्ट पराक्रम एवं राजसी जीवन देगा।
6. **बृहस्पति+शनि**–बृहस्पति के साथ शनि, जातक को परिश्रम का लाभ देगा। जातक धनी होगा।
7. **बृहस्पति+राहु**–यहां दोनों ग्रह कन्या राशि में है। बृहस्पति शत्रु राशि में है, तो राहु यहां स्वगृही होकर **'चाण्डाल योग'** बना रहा है। जातक को भाग्योदय हेतु काफी परेशानियों-दिक्कतों का सामना करना पड़ेगा। जातक का जनसम्पर्क विस्तृत होगा।

8. **बृहस्पति+केतु**–बृहस्पति के साथ केतु जातक के भाग्य में तेजी लायेगा। जातक कीर्तिवान् होगा।

मकरलग्न में बृहस्पति की स्थिति दशम स्थान में

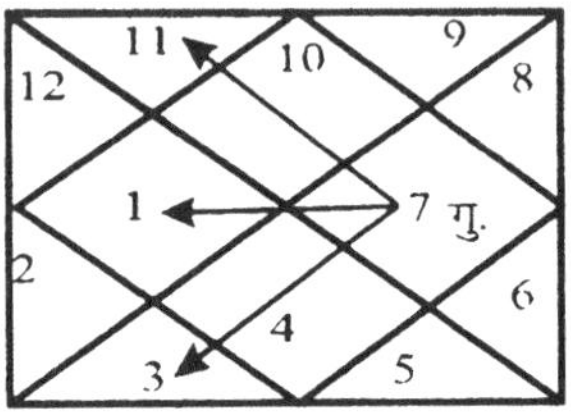

मकरलग्न में बृहस्पति तृतीयेश एवं व्ययेश है। अत: बृहस्पति यहां अशुभ फलदायक एवं परम पापी है। बृहस्पति यहां सातवें स्थान में तुला (शत्रु) राशि में होगा। ऐसे जातक को पिता, सहोदर भ्राता, पत्नी व संतान का पूर्ण सुख मिलेगा। जातक पराक्रमी एवं पुरुषार्थी होगा। पर धन धीमी गति से जायेगा। जातक को रोजी-रोजगार, व्यापार-व्यवसाय में उन्नति मिलेगी। जातक का राजनीति में भी प्रभाव रहेगा।

दृष्टि–दशम भावगत बृहस्पति की दृष्टि धन स्थान (कुंभ राशि), चतुर्थ स्थान (मेष राशि) एवं षष्टम स्थान (मिथुन राशि) पर होगी। जातक धनी होगा तथा उसे भौतिक सुखों की प्राप्ति होगी। जातक का निजी भवन होगा। शत्रु परास्त होगे।

निशानी–**'लोमेश संहिता'** अध्याय 3/श्लोक 2 के अनुसार यदि तृतीयेश दशम स्थान में हो तो जातक की पत्नी क्रूर व क्रोधी स्वभाव की होगी।

दशा–गुरु की दशा-अंतर्दशा शुभ फल देगी।

बृहस्पति का अन्य ग्रहों से सम्बन्ध–

1. **बृहस्पति+चंद्र**–आपका जन्म मकरलग्न में हुआ है। 'भोजसंहिता' के अनुसार मकरलग्न के दशम भाव में गुरु+चंद्र की युति तुला राशि में है। तुला राशि में यह युति वस्तुत: सप्तमेश चंद्रमा की व्ययेश+तृतीयेश बृहस्पति के साथ युति है। केन्द्रवर्ती गुरु+चंद्र के कारण **'यामिनीनाथ योग'** एवं **'कुलदीपक योग'** की सृष्टि हुई। ये दोनों ग्रह यहां धन स्थान, सुख स्थान एवं षष्टम स्थान को देखेंगे। फलत: ऐसे जातक को यथेष्ट धन की प्राप्ति होती रहेगी। उसको उत्तम वाहन भी मिलेगा। भौतिक सुख-संसाधनों की कमी नहीं रहेगी। जातक अपने शत्रुओं व रोगों का शमन करने में पूर्णत: सक्षम होगा।
2. **बृहस्पति+सूर्य**-बृहस्पति के साथ नीच का सूर्य जातक को राजकीय सम्प्रभुता देगा।
3. **बृहस्पति+मंगल**–बृहस्पति के साथ **'दिक्बली'** मंगल जातक को राजकीय शक्ति देगा। जातक बड़ी सम्पत्ति का स्वामी होगा।
4. **बृहस्पति+बुध**–बृहस्पति के साथ बुध, जातक को आध्यात्मिक शक्ति से युक्त करेगा।

5. **बृहस्पति+शुक्र**–बृहस्पति के साथ शुक्र होने से **'मालव्य योग'** बनेगा। जातक राजा के तुल्य पराक्रमी एवं वैभवशाली होगा।
6. **बृहस्पति+शनि**–बृहस्पति के साथ शनि **'शश योग'** बनायेगा। ऐसा जातक राजा तुल्य पराक्रमी एवं ऐश्वर्य सम्पन्न होगा।
7. **बृहस्पति+राहु**–यहां दोनों ग्रह तुला राशि में है। बृहस्पति यहां शत्रु राशि में है, तो राहु मित्र राशि में बैठकर **'चाण्डाल योग'** बना रहा है। गुरु **'कुलदीपक योग'**, **'केसरी योग'** बना रहा है। जातक पराक्रमी एवं प्रतिष्ठित व्यक्ति होगा तथा अपने कुल का नाम रोशन करेगा। जातक का राजनीति में भी हस्तक्षेप रहेगा।
8. **बृहस्पति+केतु**–बृहस्पति के साथ केतु की युति राजसुख में बाधक है।

मकरलग्न में बृहस्पति की स्थिति एकादश स्थान में

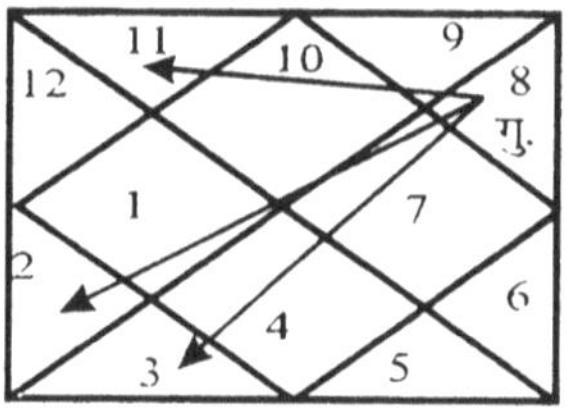

मकरलग्न में बृहस्पति तृतीयेश एवं व्ययेश है। अत: बृहस्पति यहां अशुभ फलदायक एवं परम पापी है। गुरु यहां एकादश स्थान में वृश्चिक (मित्र) राशि में होगा। ऐसे जातक को विद्या-बुद्धि, स्त्री-संतान, जमीन-जायदाद के उत्तम सुख मिलेंगे। जातक को बड़े भाई का सुख, सामाजिक, पद-प्रतिष्ठा, मान-सम्मान भी बराबर मिलता रहेगा।

दृष्टि–एकादश भावगत बृहस्पति की दृष्टि पराक्रम स्थान (मीन राशि), पंचम स्थान (वृष राशि) एवं सप्तम स्थान (कर्क राशि) पर होगी। जातक पराक्रमी होगा। संतान एवं विद्या सुख उत्तम, पत्नी का सुख भी उत्तम श्रेणी का होगा।

निशानी–**'लोमेश संहिता'** अध्याय 3/श्लोक 6 के अनुसार तृतीयेश यदि एकादश स्थान में हो तो जातक अपने उद्यम, पराक्रम से कमाकर धनवान होता है। जातक साहसी होता है, तथा दूसरों की सेवा करने में रुचि रखता है।

दशा–बृहस्पति की दशा-अंतर्दशा शुभ फल देगी। जातक को धन लाभ होगा एवं उसका व्यापार बढ़ेगा।

बृहस्पति का अन्य ग्रहों से सम्बन्ध–

1. **बृहस्पति+चंद्र**–आपका जन्म मकरलग्न में है। 'भोजसंहिता' के अनुसार मकरलग्न में गुरु+चंद्र की युति एकादश स्थान में वृश्चिक राशि के अंतर्गत होगी। भोजसंहिता के अनुसार यह युति सप्तमेश चंद्रमा की व्ययेश+तृतीयेश बृहस्पति के साथ युति है। चंद्रमा यहां वृश्चिक राशि में नीच का होगा। इन

दोनों ग्रहों की दृष्टि पराक्रम भाव, पंचम भाव एवं सप्तम भाव पर होगी। फलत: जातक का भाग्योदय विवाह के बाद तत्काल बाद होगा। जातक दूसरा भाग्योदय प्रथम संतति के बाद होगा। जातक सुशिक्षित एवं संस्कारी होगा। जातक महान् पराक्रमी एवं यशस्वी होगा।

2. **बृहस्पति+सूर्य**-बृहस्पति के साथ सूर्य जातक को पुत्र संतति का सुख देगा।
3. **बृहस्पति+मंगल**–बृहस्पति के साथ मंगल जातक को भौतिक सुख-सुविधाएं एवं संतति सुख देगा।
4. **बृहस्पति+बुध**–बृहस्पति के साथ बुध जातक को भाग्यशाली बनाता है।
5. **बृहस्पति+शुक्र**–बृहस्पति के साथ शुक्र राजयोग देता है। जातक उच्च विद्या एवं उत्तम संतति प्राप्त करेगा।
6. **बृहस्पति+शनि**–बृहस्पति के साथ शनि जातक को प्रबल पुरुषार्थी बनायेगा। जातक उद्योगपति होगा।
7. **बृहस्पति+राहु**–यहां दोनों ग्रह वृश्चिक राशि में हैं। बृहस्पति यहां मित्र राशि में है, तो राहु नीच राशि में बैठकर **'चाण्डाल योग'** बना रहा है। जातक समाज का अग्रगण्य प्रतिष्ठित व्यक्ति होगा। व्यापार में हानि होगी तथा संतान को लेकर चिंता बनी रहेगी।
8. **बृहस्पति+केतु**–बृहस्पति के साथ केतु की युति लाभ में बाधक है।

मकरलग्न में गुरु की स्थिति द्वादश स्थान में

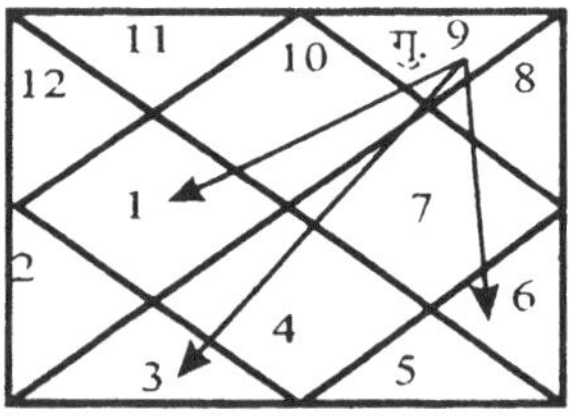

मकरलग्न में बृहस्पति तृतीयेश एवं व्ययेश है। अत: बृहस्पति यहां अशुभ फलदायक एवं परम पापी है। बृहस्पति यहां द्वादश स्थान में धनु राशि में स्वगृही होगा। फलत: विमल नामक **'विपरीत राजयोग'** मुखरित होगा। ऐसा जातक धनी, मानी व अभिमानी होगा। ऐसे जातक विनम्र होते हैं तथा अपने शत्रुओं या विरोधियों का मुंहतोड़ जबाव नहीं दे पाते। जातक क्षमाशील व भावुक होते हैं।

दृष्टि–द्वादश भावगत बृहस्पति की दृष्टि चतुर्थ स्थान (तुला राशि), छठे स्थान (सिंह राशि) एवं नवम स्थान (वृष राशि) पर होगी। ऐसे जातक को भौतिक सुखों की प्राप्ति आसानी से नहीं होगी। जातक के गुप्त शत्रु उसे परेशान करेंगे। जातक को भाग्योदय हेतु जी-तोड़ परिश्रम करना पड़ेगा।

निशानी–'लोमेश संहिता' अध्याय 3/श्लोक 4 के अनुसार तृतीयेश यदि बारहवें स्थान में हो तो जातक का भाग्योदय स्त्री द्वारा होता है एवं जातक का पिता चोर होता है।

दशा–बृहस्पति की दशा-अंतर्दशा मिश्रित फल देगी।

बृहस्पति का अन्य ग्रहों से सम्बन्ध–

1. **बृहस्पति+चंद्र**–आपका जन्म मकरलग्न में है। मकरलग्न में गुरु+चंद्र की युति द्वादश स्थान में 'धनु राशि' के अंतर्गत हो रही है। 'भोजसंहिता' के अनुसार गुरु+चंद्र की युति वस्तुत: सप्तमेश चंद्रमा की व्ययेश+तृतीयेश के साथ युति है। बृहस्पति यहां स्वगृही होगा। '**कीर्तिभंग योग**' एवं '**विवाहभंग योग**' यहां इतना प्रभावशाली नहीं रहेगा। इन दोनों शुभग्रहों की दृष्टि सुख स्थान, षष्टम स्थान एवं अष्टम स्थान पर होगी। फलत: जातक का दुर्घटना व अपघातों से बचाव होता रहेगा। जातक को शत्रु भी ज्यादा परेशान नहीं कर पायेंगे। जातक ऋण-रोग व शत्रुओं के कुप्रभाव से बचा रहेगा। जातक पराक्रमी, सुखी एवं सम्पन्न व्यक्ति होगा।
2. **बृहस्पति+सूर्य**-बृहस्पति के साथ सूर्य '**विपरीत राजयोग**' बनाता है। जातक धनी तथा परोपकारी होगा। जातक को नेत्र पीड़ा रहेगी।
3. **बृहस्पति+मंगल**–बृहस्पति के साथ मंगल विलम्ब विवाह करायेगा।
4. **बृहस्पति+बुध**–बृहस्पति के साथ बुध '**भाग्यभंग योग**' बनाता है। जातक को भाग्योदय हेतु परेशानी उठानी पड़ेगी।
5. **बृहस्पति+शुक्र**–बृहस्पति के साथ शुक्र '**संततिहीन योग**' एवं '**राजभंग योग**' बनाता है। जातक को संतान की चिंता एवं राजदंड का भय रहेगा।
6. **बृहस्पति+शनि**–बृहस्पति के साथ शनि '**लग्नभंग योग**' एवं '**धनहीन योग**' बनायोगा। जातक को परिश्रम का फल नहीं मिलेगा।
7. **बृहस्पति+राहु**–यहां दोनों ग्रह धनु राशि में हैं। बृहस्पति यहां स्वगृही है, तो राहु नीच राशि में बैठकर '**चाण्डाल योग**' बना रहा है। बृहस्पति के कारण विमल नामक '**विपरीत राजयोग**' बन रहा है। जातक एक धनी एवं अभिमानी व्यक्ति होगा। जातक की फिजूलखर्ची की आदत तथा व्यर्थ की यात्राओं से घर वाले परेशान रहेंगे।
8. **बृहस्पति+केतु**–बृहस्पति के साथ केतु व्यर्थ की यात्राएं करायेगा। जातक समाजसेवी होगा।

❑❑❑

मकरलग्न में शुक्र की स्थिति

मकरलग्न में शुक्र की स्थिति प्रथम स्थान में

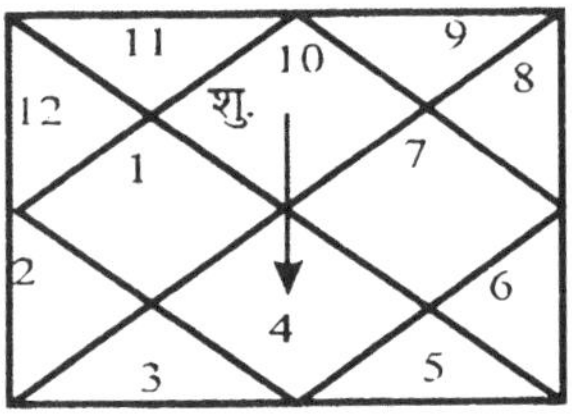

मकरलग्न में शुक्र पंचमेश एवं राज्येश होने से राजयोग कारक है। शुक्र लग्नेश शनि का मित्र है अतः शुभ फल ही देगा। शुक्र यहां प्रथम स्थान में मकर (मित्र) राशि में है। शुक्र के कारण **'कुलदीपक योग'**, **'पद्मसिंहासन योग'** बना। ऐसा जातक विनम्र और खुशमिजाज होता है। जातक का जीवनसाथी स्वस्थ, सुडौल व सुंदर होगा। ऐसा व्यक्ति विद्या-बुद्धि, संतान, सुन्दर पत्नी एवं सुन्दर भवन का स्वामी होकर कुटुम्ब-परिवार का नाम दीपक के समान रोशन करता है।

दृष्टि–लग्नस्थ शुक्र की दृष्टि सप्तम भाव (कर्क राशि) पर होगी। जातक का वैवाहिक जीवन सुखी होता है।

निशानी–ऐसा जातक कंजूस होता है।

दशा–शुक्र की दशा-अंतर्दशा में जातक को व्यापार से लाभ होगा। जातक को विद्या, पद व प्रतिष्ठा की प्राप्ति होगी।

शुक्र का अन्य ग्रहों से सम्बन्ध–

1. **शुक्र+चंद्र**–शुक्र के साथ चंद्रमा जातक को सुन्दर पत्नी देगा। जातक की पत्नी पतिव्रता एवं रति में रम्भा होगी। वैवाहिक जीवन सुखमय होगा।
2. **शुक्र+सूर्य**–शुक्र के साथ सूर्य जातक की मनोवृत्ति में गिरगिट की तरह बदलाव लाता रहेगा।
3. **शुक्र+मंगल**–शुक्र के साथ मंगल **'रुचक योग'** बनायेगा। जातक राजा की तरह पराक्रमी एवं ऐश्वर्यशाली जीवन जीयेगा।

4. **शुक्र+बुध**–शुक्र के साथ बुध होने से जातक भाग्यशाली एवं बुद्धिशाली होगा।
5. **शुक्र+गुरु**–शुक्र के साथ बृहस्पति जातक को धार्मिक एवं कुटुम्ब प्रिय व्यक्ति बनायेगा।
6. **शुक्र+शनि**–शुक्र के साथ शनि **'शश योग'** बनायेगा। जातक राजा के समान पराक्रमी एवं धनी होगा।
7. **शुक्र+राहु**–शुक्र के साथ राहु जातक को हठी एवं कामी बनायेगा।
8. **शुक्र+केतु**–शुक्र के साथ केतु जातक के चलते कार्य में रुकावट डालेगा।

मकरलग्न में शुक्र की स्थिति द्वितीय स्थान में

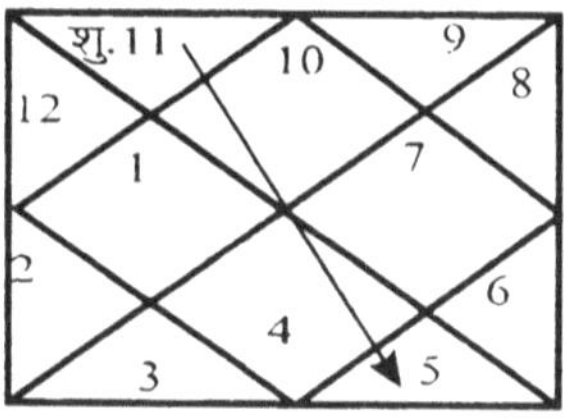

मकरलग्न में शुक्र पंचमेश एवं राज्येश होने से राजयोग कारक है। शुक्र लग्नेश शनि का मित्र है अत: शुभ फल ही देगा। शुक्र यहां द्वितीय स्थान में कुंभ (मित्र) राशि में है। ऐसा जातक धनवान होता है उसे विद्या-बुद्धि, स्त्री-संतान सुख, कुटुम्ब सुख पूर्ण होता है। जातक का आजीविका का साधन अच्छा होता है। जातक दीर्घजीवी होगा एवं जातक का स्वास्थ्य अच्छा रहेगा।

दृष्टि–द्वितीयस्थ शुक्र की दृष्टि अष्टम भाव (सिंह राशि) पर होगी। जातक रोग व शत्रुओं का नाश करने में सक्षम होगा।

निशानी–जातक की वाणी विनम्र एवं मिष्ट होती है। उसकी बहुत-सी लड़कियां होती हैं। लोमेश संहिता के अनुसार उसे खांसी-श्वास की बीमारी होती है।

दशा–शुक्र की दशा-अंतर्दशा जातक को धन व मान प्रदान करेगी।

शुक्र का अन्य ग्रहों से सम्बन्ध–

1. **शुक्र+चंद्र**–शुक्र के साथ चंद्रमा जातक को राजयोग देगा। ऐसा जातक विवाह के बाद महाधनी होगा।
2. **शुक्र+सूर्य**–शुक्र के साथ सूर्य धन संग्रह में 40% बाधक का कार्य करेगा। जातक धनी एवं प्रभावशाली व्यक्ति होगा।
3. **शुक्र+मंगल**–शुक्र के साथ मंगल की युति जातक को स्थाई सम्पत्ति एवं बड़ी भू-सम्पत्ति देगी।
4. **शुक्र+बुध**–शुक्र के साथ बुध **'नीचभंग राजयोग'** बनायेगा। जातक राजा के समान पराक्रमी होगा।

5. **शुक्र+गुरु**–शुक्र के साथ बृहस्पति '**किम्बहुना नामक**' श्रेष्ठ राजयोग बनायेगा। जातक धनी-मानी एवं ऐश्वर्य सम्पन्न जीवन जीयेगा।
6. **शुक्र+शनि**–शुक्र के साथ शनि होने से जातक को परिश्रम का पूरा-पूरा लाभ मिलेगा।
7. **शुक्र+राहु**–शुक्र के साथ राहु जातक को धनवान बनाने में बाधक का कार्य करेगा।
8. **शुक्र+केतु**–शुक्र के साथ केतु जातक के आर्थिक जीवन में परेशनियां उत्पन्न करेगा।

मकरलग्न में शुक्र की स्थिति तृतीय स्थान में

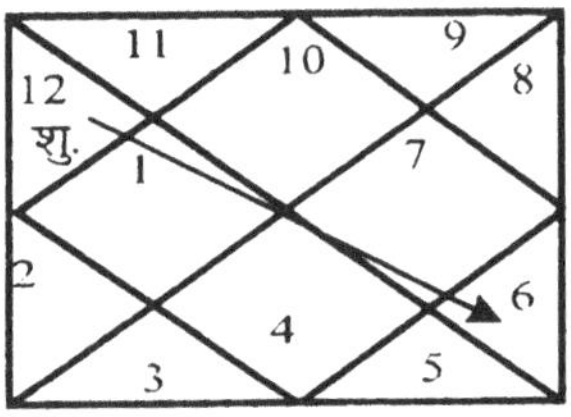

मकरलग्न में शुक्र पंचमेश एवं राज्येश होने से राजयोग कारक है। शुक्र लग्नेश शनि का मित्र है अतः शुभ फल ही देगा। शुक्र यहां तीसरे स्थान में उच्च राशि में होगा। मीन राशि के 27 अंशों में शुक्र परमोच्च का होता है। ऐसे जातक प्रबल पराक्रमी, धैर्यवान् एवं कर्त्तव्यनिष्ठ होते हैं। जातक को माता-पिता, स्त्री-संतान, वाहन सुख प्राप्त होगा एवं स्त्री-मित्रों से लाभ रहेगा।

दृष्टि–तृतीयस्थ शुक्र की दृष्टि अपने ही घर कन्या राशि पर होगी। जातक भाग्यशाली होगा तथा उसे पिता की सम्पत्ति मिलेगी। जातक कला-संगीत अभिनय का प्रेमी होगा।

निशानी–'लोमेश संहिता' के अनुसार ऐसा जातक चुगलखोर व कंजूस होता है।

दशा–शुक्र की दशा-अंतर्दशा में जातक का भाग्योदय होगा।

शुक्र का अन्य ग्रहों से सम्बन्ध–

1. **शुक्र+चंद्र**–शुक्र के साथ चंद्रमा जातक को स्त्री मित्रों से लाभ देगा। जातक की बहनें अधिक होंगी।
2. **शुक्र+सूर्य**–शुक्र के साथ सूर्य जातक को भाई-बहनों का सुख देगा। जातक पराक्रमी होगा।
3. **शुक्र+मंगल**–शुक्र के साथ मंगल जातक को पराक्रमी बनायेगा। इष्ट-मित्रों से लाभ होगा।

4. **शुक्र+बुध**–शुक्र के साथ बुध '**नीचभंग राजयोग**' बनायेगा। जातक प्रबल पराक्रमी, यशस्वी राजा होगा।
5. **शुक्र+गुरु**–शुक्र के साथ बृहस्पति '**किम्बहुना नामक राजयोग**' बनायेगा। जातक राजा या राजपुरुष से कम वैभवशाली नहीं होगा। जातक के परिजन व मित्र वफादार होंगे।
6. **शुक्र+शनि**–शुक्र के साथ शनि की युति जातक को परम पुरुषार्थी एवं यशस्वी बनायेगी।
7. **शुक्र+राहु**–शुक्र के साथ राहु का योग भाइयों में विद्वेष कलह करायेगा।
8. **शुक्र+केतु**–शुक्र के साथ केतु का योग समाज में जातक की कीर्ति बढ़ायेगा।

मकरलग्न में शुक्र की स्थिति चतुर्थ स्थान में

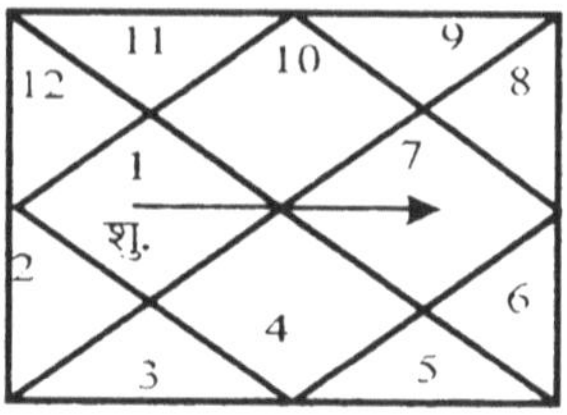

मकरलग्न में शुक्र पंचमेश एवं राज्येश होने से राजयोग कारक है। शुक्र लग्नेश शनि का मित्र है अत: शुभ फल ही देगा। शुक्र यहां चतुर्थ स्थान में मेष (सम) राशि का होगा। शुक्र के कारण '**कुलदीपक योग**', '**पद्मसिंहासन योग**' बनेगा। शुक्र यहां '**दिग्बली**' होगा। ऐसा जातक मध्यम परिवार में जन्म लेकर भी कीचड़ में कमल की तरह खिलता हुआ जीवन की ऊंचाइयों को छूता है। जातक को धन, यश, पद-प्रतिष्ठा, मकान-वाहन, स्त्री-संतान, माता-पिता, नौकर-चाकर का सुख मिलता है।

दृष्टि–चतुर्थ भावगत शुक्र की दृष्टि दशम स्थान (तुला राशि) पर होगी। ऐसा जातक राजमंत्री, राजगुरु अथवा राज्य में उच्च पद को प्राप्त करेगा। जातक राजनीति में सफल व्यक्ति होगा।

निशानी–'**लोमेश संहिता**' के अनुसार '**सुतेशे मातृभवने चिरंमातृ सुखं भवेत्,** ऐसे जातक की माता की आयु लम्बी होती है तथा जातक का मातृ सुख बहुत समय तक मिलता है।

दशा–शुक्र की दशा-अंतर्दशा में जातक को मनोवांछित उपलब्धियां मिलेंगी। जातक सुख व ऐश्वर्य को प्राप्त करेगा।

शुक्र का अन्य ग्रहों से सम्बन्ध–

1. **शुक्र+चंद्र**–शुक्र के साथ चंद्रमा जातक को सुन्दर एवं कलात्मक रुचि वाला जीवनसाथी देगा।

2. **शुक्र+सूर्य**–शुक्र के साथ सूर्य जातक की माता को अल्पायु करेगा।

3. **शुक्र+मंगल**–शुक्र के साथ मंगल **'रुचक योग'** बनायेगा। जातक गांव-शहर का मुखिया एवं धनी व्यक्ति होगा।

4. **शुक्र+बुध**–शुक्र के साथ बुध जातक को एक से अधिक वाहन का स्वामी बनायेगा।

5. **शुक्र+गुरु**–शुक्र के साथ बृहस्पति जातक को अनेक मित्रों वाला, जनप्रिय व्यक्ति बनायेगा।

6. **शुक्र+शनि**–शुक्र के साथ नीच का शनि जातक को पुरुषार्थ का लाभ देगा।

7. **शुक्र+राहु**–शुक्र के साथ राहु जातक की माता को मृत्यु देगा।

8. **शुक्र+केतु**–शुक्र के साथ केतु जातक की माता को लम्बी बीमारी देगा।

मकरलग्न में शुक्र की स्थिति पंचम स्थान में

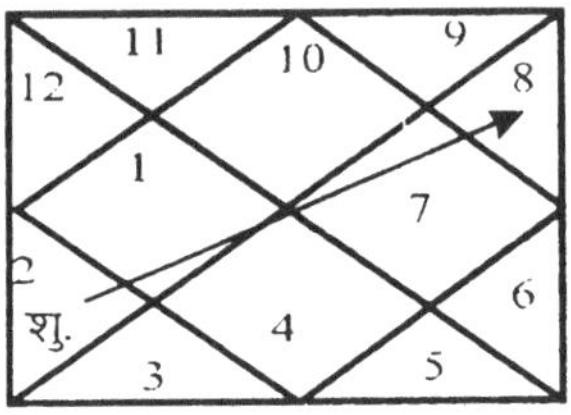

मकरलग्न में शुक्र पंचमेश एवं राज्येश होने से राजयोग कारक है। शुक्र लग्नेश शनि का मित्र है अत: शुभ फल ही देगा। शुक्र यहां पंचम स्थान में स्वगृही होगा। शुक्र की यह स्थिति राजयोग कारक एवं प्रतिष्ठावर्धक है। जातक को धन, पद-प्रतिष्ठा, यश, माता-पिता, स्त्री-संतान एवं विद्या का सुख एवं प्रत्येक कार्य में यश नैसर्गिक रूप से प्राप्त होगा। जातक को उच्च शैक्षणिक उपाधि मिलेगी। जातक संगीत, साहित्य व कला प्रेमी होगी।

दृष्टि–पंचमस्थ शुक्र की दृष्टि लाभ स्थान (वृश्चिक राशि) पर होगी। फलत: जातक को व्यापार-व्यवसाय में लाभ होगा। जातक आत्मनिर्भर होगा तथा उसे बड़े भाई का सुख मिलेगा।

निशानी–'लोमेश संहिता' के अनुसार, **'सुतेशः पंचमे यस्य तस्य पुत्र न जीवति'**, यदि पंचमेश पंचम भाव में स्थित हो तो उस जातक की प्रथम संतति यदि लड़का हो तो जीवित नहीं रहता।

दशा–'भावार्थ रत्नाकर' के अनुसार **'मकरे जायमानस्य पंचमस्थे भृगु शुभः'** मकर लग्न में पंचम में स्थित शुक्र अपनी दशा में जातक को खूब धन-ऐश्वर्य देगा।

शुक्र का अन्य ग्रहों से सम्बन्ध–

1. **शुक्र+चंद्र**–शुक्र के साथ चंद्रमा **'किम्बहुना नामक राजयोग'** बनायेगा। जातक

उत्तम विद्या प्राप्त कर, विश्व में नाम रोशन करेगा। जातक का भाग्योदय विवाह के बाद होगा। ऐसे जातक के '**बहुपुत्र योग**' होता है।

2. **शुक्र+सूर्य**–शुक्र के साथ सूर्य विद्या में बाधा एवं संतति से चिंता करायेगा।
3. **शुक्र+मंगल**–शुक्र के साथ मंगल जातक को ठेकेदारी से लाभ, सरकारी काम से लाभ एवं उत्तम धन देगा।
4. **शुक्र+बुध**–शुक्र के साथ बुध होने से जातक परम मेधावी होगा। जातक की कन्या संतति अधिक होगी।
5. **शुक्र+गुरु**–शुक्र के साथ बृहस्पति होने से जातक को मित्रों से लाभ एवं पुत्र संतति का लाभ भी होगा।
6. **शुक्र+शनि**–शुक्र के साथ शनि जातक को राज्य (सरकार) से लाभ देगा। ऐसे जातक को संतान द्वारा धन व यश की प्राप्ति होगी।
7. **शुक्र+राहु**–शुक्र के साथ राहु विद्या प्राप्ति में बाधा डालेगा।
8. **शुक्र+केतु**–शुक्र के साथ केतु गर्भपात करायेगा।

मकरलग्न में शुक्र की स्थिति षष्टम स्थान में

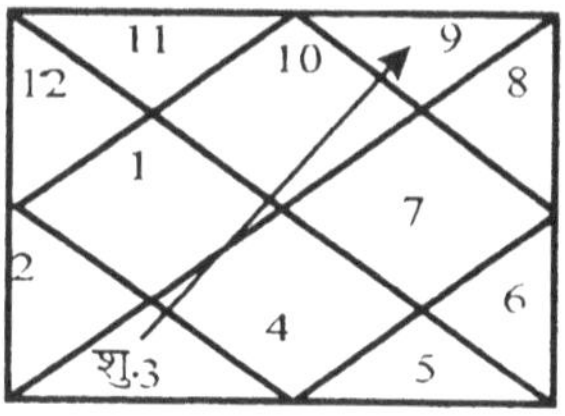

मकरलग्न में शुक्र पंचमेश एवं राज्येश होने से राजयोग कारक है। शुक्र लग्नेश शनि का मित्र है अत: शुभ फल ही देगा। शुक्र यहां छठे स्थान में मिथुन (मित्र) राशि में होगा। शुक्र की इस स्थिति के कारण '**संतानहीन योग**' व '**राजभंग योग**' बनेगा। ऐसे जातक को पिता, राज्य एवं संतान पक्ष में कठिनाइयां पैदा होती रहेंगी। ऋण, रोग एवं शत्रु जातक परेशान करते रहेंगे। जातक की प्रारम्भिक विद्या में एक बार रुकावट आयेगी।

दृष्टि–षष्टम भावगत शुक्र की दृष्टि व्यय स्थान (धनु राशि) पर होगी। जातक कामी व खर्चीले स्वभाव का होगा। जातक को जीवन में अचानक धन व यश की हानि होती रहेगी। स्त्री-मित्रों से नुकसान है।

निशानी–'लोमेश संहिता' के अनुसार– '**सुतेशे षष्ठरिफस्थे पुत्र शत्रुत्वयाप्नुयात्**' जातक का पुत्र पिता से शत्रुवत् व्यवहार करता है। ऐसा जातक किसी दूसरे लड़के को धन के बल पर गोद लेता है।

दशा–शुक्र की दशा-अंतर्दशा अनिष्ट फलदायक साबित होगी।

शुक्र का अन्य ग्रहों से सम्बन्ध–

1. **शुक्र+चंद्र**–शुक्र के साथ चंद्रमा '**विवाहभंग योग**' कराता है। जातक को जीवन में विवाह सुख विलम्ब से मिलेगा।
2. **शुक्र+सूर्य**–शुक्र के साथ सूर्य '**विपरीत राजयोग**' के कारण जातक को धनवान बनायेगा।
3. **शुक्र+मंगल**–शुक्र के साथ मंगल जातक को भूमि पक्ष में नुकसान देगा तथा माता के सुख में कमी लायेगा।
4. **शुक्र+बुध**–शुक्र के साथ बुध जातक को '**विपरीत राजयोग**' के कारण धनवान तो बनायेगा पर जातक के सही भाग्योदय में कसर रहेगी।
5. **शुक्र+गुरु**–शुक्र के साथ बृहस्पति '**पराक्रमभंग योग**' एवं '**विपरीत राजयोग**' बनायेगा। जातक को मित्र दगा देंगे। जातक धनी तो होगा पर यशस्वी नहीं होगा।
6. **शुक्र+शनि**–शुक्र के साथ शनि जातक की कुण्डली में '**लग्नभंग योग**' एवं '**धनहीन योग**' बनायेगे। जातक का व्यक्तित्व काफी संघर्ष के बाद बनेगा।
7. **शुक्र+राहु**–शुक्र के साथ राहु का योग गुप्त बीमारी देगा।
8. **शुक्र+केतु**–शुक्र के साथ केतु गुप्तेन्द्री की शल्य चिकित्सा करायेगा।

मकरलग्न में शुक्र की स्थिति सप्तम स्थान में

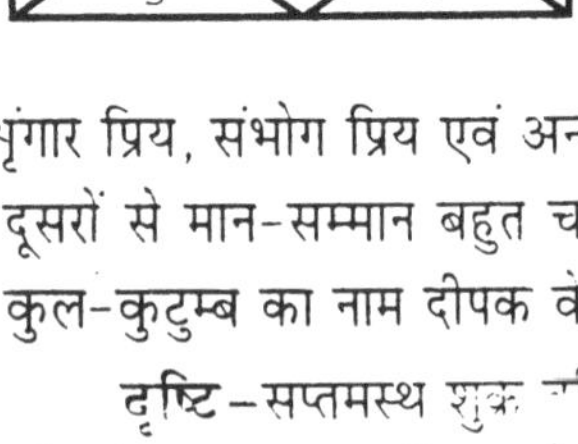

मकरलग्न में शुक्र पंचमेश एवं राज्येश होने से राजयोग कारक है। शुक्र लग्नेश शनि का मित्र है अत: शुभ फल ही देगा। शुक्र यहां सप्तम स्थान में कर्क (शत्रु) में होगा। शत्रु के कारण '**कुलदीपक योग**' एवं '**पद्मसिंहासन योग**' बनेगा। ऐसा जातक रसिक मिजाज एवं सौंदर्य प्रिय होता है। जातक शृंगार प्रिय, संभोग प्रिय एवं अन्य स्त्रियों के प्रति लालायित रहता है। ऐसा जातक दूसरों से मान-सम्मान बहुत चाहता है। जातक कुटुम्ब प्रेमी होता है तथा अपने कुल-कुटुम्ब का नाम दीपक के समान रोशन करेगा।

दृष्टि–सप्तमस्थ शुक्र की दृष्टि लग्न स्थान (मकर राशि) पर होगी। जातक को परिश्रम का लाभ मिलता है। जातक को धन, पद-प्रतिष्ठा एवं यौवन का भरपूर सुख मिलता है।

निशानी–ऐसा जातक सभी धर्मों में समान आस्था रखता है एवं सामाजिक कार्य में रुचि रखता है।

दशा–शुक्र की दशा-अंतर्दशा में जातक को भौतिक सुखों की प्राप्ति होगी।

शुक्र का अन्य ग्रहों से सम्बन्ध–

1. **शुक्र+चंद्र**–शुक्र के साथ चंद्रमा जातक को अत्यंत सुंदर कामी व रतिक्रिया में रम्भा के समान कमनीय पत्नी का पति बनायेगा।
2. **शुक्र+सूर्य**–शुक्र के साथ सूर्य गुप्तांग में बीमारी देगा। जातकी की पत्नी तर्कीली होगी।
3. **शुक्र+मंगल**–शुक्र के साथ मंगल जातक को अत्यधिक कामी बनायेगा। जातक क्रूरता के साथ पशुतुल्य मैथुन करेगा।
4. **शुक्र+बुध**–शुक्र के साथ बुध विवाह के तत्काल बाद जातक का भाग्योदय करायेगा।
5. **शुक्र+गुरु**–शुक्र के साथ बृहस्पति जातक को पतिव्रता स्त्री का पति बनायेगा। जातक का ससुराल पक्ष पराक्रमी होगा।
6. **शुक्र+शनि**–शुक्र के साथ शनि '**लग्नाधिपति योग**' बनायेगा। जातक को परिश्रम का लाभ मिलेगा। जातक पुरुषार्थ के द्वारा भारी धन कमायेगा।
7. **शुक्र+राहु**–शुक्र के साथ राहु जातक को लाईलाज गुप्त रोग देगा।
8. **शुक्र+केतु**–शुक्र के साथ केतु होने से से जातक को नपुसंकता की प्राप्ति होगी।

मकरलग्न में शुक्र की स्थिति अष्टम स्थान में

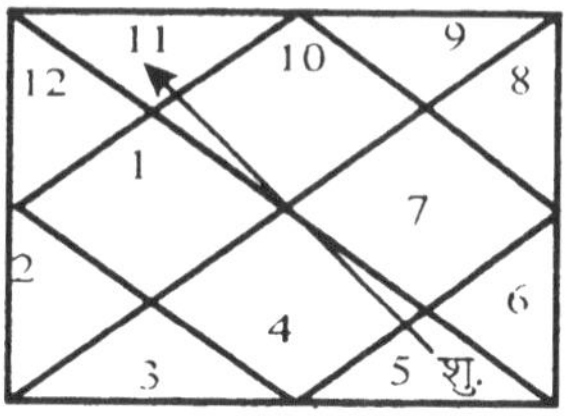

मकरलग्न में शुक्र पंचमेश एवं राज्येश होने से राजयोग कारक है। शुक्र लग्नेश शनि का मित्र है अत: शुभ फल ही देगा। शुक्र यहां अष्टम स्थान में सिंह (शत्रु) राशि में होगा। फलत: '**संतानहीन योग**' एवं '**राजभंग योग**' की सृष्टि होगी। ऐसे जातक को स्त्री-संतान, नौकरी-व्यापार में बाधाएं आयेंगी। जातक प्रेम-प्रसंग में बदनाम होगा। जातक की स्त्री मित्र घातक होंगी। जातक ऋण, रोग व शत्रु से दु:खी होगा।

दृष्टि–अष्टमस्थ शुक्र की दृष्टि धन स्थान (कुम्भ राशि) पर होगी। जातक का धन रोग व शत्रुओं से बीच-बचाव में खर्च होगा।

निशानी–**'लोमेश संहिता'** के अनुसार 'बहुपुत्र्यो न संशय:' ऐसे जातक के बहुत-सी लड़कियां होंगी। जातक खांसी व श्वास का रोगी होगा।

दशा–शुक्र की दशा-अंतर्दशा प्रतिकूल फल देगी।

शुक्र का अन्य ग्रहों से सम्बन्ध–

1. **शुक्र+चंद्र**–शुक्र के साथ चंद्रमा '**विवाहभंग योग**' करायेगा। जातक की दो पत्नियां होंगी।
2. **शुक्र+सूर्य**–शुक्र के साथ सूर्य स्वगृही सरल नामक **'विपरीत राजयोग'** बनायेगा। जातक धनी होगा पर प्रतिष्ठा नहीं होगी।
3. **शुक्र+मंगल**–शुक्र के साथ मंगल '**सुखहीन योग**' एवं '**लाभभंग योग**' करायेगा। जातक को अनेक व्यापार-धंधे बदलने के बाद भी संतोष नहीं मिलेगा।
4. **शुक्र+बुध**–शुक्र के साथ बुध '**भाग्यभंग योग**' एवं हर्ष नामक **'विपरीत राजयोग'** बनायेगा। जातक धनी तो होगा पर उसके भाग्य में रुकावट रहेगी।
5. **शुक्र+गुरु**–शुक्र के साथ बृहस्पति '**पराक्रमभंग योग**' एवं विमल नामक **'विपरीत राजयोग'** बनायेगा। जातक को मित्रों से अपकीर्ति मिलेगी।
6. **शुक्र+शनि**–शुक्र के साथ शनि '**लग्नभंग योग**' एवं '**धनहीन योग**' बनायेगा। जातक को परिश्रम का लाभ नहीं मिलेगा।
7. **शुक्र+राहु**–शुक्र के साथ राहु गुप्तेन्द्री में रोग देगा।
8. **शुक्र+केतु**–शुक्र के साथ केतु जातक के शरीर में पेट के नीचे के हिस्से में शल्य चिकित्सा करायेगा।

मकरलग्न में शुक्र की स्थिति नवम स्थान में

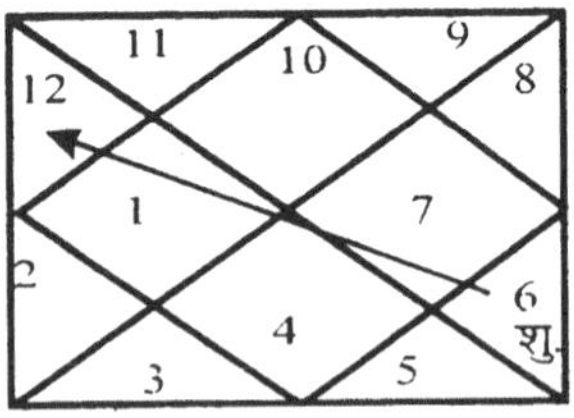

मकरलग्न में शुक्र पंचमेश एवं राज्येश होने से राजयोग कारक है। शुक्र लग्नेश शनि का मित्र है अत: शुभ फल ही देगा। शुक्र यहां नवम स्थान में नीच का होगा। कन्या राशि के 27 अंशों में शुक्र परम नीच का होगा। शुक्र भाई-बहन, माता-पिता, स्त्री-संतान सबका सुख देगा। जातक को नौकरी-रोजगार, व्यापार-व्यवसाय को लेकर परेशानी नहीं रहेगी। जातक को उच्च शैक्षणिक उपाधि मिलेगी। राजनीति में जातक का वर्चस्व व दबदबा रहेगा।

दृष्टि–नवम भावगत स्वगृही शुक्र की दृष्टि पराक्रम स्थान (कुम्भ राशि) पर होगी। जातक पराक्रमी होगा एवं उसका जनसम्पर्क विस्तृत होगा।

निशानी–ऐसे जातक का पुत्र भी राजा के समान ऐश्वर्यवान् होगा। **'लोमेश संहिता'** के अनुसार जातक स्वयं ग्रंथकर्त्ता, लेखक या पत्रकार होगा।

दशा–शुक्र की दशा-अंतर्दशा में जातक का भाग्योदय होगा।

शुक्र का अन्य ग्रहों से सम्बन्ध–

1. **शुक्र+चंद्र**–शुक्र के साथ चंद्रमा स्त्री-मित्र के सहयोग से भाग्य में अकल्पनीय उछाल देगा।
2. **शुक्र+सूर्य**–शुक्र के साथ सूर्य संघर्ष के साथ भाग्योदय करायेगा।
3. **शुक्र+मंगल**–शुक्र के साथ मंगल जातक को बड़ी भू-सम्पत्ति का स्वामी या उद्योगपति बनायेगा।
4. **शुक्र+बुध**–शुक्र के साथ बुध होने से **'नीचभंग राजयोग'** बनेगा। जातक राजा के समान पराक्रमी व ऐश्वर्यशाली होगा।
5. **शुक्र+गुरु**–शुक्र के साथ बृहस्पति जातक को मित्रों से लाभ देगा। जातक कुटुम्बियों से प्रेमवत संबंध बनाये रखेगा।
6. **शुक्र+शनि**–शुक्र के साथ शनि जातक को विद्या से लाभ दिलायेगा। जातक को राज सरकार से मान-सम्मान मिलेगा।
7. **शुक्र+राहु**–शुक्र के साथ राहु जातक को भाग्योदय में संघर्ष देगा।
8. **शुक्र+केतु**–शुक्र के साथ केतु होने से जातक का भाग्योदय 32 वर्ष की आयु के बाद होगा।

मकरलग्न में शुक्र की स्थिति दशम स्थान में

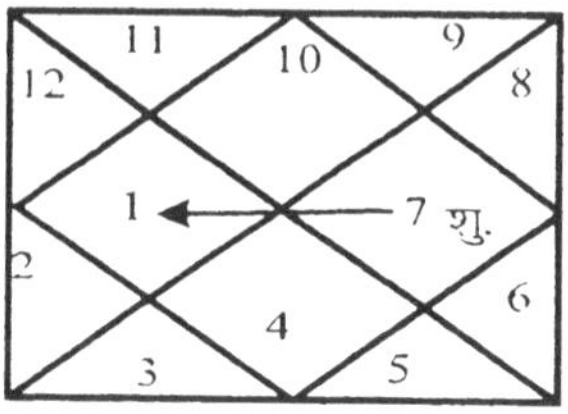

मकरलग्न में शुक्र पंचमेश एवं राज्येश होने से राजयोग कारक है। शुक्र लग्नेश शनि का मित्र है अतः शुभ फल ही देगा। शुक्र यहां दशम स्थान में तुला राशि में स्वगृही होगा। शुक्र के कारण **'कुलदीपक योग'**, **'पद्मसिंहासन योग'** एवं **'मालव्य योग'** बनेगा। ऐसा जातक राजा के समान पराक्रमी एवं ऐश्वर्यशाली होता है। जातक व्यवहारकुशल, उदार हृदय वाला होता है तथा उसे उत्तम वाहन, उत्तम नौकर एवं उत्तम भव का सुख मिलता है। जातक प्रजावान होगा, उसे उत्तम संतति का सुख भी मिलेगा।

दृष्टि–दशमस्थ शुक्र चतुर्थ भाव (मेष राशि) को देख रहा है। ऐसे जातक को माता की सम्पत्ति, कुटुम्ब का सुख मिलेगा।

निशानी–जातक ग्रंथकार या लेखक होगा एवं उसका एक पुत्र भी होगा जो कि राजा के समान ही ऐश्वर्य सम्पन्न होता है।

दशा–शुक्र की दशा-अंतर्दशा में जातक को वांछित सम्पत्ति व सफलता की प्राप्ति होगी। जातक परिवार के साथ धार्मिक यात्राएं करेगा।

शुक्र का अन्य ग्रहों से सम्बन्ध–

1. **शुक्र+चंद्र**–शुक्र के साथ चंद्रमा जातक को अत्यधिक सुंदर पत्नी देगा एवं जातक का भाग्योदय विवाह के बाद होगा।
2. **शुक्र+सूर्य**–शुक्र के साथ सूर्य '**नीचभंग राजयोग**' बनायेगा। जातक निश्चय ही राजा के समान पराक्रमी व ऐश्वर्य वाली होगा।
3. **शुक्र+मंगल**–शुक्र के साथ मंगल जातक को माता से सम्पत्ति एवं उत्तम भवन दिलायेगा।
4. **शुक्र+बुध**–शुक्र के साथ बुध जातक को अनेक वाहन दिलायेगा।
5. **शुक्र+गुरु**–शुक्र के साथ बृहस्पति जातक को महान पराक्रमी बनायेगा। जातक धनी होगा।
6. **शुक्र+शनि**–शुक्र के साथ शनि यहां '**किम्बहुना नामक राजयोग**' बनायेगा। जातक राजा के तुल्य पराक्रमी एवं वैभवशाली होगा।
7. **शुक्र+राहु**–शुक्र के साथ राहु की युति राजयोग में बाधक है।
8. **शुक्र+केतु**–शुक्र के साथ केतु व्यापार में बदलाव (परिवर्तन) कराता रहेगा।

मकरलग्न में शुक्र की स्थिति एकादश स्थान में

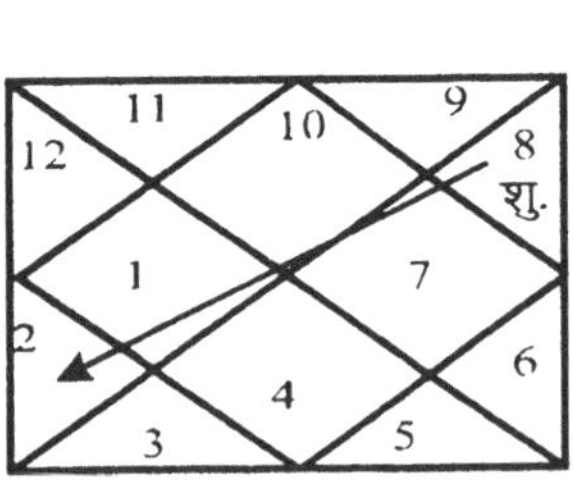

मकरलग्न में शुक्र पंचमेश एवं राज्येश होने से राजयोग कारक है। शुक्र लग्नेश शनि का मित्र है अत: शुभ फल ही देगा। शुक्र यहां एकादश स्थान में वृश्चिक (सम) राशि में होगा। ऐसे जातक को धन-यश, पद-प्रतिष्ठा की प्राप्ति होती है। जातक को स्त्री-संतान, कुटुम्ब एवं विद्या का सुख मिलता है। '**लोमेश संहिता**' के अनुसार–'**सुतेश लाभभवने पंडितो जनवल्लभः। ग्रंथकर्त्ता महादक्षी बहुपुत्र धनान्वितः**' ऐसा जातक बड़ा विद्वान्, ग्रंथकार, पत्रकार, बहुत होशियार, धन-धान्य से युक्त एवं जनप्रिय व्यक्ति होता है।

दृष्टि–एकादश भावगत शुक्र की दृष्टि पंचम भाव (वृष राशि) पर होगी। जातक उत्तम संतति से युक्त, उत्तम आध्यात्म विद्या का जानकार होगा। तंत्र-मंत्र, ज्योतिष का जानकार होगा।

निशानी–जातक की प्रथम संतति कन्या होगी।

दशा–शुक्र की दशा-अंतर्दशा में शुभ फलों की प्राप्ति होगी। जातक को विद्या, संतान सुख एवं पद-प्रतिष्ठा की प्राप्ति होगी।

शुक्र का अन्य ग्रहों से सम्बन्ध–

1. **शुक्र+चंद्र**–शुक्र के साथ चंद्रमा नीच का होकर जातक को सुंदर पत्नी दिलायेगा। जातक की पत्नी भाग्यशाली होगी।
2. **शुक्र+सूर्य**–शुक्र के साथ सूर्य होने से व्यापार-व्यवसाय के शुद्ध मुनाफे में 40% घाटा रहेगा।
3. **शुक्र+मंगल**–शुक्र के साथ मंगल होने से जातक उद्योगपति तथा बड़ी जमीन-जायदाद का स्वामी होगा।
4. **शुक्र+बुध**–शुक्र के साथ बुध जातक को भाग्यशाली बनायेगा। ऐसा जातक अवसरों का पूरा लाभ उठाता है।
5. **शुक्र+गुरु**–शुक्र के साथ बृहस्पति होने से जातक को मित्रों से सहयोग मिलता रहेगा। भागीदारी के धंधे में लाभ होगा।
6. **शुक्र+शनि**–शुक्र के साथ शनि जातक को उत्तम सम्पत्ति से मालामाल कर देगा। जातक को व्यपार से लाभ होगा।
7. **शुक्र+राहु**–शुक्र के साथ राहु लाभ में भारी बाधक तत्त्व का काम करेगा।
8. **शुक्र+केतु**–शुक्र के साथ केतु व्यापार में परिवर्तन कराता रहेगा।

मकरलग्न में शुक्र की स्थिति द्वादश स्थान में

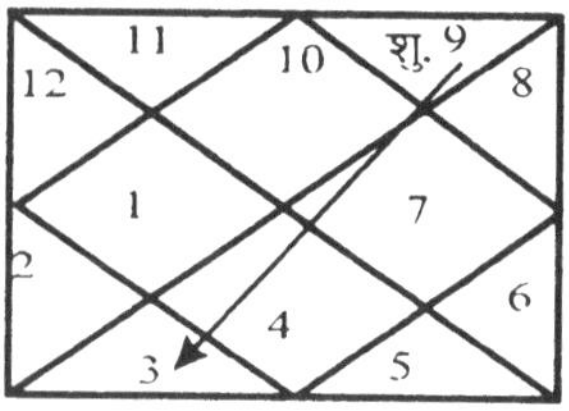

मकरलग्न में शुक्र पंचमेश एवं राज्येश होने से राजयोग कारक है। शुक्र लग्नेश शनि का मित्र है अत: शुभ फल ही देगा। शुक्र यहां द्वादश स्थान में धनु (सम) राशि में होगा। शुक्र की इस स्थिति से '**संतानहीन योग**' एवं '**राजभंग योग**' की सृष्टि होगी। ऐसे जातक को हानि-लाभ, मान-अपमान, उतार-चढ़ाव का अनुभव जीवन में होता रहेगा। जातक व्यर्थ की यात्राएं करेगा।

दृष्टि–द्वादश भावगत शुक्र की दृष्टि षष्ट भाव (मिथुन राशि) पर होगी। जातक को ऋण रोग व शत्रु परेशान करते रहेंगे।

निशानी–ऐसे जातक का पुत्र पिता से शत्रुवत् व्यवहार करेगा। जातक संतान को लेकर परेशान रहेगा।

दशा–शुक्र की दशा-अंतर्दशा में जातक को अनिष्ट फल मिलेगा।

शुक्र का अन्य ग्रहों से सम्बन्ध–

1. **शुक्र+चंद्र**–शुक्र के साथ चंद्रमा '**विवाहभंग योग**' बनाता है। जातक के दो विवाह संभव हैं। पत्नी से नहीं बनेगी।
2. **शुक्र+सूर्य**–शुक्र के साथ सूर्य सरल नामक '**विपरीत राजयोग**' बनाता है। जातक धनवान होगा पर उसका स्वभाव खर्चीला होगा।
3. **शुक्र+मंगल**–शुक्र के साथ मंगल '**सुखहीन योग**' एवं '**लाभभंग योग**' बनाता है। जातक की उन्नति बड़ी कठिनाई से होगी।
4. **शुक्र+बुध**–शुक्र के साथ बुध '**भाग्यभंग योग**' बनायेगा। जातक को विरोध सहन करना पड़ेगा। भाग्योदय कठिनाई से होगा।
5. **शुक्र+गुरु**–शुक्र के साथ गुरु '**पराक्रमभंग योग**' एवं विमल नामक '**विपरीत राजयोग**' बनाता है। जातक धनवान तो होगा पर यशस्वी नहीं होगा।
6. **शुक्र+शनि**–शुक्र के साथ शनि '**लग्नभंग योग**' व '**धनहीन योग**' बनाता है। ऐसे जातक को परिश्रम का लाभ नहीं मिलता।
7. **शुक्र+राहु**–शुक्र के साथ राहु दुर्घटना या सेक्स स्कैण्डल में फंसा सकता है। सावधानी अनिवार्य है।
8. **शुक्र+केतु**–शुक्र के साथ केतु सेक्स के मामले में बदनामी देगा।

❑❑❑

मकरलग्न में शनि की स्थिति

मकरलग्न में शनि की स्थिति प्रथम स्थान में

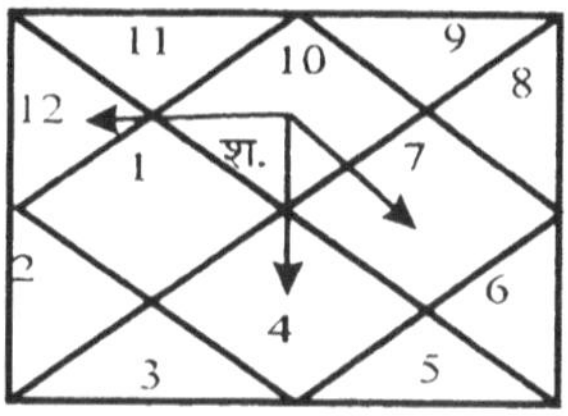

मकरलग्न में शनि लग्नेश एवं धनेश है। शनि यहां द्वितीय स्थान का स्वामी तथा मारकेश होते हुए भी स्वयं मारक का काम नहीं करेगा। शनि यहां प्रथम स्थान में स्वगृही होगा, शनि की इस स्थिति से '**शश योग**' बनता है। ऐसा जातक राजा तुल्य, ऐश्वर्यशाली, पराक्रमी व धनी होगा। जातक हृष्ट-पुष्ट शरीर वाला, पराक्रमी, यशस्वी, विद्यावान व बुद्धिमान होगा। पाराशर ऋषि के अनुसार ऐसे जातक को '**द्विभार्या परगोऽपि वा**' दो पत्नी अथवा अन्य स्त्रियों से पत्नी तुल्य संबंध रहता है।

दृष्टि–स्वगृही शनि की दृष्टि पराक्रम स्थान (मीन राशि), सप्तम भाव (कर्क राशि) एवं दशम भाव (तुला राशि) पर होगी। जातक पराक्रमी होगा, अपने कुटुम्ब का पालन करेगा। जातक का पत्नी से मनमुटाव होगा। जातक का व्यापार उत्तम होगा।

निशानी–जातक जिद्दी होगा और अपनी प्रत्येक जिद्द धन बल पर प्राप्त करने में सफल होगा। जातक चंचल चित्त वाला एवं घुमक्कड़ होगा।

दशा–शनि की दशा-अंतर्दशा में जातक को धन, यश, मान-सम्मान की प्राप्ति होगी। नौकरी-व्यापार में लाभ होगा।

शनि का अन्य ग्रहों से सम्बन्ध–

1. **शनि+चंद्र**–शनि के साथ चंद्रमा '**कलत्रमूलधन योग**' बनायेगा। ऐसे जातक को ससुराल से धन मिलेगा।
2. **शनि+सूर्य**–यहां दोनों ग्रह मकर राशि में होगें। सूर्य यहां शत्रुक्षेत्री तो शनि स्वगृही होकर '**शश योग**' बनायेगा। **अष्टमेश** व द्वितीयेश की यह युति लग्न

स्थान में विस्फोटक है। जातक राजा के समान ऐश्वर्यशाली एवं पराक्रमी होगा। परन्तु जातक को व्यक्तित्व विकास हेतु काफी परिश्रम करना पड़ेगा।

3. **शनि+मंगल**–शनि के साथ मंगल की युति होने से '**किम्बहुना नामक राजयोग**' बनेगा। जातक निश्चय ही राजा किवां राजमंत्री होगा। जातक I.S., IPS, RJS वगैरा उच्च अनुशासन प्रिय कार्यों में, न्याय के कार्यों में लगा रहेगा। जातक सैद्धान्तिक जीवन जीयेगा। अपने सिद्धान्त व स्थापित मूल्यों की रक्षा के लिए कुछ भी करने में नहीं हिचकिचायेगा।
4. **शनि+बुध**–शनि के साथ बुध जातक को भाग्यशाली बनायेगा। जातक प्रखर बुद्धिशाली होगा। '**शत्रुमूल धनयोग**' के कारण जातक शत्रु से पैसा कमायेगा।
5. **शनि+गुरु**–शनि के साथ बृहस्पति होने पर '**नीचभंग राजयोग**' बनेगा। जातक राजा, राजमंत्री या राजगुरु तुल्य प्रतिष्ठित पद को प्राप्त करेगा। जातक अपने राज्य व शहर की राजनीति में महत्त्वपूर्ण पद को प्राप्त करेगा।
6. **शनि+शुक्र**–शनि के साथ शुक्र जातक को परम सौभाग्यशाली बनायेगा। जातक की संतति तेजस्वी होगी। '**राजमूल धनयोग**' बनेगा।
7. **शनि+राहु**–शनि के साथ राहु की युति जातक को पराक्रमी व जिद्दी व्यक्तित्व का धनी बनायेगी।
8. **शनि+केतु**–शनि के साथ केतु होने से जातक उम्र से बड़ा दिखेगा।

मकरलग्न में शनि की स्थिति द्वितीय स्थान में

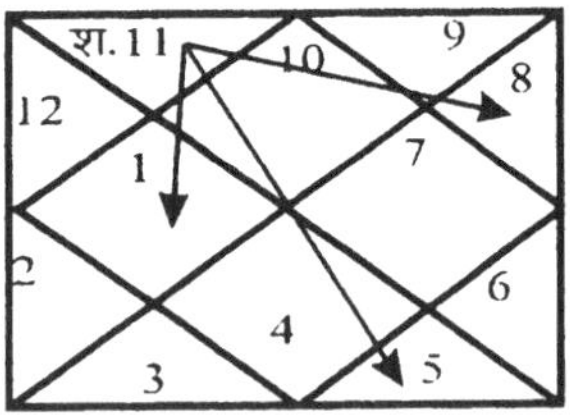

मकरलग्न में शनि लग्नेश एवं धनेश है। शनि यहां द्वितीय स्थान का स्वामी एवं मारकेश होते हुए भी स्वयं मारक का काम नहीं करेगा। शनि यहां अपनी मूल त्रिकोण राशि में होगा। जातक कुटुम्ब सुख वाला होगा। पाराशर ऋषि कहते हैं–'**धनेशे धनगे जातो धनवान् गर्वसंयुत:**' धनेश धन स्थान में हो तो जातक महाधनी एवं घमण्डी होगा। ऐसा जातक एकाधिक स्त्रियों वाला एवं पुत्र सुख से हीन होगा। जातक विद्वान् होगा एवं जबान का पक्का होगा।

दृष्टि–द्वितीयस्थ शनि की दृष्टि चतुर्थ स्थान (मेष राशि), अष्टम स्थान (सिंह राशि) एवं लाभ स्थान (वृश्चिक राशि) पर होगी। जातक के पास बड़ी भू-सम्पत्ति होगी। जातक लम्बी उम्र का स्वामी तथा व्यापार प्रिय होगा। जातक व्यापार से धन कमायेगा।

निशानी–जातक की वाणी अहंकार प्रिय होगी।

दशा–शनि की दशा-अंतर्दशा में जातक धनी होगा एवं उसे उत्तम स्वास्थ्य का लाभ मिलेगा।

शनि का अन्य ग्रहों से सम्बन्ध–

1. **शनि+चंद्र**–शनि के साथ चंद्रमा '**कलत्रमूल धनयोग**' बनायेगा। जातक को ससुराल से धन मिलेगा।
2. **शनि+सूर्य**–यहां दोनों ग्रह कुंभ राशि में होंगे। सूर्य यहां शत्रुक्षेत्री तो शनि यहां अपनी मूल त्रिकोण राशि में स्वगृही होगा। अष्टमेश व द्वितीयेश की यह युति धन स्थान में विस्फोटक है। धन संग्रह में बाधाएं आयेगी। पिता की मृत्यु के बाद जातक धनवान होगा।
3. **शनि+मंगल**–शनि के साथ मंगल '**मातृमूल धनयोग**' के कारण जातक को बड़ी भू-सम्पत्ति का स्वामी बनायेगा। जातक की भाषा घमण्डी होगी। जातक को माता की सम्पत्ति मिलेगी।
4. **शनि+बुध**–शनि के साथ बुध जातक को भाग्यशाली बनायेगा। '**शत्रुमूल धनयोग**' के कारण जातक को शत्रुओं से पैसा मिलेगा।
5. **शनि+गुरु**–शनि के साथ गुरु जातक को मित्रों से धन दिलायेगा क्योंकि यहां '**मित्रमूल धनयोग**' बनेगा।
6. **शनि+शुक्र**–शनि के साथ शुक्र '**राजमूल धनयोग**' बनाता है। जातक को राज सरकार से, संतति से धन लाभ होगा।
7. **शनि+राहु**–शनि के साथ राहु धन संग्रह में बाधक है।
8. **शनि+केतु**–शनि के साथ केतु जातक का धन व्यर्थ में खर्च करायेगा।

मकरलग्न में शनि की स्थिति तृतीय स्थान में

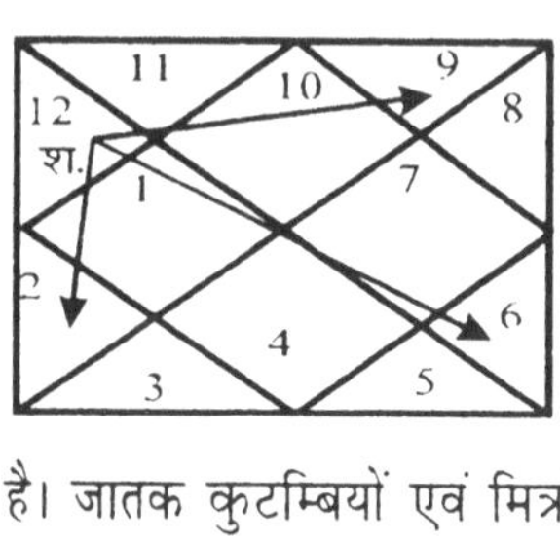

मकरलग्न में शनि लग्नेश एवं धनेश है। शनि यहां द्वितीय स्थान का स्वामी तथा मारकेश होते हुए भी स्वयं मारक का काम नहीं करेगा। शनि यहां तृतीय स्थान में मीन (सम) राशि में होगा। ऐसा जातक सिंह के समान जबरदस्त पराक्रमी होगा। जातक अनेक मित्रों वाला, बुद्धिमान व सुखी होता है। जातक कुटम्बियों एवं मित्रों का शुभचिंतक होगा। जातक पत्नी-संतान एवं माता-पिता के सुखों से युक्त सद्गृहस्थ होगा।

दृष्टि–तृतीयस्थ शनि की दृष्टि पंचम भाव (वृष राशि), नवम भाव (कन्या राशि) एवं व्यय भाव (धनु राशि) पर होगी। जातक प्रजावान, विद्यावान तथा भाग्यशाली होगा। खर्चीले स्वभाव का होगा।

निशानी–जातक को छोटे भाई का सुख प्राप्त नहीं होगा। कन्या संतति अधिक होंगी।

दशा–शनि की दशा-अंतर्दशा शुभ फल देगी। जातक स्व पराक्रम से धन अर्जित करेगा तथा उत्तम स्वास्थ्य लाभ प्राप्त करेगा।

शनि का अन्य ग्रहों से सम्बन्ध–

1. **शनि+चंद्र**–शनि के साथ चंद्रमा जातक को पराक्रमी बनायेगा। जातक को भाई-बहनों का सुख प्राप्त होगा।
2. **शनि+सूर्य**–यहां दोनों ग्रह मीन राशि में होंगे। सूर्य यहां मित्र क्षेत्री तो शनि सम राशि में है। अष्टमेश व द्वितीयेश यह युति पराक्रम स्थान में विस्फोटक है। परिवार में कलह-विवाद बना रहेगा। जातक के मित्र अविश्वासनीय होंगे। जातक की छोटे-बड़े दोनों भाइयों का सुख नहीं प्राप्त होगा।
3. **शनि+मंगल**–शनि के साथ मंगल होने के कारण जातक के अनेक मित्र होंगे। जातक को मित्रों से धन लाभ होगा पर खटपट भी होती रहेगी।
4. **शनि+बुध**–शनि के साथ नीच का बुध जातक को भाग्यशाली बनायेगा। जातक को भागीदारी से लाभ होता है।
5. **शनि+गुरु**–शनि के साथ स्वगृही गुरु होने से जातक के परिजन व मित्र धनवान होंगे। जातक का उठना-बैठना ऊंची सोसाइटी में होगा।
6. **शनि+शुक्र**–शनि के साथ उच्च का शुक्र जातक को राजपद एवं बड़ा सम्मान देगा। जातक को उच्च विद्या के कारण विदेश जाना पड़ेगा।
7. **शनि+राहु**–शनि के साथ राहु जातक को विवादास्पद व्यक्ति बनायेगा।
8. **शनि+केतु**–शनि के साथ केतु परिजनों से, मित्रों से मनमुटाव उत्पन्न करेगा।

मकरलग्न में शनि की स्थिति चतुर्थ स्थान में

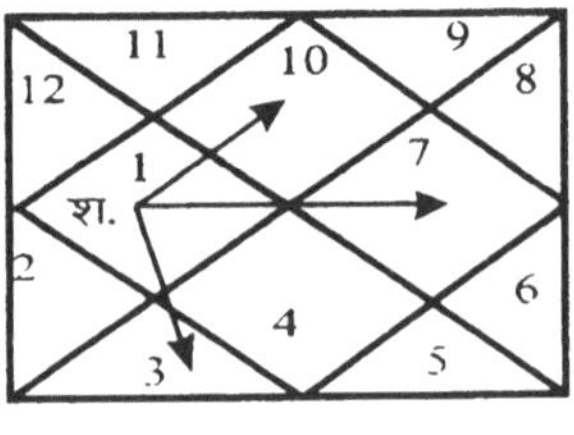

मकरलग्न में शनि लग्नेश एवं धनेश है। शनि यहां द्वितीय स्थान का स्वामी एवं मारकेश होते हुए भी स्वयं मारक का काम नहीं करेगा। शनि यहां चतुर्थ स्थान में नीच का होगा। मेष राशि के अंशों में शनि परमनीच का होगा। ऐसे जातक को माता,

भवन व भूमि का सुख कमजोर होगा। जीवन में भौतिक सुख-सुविधाएं संघर्ष के बाद प्राप्त होंगी।

दृष्टि—चतुर्थ भावगत शनि की दृष्टि छठे भाव (मिथुन राशि), दशम भाव (तुला राशि) अपने ही घर लग्न स्थान (मकर राशि) पर होगी। जातक के गुप्त शत्रु होंगे। जातक नौकरी करेगा। जातक को परिश्रम का लाभ तो मिलेगा पर प्रथम प्रयास में नहीं दूसरे-तीसरे प्रयास में सफलता मिलेगी।

निशानी—यदि अन्य शुभ योग न हो तो जातक चतुर्थ श्रेणी का कर्मचारी होगा।

दशा—शनि की दशा-अंतर्दशा मिश्रित फल देगी। उन्नति अवश्य देगी पर जातक को मीठे फलों की प्राप्ति यथेष्ट परिश्रम के बाद होगी।

शनि का अन्य ग्रहों से सम्बन्ध–

1. **शनि+चंद्र**—शनि के साथ चंद्रमा जातक को ससुराल पक्ष से धन दिलायेगा।
2. **शनि+सूर्य**—यहां दोनों ग्रह मेष राशि में होंगे। सूर्य यहां उच्च का होकर '**रविकृत राजयोग**' तो शनि यहां नीच का होकर '**नीचभंग राजयोग**' बना रहा है। अष्टमेश व द्वितीयेश की चतुर्थ स्थान में यह युति जातक के माता-पिता के सुख को नष्ट करके राजयोग देगी। जातक महाधनी एवं बड़ी भू-सम्पत्ति का स्वामी तथा गांव का प्रमुख होगा।
3. **शनि+मंगल**—शनि के साथ मंगल होने पर '**नीचभंग राजयोग**' एवं 'रुचक योग' की सृष्टि होगी। जातक बड़ी भू-सम्पत्ति का स्वामी होगा। जातक के पास अनेक वाहन होंगे। आमदनी के जरिए भी बहुत होंगे। जातक राजा तुल्य पराक्रमी होगा।
4. **शनि+बुध**—शनि के साथ बुध होने से जातक के गुप्त व प्रकट शत्रु होंगे। पर शत्रुओं में धन मिलेगा।
5. **शनि+गुरु**—शनि के साथ बृहस्पति होने से जातक को मित्रों से धन प्राप्त होता रहेगा।
6. **शनि+शुक्र**—शनि के साथ शुक्र होने से जातक को राजकीय सम्मान, राजा से सम्मान मिलेगा।
7. **शनि+राहु**—शनि के साथ राहु होने से जातक की माता छोटी आयु में गुजरेगी।
8. **शनि+केतु**—शनि के साथ केतु जातक को माता के सुख से वंचित करेगा।

मकरलग्न में शनि की स्थिति पंचम स्थान में

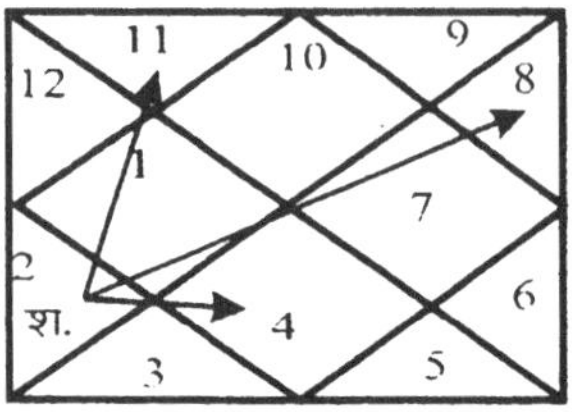

मकरलग्न में शनि लग्नेश एवं धनेश है। शनि यहां द्वितीय स्थान का स्वामी एवं मारकेश होते हुए भी स्वयं मारक का काम नहीं करेगा। शनि यहां पंचम स्थान में वृष (मित्र) राशि का होता है। जातक विदेशी भाषा पढ़ेगा। जातक विदेश व्यापार, धंधे से कमायेगा। जातक मंत्री का परम प्रिय व्यक्ति होगा। जातक शत्रुओं पर विजय प्राप्त करने में सफल होगा।

दृष्टि–पंचमस्थ शनि की दृष्टि सप्तम भाव (कर्क राशि), लाभ स्थान (वृश्चिक राशि) एवं अपने ही घर कुम्भ राशि (धन स्थान) पर होगी। जातक अपनी पसंद का या अंतर्जातीय विवाह करेगा। जातक विदेश व्यवसाय से कमायेगा। जातक धनवान तथा उसके पुत्र भी धनी होंगे।

निशानी–ऐसे जातक प्रजावान् होता है। उसको कन्या संतति अधिक होगी। पाराशर ऋषि के अनुसार–'**प्रथमापत्यनाशः स्यान्मानी क्रोधी नृपप्रियः**' उसकी ज्येष्ठ संतति का नाश होगा।

दशा–शनि की दशा-अंतर्दशा अत्यन्त शुभ फल देगी। जातक को शनि की दशा में धन व प्रतिष्ठा, पुत्र-संतति सुख की प्राप्ति होगी।

शनि का अन्य ग्रहों से सम्बन्ध–

1. **शनि+चंद्र**–शनि के साथ चंद्रमा जातक को विद्या से धनार्जन करायेगा। जातक को सरकारी नौकरी मिलेगी।
2. **शनि+सूर्य**–यहां दोनों वृष राशि में होंगे। सूर्य यहां शत्रुक्षेत्री तो शनि मित्र क्षेत्री होगा। अष्टमेश द्वितीयेश की यह युति पंचम स्थान में विस्फोटक है। विद्या प्राप्ति में बाधा होगी । प्रथम संतति हाथ नहीं लगेगी। संतान को लेकर चिंता बनी रहेगी।
3. **शनि+मंगल**–शनि के साथ मंगल जातक को माता से या भूमि से धन दिलायेगा।
4. **शनि+बुध**–शनि के साथ बुध शत्रुओं से धन लाभ करायेगा।
5. **शनि+गुरु**–शनि के साथ बृहस्पति जातक को मित्रों से लाभ तथा उत्तम संतति देगा।
6. **शनि+शुक्र**–शनि के साथ शुक्र स्वगृही होने से जातक को विद्या का लाभ देगा। जातक उच्च शिक्षा के माध्यम से विदेश जायेगा।

7. **शनि+राहु**–शनि के साथ राहु जातक के संतान एवं विद्या प्राप्ति में बाधा डालेगा।

8. **शनि+केतु**–शनि के साथ केतु प्रारंम्भिक विद्या प्राप्ति में बाधक है।

मकरलग्न में शनि की स्थिति षष्टम स्थान में

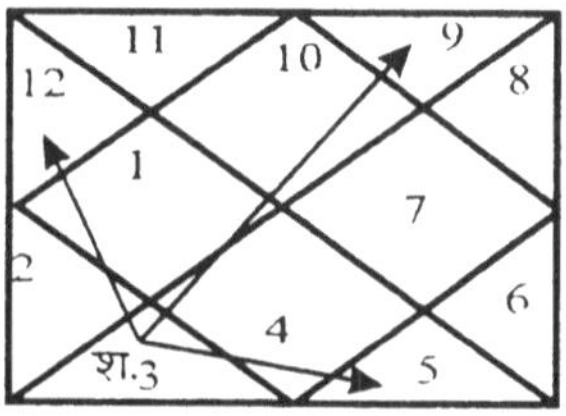

मकरलग्न में शनि लग्नेश एवं धनेश है। शनि यहां द्वितीय स्थान का स्वामी एवं मारकेश होते हुए भी स्वयं मारक का काम नहीं करेगा। शनि यहां छठे स्थान में मिथुन (मित्र) राशि में होगा। शनि की इस स्थिति **'लग्नभंग योग'**, **'धनहीन योग'** बनेगा। ऐसे जातक को परिश्रम का लाभ नहीं मिलेगा। जातक को धन प्राप्ति हेतु किये गये प्रयासों में सफलता नहीं मिलेगी। ऐसे जातक के शत्रु बहुत होंगे। गुप्त रोगों की संभावना रहेगी। पाराशर ऋषि के अनुसार जातक के शरीर में कुछ न कुछ बीमारी रहती है। जातक देहसुख से हीन होता है।

दृष्टि–छठे भाव में स्थित शनि की दृष्टि अष्टम भाव (सिंह राशि), व्यय भाव (धनु राशि) एवं पराक्रम स्थान (मीन राशि) पर होगी। जातक शत्रु पर विजय प्राप्त करेगा। जातक खर्चीले स्वभाव का तथा कर्जदार होगा। जातक के मित्र जातक को दगा देगे।

निशानी–जातक नकारात्मक या निराशावादी दृष्टिकोण से युक्त व्यक्ति होगा।

दशा–शनि की दशा-अंतर्दशा प्रतिकूल फल देगी।

शनि का अन्य ग्रहों से सम्बन्ध–

1. **शनि+चंद्र**–शनि के साथ चंद्रमा **'विवाहभंग योग'** बनायेगा। जातक को गृहस्थ सुख में कमी अखरेगी।

2. **शनि+सूर्य**–यहां दोनों ग्रह मिथुन राशि में होंगे। सूर्य यहां सम राशि में होकर सरल नामक **'विपरीत राजयोग'** बना रहा है। जबकि शनि मित्र क्षेत्री होकर **'लग्नभंग योग'**, **'धनहीन योग'** बना रहा है। अष्टमेश द्वितीयेश की यह युति छठे भाव में विस्फोटक है। जातक धनी, मानी-अभिमानी होगा पर अचानक शत्रु प्रकोप से जातक को धनबल व शरीबल नष्ट हो जायेगा।

3. **शनि+मंगल**–शनि के साथ मंगल **'सुखहीन योग'** व **'लाभभंग योग'** बनायेगा। जातक को उन्नति हेतु कठोर प्रयास करने पड़ेगे।

4. **शनि+बुध**–शनि के साथ बुध की युति विपरीत राजयोग बनायेगी एवं शत्रु से धन दिलायेगी।

5. **शनि+गुरु**–शनि के साथ बृहस्पति '**पराक्रमभंग योग**' बनायेगा। जातक धनी तो होगा पर बदनाम भी होगा।
6. **शनि+शुक्र**–शनि के साथ शुक्र राजदण्ड दिला सकता है। '**संतानहीन योग**' के कारण पुत्र संतति की चिंता रहेगी।
7. **शनि+राहु**–शनि के साथ राहु धन के मामले में धोखा देगा तथा जातक के शरीर को भी कष्ट पहुंचायेगा।
8. **शनि+केतु**–शनि के साथ केतु जातक के स्वास्थ्य के लिए घातक है।

मकरलग्न में शनि की स्थिति सप्तम स्थान में

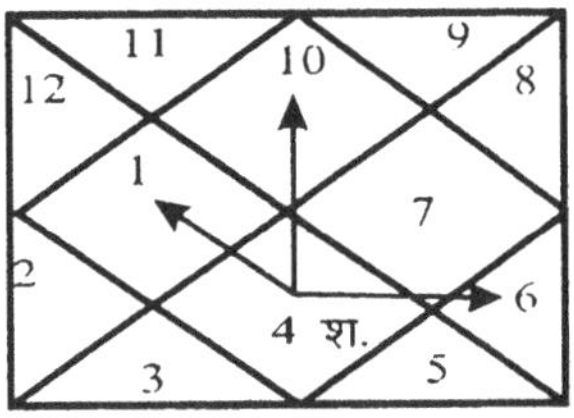

मकरलग्न में शनि लग्नेश एवं धनेश है। शनि यहां द्वितीय स्थान का स्वामी एवं मारकेश होते हुए भी स्वयं मारक का काम नहीं करेगा। शनि यहां सप्तम स्थान में कर्क (शत्रु) राशि में होगा। जातक को दैहिक स्वास्थ्य, सौंदर्य की प्राप्ति होगी। जातक को '**लग्नाधिपति योग**' के कारण परिश्रम का लाभ मिलेगा। जातक को गृहस्थ में कमी महसूस होगी। जातक का अपने जीवन साथी से वैमनस्य रहेगा।

दृष्टि–सप्तमस्थ शनि की दृष्टि भाग्य स्थान (कन्या राशि), अपने ही घर लग्न स्थान (मकर राशि) एवं चतुर्थ स्थान (मेष राशि) पर होगी। जातक भाग्यशाली होगा। पर उसे भाग्योदय हेतु संघर्ष करना पड़ेगा। जातक को भौतिक सुख, जमीन-जायदाद की प्राप्ति होगी।

निशानी–जातक को पेट की तकलीफ (कब्ज) की बीमारी रहेगी।

दशा–शनि की दशा-अंतर्दशा अशुभ फल देगी।

शनि का अन्य ग्रहों से सम्बन्ध–

1. **शनि+चंद्र**–शनि के साथ **चंद्रमा** जातक को ससुराल से, पत्नी से धन दिलायेगा। संभवत: जातक **की** पत्नी कमाऊं महिला होगी।
2. **शनि+सूर्य**–यहां दोनों ग्रह **कर्क** राशि में होंगे। सूर्य यहां मित्र राशि में तो शनि शत्रु राशि में होगा। अष्टमेश, द्वितीयेश की यह युति सप्तम स्थान में विस्फोटक है। विलम्ब विवाह, पत्नी से वियोग एवं गृहस्थ सुख में अशांति तथा कलह का वातावरण रहेगा। पत्नी विकल अंगों वाली हो सकती है।

3. **शनि+मंगल**–शनि के साथ मंगल होने से जातक को भूमि से लाभ होगा। पत्नी से धन लाभ, माता से धन लाभ दिलवा सकता है पर जातक के परिवार में कलह की स्थिति रहेगी।

4. **शनि+बुध**–शनि के साथ बुध रहने से शत्रु से धन लाभ होगा। शत्रु पर विजय से जातक की उन्नति होगी।

5. **शनि+गुरु**–शनि के साथ बृहस्पति होने मित्रों से धन लाभ, ससुराल की प्रतिष्ठा से जातक को लाभ होगा।

6. **शनि+शुक्र**–शनि के साथ शुक्र विद्या से लाभ, संतान से लाभ, राज (सरकार) से लाभ का संकेत देता है।

7. **शनि+राहु**–शनि के साथ राहु विवाह विच्छेदक होता है।

8. **शनि+केतु**–शनि के साथ केतु विवाह सुख में विलम्ब का द्योतक है।

मकरलग्न में शनि की स्थिति अष्टम स्थान में

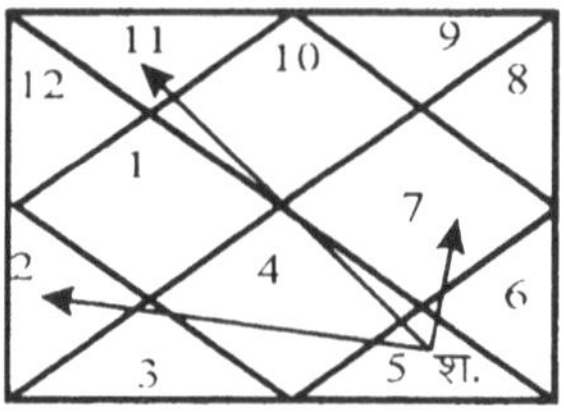

मकरलग्न में शनि लग्नेश एवं धनेश है। शनि यहां द्वितीय स्थान का स्वामी एवं मारकेश होते हुए भी स्वयं मारक का काम नहीं करेगा। शनि यहां अष्टम स्थान में सिंह (शत्रु) राशि में होगा। शनि की इस स्थिति में '**लग्नभंग योग**' एवं '**धनहीन योग**' बनेगा। ऐसे जातक को परिश्रम का फल नहीं मिलता। जातक को आर्थिक विषमताओं का सामना करना पड़ता है। ऐसे जातक को स्त्री सुख अल्प एवं बड़े भाई का सुख नहीं होता।

दृष्टि–अष्टमस्थ शनि की दृष्टि दशम भाव (तुला राशि), धन भाव (कुम्भ राशि) एवं पंचम भाव (वृष राशि) पर होगी। जातक को रोजगार, धन एवं विद्या की प्राप्ति हेतु काफी संघर्ष करना पड़ेगा।

निशानी–जातक परस्त्रीगामी होता है। 'बृहत्पाराशर होराशास्त्र' के अनुसार '**रोगी चौरो महाक्रोधी द्यूती च परदारगः**' जातक क्रोधी एवं जुआ खेलने का शौकीन होता है।

दशा–शनि की दशा-अंतर्दशा अप्रिय फल देगी।

शनि का अन्य ग्रहों से सम्बन्ध–

1. **शनि+चंद्र**–शनि के साथ चंद्रमा '**विवाहभंग योग**' की सृष्टि करता है। जातक को परिश्रम का लाभ नहीं होगा।

2. **शनि+सूर्य**–यहां दोनों ग्रह सिंह राशि में होंगे। सूर्य यहां स्वगृही होकर सरल नामक **'विपरीत राजयोग'** बना रहा है जबकि शनि शत्रु क्षेत्री होकर **'लग्नभंग योग'**, **'धनहीन योग'** बना रहा है। अष्टमेश, द्वितीयेश की यह युति अष्टम भाव में विस्फोटक है। जातक धनी-मानी, अभिमानी होगा पर अचानक दुर्घटना में जातक का धनबल, शरीरबल नष्ट हो जायेगा।
3. **शनि+मंगल**–शनि के साथ मंगल **'सुखहीन योग'** व **'लाभभंग योग'** बनाता है। जातक को विवाह का पूर्ण सुख नहीं मिलेगा।
4. **शनि+बुध**–शनि के साथ बुध भाग्योदय में बाधक है। जातक को परिश्रम का लाभ नहीं मिलेगा।
5. **शनि+गुरु**–शनि के साथ गुरु जातक को धनी तो बनायेगा परन्तु मित्र दगा देगे।
6. **शनि+शुक्र**–शनि के साथ शुक्र विद्या में बाधा एवं 'संततिहीन योग' के कारण संतान से चिंता करायेगा।
7. **शनि+राहु**–शनि के साथ राहु जातक को शत्रु से चोट पहुंचायेगा।
8. **शनि+केतु**–शनि के साथ केतु शत्रु से सावधान रहने का संकेत देता है।

मकरलग्न में शनि की स्थिति नवम स्थान में

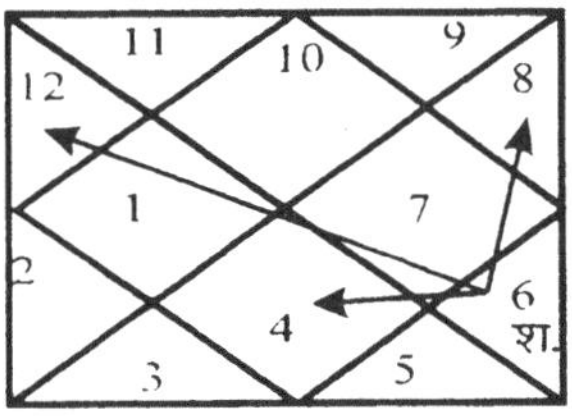

मकरलग्न में शनि लग्नेश एवं धनेश है। शनि यहां द्वितीय स्थान का स्वामी एवं मारकेश होते हुए भी स्वयं मारक का काम नहीं करेगा। शनि यहां नवम स्थान (कन्या) राशि मित्र के घर में होगा। ऐसा जातक धनवान एवं भाग्यवान होता है। पाराशर ऋषि के अनुसार **'लग्नेशे भाग्यगे जातो भाग्यवान् जनवल्लभः'** जातक भाग्यवान, लोगों का प्रिय, ईश्वर में विश्वास रखने वाला, चतुर वक्ता, स्त्री, पुत्र और धन सुख से युक्त होता है।

दृष्टि–नवम भावगत शनि की दृष्टि लाभ स्थान (वृश्चिक राशि), पराक्रम स्थान (मीन राशि) एवं सप्तम भाव (कर्क राशि) पर होगी। जातक को व्यापार से लाभ होता है। जातक पराक्रमी होता है। जातक का भाग्योदय विवाह के बाद होगा।

निशानी–जातक की बाल्यवस्था दु:खी एवं पीछे का जीवन सुखी होता है।

दशा–शनि की दशा-अंतर्दशा में जातक का भाग्योदय होगा। जातक तीर्थयात्रा करेगा।

शनि का अन्य ग्रहों से सम्बन्ध–

1. **शनि+चंद्र**–शनि के साथ चंद्रमा पत्नी या ससुराल से धन दिलायेगा।

2. **शनि+सूर्य**–यहां दोनों ग्रह कन्या राशि में होंगे। सूर्य यहां सम राशि में तो शनि मित्र राशि में है। अष्टमेश द्वितीयेश की यह युति भाग्य स्थान में विस्फोटक है। जातक के जीवन में उतार-चढ़ाव की स्थिति बनी रहेगी। वास्तविक भाग्योदय हेतु निरन्तर संघर्ष बना रहेगा। भाग्योदय पिता की मृत्यु के बाद होगा।

3. **शनि+मंगल**–शनि के साथ मंगल होने से जातक को माता की सम्पत्ति मिलेगी। जातक की माता उसके भाग्योदय में सहायक होगी।

4. **शनि+बुध**–शनि के साथ बुध होने से जातक सौभाग्यशाली होगा। परिश्रम का पूरा लाभ मिलेगा।

5. **शनि+गुरु**–शनि के साथ बृहस्पति जातक को परिजनों, रिश्तेदारों एवं मित्रों से लाभ दिलायेगा।

6. **शनि+शुक्र**–शनि के साथ शुक्र होने से जातक की विद्या से लाभ होगा, विद्या प्राप्ति के बाद जातक विदेश जायेगा। जातक का भाग्योदय परदेश में होगा।

7. **शनि+राहु**–शनि के साथ राहु जातक के भाग्योदय में रुकावट डालेगा।

8. **शनि+केतु**–शनि के साथ केतु संघर्ष के बाद जातक का भाग्योदय करायेगा।

मकरलग्न में शनि की स्थिति दशम स्थान में

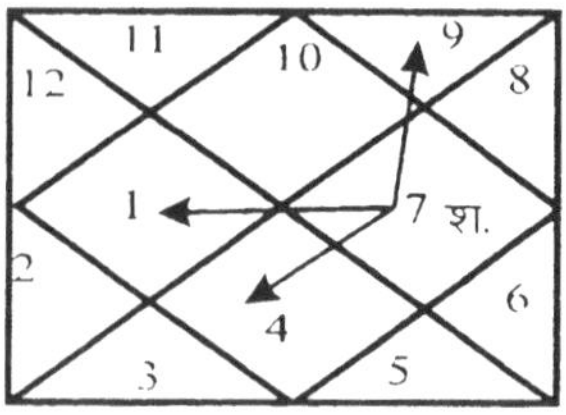

मकरलग्न में शनि लग्नेश एवं धनेश है। शनि यहां द्वितीय स्थान का स्वामी एवं मारकेश होते हुए भी स्वयं मारक का काम नहीं करेगा। शनि यहां दशम स्थान में तुला राशि में उच्च का होगा। तुला राशि के अंशों में शनि परमोच्च का होगा। शनि की इस स्थिति में **'शश योग'** बनेगा। जातक राजनीति में अग्रगण्य एवं चक्रवर्ती राजा के समान पराक्रमी होगा। जातक को पिता की सम्पत्ति मिलेगी। उसके पास अनेक वाहन एवं भवन होंगे।

दृष्टि–दशमस्थ शनि की दृष्टि व्यय स्थान (धनु राशि), चतुर्थ स्थान (मेष राशि) एवं सप्तम भाव (कर्क राशि) पर होगी। जातक खर्चीले स्वभाव का होगा। जातक भूमि से लाभ प्राप्त करने वाला होता है, जातक उत्तम संतति एवं विवाह सुख को प्राप्त करता है।

निशानी–'बृहत्पाराशर होराशास्त्र' के अनुसार–**'लग्नेशे दशमे जातः पितृसौख्यसमन्वितः'** जातक पिता के सुख से युक्त, राजमान्य, लोगों में विख्यात, स्वपराक्रम से धन अर्जित करने वाला होता है।

दशा–शनि की दशा-अंतर्दशा में अति उत्तम फलों एवं भौतिक उपलब्धियों की प्राप्ति होगी।

शनि का अन्य ग्रहों से सम्बन्ध–

1. **शनि+चंद्र**–शनि के साथ चंद्रमा होने से '**कलत्रमूल धनयोग**' बनेगा। जातक को ससुराल की सम्पत्ति वारिस में मिलेगी।
2. **शनि+सूर्य**–यहां दोनों ग्रह तुला राशि में होंगे। सूर्य यहां नीच का तो शनि नीच का होने से '**नीचभंग योग**' बना। जातक राजा तुल्य ऐश्वर्यशाली व धनी होगा। अष्टमेश व द्वितीयेश की युति दशम भाव में विस्फोटक है। जातक की नौकरी में बाधा, राजदण्ड एवं झूठी बदनामी का योग है।
3. **शनि+मंगल**–शनि के साथ मंगल की युति '**मातृमूल धनयोग**' बनायेगी। जातक को माता एवं भूमि से धन मिलेगा। जातक महाधनी होगा।
4. **शनि+बुध**–शनि के साथ बुध '**शत्रुमूल धनयोग**' बनाता है। जातक को अपने शत्रुओं की सम्पत्ति मिलेगी।
5. **शनि+गुरु**–शनि के साथ बृहस्पति '**मित्रमूल धनयोग**' बनाता है। जातक को परिजनों एवं मित्रों की सम्पत्ति मिलेगी।
6. **शनि+शुक्र**–शनि के साथ शुक्र होने से '**राजमूल धनयोग**' बनेगा। जातक को विद्या से, राज (सरकार) से धन की प्राप्ति होगी। जातक की संतान उसकी आज्ञा में रहेगी व वह सपूत होगी। जातक की संतान जातक को कमा कर देगी।
7. **शनि+राहु**–शनि के साथ राहु राजयोग में गड़बड़ करायेगा। सरकारी पूछताछ खुलेगी।
8. **शनि+केतु**–शनि के साथ केतु सरकार से विवाद उत्पन्न करायेगा।

मकरलग्न में शनि की स्थिति एकादश स्थान में

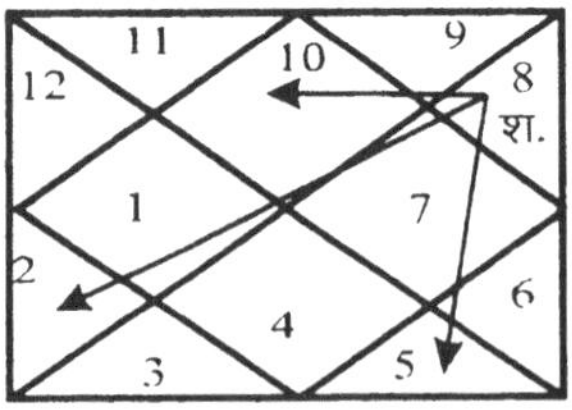

मकरलग्न में शनि लग्नेश एवं धनेश है। शनि यहां द्वितीय स्थान का स्वामी एवं मारकेश होते हुए भी स्वयं मारक का काम नहीं करेगा। शनि यहां एकादश स्थान में वृश्चिक (शत्रु) राशि में होगा। ऐसे जातक को उत्तम विद्या की प्राप्ति होती है। जातक को प्रचुर मात्रा में धन, यश-पद, प्रतिष्ठा की प्राप्ति होती है। पाराशर ऋषि के अनुसार, '**लग्नेशे लाभगे जातः सदा लाभ**

समन्वितः' जातक जिस कार्य में हाथ डालेगा उसमें उसे बराबर सफलता मिलेगी। जातक गुणी होगा। जातक गुणीजनों की कद्र करेगा एवं उदार मनोवृत्ति वाला होगा।

दृष्टि–एकादश स्थान में स्थित शनि की दृष्टि लग्न भाव (मकर राशि), पंचम भाव (वृष राशि), एवं अष्टम भाव (सिंह राशि) पर होती है। जातक को '**लग्नाधिपति योग**' के कारण परिश्रम का पूरा लाभ मिलेगा। जातक को उत्तम संतति की प्राप्ति होगी। जातक के शत्रु होगे पर शत्रुओं का नाश होगा।

निशानी–ऐसा जातक बहुत ही यशस्वी एवं मानी होगा।

दशा–शनि की दशा-अंतर्दशा में जातक की उन्नति होगी एवं उसके शत्रुओं का नाश होगा।

शनि का अन्य ग्रहों से सम्बन्ध–

1. **शनि+चंद्र**–शनि के साथ चंद्रमा ससुराल पक्ष से लाभ दिलायेगा।
2. **शनि+सूर्य**–यहां दोनों ग्रह वृश्चिक राशि में होंगे। सूर्य यहां मित्र राशि में तो, शनि यहां शत्रु राशि में होगा। अष्टमेश, द्वितीयेश की यह युति एकादश स्थान में विस्फोटक है। जातक को व्यापार-व्यवसाय में बाधा, लाभ में रुकावट होगी। भागीदारी में नुकसान। पिता की मृत्यु के बाद जातक बड़े उद्योग का स्वामी होगा।
3. **शनि+मंगल**–शनि के साथ मंगल जातक को माता की सम्पत्ति, भूमि-भवन से लाभ दिलायेगा।
4. **शनि+बुध**–शनि के साथ बुध भाग्योदय कारक होगा। जातक के शत्रु जातक से दबकर उसके अनुकूल हो जायेंगे।
5. **शनि+गुरु**–शनि के साथ बृहस्पति जातक को मित्रों से लाभ एवं परिजनों का प्रेम दिलायेगा।
6. **शनि+शुक्र**–शनि के साथ शुक्र होने से जातक को राज सरकार से लाभ होगा। विद्या से लाभ होगा, संतान से लाभ दिलायेगा।
7. **शनि+राहु**–शनि के साथ राहु की युति लाभ में बाधक है।
8. **शनि+केतु**–शनि के साथ केतु संभावित लाभ को शून्य में बदल देगा।

मकरलग्न में शनि की स्थिति द्वादश स्थान में

मकरलग्न में शनि लग्नेश एवं धनेश है। शनि यहां द्वितीय स्थान का स्वामी, मारकेश होते हुए भी स्वयं मारक का काम नहीं करेगा। शनि यहां द्वादश स्थान में

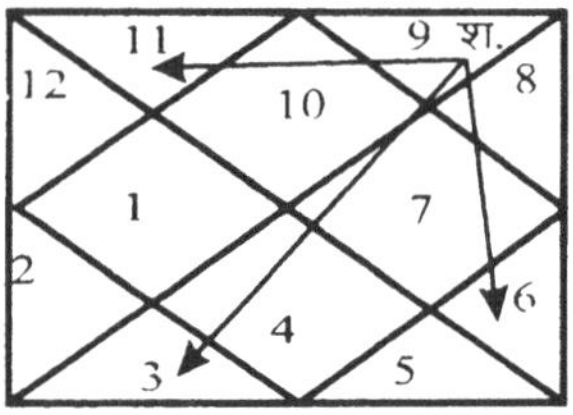

धनु (सम) राशि में होगा। शनि की इस स्थिति से '**लग्नभंग योग**' एवं '**धनहीन योग**' बनेगा। ऐसे जातक को परिश्रम का लाभ नहीं मिलता तथा उसे आर्थिक विषमताओं का सामना करना पड़ेगा। जातक के जीवन में सुख-दु:ख का चक्र चलता रहता है। जातक व्यर्थ का खर्च बहुत करेगा। जातक परोपकारी होगा।

दृष्टि–द्वादशस्थ शनि की दृष्टि धन भाव (कुंभ राशि), छठे भाव (मिथुन राशि) एवं नवम भाव (कन्या राशि) पर होगी। जातक दूसरों का ऋणी, कर्जदार होगा। जातक के गुप्त शत्रु बहुत होंगे एवं भाग्योदय में रुकावटें आती रहेंगी।

निशानी–पाराशर ऋषि के अनुसार–'**परभाग्यरतः तस्य ज्येष्ठापत्य सुखं नहि**' ऐसे जातक दूसरों के आश्रय पर जीते हैं। उनकी ज्येष्ठ संतति जीवित नहीं रहती।

दशा–शनि की दशा-अंतर्दशा में जातक को भारी कष्टों-अवरोधों का सामना करना पड़ेगा।

शनि का अन्य ग्रहों से सम्बन्ध–

1. **शनि+चंद्र**–शनि के साथ चंद्रमा ससुराल से विवाद में धन का खर्च करायेगा। पत्नी खर्चीली होगी।
2. **शनि+सूर्य**–यहां दोनों ग्रह धनु राशि में होंगे। सूर्य यहां मित्र क्षेत्री होकर सरल नामक '**विपरीत राजयोग**' बना रहा है। तो शनि सम क्षेत्री होकर '**लग्नभंग योग**' व '**धनहीन योग**' की सृष्टि कर रहा है। अष्टमेश व द्वितीयेश की यह युति द्वादश भाव में विस्फोटक है। जातक धनी-मानी व अभिमानी होगा पर जातक को यात्रा से धनहानि व शरीर हानि होगी। नेत्र पीड़ा होगी।
3. **शनि+मंगल**–शनि के साथ मंगल माता के ईलाज में, भूमि-भवन के रखरखाव में जातक का धन खर्च करायेगा।
4. **शनि+बुध**–शनि के साथ बुध जातक के भाग्योदय में बाधक है, फिर भी जातक **विपरीत राजयोग** के कारण धनी होगा।
5. **शनि+गुरु**–शनि के साथ बृहस्पति जातक को मित्रों से, रिश्तेदारों से वांछित सहयोग नहीं दिलायेगा।
6. **शनि+शुक्र**–शनि के साथ शुक्र जातक को राज सरकार से वांछित सहयोग नहीं दिलायेगा।

7. **शनि+राहु**–शनि के साथ राहु व्यर्थ की यात्रा, भटकाव एवं परेशानी पैदा करेगा। जातक पर कर्जा रहेगा।

8. **शनि+केतु**–शनि के साथ केतु जातक को परिश्रम का लाभ नहीं होने देगा। जातक को खराब स्वप्न आयेंगे। बुरे विचार आते रहेंगे।

❑❑❑

मकरलग्न में राहु की स्थिति

मकरलग्न में राहु की स्थिति प्रथम स्थान में

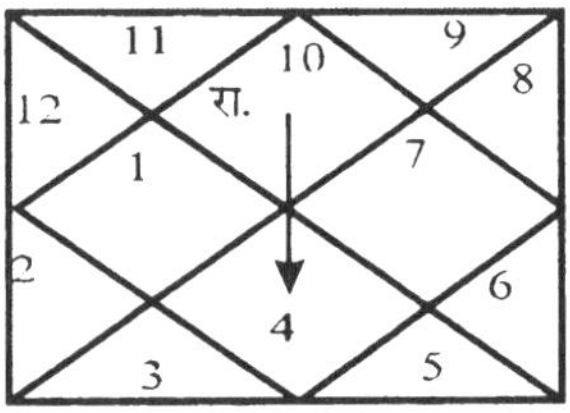

मकरलग्न वालों के लिए राहु सम राशि में होने से यह लग्नेश शनि से सम भाव रखता है। राहु शुभ-अशुभ ग्रहों के साहचर्य और स्थिति से शुभ-अशुभ फल देगा। राहु यहां प्रथम भाव में मकर (सम) राशि में है। जातक का दैहिक सौन्दर्य स्वल्प होगा। जातक को दैहिक व मानसिक परेशानी रहेगी। जातक के चेहरे पर चोट भी लग सकती है। ऐसा जातक बड़ा सावधान, चतुर व हिम्मत वाला होता है तथा सदैव उन्नति के लिए प्रयत्नशील रहता है। जातक अनेक प्रकार के धंधे करेगा।

दृष्टि–लग्नस्थ राहु की दृष्टि सप्तम भाव (कर्क राशि) पर होगी। जातक को गृहस्थ सुख कमजोर होगा। जातक के पत्नी से नित-नूतन विवाद होते रहेंगे। जीवनसाथी दुर्बल देह वाली होगी।

निशानी–जातक कुतर्की, जिद्दी व हठी होगा।

दशा–राहु का दशा-अंतर्दशा अनिष्ट फल देगी।

राहु का अन्य ग्रहों से सम्बन्ध–

1. **राहु+चंद्र**–राहु के साथ चंद्रमा जातक को सुन्दर पत्नी देगा। परन्तु जातक अपनी उम्र से बड़ा दिखेगा तथा वह धंधा बदलता रहेगा।
2. **राहु+सूर्य**–राहु के साथ सूर्य की युति होने से जातक को स्वास्थ्य में हानि एवं दीर्घ रोग की संभावना रहेगी।
3. **राहु+मंगल**–राहु के साथ मंगल होने से **'रुचक योग'** बनेगा। जातक महाधनी एवं पराक्रमी, खतरनाक लड़ाकू (योद्धा) होगा।

4. **राहु+बुध**–राहु के साथ बुध '**कुलदीपक योग**' बनायेगा। जातक भाग्योदय में रुकावट महसूस करेगा।

5. **राहु+गुरु**–यहां दोनों ग्रह मकर राशि में है। बृहस्पति यहां नीच राशि में होकर भी '**कुलदीपक योग**', '**केसरी योग**' बना रहा है, तो राहु सम राशि में होने से '**चाण्डाल योग**' बना। ऐसा जातक स्थाई धंधे, रोजगार की तलाश में इधर-उधर भटकता रहेगा। जातक का चित्त अशान्त रहेगा।

6. **राहु+शुक्र**–राहु के साथ शुक्र जातक को कामी व जिद्दी बनायेगा।

7. **राहु+शनि**–राहु के साथ शनि '**शश योग**' के कारण जातक को राजातुल्य पराक्रमी व हठी बनायेगा।

मकरलग्न में राहु की स्थिति द्वितीय स्थान में

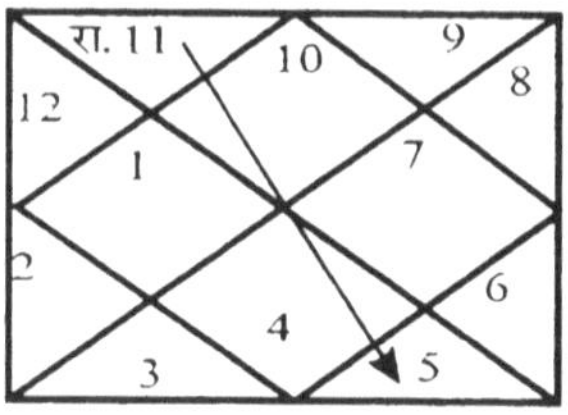

मकरलग्न वालों के लिए राहु सम राशि में होने से यह लग्नेश शनि से सम भाव रखता है। राहु शुभ-अशुभ ग्रहों के साहचर्य और स्थिति से शुभ-अशुभ फल देगा। राहु यहां द्वितीय स्थान में अपनी मूलत्रिकोण कुंभ राशि में हर्षित है। धन के घड़े में छेद होने के कारण जातक आर्थिक परेशानियां जरूर उठायेगा। परन्तु जातक का कोई काम रुका नहीं रहेगा। जातक की वाणी रूखी होगी जिसके कारण कुटुम्ब सुख में कमी रहेगी। अपनी गुप्त युक्तियों के कारण जातक अन्त में अपनी आर्थिक स्थिति सुदृढ़ कर लेता है।

दृष्टि–द्वितीयस्थ राहु की दृष्टि अष्टम स्थान (सिंह राशि) पर होगी। जिसके कारण जातक के शत्रु बहुत होगे जो कि पद-प्रतिष्ठा की प्राप्ति में रुकावट डालेगे।

निशानी–जातक जीवन में कर्जदार जरूर होगा। जातक प्रकट रूप से धनी व प्रतिष्ठित दिखेगा पर यथार्थ में ऐसा होगा नहीं।

दशा–राहु का दशा-अंतर्दशा में धन हानि होगी। कुटुम्बियों से विरोध होगा एवं शत्रु बढ़ेंगे।

राहु का अन्य ग्रहों से सम्बन्ध–

1. **राहु+चंद्र**–राहु के साथ चंद्रमा जातक के धन का अपव्यय करायेगा। पत्नी को लेकर रुपया खर्च होगा।

2 **राहु+सूर्य**–राहु के साथ सूर्य होने से आयु, धन व यश की हानि होगी।

3. **राहु+मंगल**–राहु के साथ मंगल होने से जातक बात-बात पर अपशब्द व लड़ाकू भाषा बोलेगा। जिससे धन व यश दोनों ही नष्ट होंगे।

4. **राहु+बुध**–राहु के साथ बुध धन प्राप्ति के अवसर भी देगा एवं उसके एकत्रित धन को नष्ट भी करेगा।

5. **राहु+गुरु**–यहां दोनों ग्रह कुंभ राशि में है। बृहस्पति यहां सम राशि में है, तो राहु अपनी मूलत्रिकोण राशि में होने से '**चाण्डाल योग**' बना जातक को धनाभाव बना रहेगा एवं आर्थिक विषमताएं परेशान करती रहेंगी। जातक की वाणी कठोर (कर्कश) होगी।

6. **राहु+शुक्र**–राहु के साथ शुक्र विद्या द्वारा धन प्राप्ति के संकेत देता है। सरकार द्वारा भी लाभ होगा।

7. **राहु+शनि**–राहु के साथ शनि जातक को महाधनी बनायेगा, परन्तु जातक के अर्जित धन का 40% हिस्सा व्यर्थ में खर्च होता रहेगा।

मकरलग्न में राहु की स्थिति तृतीय स्थान में

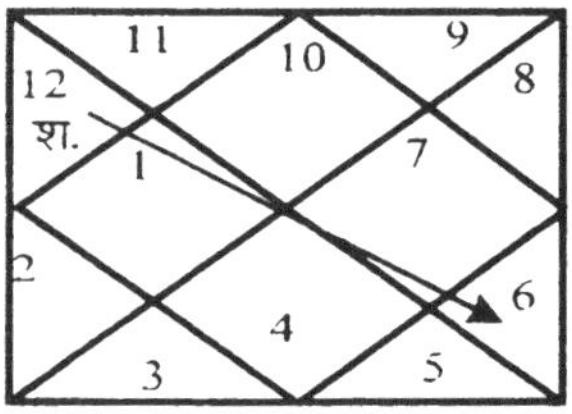

मकरलग्न वालों के लिए राहु सम राशि में होने से यह लग्नेश शनि से सम भाव रखता है। राहु शुभ-अशुभ ग्रहों के साहचर्य और स्थिति से शुभ-अशुभ फल देगा। राहु यहां मीन (नीच) राशि में है। तृतीय स्थान में '**फलदीपिका**' के अनुसार तृतीय स्थान में राहु राजयोग कारक है। ऐसा जातक महान पराक्रमी होता है परन्तु उसे अपने भाई-बहन, कुटुम्बियों की ओर से चिंता व परेशानी रहती है। ऐसा जातक बाहर से हिम्मती दिखाई देता है पर अंदर ही अंदर कमजोर होता है। पर अंतिम रूप में सफलतम व्यक्ति होते हैं। शत्रु पर विजय मिलती है।

दृष्टि–तृतीयस्थ राहु की दृष्टि भाग्य स्थान (कन्या राशि) पर होने से जातक को भाग्योदय हेतु निरन्तर बाधाओं का सामना करना पड़ेगा। जीवन में उतार-चढ़ाव बहुत आयेंगे।

निशानी–जातक के कुटुम्बी ही जातक के विरोधी होंगे।

दशा–राहु का दशा-अंतर्दशा में जातक को आंतरिक विरोध का अनुभव होगा पर अंत में सफलता मिलती है।

राहु का अन्य ग्रहों से सम्बन्ध–

1. **राहु+चंद्र**–जातक युद्ध प्रिय नहीं होगा। जातक का ससुराल पक्ष पराक्रमी होगा।
2 **राहु+सूर्य**–जातक कुटम्बियों के कारण मारा जायेगा।
3. **राहु+मंगल**–राहु के साथ मंगल जातक को युद्ध प्रिय एवं लड़ाकू बनायेगा।
4. **राहु+बुध**–राहु के कुटम्बी जन ही जातक के शत्रु होंगे।
5. **राहु+गुरु**–यहां दोनों ग्रह मीन राशि में हैं। बृहस्पति यहां स्वगृही होगा तथा राहु अपनी नीच राशि में होने से '**चाण्डाल योग**' बना। परिजनों में वैमनस्य रहेगा। जातक के मित्र से दगा देंगे फिर भी राहु के कारण जातक प्रबल पराक्रमी होगा।
6. **राहु+शुक्र**–जातक युद्ध प्रिय नहीं होगा। जातक विद्यावान होगा।
7. **राहु+शनि**–राहु के साथ शनि जातक को युद्ध प्रिय व झगड़ालू बनायेगा।

मकरलग्न में राहु की स्थिति चतुर्थ स्थान में

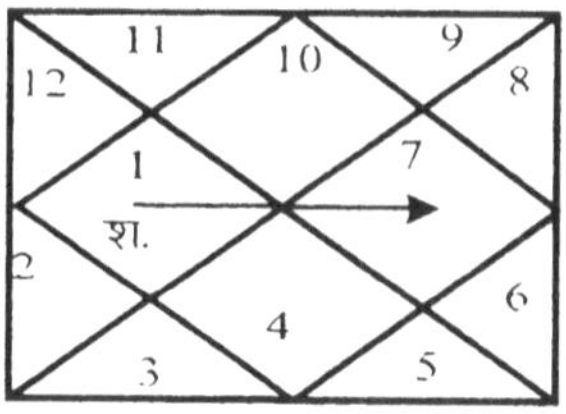

मकरलग्न वालों के लिए राहु सम राशि में होने से यह लग्नेश शनि से सम भाव रखता है। राहु शुभ-अशुभ ग्रहों के साहचर्य और स्थिति से शुभ-अशुभ फल देगा। राहु यहां चतुर्थ स्थान में मेष (सम) राशि में है। ऐसा जातक षड्यंत्रकारी, स्वार्थी एवं मिथ्यावादी होगा। माता, भूमि एवं मकान के मामले में विवाद रहेगा। जातक के घर में अशांति का वातावरण बना रहेगा। वाहन एवं नौकर खर्चीले होंगे। जातक का स्वयं का चरित्र संदेहास्पद होगा। ऐसा जातक अनेक युक्तियों एवं धैर्यबल से अपना काम निकालने में सफल होता है।

दृष्टि–चतुर्थ भावगत राहु की दृष्टि दशम भाव (तुला राशि) पर होगी। फलत: जातक राज्य (सरकार) पक्ष में पद-प्रतिष्ठा को प्राप्त करता है। जातक राजनैतिक सम्पर्क (पहुंच) वाला होता है।

निशानी–यदि जातक सरकारी नौकरी में है तो अपने से उच्च अधिकारी से झगड़ा जरूर करेगा। प्राइवेट नौकरी में भी मालिक से झगड़ा करेगा।

दशा–राहु का दशा-अंतर्दशा में जातक को घरेलू संघर्षों का सामना करना पड़ेगा। माता की बीमारी या मृत्यु भी कष्टदायक रहेगी।

राहु का अन्य ग्रहों से सम्बन्ध–

1. **राहु+चंद्र**–राहु के साथ चंद्रमा जातक की माता को कष्ट पहुंचायेगा। जातक को वाहन दुर्घटना का भय रहेगा।

2 **राहु+सूर्य**–राहु के साथ सूर्य माता-पिता दोनों को कष्ट पहुंचायेगा। माता-पिता की छोटी उम्र में मृत्यु होगी।

3. **राहु+मंगल**–राहु के साथ मंगल जातक को बड़ी भूमि का स्वामी बनायेगा। परंतु भूमि पर मुकदमा जरूर चलेगा।

4. **राहु+बुध**–राहु के साथ बुध जातक को वाहन दुर्घटना से भय करायेगा।

5. **राहु+गुरु**–यहां दोनों ग्रह मेष राशि में हैं। गुरु यहां मित्र राशि में, तो राहु सम राशि में होने से '**चाण्डाल योग**' बना। '**केसरी योग**' एवं '**कुलदीपक योग**' भी गुरु बना रहा है। जातक बुद्धिमान व समझदार होगा पर उसकी माता बीमार रहेगी। वाहन दुर्घटना का भय रहेगा।

6. **राहु+शुक्र**–राहु के साथ शुक्र जातक की विद्या में रुकावट दिलायेगा। वाहन दुर्घटना का भय बना रहेगा।

7. **राहु+शनि**–राहु के साथ शनि वाहन दुर्घटना करायेगा अथवा जातक का नौकर चोरी करके भाग जायेगा।

मकरलग्न में राहु की स्थिति पंचम स्थान में

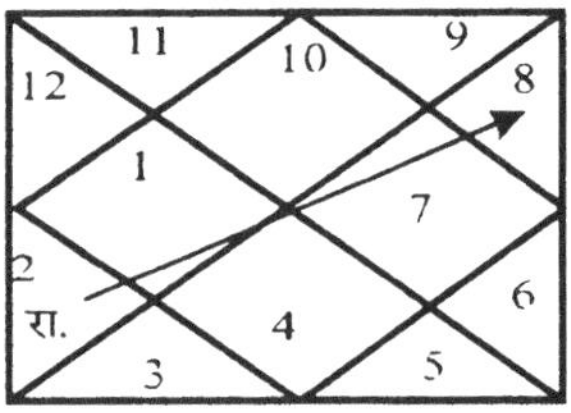

मकरलग्न वालों के लिए राहु सम राशि में होने से यह लग्नेश शनि से सम भाव रखता है। राहु शुभ-अशुभ ग्रहों के साहचर्य और स्थिति से शुभ-अशुभ फल देगा। राहु यहां पंचम स्थान में वृषभ राशि में है। ऐसा जातक विद्यावान् होगा, परन्तु जातक को प्रारंभिक विद्या प्राप्ति में रुकावट आयेगी। जातक प्रजावान होगा परन्तु पुत्र-सुख में विलम्ब या बाधा रहेगी। ऐसे जातक की बुद्धि तेज होती है। जातक को अंत में संतान एवं विद्या दोनों पक्ष में सफलता मिलती है।

दृष्टि–पंचम भावगत राहु की दृष्टि एकादश स्थान (वृश्चिक राशि) पर होगी, फलत: जातक की व्यापार में, लाभ में रुकावट महसूस होगी।

निशानी–ऐसा जातक यंत्र-मंत्र-तंत्र तथा गुप्त विद्याओं का जानकार होगा।

दशा–राहु की दशा-अंतर्दशा मिश्रित फल देगी।

राहु का अन्य ग्रहों से सम्बन्ध–

1. **राहु+चंद्र**–राहु के साथ चंद्रमा जातक को आध्यात्मिक विद्या का स्वामी बनायेगा।

2 **राहु+सूर्य**–राहु के साथ सूर्य प्रारंभिक विद्या प्राप्ति में बाधक है। जातक को संतान की चिंता रहेगी।

3. **राहु+मंगल**–राहु के साथ मंगल व्यापार में लाभ करायेगा और उतार-चढ़ाव आते रहेंगे।

4. **राहु+बुध**–राहु के साथ बुध जातक के भाग्य में रुकावट डाल रहा है। संतान की चिंता रहेगी।

5. **राहु+गुरु**–यहां दोनों ग्रह वृष राशि में है। बृहस्पति यहां शत्रु राशि में तो राहु उच्च राशि में होने से '**चाण्डाल योग**' बना। विद्या में बाधा आयेगी। पुत्र संतति को लेकर चिंता बनी रहेगी।

6. **राहु+शुक्र**–राहु के साथ शुक्र स्वगृही होने से जातक का राज (सरकार) में वर्चस्व रहेगा।

7. **राहु+शनि**–राहु के साथ शनि जातक को परिश्रम का लाभ देगा पर जातक की विद्या अधूरी छूट जायेगी।

मकरलग्न में राहु की स्थिति षष्टम स्थान में

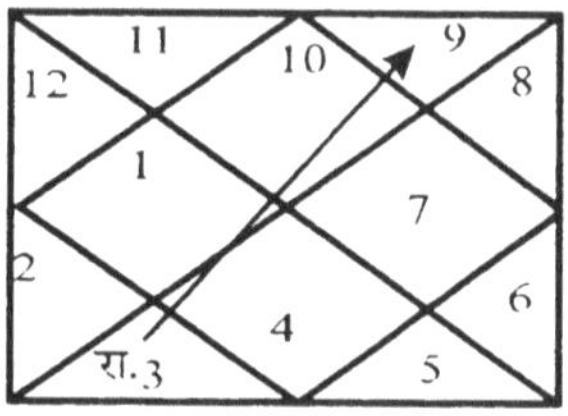

मकरलग्न वालों के लिए राहु सम राशि में होने से यह लग्नेश शनि से सम भाव रखता है। राहु शुभ-अशुभ ग्रहों के साहचर्य और स्थिति से शुभ-अशुभ फल देगा। राहु यहां छठे स्थान में अपनी मूल त्रिकोण मिथुन राशि में स्वगृही होकर राजयोग प्रदाता है। ऐसा जाताक शत्रु पक्ष पर विशेष प्रभाव रखता है। यह राहु लड़ाई-झगड़े, कोर्ट-कचहरी में विजय एवं सफलता प्रदान करता है। ऐसे जातक को यदि कोई शारीरिक व्याधि होती है तो उसका फौरन निदान हो जाता है।

दृष्टि–छठे स्थान में स्थित राहु की दृष्टि व्यय भाव (धनु राशि) पर होगी। फलत: जातक खर्चीले स्वभाव का होता है।

निशानी–ऐसे जातक में हिम्मत व निर्भयता का विशेष समावेश होता है। ऐसा जातक कूटनीतिज्ञ एवं कुशल राजनीतिज्ञ होता है।

दशा–राहु का दशा-अंतर्दशा शुभ फल देगी। जातक को शत्रुओं पर विजय एवं बाधाओं से मुक्ति मिलेगी।

राहु का अन्य ग्रहों से सम्बन्ध–

1. **राहु+चंद्र**–राहु के साथ चंद्रमा **'विवाह बाधा योग'** बनाता है। जातक को विवाह का सुख प्राप्त नहीं रहेगा।
2. **राहु+सूर्य**–राहु के साथ सूर्य सरल नामक **'विपरीत राजयोग'** बनायेगा। जातक धनी होगा। पर गुप्त शत्रु बहुत होंगे।
3. **राहु+मंगल**–राहु के साथ मंगल **'सुखहीन योग'** व **'लाभभंग योग'** बनायेगा। जातक को व्यापार में नुकसान होगा और माता की आयु छोटी होगी।
4. **राहु+बुध**–राहु के साथ बुध हर्ष नामक **'विपरीत राजयोग'** बनायेगा। जातक धनी तो होगा पर भाग्य उसका साथ नहीं देगा।
5. **राहु+गुरु**–यहां दोनों ग्रह मिथुन राशि में हैं। बृहस्पति यहां शत्रु राशि में है, विमल नामक **'विपरीत राजयोग'** बना रहा है। राहु मूलत्रिकोण राशि में स्वगृही होकर **'चाण्डाल योग'** बना रहा है। जातक धनवान एवं अभिमानी होगा। जातक के गुप्त शत्रु बहुत होंगे। जीवन में परेशानियां बहुत आयेंगी।
6. **राहु+शुक्र**–राहु के साथ शुक्र **'संतानहीन योग'** एवं **'राजभंग योग'** बनायेगा। जातक को नौकरी, रोजी-रोजगार की प्राप्ति हेतु परेशान होना पड़ेगा।
7. **राहु+शनि**–राहु के साथ शनि जातक की कुण्डली में **'लग्नभंग योग'** एवं **'धनहीन योग'** बनायेगा। जातक को परिश्रम का फल नहीं मिलेगा।

मकरलग्न में राहु की स्थिति सप्तम स्थान में

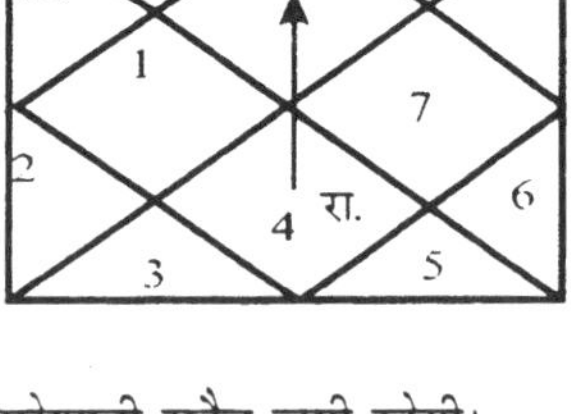

मकरलग्न वालों के लिए राहु सम राशि में होने से यह लग्नेश शनि से सम भाव रखता है। राहु शुभ-अशुभ ग्रहों के साहचर्य और स्थिति से शुभ-अशुभ फल देगा। राहु यहां सप्तम स्थान में कर्क (शत्रु) राशि में है। ऐसे जातक को स्त्री पक्ष से महान कष्ट मिलता है। जननेन्द्रिय में रोग होता है अथवा जातक अविवाहित होता है। जातक को कुछ-न-कुछ मानसिक परेशानी सदैव लगी रहेगी।

दृष्टि–सप्तमस्थ राहु की दृष्टि लग्न स्थान (मकर राशि) पर होगी फलतः जातक अस्थिर चित्त वृत्ति वाला होता है। अपनी कूटनीति, मनोबल एवं गुप्त युक्तियों द्वारा कठिन परिस्थितियों पर विजय प्राप्त करने में सफल हो जाता है।

निशानी–जातक को पेट की तकलीफ रहेगी तथा शल्य चिकित्सा भी होगी।

दशा–राहु की दशा-अंतर्दशा मिश्रित फल देगी। जातक को गुप्त शक्तियों की प्राप्ति होगी।

राहु का अन्य ग्रहों से सम्बन्ध–

1. **राहु+चंद्र**–राहु के साथ चद्रंमा जातक को सुन्दर पत्नी देगा परन्तु पत्नी से मनमुटाव की स्थिति रहेगी।
2. **राहु+सूर्य**–राहु के साथ सूर्य विवाह-विच्छेद का योग बनाता है।
3. **राहु+मंगल**–राहु के साथ नीच का मंगल पत्नी व दीर्घकालीन गृहस्थ सुख में बाधक है।
4. **राहु+बुध**–राहु के साथ बुध विवाह में देरी, विलम्ब कराता है।
5. **राहु+गुरु**–यहां दोनों ग्रह कर्क राशि में हैं। बृहस्पति यहां उच्च का होकर **'हंस योग'** बना रहा है, तो राहु शत्रु राशि में होकर **'चाण्डाल योग'** बना रहा है। जातक राजा के समान पराक्रमी एवं धनी होगा। परन्तु जातक के गृहस्थ सुख में न्यूनता रहेगी। **द्विभार्या योग** बनता है।
6. **राहु+शुक्र**–राहु के साथ शुक्र जातक के गुप्तांग में बीमारी देगा। पर उसे शल्य चिकित्सा से लाभ होगा।
7. **राहु+शनि**–राहु के साथ शनि **'लग्नाधिपति योग'** बनाता है। जातक को थोड़े से संघर्ष के बाद कार्य में सफलता मिलेगी।

मकरलग्न में राहु की स्थिति अष्टम स्थान में

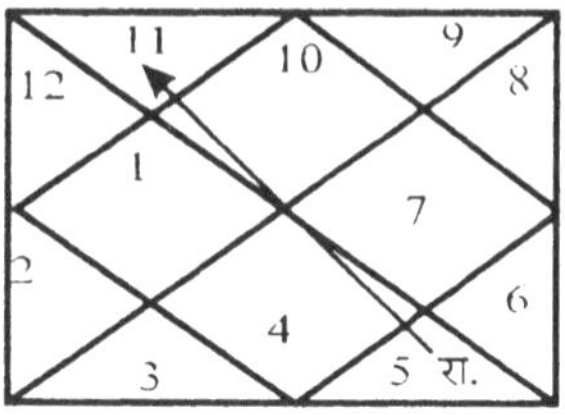

मकरलग्न वालों के लिए राहु सम राशि में होने से यह लग्नेश शनि से सम भाव रखता है। राहु शुभ-अशुभ ग्रहों के साहचर्य और स्थिति से शुभ-अशुभ फल देगा। राहु यहां अष्टम स्थान में सिंह (शत्रु) राशि में होंगे। जातक को स्वास्थ्य संबंधी कठिनाइयों का सामना करना पड़ेगा। जातक को उदर व गुदा संबंधी रोग भी हो सकते हैं तथा कई बार तो मृत्यु-तुल्य कष्टों का सामना भी करना पड़ेगा। गुप्त रोग, हृदय रोग का प्रकोप भी संभव है। धन व यश की हानि होगी।

दृष्टि–अष्टमस्थ राहु की दृष्टि धन भाव (कुंभ राशि) पर होगी। फलत: जातक के धन का अपव्यय होगा। धन संकलन में बाधाएं आयेगी।

निशानी–जातक की वाणी अप्रिय व कुटिल होगी।

दशा–राहु की दशा-अंतर्दशा जातक की आयु के लिए कष्टप्रद होगी। मारक या पाप ग्रह का अंतर घातक हो सकता है।

राहु का अन्य ग्रहों से सम्बन्ध–

1. **राहु+चंद्र**–राहु के साथ चंद्रमा जीवनसाथी की आयु छोटी करेगा। जातक विधुर होगा तथा वह दूसरा विवाह करेगा, फिर भी उसका गृहस्थ सुख ठीक नहीं होगा।
2. **राहु+सूर्य**–राहु के साथ सूर्य सरल नामक '**विपरीत राजयोग**' बनायेगा। जातक धनी, मानी-अभिमानी होगा एवं दीर्घ आयु को प्राप्त करेगा।
3. **राहु+मंगल**–राहु के साथ मंगल '**सुखहीन योग**' व **लाभभंग योग**' तो कराता ही है साथ में विलम्ब विवाह के योग एवं अविवाह की स्थिति भी बनाता है।
4. **राहु+बुध**–राहु के साथ बुध '**भाग्यभंग योग**' एवं सरल नामक '**विपरीत राजयोग**' बनाता है। जातक के भाग्योदय में काफी परेशानी आयेगी।
5. **राहु+गुरु**–यहां दोनों ग्रह सिंह राशि में है। गुरु मित्र राशि में विमल नामक '**विपरीत राजयोग**' बना रहा है, तो राहु शत्रु राशि में बैठकर '**चाण्डाल योग**' बना रहा है। जातक धनवान एवं अभिमानी होगा, पर अचानक दुर्घटना का भय बना रहेगा। जातक समाज का अग्रगण्य व्यक्ति होगा।
6. **राहु+शुक्र**–राहु के साथ शुक्र '**संतानहीन योग**' एवं '**राजभंग योग**' बनाता है। जातक को संतान से चिंता एवं राजदण्ड का भय रहेगा।
7. **राहु+शनि**–राहु के साथ शनि '**लग्नभंग योग**' एवं '**धनहीन योग**' बनाता है। जातक को परिश्रम का फल नहीं मिलेगा।

मकरलग्न में राहु की स्थिति नवम स्थान में

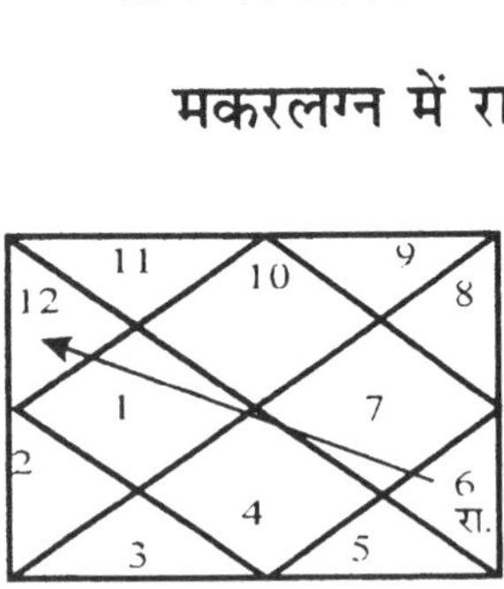

मकरलग्न वालों के लिए राहु सम राशि में होने से यह लग्नेश शनि से सम भाव रखता है। राहु शुभ-अशुभ ग्रहों के साहचर्य और स्थिति से शुभ-अशुभ फल देगा। राहु यहां नवम स्थान में कन्या राशि में स्वगृही होगा। ऐसे जातक को प्रारंभिक जीवन में कुछ कठिनाइयों के बाद जबरदस्त सफलता मिलेगी। जातक गुप्त शक्तियों एवं आत्म बल के माध्यम से किसी भी समस्या का निराकरण करने में सफल हो जाता है। ऐसा जातक अर्ध-नास्तिक होता है। जातक कभी ईश्वर को मानता है, कभी नहीं मानता।

दृष्टि–नवमस्थ राहु की दृष्टि पराक्रम स्थान (मीन राशि) पर होगी। जातक पराक्रमी होगा। भाइयों-कुटम्बियों में परस्पर प्रेम का अभाव रहेगा।

निशानी–ऐसा जातक जीवन में सब कुछ होते हुए भी किसी न किसी चीज का निरन्तर अभाव महसूस करता रहेगा।

दशा–राहु का दशा-अंतर्दशा में जातक का भाग्योदय होगा पर मिश्रित फल दृष्टि गोचर होंगे।

राहु का अन्य ग्रहों से सम्बन्ध–

1. **राहु+चंद्र**–राहु के साथ चंद्रमा जातक के भाग्योदय में बाधा डालेगा। विवाह के बाद उज्ज्वल भविष्य संभव है।
2. **राहु+सूर्य**–राहु के साथ सूर्य जातक के पिता को कष्ट देगा। जातक को पिता की सम्पत्ति नहीं मिलेगी।
3. **राहु+मंगल**–राहु के साथ मंगल जातक की माता को कष्ट देगा। जातक को माता की सम्पत्ति नहीं मिलेगी।
4. **राहु+बुध**–राहु के साथ बुध होने से जातक राजा के समान प्रभावशाली, बुद्धिमान एवं भाग्यशाली होगा।
5. **राहु+गुरु**–यहां दोनों ग्रह कन्या राशि में हैं। गुरु शत्रु राशि में है, तो राहु यहां स्वगृही होकर '**चाण्डाल योग**' बना रहा है। जातक को भाग्योदय हेतु काफी परेशानियों-दिक्कतों का सामना करना पड़ेगा। जातक का जनसम्पर्क विस्तृत होगा।
6. **राहु+शुक्र**–जातक का भाग्योदय संघर्ष के बाद होगा पर शानदार होगा।
7. **राहु+शनि**–राहु के साथ शनि जातक को परिश्रम का लाभ देगा। यह युति अपव्यय भी करायेगी व सफलता भी देगी।

मकरलग्न में राहु की स्थिति दशम स्थान में

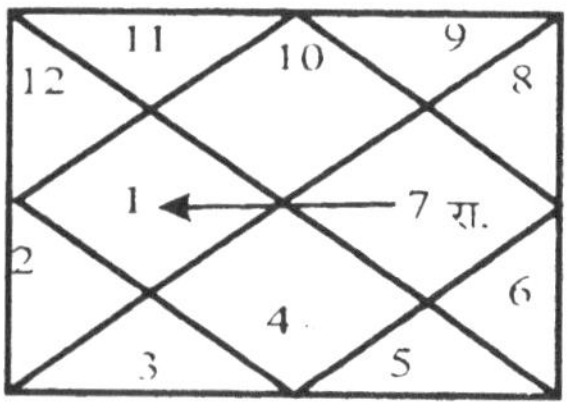

मकरलग्न वालों के लिए राहु सम राशि में होने से यह लग्नेश शनि से सम भाव रखता है। राहु शुभ-अशुभ ग्रहों के साहचर्य और स्थिति से शुभ-अशुभ फल देगा। राहु यहां दशम स्थान में तुला (मित्र) राशि में होगा। ऐसे जातक सरकार द्वारा कोर्ट-कचहरी द्वारा उत्पन्न परेशानियों का सामना करना पड़ता है। जातक को व्यवसाय के क्षेत्र में भी बाधाओं का सामना करना पड़ता है। जातक को

पिता की सुख भी अल्प होता है। अपनी गुप्त युक्तियों व चातुर्य के कारण जातक सभी समस्याओं का निराकरण करने में सफल होता है।

दृष्टि–दशमस्थ राहु की दृष्टि चतुर्थ भाव (तुला राशि) पर होगी। फलतः जातक को माता का सुख कमजोर होगा एवं जमीन-जायदाद को लेकर विवाद होगा।

निशानी–ऐसे जातक की आजीविका का साधन जन्म स्थान से दूरस्थ प्रदेशों में होगा।

दशा–राहु का दशा-अंतर्दशा मिश्रित फल देगी।

राहु का अन्य ग्रहों से सम्बन्ध–

1. **राहु+चंद्र**–राहु के साथ चंद्रमा जातक को विवाह के बाद तरक्की देगा। राहु सरकारी नौकरी में बाधक रहेगा।
2. **राहु+सूर्य**–राहु के साथ सूर्य जातक को पिता की सम्पत्ति व सुख से वंचित कर देगा।
3. **राहु+मंगल**–राहु के साथ मंगल जातक का माता एवं भाइयों का सुख तोड़ेगा।
4. **राहु+बुध**–राहु के साथ बुध व्यापार में नित-नूतन बदलाव कराता रहेगा।
5. **राहु+गुरु**–यहां दोनों ग्रह तुला राशि में हैं। बृहस्पति यहां शत्रु राशि में है, तो राहु मित्र राशि में बैठकर '**चाण्डाल योग**' बना रहा है। गुरु '**कुलदीपक योग**', '**केसरी योग**' बना रहा है। जातक पराक्रमी एवं प्रतिष्ठित व्यक्ति होगा। जातक अपने कुल का नाम रोशन करेगा तथा राजनीति में भी उसका हस्तक्षेप रहेगा।
6. **राहु+शुक्र**–राहु के साथ शुक्र '**मालव्य योग**' बनायेगा। जातक राजा तुल्य वैभवशाली एवं समर्थ्यवान् होगा।
7. **राहु+शनि**–राहु के साथ '**शश योग**' बनायेगा। ऐसा जातक राजा के तुल्य पराक्रमी एवं वैभवशाली होगा।

मकरलग्न में राहु की स्थिति एकादश स्थान में

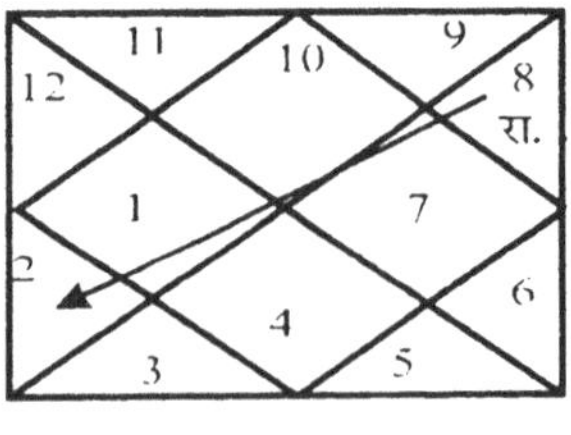

मकरलग्न वालों के लिए राहु समराशि में होने से यह लग्नेश शनि से सम भाव रखता है। राहु शुभ-अशुभ ग्रहों के साहचर्य और स्थिति से शुभ-अशुभ फल देगा। राहु यहां एकादश स्थान में वृश्चिक (नीच) राशि में होगा। फिर भी राहु यहां राजयोग कारक है। ऐसा जातक अपने जीवन में विशेष परिश्रम, साहस एवं बुद्धिबल से उच्च पद-प्रतिष्ठा को प्राप्त करता है। व्यापार या

किसी भी नये कार्य के प्रारंभ में जातक को थोड़ी हानि उठानी पड़ती है पर संघर्ष के बाद सफलता सुनिश्चित है।

दृष्टि–एकादश भावगत राहु की दृष्टि पंचम भाव (वृष राशि) पर होगी। फलत: जातक को विद्या में रुकावट के साथ सफलता एवं पुत्र प्राप्ति में भी विलम्ब के बाद सफलता मिलेगी।

निशानी–प्रारम्भिक परेशानियों का अंत में सुखद फल मिलता है।

दशा–राहु की दशा-अंतर्दशा प्रारंभ में बीस प्रतिशत संघर्ष पर अंत में अस्सी प्रतिशत सफलता देगी अर्थात् इस दशा में दु:ख-सुख का सम्मिश्रण 20% व 80% रहता है।

राहु का अन्य ग्रहों से सम्बन्ध–

1. **राहु+चंद्र**–राहु के साथ नीच का चंद्रमा वैवाहिक जीवन में मनोमालिन्यता उत्पन्न करेगा।
2 **राहु+सूर्य**–राहु के साथ सूर्य जातक के पैतृक सुख के लिए घातक है।
3. **राहु+मंगल**–राहु के साथ मंगल जातक को धनी तो बनायेगा, पर भाइयों-रिश्तेदारों से नहीं निभेगी।
4. **राहु+बुध**–राहु के साथ बुध भाग्योदय में पग-पग पर बाधा उत्पन्न करेगा।
5. **राहु+गुरु**–यहां दोनों ग्रह वृश्चिक राशि में हैं। बृहस्पति यहां मित्र राशि में है, तो राहु नीच राशि में बैठकर '**चाण्डाल योग**' बना रहा है। जातक समाज का अग्रगण्य तथा प्रतिष्ठित व्यक्ति होगा। व्यापार में हानि होगी। जातक को संतान को लेकर चिंता बनी रहेगी।
6. **राहु+शुक्र**–राहु के साथ शुक्र विद्या प्राप्ति में बाधा डालेगा, एवं संतान के विषय में चिंता देगा।
7. **राहु+शनि**–राहु के साथ शनि धन प्राप्ति के प्रयासों में रोड़े उत्पन्न करेगा।

मकरलग्न में राहु की स्थिति द्वादश स्थान में

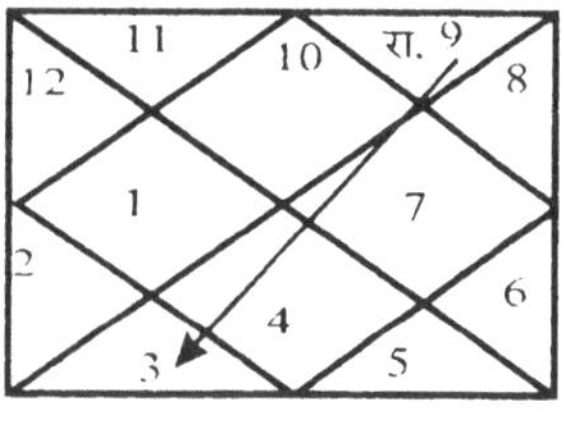

मकरलग्न वालों के लिए राहु सम राशि में होने से यह लग्नेश शनि से सम भाव रखता है। राहु शुभ-अशुभ ग्रहों के साहचर्य और स्थिति से शुभ-अशुभ फल देगा। राहु यहां द्वादश स्थान में धनु (नीच) राशि का होगा। ऐसे जातक को अपने दैनिक खर्चों

के लिए दिक्कतों का सामना करना पड़ेगा। जातक खर्चीले स्वभाव का होगा। जातक को बाहरी यात्रा से नुकसान होगा। जातक को विदेश यात्रा में धोखा होगा।

दृष्टि–द्वादश भावगत राहु की दृष्टि छठे स्थान (मिथुन राशि) पर होगी फलतः जातक के जीवन में गुप्त शत्रुओं का प्रकोप रहेगा।

निशानी–जातक को दुःस्वप्न आयेंगे। यदि लग्नेश शनि की स्थिति खराब हो तो दुर्घटना, अकाल मृत्यु का भय बना रहेगा।

दशा–राहु की दशा-अंतर्दशा अशुभ फल देगी। शत्रुओं का प्रकोप बढ़ेगा। व्यर्थ की यात्राएं होंगी। विश्वासघात अधिक होगा।

राहु का अन्य ग्रहों से सम्बन्ध–

1. **राहु+चंद्र**–राहु के साथ चंद्रमा '**विवाहभंग योग**' बनाता है। ऐसे जातक का विवाह विलम्ब से होगा या दो विवाह होंगे।
2. **राहु+सूर्य**–राहु के साथ सूर्य विपरीत राजयोग के कारण जातक को धनी तो बनायेगा पर जातक को पिता का सुख प्राप्त नहीं होगा।
3. **राहु+मंगल**–राहु के साथ मंगल '**सुखहीन योग**' एवं '**लाभभंग योग**' बनाता है। ऐसे जातक को भूमि, भवन व माता का सुख कमजोर रहेगा।
4. **राहु+बुध**–राहु के साथ बुध भाग्य में बाधाएं उत्पन्न करेगा।
5. **राहु+गुरु**–यहां दोनों ग्रह धनु राशि में है। बृहस्पति यहां स्वगृही है, तो राहु नीच राशि में बैठकर '**चाण्डाल योग**' बना रहा है। बृहस्पति के कारण विमल नामक '**विपरीत राजयोग**' बन रहा है। जातक एक धनी एवं अभिमानी व्यक्ति होगा। जातक की फिजूल खर्ची की आदत एवं व्यर्थ की यात्राओं से घर वाले परेशान रहेंगे।
6. **राहु+शुक्र**–राहु के साथ शुक्र '**संतानहीन योग**' एवं '**राजभंग योग**' बनाता है। जातक की पत्नी जातक से असंतुष्ट रहेगी।
7. **राहु+शनि**–राहु के साथ शनि '**लग्नभंग योग**' एवं '**धनहीन योग**' बनाता है। जातक को परिश्रम का लाभ नहीं मिलेगा।

❑❑❑

मकरलग्न में केतु की स्थिति

मकरलग्न में केतु की स्थिति प्रथम स्थान में

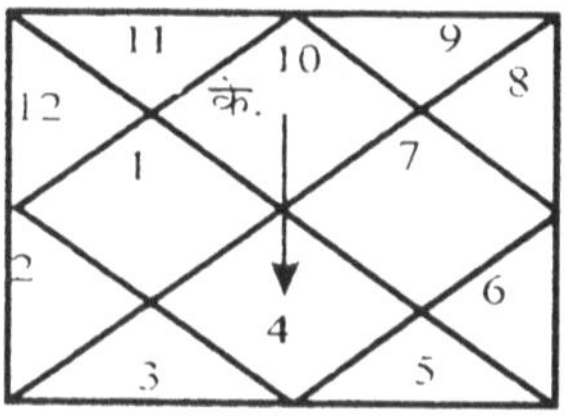

मकरलग्न वालों के लिए केतु शुभ ग्रह है, क्योंकि लग्नेश शनि की राशि मकर केतु की मूल त्रिकोण राशि मानी गई है। जहां केतु प्रमुदित रहता है! केतु यहां मकर मूल त्रिकोण राशि में है। ऐसा जातक बड़े उग्र व जिद्दी स्वभाव का होता है। जातक के शरीर में चोट लगने की संभावना रहती है। जातक के स्वास्थ्य में किसी-न-किसी प्रकार की कमी बनी रहेगी। जातक महत्वाकांक्षी होगा और उन्नति मार्ग की ओर आगे बढ़ता रहेगा।

दृष्टि–लग्नस्थ केतु की दृष्टि सप्तम भाव (कर्क राशि) पर होगी। जातक का वैवाहिक जीवन कष्टदायक रहेगा।

निशानी–जातक क्रोधी स्वभाव का होगा।

दशा–केतु की दशा-अंतर्दशा शुभ फल देगी।

केतु का अन्य ग्रहों से सम्बन्ध–

1. **केतु+चंद्र**–केतु के साथ चंद्रमा जातक को सुन्दर पत्नी देगा। जातक कीर्तिवान होगा।
2. **केतु+सूर्य**–केतु के साथ सूर्य जातक को गुस्सैल बनायेगा।
3. **केतु+मंगल**–केतु के साथ मंगल जातक को **'रुचक योग'** के कारण राजा के समान पराक्रमी बनायेगा।
4. **केतु+बुध**–केतु के साथ बुध जातक को सौभाग्यशाली बनायेगा।
5. **केतु+गुरु**–केतु के साथ बृहस्पति जातक को आध्यात्मिक व्यक्ति बनायेगा।

6. **केतु+शुक्र**–केतु के साथ शुक्र जातक को उत्तम सरकारी नौकरी देगा। जातक की पत्नी सुन्दर होगी।
7. **केतु+शनि**–केतु के साथ '**शश योग**' करायेगा। जातक राजा के समान पराक्रमी एवं प्रभावशाली होगा।

मकरलग्न में केतु की स्थिति द्वितीय स्थान में

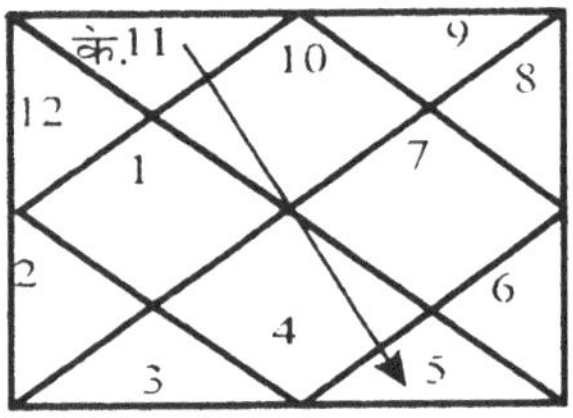

मकरलग्न वालों के लिए केतु शुभ ग्रह है, क्योंकि लग्नेश शनि की राशि मकर केतु की मूल त्रिकोण राशि मानी गई है। जहां केतु प्रमुदित रहता है। केतु यहां द्वितीय स्थान में कुंभ (मित्र) राशि में है। ऐसे जातक को धन संग्रह करने में काफी दिक्कतों का सामना करना पड़ता है। कुटुम्ब के कारण भी कष्ट रहता है। परन्तु ऐसा व्यक्ति हिम्मत, साहस व बुद्धि चातुर्य के कारण विपरीत परिस्थितियों को काबू में करने में सफल हो जाता है।

दृष्टि–द्वितीयस्थ केतु की दृष्टि अष्टम स्थान (सिंह राशि) पर होगी, फलत: गुप्त रोग अचानक दुर्घटना के कारण जातक की आयु को हानि पहुंचाती है।

निशानी–ऐसा जातक साहसी होता है, संकट के समय नहीं घबराता।

दशा–केतु की दशा-अंतर्दशा अप्रिय रहेगी।

केतु का अन्य ग्रहों से सम्बन्ध–

1. **केतु+चंद्र**–केतु के साथ चंद्रमा धन के घड़े में छेद का काम करेगा। जातक आर्थिक तंगी में रहेगा।
2. **केतु+सूर्य**–केतु के साथ सूर्य जातक को पिता के सुख से वंचित करेगा।
3. **केतु+मंगल**–केतु के साथ मंगल जातक की वाणी में कड़वाहट देगा।
4. **केतु+बुध**–केतु के साथ बुध धन प्राप्ति में रुकावट डालेगा।
5. **केतु+गुरु**–केतु के साथ बृहस्पति मित्रों से, रिश्तेदारों से असहयोग करायेगा।
6. **केतु+शुक्र**–केतु के साथ शुक्र जातक की वाणी विनम्र करायेगा पर जातक की भाषा उतावलपन लिए हुए होगी।
7. **केतु+शनि**–केतु के साथ होने से जातक धनी होगा पर केतु के कारण जातक के 50% धन का अपव्यय व्यर्थ के कार्यों में होगा।

मकरलग्न में केतु की स्थिति तृतीय स्थान में

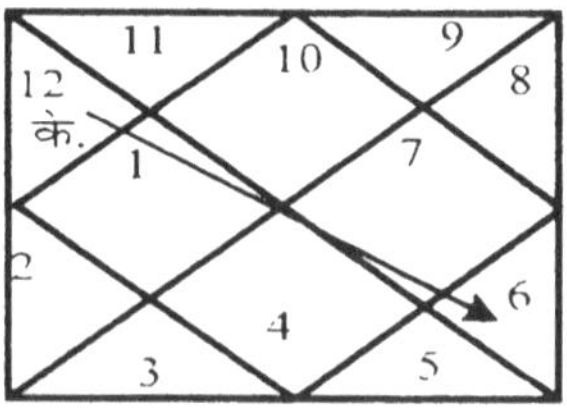

मकरलग्न वालों के लिए केतु शुभ ग्रह है, क्योंकि लग्नेश शनि की राशि मकर केतु की मूल त्रिकोण राशि मानी गई है। जहां केतु प्रमुदित रहता है। केतु यहां तृतीय स्थान में मीन राशि में स्वगृही है। ऐसा जातक प्रबल पराक्रमी एवं कीर्तिवान् होता है, परन्तु जातक को भाई-बहनों के पक्ष में परेशानी तथा संकट का सामना करना पड़ता है। जातक को मित्र बहुत होते हैं। जनसम्पर्क तेज रहता है।

दृष्टि–तृतीयस्थ केतु की दृष्टि भाग्य भवन (कन्या राशि) पर होगी। जातक भाग्यशाली होता हैं तथा निरन्तर प्रयत्न से उन्नति पथ की ओर आगे बढ़ता है।

निशानी–भाइयों में परस्पर गुप्त ईर्ष्या की भावना रहेगी। सभी को एक-दूसरे की उन्नति-कीर्ति से जलन रहेगी।

दशा–केतु की दशा-अंतर्दशा अनुकूल फल देगी।

केतु का अन्य ग्रहों से सम्बन्ध–

1. **केतु+चंद्र**–केतु के साथ चंद्रमा जातक को कुटुम्ब सुख देगा। जातक पराक्रमी एवं यशस्वी होगा।
2. **केतु+सूर्य**–केतु के साथ सूर्य जातक को पराक्रमी तो बनायेगा पर उसे बड़े भाई का सुख नहीं होगा।
3. **केतु+मंगल**–केतु के साथ मंगल जातक को पराक्रमी बनायेगा। परन्तु माता का एवं भाइयों का सुख कमजोर होगा।
4. **केतु+बुध**–केतु के साथ बुध भाई-बहनों में मनोमालिन्यता उत्पन्न करेगा पर दूसरे समाज में कीर्ति होगी।
5. **केतु+गुरु**–केतु के साथ बृहस्पति कुटुम्ब सुख देगा। जातक को मित्रों से लाभ होगा।
6. **केतु+शुक्र**–केतु के साथ उच्च का शुक्र शुभ फल देगा। जातक पराक्रमी व यशस्वी होगा।
7. **केतु+शनि**–केतु के साथ शनि धन प्राप्ति के प्रयासों में थोड़ी रुकावटें डालेगा।

मकरलग्न में केतु की स्थिति चतुर्थ स्थान में

मकरलग्न वालों के लिए केतु शुभ ग्रह है, क्योंकि लग्नेश शनि की राशि मकर केतु की मूल त्रिकोण राशि मानी गई है। जहां केतु प्रमुदित रहता है। केतु यहां चतुर्थ

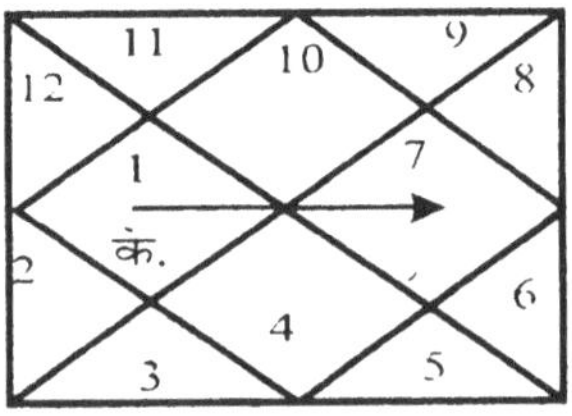

स्थान, मेष (मित्र) राशि में है। ऐसे जातक को जीवन में माता के सुख की कमी रहती है। जातक की माता कष्ट पाती है। घरेलू परेशानियों से जातक का जीवन कष्टपूर्ण रहता है। ऐसा जातक कठिन परिश्रम, साहस व हिम्मत के माध्यम से घर का निजी मकान बनाने में सफल होता है।

दृष्टि–चतुर्थ भावगत केतु की दृष्टि दशम स्थान (तुला राशि) पर रहेगी। जातक को रोजी-रोजगार की प्राप्ति हेतु संघर्ष करना पड़ेगा।

निशानी–जातक को मातृ (जन्म) भूमि का त्याग करना पड़ता है। जातक परदेश जाकर कमाता है।

दशा–केतु की दशा-अंतर्दशा मिश्रित फल देगी।

केतु का अन्य ग्रहों से सम्बन्ध–

1. **केतु+चंद्र**–केतु के साथ चंद्रमा जातक की माता को बीमारी देगा।
2. **केतु+सूर्य**–केतु के साथ सूर्य जातक को माता-पिता दोनों के सुख में कमी दिलायेगा।
3. **केतु+मंगल**–केतु के साथ मंगल '**रुचक योग**' बनायेगा। जातक बड़ी भूमि-सम्पत्ति का स्वामी होगा।
4. **केतु+बुध**–केतु के साथ बुध भाग्य में बाधा उत्पन्न करेगा।
5. **केतु+गुरु**–केतु के साथ गुरु '**कुलदीपक योग**' व '**केसरी योग**' बनायेगा। जातक पराक्रमी व यशस्वी होगा।
6. **केतु+शुक्र**–केतु के साथ शुक्र '**कुलदीपक योग**' बनायेगा। जातक को राजकीय मान-सम्मान भी मिल सकता है।
7. **केतु+शनि**–केतु के साथ नीच का शनि जातक की माता को बीमारी देगा या अल्प आयु में मृत्यु देगा।

मकरलग्न में केतु की स्थिति पंचम स्थान में

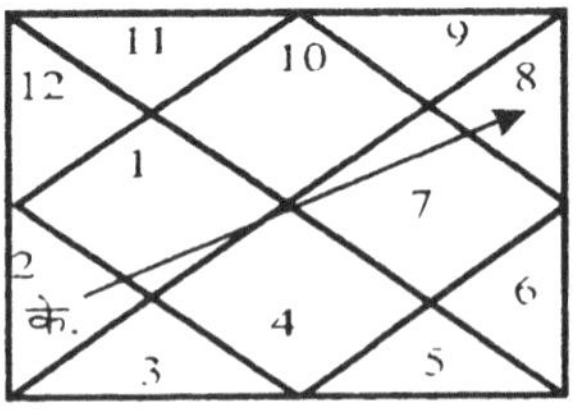

मकरलग्न वालों के लिए केतु शुभ ग्रह है, क्योंकि लग्नेश शनि की राशि मकर केतु की मूल त्रिकोण राशि मानी गई है। जहां केतु प्रमुदित रहता है। केतु यहां पंचम स्थान वृष (नीच) में है। ऐसे जातक को विद्याध्ययन के क्षेत्र में प्रारंभिक कठिनाई

आती है। जातक तीव्र बुद्धि का स्वामी होता है पर उसे शैक्षणिक उपाधि संघर्ष के साथ मिलती है। पुत्र संतान की प्राप्ति भी चिन्ता का विषय बनेगी।

दृष्टि–पंचमस्थ केतु की दृष्टि एकादश भाव (वृश्चिक राशि) पर होगी। फलत: लाभ में रुकावट रहेगी। व्यापार में संघर्ष की स्थिति रहेगी।

निशानी–जातक की प्रथम कन्या संतति होगी। पुत्र संतान विलम्ब से या धार्मिक अनुष्ठान करने से होगा।

दशा–केतु की दशा-अंतर्दशा मिश्रित फल देगी। शुभ ग्रहों के साहचर्य या दृष्टि से शुभ फल देगी।

केतु का अन्य ग्रहों से सम्बन्ध–

1. **केतु+चंद्र**–केतु के साथ चंद्रमा जातक को उच्च आध्यात्मिक शिक्षा देगा।
2. **केतु+सूर्य**–केतु के साथ सूर्य विद्या में बाधा, संतान सुख में बाधा उत्पन्न करेगा।
3. **केतु+मंगल**–केतु के साथ मंगल जातक को पुत्र संतति देगा। जातक तकनीकी शिक्षा में श्रेष्ठता प्राप्त करेगा।
4. **केतु+बुध**–केतु के साथ बुध प्रारंभिक विद्या प्राप्ति में बाधक है। जातक की पढ़ाई अधूरी छूट जायेगी।
5. **केतु+गुरु**–केतु के साथ गुरु का योग पुत्र संतति देगा।
6. **केतु+शुक्र**–केतु के साथ शुक्र होने से जातक अत्यधिक विद्यावान् एवं तेजस्वी होगा। जातक को संतान व गृहस्थ का सुख उत्तम मिलेगा।
7. **केतु+शनि**–केतु के साथ शनि धन की हानि करायेगा।

मकरलग्न में केतु की स्थिति षष्टम स्थान में

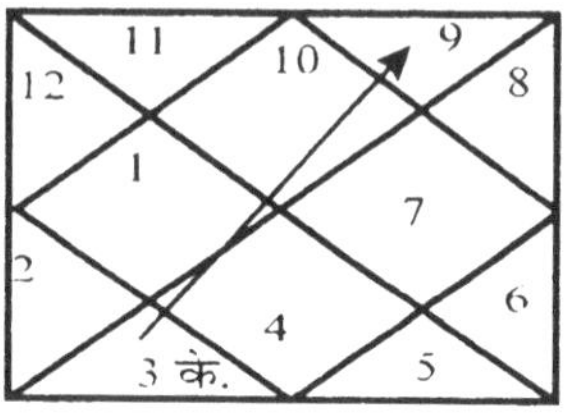

मकरलग्न वालों के लिए केतु शुभ ग्रह है, क्योंकि लग्नेश शनि की राशि मकर केतु की मूल त्रिकोण राशि मानी गई है। जहां केतु प्रमुदित रहता है। केतु यहां छठे स्थान में मिथुन (नीच) राशि में है। ऐसे जातक को शत्रु पक्ष से हानि पहुंचती है। गुप्त एवं प्रकट शत्रुओं के कारण जातक कठिनाई में फंस जाता है। ऐसा जातक अपने बुद्धिबल, वाक्चातुर्य एवं हिम्मत से शत्रुओं को परास्त कर देता है। जातक को रोग या शल्य चिकित्सा की संभावना रहती है। जिससे रोग का शमन हो जाता है। शल्य चिकित्सा सफल रहती है।

दृष्टि–छठे भाव में स्थित केतु की दृष्टि व्यय भाव (धनु राशि) पर होगी। ऐसा जातक खर्चीले स्वभाव का तथा परोपकारी होता है।

निशानी–ऐसे जातक की अपने ननिहाल पक्ष से नहीं बनती।

दशा–केतु की दशा-अंतर्दशा में जातक को कष्टानुभूति होगी।

केतु का अन्य ग्रहों से सम्बन्ध–

1. **केतु+चंद्र**–केतु के साथ चंद्रमा '**विवाहभंग योग**' बनाता है। ऐसे जातक का विवाह विलम्ब से होगा।
2. **केतु+सूर्य**–केतु के साथ सूर्य '**विपरीत राजयोग**' बनायेगा। जातक धनी होगा पर पिता का सुख कमजोर होगा।
3. **केतु+मंगल**–केतु के साथ मंगल '**सुखहीन योग**' एवं '**लाभभंग योग**' बनायेगा। जातक को भाग्योदय हेतु काफी परेशानी उठानी पड़ेगी।
4. **केतु+बुध**–केतु के साथ बुध होने से हर्षनामक '**विपरीत राजयोग**' बनेगा। जातक धनी होगा एवं शत्रुओं का नाश करने में पूर्ण सक्षम होगा।
5. **केतु+गुरु**–केतु के साथ गुरु '**पराक्रमभंग योग**' बनाता है। विपरीत राजयोग के कारण जातक धनी तो होगा पर यशस्वी नहीं होगा।
6. **केतु+शुक्र**–केतु के साथ शुक्र '**संतानहीन**' व '**राजभंग योग**' बनायेगा। जातक को गुप्त शत्रु परेशान करेगा।
7. **केतु+शनि**–केतु के साथ शनि '**लग्नभंग योग**' एवं '**धनहीन योग**' बनायेगा। जातक को परिश्रम का यथेष्ट लाभ नहीं मिलेगा।

मकरलग्न में केतु की स्थिति सप्तम स्थान में

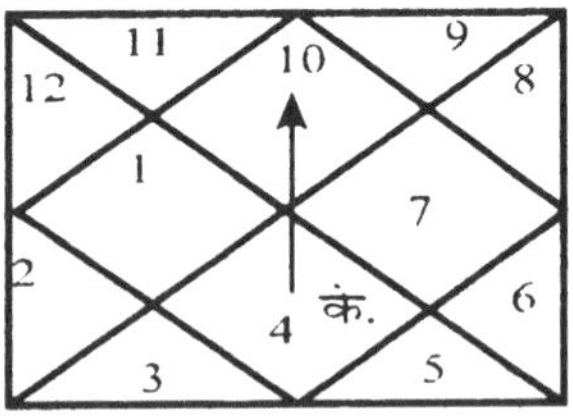

मकरलग्न वालों के लिए केतु शुभ ग्रह है, क्योंकि लग्नेश शनि की राशि मकर केतु की मूल त्रिकोण राशि मानी गई है। जहां केतु प्रमुदित रहता है। केतु यहां सप्तम स्थान में कर्क (शत्रु) राशि में है। ऐसे जातक को स्त्री-पक्ष से कष्ट, संकट, कलह, विवाद की संभावना रहती है। गृहस्थ जीवन में परेशनियां आती रहती हैं। व्यापार-व्यवसाय एवं भागीदारी के कार्यों में भी रुकावटें आयेंगी। जातक अपने बुद्धि बल, आत्मविश्वास एवं हिम्मत से सभी परेशानियों को समाप्त कर, सफलता प्राप्त करेगा।

दृष्टि–सप्तमस्थ केतु की दृष्टि लग्न स्थान (मकर राशि) पर रहेगी। फलत: जातक एक साथ अनेक कार्यों को करने में रुचि रखेगा।

निशानी–ऐसे जातक के व्यापार-व्यवसाय में निरन्तर बदलाव आते रहते हैं।

दशा–केतु की दशा-अंतर्दशा मिश्रित फल देगी।

केतु का अन्य ग्रहों से सम्बन्ध–

1. **केतु+चंद्र**–केतु के साथ चंद्रमा जातक को सुन्दर पत्नी देगा पर पति-पत्नी में खटपट होती रहेगी।
2. **केतु+सूर्य**–केतु के साथ सूर्य विवाह विच्छेद (तलाक) करायेगा।
3. **केतु+मंगल**–केतु के साथ नीच का मंगल विवाह सुख में बाधक होता है।
4. **केतु+बुध**–केतु के साथ बुध '**द्विभार्या योग**' कराता है।
5. **केतु+गुरु**–केतु के साथ उच्च का गुरु पतिव्रता भार्या देगा।
6. **केतु+शुक्र**–केतु के साथ शुक्र जातक को कामी बनायेगा।
7. **केतु+शनि**–केतु के साथ '**लग्नाधिपति योग**' बनायेगा। जातक के परिश्रम सार्थक होंगे।

मकरलग्न में केतु की स्थिति अष्टम स्थान में

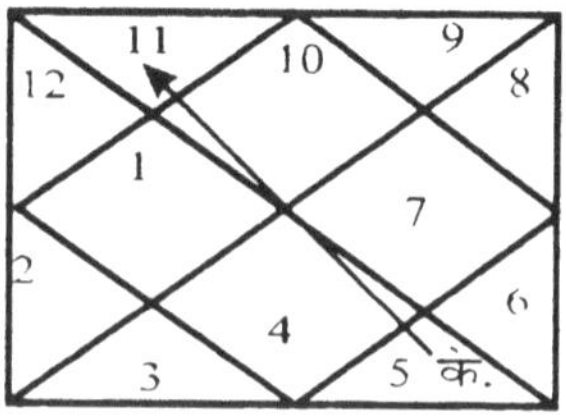

मकरलग्न वालों के लिए केतु शुभ ग्रह है, क्योंकि लग्नेश शनि की राशि मकर केतु की मूल त्रिकोण राशि मानी गई है। जहां केतु प्रमुदित रहता है। केतु यहां अष्टम स्थान में सिंह (शत्रु) राशि में है। ऐसे जातक को अपनी आयु के संबंध में मृत्यु तुल्य कष्टों का सामना करना पड़ेगा। जातक के पेट में विकार रहता है। गुप्त रोग की भी संभावना बनी रहती है। आजीविका चलाने हेतु जातक को कठिन परिश्रम का सामना करना पड़ेगा।

दृष्टि–अष्टम भावगत केतु की दृष्टि धन स्थान (कुंभ राशि) पर होगी। फलत: धन को लेकर परेशानियां आयेंगी। जातक को आर्थिक विषमताओं का सामना करना पड़ेगा।

निशानी–जातक की वाणी कर्कश व कठोर होगी।

दशा–केतु की दशा-अंतर्दशा कष्टदायक रहेगी।

केतु का अन्य ग्रहों से सम्बन्ध–

1. **केतु+चंद्र**–केतु के साथ चंद्रमा '**विवाहभंग योग**' बनाता है। जातक के विवाह में विलम्ब होगा।
2. **केतु+सूर्य**–केतु के साथ सूर्य '**विपरीत राजयोग**' बनायेगा। जातक धनी तो होगा पर पिता का सुख कमजोर होगा।
3. **केतु+मंगल**–केतु के साथ मंगल '**सुखहीन योग**' एवं '**लाभभंग योग**' बनाता है। जातक को माता का सुख कमजोर होगा। भूमि व भवन को लेकर विवाद होगा।
4. **केतु+बुध**–केतु के साथ बुध '**भाग्य बाधा योग**' बनाता है। जातक के भाग्योदय में दिक्कतें आयेगी।
5. **केतु+गुरु**–केतु के साथ बृहस्पति जातक को मित्रों से हानि करायेगा। '**पराक्रम भंगयोग**' के कारण जातक को अपयश मिलेगा।
6. **केतु+शुक्र**–केतु के साथ शुक्र '**संतानहीन योग**' एवं '**राजभंग योग**' बनाता है। जातक को गुप्त बीमारी होगी।
7. **केतु+शनि**–केतु के साथ '**लग्नभंग योग**' एवं '**धनहीन योग**' बनायेगा। जातक को परिश्रम का लाभ नहीं मिल पायेगा।

मकरलग्न में केतु की स्थिति नवम स्थान में

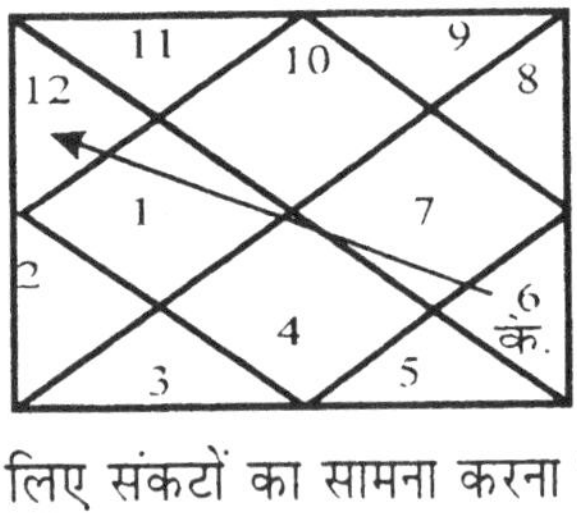

मकरलग्न वालों के लिए केतु शुभ ग्रह है, क्योंकि लग्नेश शनि की राशि मकर केतु की मूल त्रिकोण राशि मानी गई है। जहां केतु प्रमुदित रहता है। केतु यहां नवम स्थान में कन्या (नीच) राशि में है। ऐसे जातक को भाग्योदय में कठिनाइयां महसूस होगी। जातक को उन्नति मार्ग पर आगे बढ़ने के लिए संकटों का सामना करना पड़ेगा। ऐसा जातक अर्ध-नास्तिक होगा। फिर भी जातक यशस्वी होगा।

दृष्टि–नवमस्थ केतु की दृष्टि पराक्रम स्थान (मीन राशि) पर होगी। जातक पराक्रमी होगा। भाई-बहनों से कम पटेगी।

दशा–केतु की दशा-अंतर्दशा में भाग्योदय होगा। उत्साहवर्धक कार्य होगे। शुभ ग्रहों के साथ होने से केतु शुभ फल देगा। पाप ग्रहों के संग होने से अशुभ फल देगा।

केतु का अन्य ग्रहों से सम्बन्ध–

1. **केतु+चंद्र**–केतु के साथ चंद्रमा जातक का भाग्योदय विवाह के बाद करायेगा।
2. **केतु+सूर्य**–केतु के साथ सूर्य जातक को पिता की सम्पत्ति से वंचित करेगा।
3. **केतु+मंगल**–केतु के साथ मंगल जातक को धनवान एवं गांव का मुखिया बनायेगा।
4. **केतु+बुध**–केतु के साथ बुध जातक को राजा के समान पराक्रमी बनायेगा।
5. **केतु+गुरु**–केतु के साथ बृहस्पति जातक को परिजनों व भाइयों का सुख देगा।
6. **केतु+शुक्र**–केतु के साथ शुक्र जातक को विभिन्न ऐश्वर्य व राजसुख देगा।
7. **केतु+शनि**–केतु के साथ शनि जातक को धनी बनायेगा, पर धन बड़े संघर्ष के बाद मिलेगा।

मकरलग्न में केतु की स्थिति दशम स्थान में

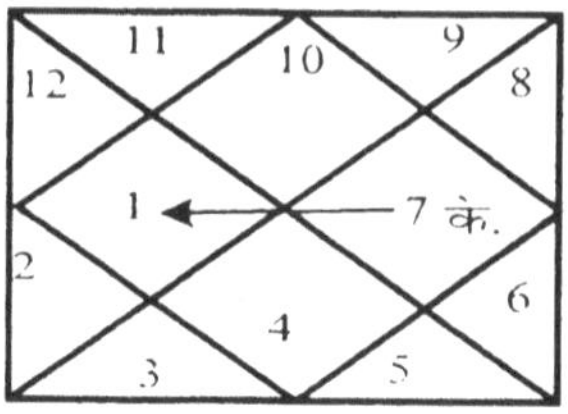

मकरलग्न वालों के लिए केतु शुभ ग्रह है, क्योंकि लग्नेश शनि की राशि मकर केतु की मूल त्रिकोण राशि मानी गई है। जहां केतु प्रमुदित रहता है। केतु यहां दशम स्थान में तुला (मित्र) राशि में है। ऐसे जातक को पिता पक्ष, राजपक्ष से थोड़ी कठिनाइयों का सामना करना पड़ेगा। कभी-कभी अपनी प्रतिष्ठा की रक्षा के लिए बदनामी का सामना करना पड़ेगा।

दृष्टि–दशमस्थ केतु की दृष्टि चतुर्थ भाव (मेष राशि) पर होगी। जातक को माता का सुख नहीं होगा। वाहन दुर्घटना का भय रहेगा।

निशानी–जीवन में व्यवसाय में बराबर परिवर्तन आते रहेंगे।

दशा–केतु की दशा-अंतर्दशा में संघर्ष की स्थिति रहेगी। राजपक्ष से भी कष्ट का सामना करना पड़ेगा।

केतु का अन्य ग्रहों से सम्बन्ध–

1. **केतु+चंद्र**–केतु के साथ चंद्रमा जातक के वैवाहिक सुख में बाधक है।
2. **केतु+सूर्य**–केतु के साथ सूर्य नीच का होगा। जातक को पिता का सुख कमजोर होगा।
3. **केतु+मंगल**–केतु के साथ मंगल जातक को भूमि लाभ देगा पर भूमि विवादित होगी।

4. **केतु+बुध**–केतु के साथ बुध भाग्योदय में रुकावट एवं व्यापार में बदलाव लाता रहेगा।
5. **केतु+गुरु**–केतु के साथ बृहस्पति '**कुलदीपक**' व '**केसरी योग**' बनाता है। जातक पराक्रमी होगा। उसकी प्रतिष्ठा होगी।
6. **केतु+शुक्र**–केतु के साथ शुक्र 'मालव्य योग' व **पद्मसिंहासन योग**' बनायेगा। जातक राजा के समान पराक्रमी व वैभवशाली होगा।
7. **केतु+शनि**–केतु के साथ शनि '**शश योग**' बनायेगा। जातक राजा के समान पराक्रमी व शक्तिशाली होगा।

मकरलग्न में केतु की स्थिति एकादश स्थान में

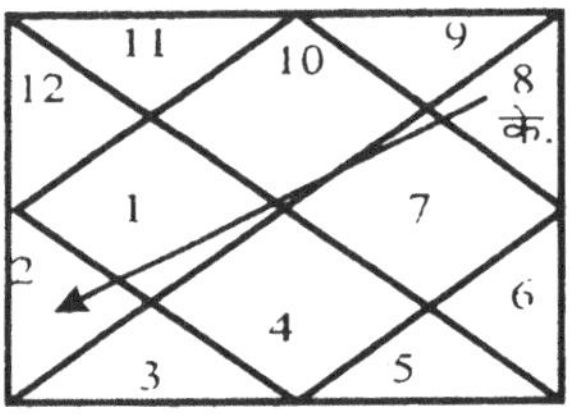

मकरलग्न वालों के लिए केतु शुभ ग्रह है, क्योंकि लग्नेश शनि की राशि मकर केतु की मूल त्रिकोण राशि मानी गई है। जहां केतु प्रमुदित रहता है। केतु यहां एकादश स्थान में वृश्चिक राशि में उच्च का है। ऐसे जातक को व्यापार-व्यवसाय में संघर्ष के बाद लाभ मिलता है। बड़े भाई का सुख होगा। जातक के आमदनी में अत्यधिक वृद्धि होगी। जातक यशस्वी होगा।

दृष्टि–एकादश भावगत केतु की दृष्टि पंचम भाव (वृष राशि) पर होगी। फलत: विद्या में प्रारंभिक बाधा के बाद उच्च शैक्षणिक उपाधि मिलेगी।

निशानी–ऐसा जातक विपरीत परिस्थितियों से नहीं घबराता। अंत में सर्वत्र सफलता मिलती है।

दशा–केतु की दशा-अंतर्दशा मिश्रित फलकारी साबित होगी।

केतु का अन्य ग्रहों से सम्बन्ध–

1. **केतु+चंद्र**–केतु के साथ चंद्रमा नीच का होगा। ऐसे जातक के विवाह सुख में बाधा आयेगी।
2. **केतु+सूर्य**–केतु के साथ सूर्य पिता के लिए घातक है। विद्या में बाधा (रुकावट) आयेगी।
3. **केतु+मंगल**–केतु के साथ मंगल स्वगृही जातक को भूमि, भवन का लाभ देगा।
4. **केतु+बुध**–केतु के साथ बुध जातक के भाग्य में हल्की-दिक्कतें पैदा करेगा।

5. **केतु+गुरु**–केतु के साथ बृहस्पति बड़े भाई के सुख में बाधक है।
6. **केतु+शुक्र**–केतु के साथ शुक्र विद्या में लाभ एवं जातक को व्यापार से लाभ दिलायेगा।
7. **केतु+शनि**–केतु के साथ शनि जातक को परिश्रम का लाभ दिलायेगा।

मकरलग्न में केतु की स्थिति द्वादश भाव में

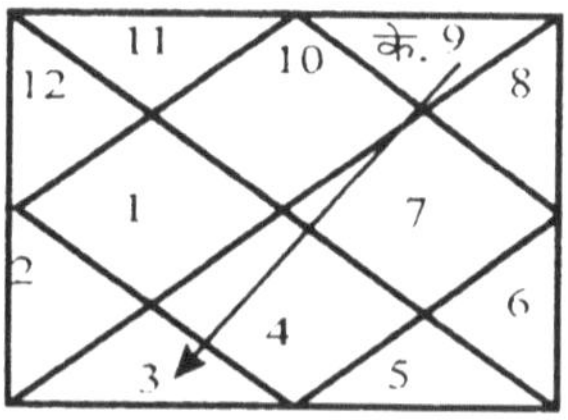

मकरलग्न वालों के लिए केतु शुभ ग्रह है, क्योंकि लग्नेश शनि की राशि मकर केतु की मूल त्रिकोण राशि मानी गई है। जहां केतु प्रमुदित रहता है। केतु यहां द्वादश स्थान में धनु उच्च राशि का है। जातक यात्राओं द्वारा धन अर्जित करेगा। जातक को विदेशी व्यापार (Export-Import) से लाभ होगा। ऐसा जातक जन्म भूमि से दूरस्थ प्रदेशों में जाकर बसता है।

दृष्टि–द्वादशस्थ केतु की दृष्टि षष्टम भाव (मिथुन राशि) पर होगी। फलत जातक शत्रुओं का नाश करने में पूर्णत: सक्षम होगा।

निशानी–जातक व्यसनी होगा। नींद कम आयेगी।

दशा–केतु की दशा-अंतर्दशा मिश्रित फल देगी।

केतु का अन्य ग्रहों से सम्बन्ध–

1. **केतु+चंद्र**–केतु के साथ चंद्रमा '**विवाहभंग योग**' कराता है। जातक का विवाह विलम्ब से होगा।
2. **केतु+सूर्य**–केतु के साथ सूर्य '**विपरीत राजयोग**' के कारण जातक को धनी तो बनायेगा। पर पिता का सुख प्राप्त नहीं होगा।
3. **केतु+मंगल**–केतु के साथ मंगल जातक **सुखहीन योग** एवं **लाभभंग योग** बनायेगा। जातक के गृहस्थ सुख में कमी रहेगी।
4. **केतु+बुध**–केतु के साथ बुध '**भाग्यभंग योग**' बनायेगा। जातक को भाग्योदय हेतु संघर्ष करना पड़ेगा।
5. **केतु+गुरु**–केतु के साथ बृहस्पति '**पराक्रमभंग योग**' बनायेगा। जातक '**विपरीत राजयोग**' के कारण धनी तो होगा पर यशस्वी नहीं होगा।

6. **केतु+शुक्र**–केतु के साथ शुक्र '**संतानहीन योग**' व '**राजभंग योग**' बनायेगा। जातक को गुप्त रोग होंगे।

7. **केतु+शनि**–केतु के साथ शनि '**लग्नभंग योग**' व '**धनहीन योग**' बनायेगा। जातक को परिश्रम का लाभ नहीं मिलेगा।

❑❑❑

शनि स्तोत्रम्

पदच्छेद-एवम्-सन्धिच्छेद सहित

नमः, कृष्णाय, नीलाय, शिति कण्ठ निभाय च।
नमः, कालाग्नि, रूपाय, कृत-अन्ताय च वै नमः।।
नमः, निर्मांस देहाय, दीर्घ, श्मश्रु, जटाय च।
नमः, विशाल नेत्राय, शुष्क, उदर, भयाकृते।।
नमः पुष्कल गात्राय, स्थूल रोम्णे अथ वै नमः।।
नमः, दीर्घाय, शुष्काय, काल दंष्ट्र, नमः अस्तु ते।।
नमस्ते कोटराक्षाय, दुर्निरीक्ष्याय वै नमः।
नमः, घोराय, रौद्राय, भीषणाय कपालिने।।
नमस्ते सर्वभक्षाय वलीमुख नमः अस्तु ते।
सूर्य पुत्र, नमस्ते, अस्तु, भास्करे, अभयदाय च।।
अधो दृष्टे! नमस्ते अस्तु संवर्तक नमः अस्तु ते।
नमो मन्द गते तुभ्यम्, निः त्रिंशाय् नमः अस्तु ते।।
तपसा, दग्ध देहाय, नित्यं योग रताय च।
नमः नित्यं, क्षुधार्ताय, अतृप्ताय च वै नमः।।
ज्ञान चक्षुः नमस्ते अस्तु, कश्यप-आत्मज सूनवे।
तुष्टो ददासि वै राज्यं, रूष्टो हरसि तत् क्षणात्।।
देवासुर मनुष्याः च सिद्ध विद्याधरो-रगाः।
त्वया विलोकिताः सर्वे नाशम् यान्ति समूलतः।।

प्रसाद कुरू मे देव वराहो-अहम्-उपागत:।
एवम् स्तुत: तदा सौरि: ग्रहराज: महाबल:।।

–पद्म पुराण

नोट–पद्म पुराणानुसार यह महाराजा दशरथ कृत सिद्ध शनि स्तोत्र है। इसका नित्य 108 पाठ करने से शनि संबधी सभी पीड़ायें समाप्त हो जाती हैं तथा पाठ कर्ता धन-धान्य, समृद्धि, वैभव से पूर्ण हो जाता है तथा उसके सारे बिगड़े कार्य स्वत: बनने लग जाते हैं।

अथ शनि मंत्र

शनि ग्रह से संबंधित पाठ, पूजा आदि के लिए स्तोत्र, मंत्र तथा गायत्री आदि पाठकों की सुविधा के लिए यहां दिये जा रहे हैं। जो काफी लाभकारी सिद्ध होंगे। इनका नित्य 108 पाठ करने से जातक को चमत्कारी लाभ प्राप्त होगा।

विनियोग–शन्नो देवीति मंत्रस्य सिंधुद्वीप ऋषि:, गायत्रीछन्द:, आपो देवता, शनिप्रीत्यर्थे जपे विनियोग:।

नीचे कोष्टकों में लिखे गये अंगों को उंगलियों से छुएं।

अथ देहांगन्यास–शनो शिरसि (सिर)। **देवी:** ललाटे (माथा)। **अभिष्टय** मुखे (मुख)। आपो कण्ठे (कण्ठ)। **भवन्तु** हृदये (हृदय)। **पीतये** नाभौ (नाभि) **शं** कट्याम् (कमर)। **यो:** ऊर्वो (छाती)। **अभि** जान्वो: (घुटने)। **स्रवन्तु** गुल्फयो: (गुल्फ)। **न:** पादयो: (पैर)।

अथ करन्यास–शन्नो देवी: अंगुष्ठाभ्यां नम:। **अभिष्टये** तर्ज्जनीभ्यां नम:। आपो भवन्तु मध्यमाभ्यां नम:। **पीतये** अनामिकाभ्यां नम:। **शंय्योरभि** कनिष्ठिकाभ्यां नम: **स्रवन्तु** न: करतलकरपृष्ठाभ्यां नम:।

अथ हृदयादिन्यास–शन्नो देवी: हृदयाय नम:। **अभिष्टये** शिरसे स्वाहा। **आपो भवन्तु** शिखायै वषट्। **पीतये** कवचाय हूँ (दोनों कंधे) **शंय्योरभि** नेत्रत्रयाय वौषट्। **स्रवन्तु** न: अस्त्राय फट्।

ध्यानम्– **नीलाम्बर शूलधर: किरीटी गृध्रस्थितस्त्रासकरो धनुष्मान्।**
चतुर्भज: सूर्येसुत: प्रशान्त: सदाऽस्तु महा वरदोऽल्पगामी।।

शनिगायत्री–ॐ कृष्णांगाय विद्महे रविपुत्राय धीमाहि तन्न: सौरि: प्रचोदयात्।

वेदमंत्र–ॐ प्राँ प्रीं प्रौं स: भूर्भुव: स्व: ॐ **शन्नो देवीरभिष्टयऽआपो भवन्तु पीतये शंय्योरभिस्रवन्तु न:**। ॐ स्व: भुव: भू: प्रौं प्रीं प्राँ ॐ शनैश्चराय नम:।

जपमंत्र–ॐ प्राँ प्रीं प्रौं स: शनैश्चराय नम: नित्य जप 23000 प्रतिदिन।

शनि पीड़ा निवारणार्थ यंत्र

यदि किसी व्यक्ति की जन्मपत्री में शनि नीच का, अस्त का, नीचास्त का, मूल-त्रिकोण और केन्द्र में पीड़ा कारक पड़ा हो तो जातक को चाहिये कि शनि पीड़ा शमनार्थ 3 रत्ती या 10 रत्ती का निर्दोष नीलम नग, 10 माशे सोने, या स्टील या काले घोड़े के अगले पांव की दाहिनी नाल की अंगूठी में बनवाकर अपने दाहिने हाथ की मध्यमा उंगली में सदैव पहनें। निम्नांकित यंत्र स्टैन्लैस स्टील में अंकित कराकर उस पर शनिदेव की लौह प्रतिमा स्थापित करें और शनिवार को शुभ नक्षत्र, शुभ मुहूर्त में गंगा जल और काली गाय के कच्चे दूध से उसको स्नान कराये। शनिवार का व्रत अवश्य रखें और रात्रि को इसका जाप प्रारम्भ करें। हवन के लिये शमी की समिधा होनी चाहिए जप के समय धूप, दीप नैवेद्य आदि का प्रबन्ध होना चाहिए। जाप शुक्ल पक्ष में ही आरम्भ करना चाहिए। नवरात्रों का किया गया अनुष्ठान अधिक शुभ फलदायक होता है। उस समय मनुष्य को पूर्ण ब्रह्मचर्य, भूमि शयन तथा उपवासादि का पूर्ण ध्यान रखना चाहिए।

शनि यंत्र

12	7	14
13	11	9
8	15	10

शनि कवचम्

नीलाम्बरो नीलवपुः किरीटो गृध्रस्थितस्त्रासकरो धनुष्मान्।
चतुर्भुजः सूर्यसुतः प्रसन्नः सदा मम स्याद् वरदः प्रशान्तः॥1॥
शृणुध्वमृषयः सर्वे शनिपीड़ाहरं महत्।
कवचं शनिराजस्य सौरेरिदमनुत्तमम्॥2॥
कवच देवतावासं वज्रपञ्जरसंज्ञकम्।
शनैश्चरप्रीतिकरं सर्वसौभाग्यदायकम्॥3॥
ॐ श्रीं शनैश्चरः पातु भालं मे सूर्यनन्दनः।
नेत्रे छायात्मजः पातु पातु कर्णौ यमानुजः॥4॥
नासां वैवस्वतः पातु मुखं मे भास्करः सदा।
स्निग्धकण्ठश्च मे कण्ठं भुजौ पातु महाभुजः॥5॥
स्कन्धौ पातु शनिश्चैव करौ पातु शुभप्रदः।
वक्षः पातु यमभ्राता कुक्षिं पात्वसितस्तथा॥6॥
नाभिं ग्रहपतिः पातु मन्दः पातु कटिं तथा।
ऊरू ममान्तकः पातु यमो जानुयुगं तथा॥7॥

पादौ मन्दगतिः पातु सर्वांगं पातु पिप्पलः।
अङ्गोपाङ्गानि सर्वाणि रक्षेन् मे सूर्यनन्दनः।।8।।
इत्येतत् कवचं दिव्यं पठेत् सूर्यसुतस्य यः।
न तस्य जायते पीड़ा प्रीतो भवति सूर्यजः।।9।।
व्ययजन्मद्वितीयस्थो मृत्युस्थानगतोऽपि वार।
कलत्रस्थो गतो वाऽपि, सुपीतस्तु सदा शनिः।।10।।
अष्टमस्थे सूर्यसुते व्यये जन्मद्वितीयगे।
कवचं पठते नित्यं न पीड़ा जायते कचित्।।11।।
इत्येतत् कवचं दिव्यं सौरेर्यन्निर्मितं पुरा।
द्वादशाष्टम-जन्मस्थ-दोषान्नाशयते सदा।
जन्मलग्नस्थितान् दोषान् सर्वान्नाशयते प्रभुः।।12।।

शनि स्तुति

सूर्यपुत्रो दीर्घदेहो विशालाक्षः शिवप्रियः।
मन्दचारः प्रसन्नात्मा पीड़ां दहतु मे शनिः।।

विनियोग

शन्नोदेवीइतिमंत्रस्य, दध्यङ्गाथर्वण ऋषिः आपो देवता।

गायत्री छन्दः। शनिमंत्रजपे विनियोग–

सजीव वैदिक मंत्र–ॐ खाँ खीं खौं सः ॐ भूर्भुवः स्वः ॐ शन्नोदेवीर-भीष्टयऽआपो भवन्तु पीतये। शंय्योरभिस्रवन्तु नः। ॐ स्वः भुवः भूः ॐ सः खौं, खीं खाँ शैनश्चराय नमः।

एकाक्षरी बीज मंत्र–ॐ शं, शनैश्चराय नमः

तांत्रिक शनि मंत्र–ॐ प्राँ, प्रीं प्रौं सः शनये नमः

जप संख्या–23000, तेइस सहस्र (तेइस हजार)

शनि अनिष्ट फल शमनार्थ दानपदार्थाः

शनि प्रति दान–नीलम, सोना, लोहा, उर्द, कुल्थ, तेल, सरसों, काला कपड़ा, काले फूल, कस्तूरी, काली सवत्सा गाय, काली भैंस, काले जूते, कृष्ण फल।

शनि दान के समय उपर्युक्त वस्तुओं का भार कम से कम सवा तीन रत्ती होना चाहिये और अधिक से अधिक के लिये साढ़े तीन, सात, दस रत्ती, तोला, सेर आदि जितना भी सामर्थ्य हो दान वित्त समान कर देना चाहिये अपनी शक्ति सामर्थ्य से अधिक दिया हुआ दान किया हुआ काम दुखदायी ही रहता है, इसमें तुला दान का बहुत ही महात्मय लिखा है साथ ही तिलपात्र घृत छाया दान भी अवश्य करने चाहिये। यज्ञान्त में ब्राह्मण भोज शक्ति भर अवश्य करना चाहिये। एक लौह प्रतिमा शनि दान में अवश्य ही करनी चाहिये। शनि शक्ति का प्रतीक है। दीर्घसूत्री तथा उदासीन है इसलिये इसका प्रसन्न करने के लिए अवश्य ही प्रयत्न करना चाहिए, जीव हिंसा निषेध है। बीछू जड़ी पास रखना लाभदायक होता है। बीछू पौधे की जड़ें (शिशणा) के पास रखकर उसकी पूजा करने से तथा धारण करने से शनि का दूषित फल शान्त रहता है।

शनि मंगल स्तोत्र

मन्दः कृष्णनिभस्तु पश्चिममुखः सौराष्ट्रकः काश्यपः,
स्वामी नक्रभकुम्भयोर्बुध-सितौ मित्रे समश्चाङ्गिराः।।
स्थान पश्चिमदिक् प्रजापति-यमौ दैवौ धनुष्यासनः,
षटत्रिस्थः शुभकृच्छनी रविसुतः कुर्यात् सदा मंगलम्।।

❑❑❑

शनिवार व्रत कथा

शनिदेव साधना तथा पूजा अर्चना से सहज की प्रसन्न होते हैं तथा अपने भक्तों की सर्वमनोकामनाएं पूर्ण करते हैं। शनिदेव जब किसी पर क्रोधित होते हैं तो उसका सब कुछ नष्ट हो जाता है किन्तु यदि किसी पर शनिदेव की कृपा हो जाए तो वह भिखारी से राजा हो जाता है। शनिवार का व्रत शनिदेव को प्रसन्न करने व मनोकामनाओं की पूर्ति के लिए किया जाता है।

शनि का तांत्रिक मंत्र–ॐ शं शनैश्चराय नमः।

विधि विधान–शनिवार के पीपल के नीचे अथवा भैरव मंदिर में बैठकर पूजन करना चाहिए। पूजन के लिए शनिदेव की टिन की मूर्ति रखकर, काली वस्तुओं, सरसों का तेल, मिट्टी का दीपक तथा लोहे के पाशों का प्रयोग करें। तांत्रिक मंत्र द्वारा शनिदेव का पूजन करें, व्रत कथा पढ़ें, तत्पश्चात् पीपल को अर्घ्य दें। भोजन एक ही समय करें तथा उड़द और तिल का प्रयोग अवश्य करें।

व्रत कथा–एक समय सूर्य चंद्रमा, बुध, बृहस्पति, शुक्र, शनि, राहु एवं केतु आदि ग्रहों में परस्पर विवाद हो गया कि हम सब में बड़ा कौन है। सभी ग्रह अपने आपको बड़ा कहते हैं।

जब काफी समय तक निर्णय न हो सका तो सब झगड़ते हुए इंद्रराज के पास गए और कहने लगे कि आप देवताओं के राजा हैं इसलिये न्याय करके ये बताइये कि हम नव ग्रहों में कौन बड़ा है। देवराज इन्द्र ग्रहों का यह प्रश्न सुनकर भयभीत हो गए तथा कहने लगे कि मुझमें इतना सामर्थ्य नहीं कि मैं किसी को छोटा बतला सकूं।

इस समय पृथ्वी पर राजा विक्रमादित्य हैं। वे सबकी समस्याओं का समाधान अत्यंत बुद्धिमानी से करते हैं। अतः आप सभी उनके पास जाएं। राजा विक्रमादित्य आपके विवाद का समाधान करेंगे।

सभी ग्रह देवता भूलोक से चलकर विक्रमादित्य की सभा में पंहुचे तथा उन्होंने अपना प्रश्न राजा के सामने रखा। राजा विक्रमादित्य ग्रहों की बात सुनकर चिंतित हो

गए तथा सोचने लगे कि मैं अपने मुख से किस ग्रह को छोटा अथवा बड़ा बताऊं। जिसे छोटा बताऊंगा वही क्रोध करेगा। उसका विवाद निपटाने के लिये उन्होंने एक उपाय सोचा। राजा ने सोना, चांदी, कांसा, पीतल, सीसा, रांगा, जस्ता, अभ्रक तथा लोहा आदि नौ धातुओं के नौ आसन बनवाए तथा सभी आसनों को उनके मूल्य के अनुसार बिछाया गया।

इसके पश्चात् राजा ने नवग्रहों से कहा आप सब अपना-अपना आसन ग्रहण करें। जिसका आसन सबसे आगे वह सबसे बड़ा तथा जिसका आसन सबसे पीछे उसे सबसे छोटा जानिये। क्योंकि लोहा सबसे पीछे तथा शनिदेव का आसन था इसलिये शनिदेव ने सोचा कि राजा ने मुझे सबसे छोटा बना दिया है।

राजा के इस निर्णय पर शनिदेव को बहुत क्रोध आया। उन्होंने कहा कि राजा तू मेरे पराक्रम को नहीं जानता। सूर्य एक राशि पर एक महीना, चंद्रमा सवा दो दिन दो महीना, मंगल डेढ़ महीना। बुध और शुक्र एक महीना और बृहस्पति तेरह महीने विचरण करते हैं परन्तु मैं एक राशि पर ढाई वर्ष से लेकर साढ़े सात वर्ष तक रहता हूं। बड़े-बड़े देवताओं को भी मैंने भीषण दु:ख दिया है। सुनो राजन–रामचंद्र जी को साढ़े-साती आई तो उन्हें वनवास हो गया। रावण पर आई तो राम ने वानरों सहित उसकी लंका पर चढ़ाई कर उसके कुल का सर्वनाश कर दिया। हे राजन, तुमने मुझे अपमानित किया है। अत: अब तुम सावधान रहना।

राजा विक्रमादित्य ने कहा–जो कुछ भाग्य में होगा देखा जाएगा। ऐसा सुनकर सभी ग्रह प्रसन्नतापूर्वक अपने-अपने स्थान को चले गए किंतु शनिदेव जी अत्यंत क्रोध में वहां से सिधारे।

कुछ काल व्यतीत होने पर जब विक्रमादित्य पर साढ़े साती की दशा आई तो शनिदेव घोड़ों के सौदागर बनकर सुन्दर घोड़ों के साथ राजा विक्रमादित्य की राजधानी में आए। जब राजा ने घोड़ों का सौदागर के आने की खबर सुनी तो उन्होंने अपने अश्वपाल को अच्छी-अच्छी नस्ल के घोड़े खरीदने की सलाह दी।

अश्वपाल इतने अच्छे घोड़े देखकर तथा उनका मूल्य सुनकर चकित हो गया तथा तुरन्त ही राजा को सूचना दी। राजा विक्रमादित्य ने उन घोड़ों को देखा तथा उन घोड़ों में से एक अच्छी नस्ल के घोड़े को चुनकर सवारी के लिए उस पर चढ़े।

राजा के पीठ पर चढ़ते ही घोड़ा तेजी से भागा। घोड़ा बहुत दूर एक घने जंगल में जाकर राजा को छोड़कर अंतर्ध्यान हो गया। इसके पश्चात् राजा विक्रमादित्य अकेले जंगल में भटकते फिरते रहे। भूख प्यास से व्याकुल राजा ने एक ग्वाले को देखा। ग्वाले ने राजा को पानी पिलाया। राजा ने प्रसन्न होकर अपनी अंगुली से एक अंगूठी निकालकर ग्वाले को दी तथा स्वयं शहर की ओर चल दिये। राजा शहर में

जाकर एक सेठ की दुकान पर जाकर बैठ गए तथा उन्होंने उसे अपना नाम वीका बताया।

सेठ ने उसे एक कुलीन व्यक्ति समझकर जलादि पिलाया। भाग्यवश उस दिन सेठ की दुकान पर बहुत बिक्री हुई। सेठ उसे भाग्यवान पुरुष समझकर अपने घर भोजन के लिए ले गया।

भोजन करते समय राजा ने एक आश्चर्यजनक घटना देखी, जिस खूंटी पर हार लटक रहा था वह खूंटी हार को निगल रही थी। भोजन के पश्चात् जब सेठ कमरे में आया तो उसे खूंटी पर हार नहीं मिला। उसने सोचा कि वीका के अतिरिक्त कमरे में कोई नहीं आया अत: उसने ही हार चोरी किया है। परन्तु वीका ने हार की चोरी से मना कर दिया। तब कुछ व्यक्ति उसे पकड़ कर नगर फौजदार के पास ले गए।

फौजदार ने उसे राजा के सामने उपस्थित किया तथा कहा कि यह व्यक्ति भला प्रतीत होता है किंतु सेठ इस पर चोरी का आरोप लगा रहा है। राजा ने आज्ञा दी कि इसके हाथ-पैर कटवाकर चौरंगिया किया जाए।

राजा की आज्ञा का तुरन्त पालन हुआ तथा वीका के हाथ-पैर काट दिये गए। कुछ काल व्यतीत होने पर एक तेली ने राजा को देखा तथा दयावश वह उसे अपने घर ले गया। तेली ने उसे कोल्हू पर बैठा दिया।

वीका उस पर बैठा हुआ अपनी जबान से बैलों को हांकता रहता था। इस काल में राजा की शनि की दशा समाप्त हो गई। वर्षा ऋतु के समय चौरंगिया राजा विक्रमादित्य मल्हार राग गाने लगा। यह राग सुनकर शहर के राजा की प्रिय पुत्री मनभावनी उसकी वाणी पर मुग्ध हो गई।

राजकन्या ने अपनी दासी को मल्हार राग गाने वाले की खबर लाने के लिये भेज दिया। दासी सारे शहर में घूमती रही। जब वह तेली के घर के पास से निकली तो उसने देखा कि राजा चौरंगिया मल्हार राग गा रहा है।

दासी ने लौटकर राजकुमारी को सब वृतान्त कह सुनाया। उसी समय राजकुमारी मनभावनी ने अपने मन में यह प्रण कर लिया कि चाहे कुछ भी हो, मैं इसी चौरंगिया के साथ विवाह करूंगी। प्रात:काल होते ही दासी ने जब राजकुमारी मनभावनी को जगाया तो वह अनशन व्रत लेकर बिस्तर पर पड़ी रही। राजकुमारी की अनशन की बात दासी ने जाकर रानी को बताई। रानी ऐसा सुनकर राजकुमारी के पास आई और पुत्री से कारण पूछा। राजकुमारी बोली–माता मैंने यह प्रण लिया है कि तेली के घर जो चौरंगिया है मैं उससे विवाह करूंगी। माता ने सुनकर आश्चर्य व्यक्त किया और कहा कि क्या तू पागल हुई है? तेरा विवाह तो किसी बड़े राजा से होगा। राजकुमारी

बोली–हे माता, ये मेरा अटल प्रण है जिसे मैं नहीं तोड़ूंगी। चिंतित हो राजा ने यह बात रानी को बताई। राजा ने पुत्री को समझाया–हे पुत्री, ये कैसी जिद है तुम्हारी? तुम्हारा विवाह तो किसी बड़े राजा से होगा। तुम्हें ऐसी बात नहीं सोचनी चाहिए। परन्तु राजकुमारी भी अपने प्रण पर अडिग थी। उसने कहा–पिताजी प्राण दे सकती हूं पर अपना प्रण नहीं तोड़ सकती। यह सुनकर राजा ने कहा–यदि तेरे भाग्य में ऐसा लिखा है तो यही सही। राजा ने तेली को बुलाकर कहा कि तेरे घर जो चौरंगिया रहता है मैं अपनी पुत्री का विवाह उसके साथ करूंगा।

तेली न आश्चर्य से कहा–महाराज आप ये क्या कह रहे हैं? कहां राजकुमारी और कहां एक चौरंगिया। राजा ने कहा–ये सब भाग्य का खेल है। तुम जाकर विवाह की तैयारियां करो। राजा ने शुभ मुहूर्त देखकर राजकुमारी का विवाह चौरंगिया के साथ कर दिया। रात को जब विक्रमादित्य महल में सो रहे थे तो शनिदेव ने विक्रमादित्य को स्वप्न में दर्शन दिए और कहा–हे राजा! मुझे छोटा बतलाकर तुमने कितने कष्ट उठाए है। राजा ने शनिदेव से कहा–प्रभु मेरे अपराध के लिए मुझे क्षमा कर दो। शनिदेव राजा से प्रसन्न हो गए तथा उन्होंने राजा को क्षमा कर दिया और राजा को उसके हाथ-पैर वापिस कर दिये।

तब राजा ने हाथ जोड़कर शनिदेव से विनती की–हे शनिदेव! आपसे विनती है मेरी कि आपने जैसे कष्ट मुझे दिए ऐसे किसी को कभी न देना।

शनिदेव ने प्रसन्न होकर कहा–राजन तुम्हारी विनती मुझे स्वीकार है। जो व्यक्ति नित्य प्रति मेरा ध्यान करेगा, मेरी कथा सुनेगा, कहेगा उसे मेरी दशा में कभी कोई दुःख नहीं होगा तथा जो भी मनुष्य प्रतिदिन मेरा ध्यान कर चीटियों को आटा डालेगा उसके सभी मनोरथ पूर्ण होंगे। यह कहकर शनिदेव अन्तर्ध्यान हो गए।

सवेरे जब राजकुमारी मनभावानी की आंख खुली तो उसने चौरंगिया को हाथ-पैर सहित देखा तो उसके आश्चर्य की सीमा न रही। उसने विक्रमादित्य को जगाया और उसके इसका कारण पूछा। तब राजा ने अपना सारा वृतांत राजकुमारी को कह सुनाया।

यह सुनकर राजकुमारी अति प्रसन्न हुई। प्रातः काल मनभावनी की सखियों ने पिछली रात्रि का हाल-चाल पूछा तो उसने रात्रि की घटना का तथा उसके हाथ-पैर सही हो जाने का सारा वृतांत कह सुनाया। जब उस सेठ को यह घटना पता चली तो वह विक्रमादित्य के पास आया और उसने राजा से क्षमा मांगी और कहा–हे महाराज! मैंने आप पर चोरी का झूठा आरोप लगाया। मुझे क्षमा कर दीजिये। राजा ने कहा–यह सब मेरे भाग्य के तथा शनिदेव जी के कोप के कारण हुआ, इसमें तुम्हारा कोई दोष नहीं था।

तब सेठ ने कहा–हे महाराज! यदि आपने वास्तव में मुझे क्षमा कर दिया तो फिर मेरे घर चलकर भोजन ग्रहण करें, तभी मुझे शांति प्राप्त होगी। राजा ने कहा–जैसा आप उचित समझें करें।

घर जाकर सेठ ने नाना प्रकार के व्यंजन बनवाए और राजा विक्रमादित्य को आमंत्रित किया। जब राजा विक्रमादित्य तथा राजकुमारी भोजन कर रहे थे तो सबने एक बड़ी आश्चर्यजनक घटना देखी। जो खूंटी पहले हार निगल चुकी थी वही खूंटी हार उगल रही थी। भोजन की समाप्ति पर सेठ ने हाथ जोड़कर राजा से कहा–महाराज मेरी श्रीकंवरी नाम की एक कन्या है। आप उसे पत्नी के रूप में वरण करें। राजा विक्रमादित्य ने सेठ की बात स्वीकार कर ली और सेठ ने अपनी कन्या का विवाह राजा से कर दिया और बहुत-सी भेंट राजा को दी, इस प्रकार आनन्दपूर्वक कुछ समय तक सेठ के राज्य में रहने के पश्चात् राजा विक्रमादित्य अपने श्वसुर राजा से कहा कि अब मेरी उज्जैन जाने की इच्छा है।

कुछ दिन बाद विदा लेकर राजकुमारी मनभावनी, सेठ की कन्या श्रीकंवरी तथा दोनों जगह से दहेज में प्राप्त अनेक दास-दासी, रथ और पालकियों सहित राजा विक्रमादित्य उज्जैन की तरफ चले। जब वे शहर के निकट पहुंचे और उज्जैनवासियों ने राजा के आने का समाचार सुना तो उज्जैन की समस्त प्रजा अगवानी के लिए आई। प्रसन्नता से राजा अपने महल में पधारे। सारे नगर में भारी उत्सव मनाया गया और रात्रि को दीपमाला की गई। दूसरे दिन राजा ने अपने पूरे राज्य में घोषणा करवाई कि शनि देवता सब ग्रहों में सर्वोपरि हैं। मैंने इनको छोटा बतलाया इसी से मुझको यह दु:ख प्राप्त हुआ।

इस प्रकार सारे राज्य में सदा शनिदेव की पूजा और कथा होने लगी। राजा और प्रजा अनेक प्रकार के सुख भोगती रही। जो कोई शनिदेव की इस कथा को पढ़ता या सुनता है, शनिदेव की कृपा से उसके सब दु:ख दूर हो जाते हैं। व्रत के लिए शनिदेव की कथा को अवश्य पढ़ना चाहिए।

ओ३म् शान्ति:। ओ३म् शान्ति:!! ओ३म् शान्ति:!!!

शनिवार की आरती

जय-जय रविनन्द जय दु:ख भंजन।
जय-जय शनि हरे ।।टेक।।
जय भुजचारी, धारणकारी, दुष्ट दलन।।1।।
तुम होत कुपित, नित करत दुखी, धनी को निर्धन।।2।।

तुम धर अनुप यम का स्वरूप हो, करत बंधन॥3॥
तब नाम जो दस तोहित करता सो बस, जो करे रटन॥4॥
महिमा अपार जग में तुम्हारे, जपते देवतन॥5॥
सब नैन कठिन नित बरे अग्नि, भैंसा वाहन॥6॥
प्रभु तेज तुम्हारा अतिहिं करारा, जानत सब जन॥7॥
प्रभु शनि दान से तुम महान, होते तो मगन॥8॥
प्रभु उदित नारायण शीश, नवायन धरे चरण।

जय-जय शनि हरे।

❑❑❑

मकरलग्न में रत्न धारण का वैज्ञानिक विवेचन

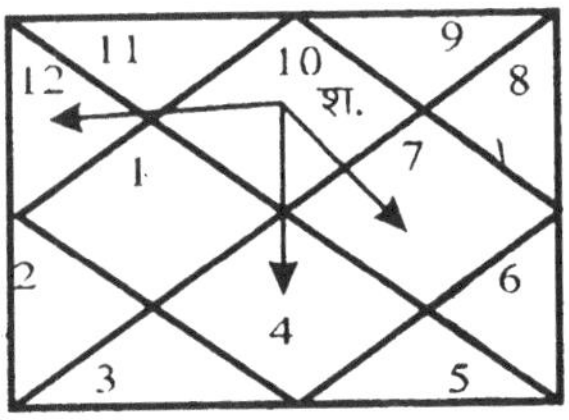

1. **माणिक्य**–मकरलग्न में सूर्य अष्टम भाव का स्वामी होता है। इसके लग्नेश शनि और सूर्य में परस्पर शत्रुता है। अत: इस लग्न के जातक को माणिक्य कभी धारण नहीं करना चाहिए।
2. **मोती**–मकरलग्न में चंद्र सप्तम स्थान का स्वामी होने के कारण मारकेश होता है। वह लग्नेश शनि का शत्रु भी है अत: इस लग्न के जातक के लिए मोती हानिकारक प्रमाणित होगा।
3. **मूंगा**–मकरलग्न में मंगल चतुर्थ और एकादश भावों का स्वामी है। मंगल की महादशा में मूंगा धारण करने से मातृ-सुख, गृह, वाहन सुख की प्राप्ति होती है तथा आर्थिक लाभ होता है।
4. **पन्ना**–मकरलग्न के लिए बुध षष्ठ और नवम भाव का स्वामी होगा। नवम त्रिकोण में उसकी मूल त्रिकोण राशि में पड़ती है। इस कारण बुध इस लग्न के लिए शुभ माना गया है। बुध लग्नेश शनि का मित्र भी है। इसलिए पन्ना सदा नीलम के साथ धारण करना ही उचित होगा। बुध की महादशा में पन्ना धारण करना ही फलदायी होगा।
5. **पुखराज**–मकरलग्न के लिए बृहस्पति तृतीय और द्वादश स्थान का स्वामी होने के कारण अत्यन्त शुभ ग्रह है अत: इस लग्न के जातक को पुखराज कभी नहीं पहनना चाहिए।
6. **हीरा**–मकरलग्न तथा कुंभलग्न के लिए क्रमश: पंचम तथा दशम और चतुर्थ और नवम का स्वामी होने के कारण शुक्र अत्यन्त शुभ और योगकारक ग्रह

माना गया है। शुक्र की महादशा में हीरा अवश्य धारण करना चाहिए। हीरा यदि नीलम के साथ धारण किया जाये तो उत्तम फलदायक होगा।

7. **नीलम**–मकरलग्न के शनि लग्न और धन भाव का स्वामी है। इस लग्न के जातक को नीलम सदा सुख और सम्पन्नता प्राप्त करने के लिए धारण करना चाहिए।

विशिष्ट उद्देश्यपूरक संयुक्त रत्न

1. **संतान हेतु**–हीरा सवा चार रत्ती, नीलम सवा चार रत्ती पहनें।
2. **भाग्योदय हेतु**–पन्ना सवा छः रत्ती, नीलम सवा 'छः रत्ती त्रिलोह में पहनें।
3. **आरोग्य हेतु**–नीलम सवा दस रत्ती अकेला शनि यंत्र में पहनें।
4. **स्थाई लक्ष्मी हेतु**–नीलम सवा पांच रत्ती, पन्ना सवा छः रत्ती त्रिलोह में धारण करें।

❑❑❑

प्रबुद्ध पाठकों के लिए अनमोल सुझाव

फलादेश करते समय इन्हें कृपया ध्यान रखें

1. बिना फलादेश ज्योतिष शास्त्र निर्गन्ध पुष्प है, अत: फलादेश करते समय कृपया जल्दबाजी न करें। फलादेश करते समय अपने खुद के साथ जोर-जबरदस्ती न करें। यथा आपका ध्यान अन्य कार्य में है। आपके पास समय का अभाव है, परन्तु सामने वाला पृच्छक आप पर दबाव डाल रहा है कि मेरी तो ट्रेन जा रही है, बस जा रही है, प्लेन जा रहा है, अभी के अभी बताओ क्या होने वाला है? जो फलादेश आवेश व जल्दीबाजी में होगा वो फलादेश गलत हो जायेगा क्योंकि फलादेश करते समय चित्त शान्त होना चाहिए।
2. जन्म कुण्डली का अध्ययन एकान्त में करें। गम्भीरतापूर्वक करें। आलतू-फालतू लोगों को पास न बैठाएं। जहां तक हो सकें दैवज्ञ विद्वान् के पास अकेला पृच्छक (जिज्ञासु) ही होना चाहिए।
3. दैवज्ञ को फलादेश करने के पूर्व सरस्वती अथवा अपने इष्ट देव का स्मरण करना चाहिए।

   रिक्त पाणि न पश्येत् राजानां दैवतां गुरु:।
4. फलादेश प्रारम्भ करने के पूर्व जिज्ञासु सज्जन से फल-पुष्प दक्षिणा भेंट इत्यादि स्वीकार करके उसे प्रभुचरणों में समर्पित करके ही आगे प्रवृत होना चाहिए।
5. यह शास्त्र वचन है कि जो दैवज्ञ ज्योतिषी के समीप और ईश्वर के दरबार में खाली हाथ जाता है, वह खाली हाथ ही वापस लौटता है।
6. आगन्तुक पृच्छक से हमेशा प्रश्न लिखित में लिखकर लें और प्रत्युत्तर हमेशा हस्ताक्षर, तारीख और समय के साथ लिखित में लिखकर देने का साहस रखें, तभी आत्मविश्वास एवं साधना दोनों बढ़ेंगे।

7. घटना घटित होने के बाद उसकी सफलता एवं असफलता के कारणों की पुष्टि ज्योतिषीय सिद्धान्तों के आधार पर निरन्तर करते रहना चाहिए। फलित सत्य होने पर, स्व प्रशंसा न करें, ज्यादा फूले नहीं? क्योंकि यह सत्यखोजी ऋषियों की कृपा से हुआ है तथा फलित सत्य होने पर निराश या हताश नहीं होना चाहिए क्योंकि गलती हमेशा व्यक्तिगत ही होती है। **'मनुष्य मात्र भूल का पात्र'** गलती हममें है, ऋषियों की वाणी में नहीं, ऐसा विश्वास रखना चाहिए।

8. जन्मपत्रिका को लग्न के अनुसार देखना सीखें।

शास्त्र कहते हैं–

9. **फलानि ग्रहचारेण सूचयन्ति मनीषिण।**
को वक्तां तारतम्यस्य तमेकं वेधसं विना॥

ग्रहों की स्थिति पर से जानकार दैवज्ञ ज्योतिषी शुभ-अशुभ फलों की सूचना करते हैं, परन्तु (फलों के) कम अथवा अधिक प्रमाण तो एक मात्र जगत्सृष्टा ब्रह्मा के सिवाय कौन कह सकेगा? फिर भी ईश्वर के पश्चात् ज्योतिषी वह पहला व्यक्ति है, जो निश्चयपूर्वक आपके भूत, भविष्य एवं वर्तमान बताने का सामर्थ्य रखता है।

10. **पापत्वे सति नीचत्वे ऊच्चत्वे वापि किं फलम्।**
ते योगाः कि करिष्यन्ति स्वदशानामनागमे।

ग्रहों का अशुभत्व, नीचत्व अथवा उच्चत्व इनका योग होने पर भी यदि उनकी दशा नहीं आती हो तो उनके फल कहां से प्राप्त होंगे? और क्यों मिलना चाहियें? दशाओं में ग्रहों के शुभ-अशुभ फल प्राप्त होते हैं। इस जगह '**दशा**' शब्द से '**महादशा**' और '**अंतर्दशा**' इन दोनों का बोध होता है। दशा में विशेष फल मिलता है।

11. **मित्रशत्रुसमायोगे फलं मिश्रं शुभं विदुः।**
केन्द्रत्रिकोणेप्युच्चत्वे मित्रग्रहसमन्विते॥

मित्र और शत्रु ग्रहों का योग हो तो मिश्रफल जानना चाहिए। केन्द्र त्रिकोण अथवा उच्च स्थानों में मित्र ग्रहों से युक्त ग्रह हों तो शुभ फल जानना चाहिए।

12. **मित्रराशिगते वापि मन्त्रिणा यदि वीक्षिते।**
मित्रयुक्ते बलवपि राजतुल्यो भवेन्नरः॥

मित्र ग्रहों के स्थान में स्थित, मित्रग्रह से युक्त और दिग्बली एवं अशों में बलवान ऐसा ग्रह यदि गुरु से दृष्ट हो तो मनुष्य उस समय राजातुल्य ऐश्वर्य को भोगता है।

13. कोई ग्रह यदि राहु के साथ बैठा है। जब ऐसे ग्रह की दशा हो तो उस दशा में अरिष्ट होता है।

14. जब लग्नेश अष्टम स्थान में हो तो उस दशा में बहुत दु:ख, कष्ट एवं परेशानी होती है।

15. जब ग्रह '**दिग्बल**' से युक्त हो तो उसकी दशा में बड़ी प्रतिष्ठा उसी दिशा में मिलती है, जिस दिशा का वह ग्रह स्वामी हो।

16. जब पाप ग्रह (शनि, राहु, केतु या दु:स्थान के स्वामी) की महादशा हो और उसमें शुभ ग्रह की अंतर्दशा हो, तो आरंभ से कष्ट होता है और अंत में सुख प्राप्त होता है।

17. जब शुभ ग्रह की (चंद्र, बुध, गुरु, शुक्र) महादशा हो और उसमें पाप ग्रह की अंतर्दशा हो तो आरंभ में सुख होता है और अंत में भय होता है।

18. जब क्रूर (सूर्य या मंगल) ग्रह की महादशा हो, उसमें क्रूर ग्रह की अंतर्दशा, यदि वे दोनों आपस में शत्रु हों तो मृत्यु होती है, परन्तु जब वे आपस में मित्र हों तो जीवन में संदेह होता है।

19. जब दो ग्रह एक दूसरे से छठे अथवा आठवें स्थान में स्थित हों तो उनकी अंतर्दशा में बड़ा भय होता है।

20. जब मंगल (मारकेश) की महादशा में शनि (अन्य मारकेश) की अंतर्दशा हो तो मनुष्य की मृत्यु संभव है।

21. जब पाप ग्रह, क्रूर या शत्रु राशि में स्थित छठे अथवा आठवें स्थान में हों, शुक्र अथवा सूर्य की उस पर दृष्टि हों, तो अपनी दशा में मृत्यु करता है।

22. जब लग्नेश की दशा में, लग्नेश के शत्रु की अंतर्दशा हो तो अकस्मात् मृत्यु हो जाती है। ऐसा सत्याचार्य कहते हैं।

23. जिस ग्रह की महादशा हो उससे 6, 8, 12 स्थानों में स्थित ग्रह की अंतर्दशा शुभ नहीं होती है। शेष स्थानों में स्थित शुभ ग्रह की महादशा तथा पाप ग्रह की अंतर्दशा कष्ट देने वाली होती है।

24. जब दशम लग्न, लाभ, पराक्रम, सुख तथा त्रिकोण (पंचम, नवम) स्थित शुभ ग्रह हो और वह स्वगृही हो अथवा उच्च का हो, अथवा मित्र घर का हो, अथवा मित्र नवांश का हों तो उस ग्रह की दशा शुभ होती है। परन्तु जो ग्रह 8-12, 6-7-2 स्थानों में अथवा अष्टमेश में हो अथवा शत्रु के घर के हों पाप ग्रह हों अथवा नीच के हों अथवा अस्तगत हों उसकी दशा शुभ नहीं होती है।

25. जब मित्र ग्रह की महादशा में, मित्र ग्रह की अंतर्दशा हो, अथवा शुभ ग्रह की महादशा में शुभ ग्रह की अंतर्दशा हो तो वह शुभ होती है। परन्तु जब शत्रु ग्रह की महादशा में शत्रु ग्रह की अंतर्दशा हों, अथवा पाप ग्रह की महादशा में, पाप ग्रह की अंतर्दशा हो तो शुभ नहीं होती है। यदि शुभ तथा पाप ग्रह अथवा शत्रु तथा मित्र ग्रहों की दशा और अंतर्दशा मिश्रित हो तो मिश्रित फल होता है।

26. उक्त दशाओं के साथ-साथ गोचर में चलायमान ग्रहों का शुभाशुभ प्रभाव जन्मकुण्डली पर अवश्य पड़ता है। इस तथ्य को घटित करके देखना चाहिए तथा बाद में अन्तिम निर्णय पर पहुंचना चाहिए।

27. पृच्छक जब आपके पास आता है। उस समय शकुन क्या कहते हैं? प्रकृति के रहस्यमय घटनाओं का सूक्ष्म अध्ययन भी मन-मस्तिष्क में रखना चाहिए। वे तत्काल फल चमत्कारी रूप में देते हैं। मान लीजिए कोई आपसे प्रश्न पूछने आया और बिजली चली गई। कोई बर्तन अचानक गिर कर टूट गया? पास में रोने की, झगड़े का कलह की आवाजें आ गई तो जातक का कार्य हर्गिज नहीं होगा। जिज्ञासु सज्जन के आते ही कहीं से कोई फल-मिठाई पुष्प लेकर आ गया। अचानक रोशनी आ गई। टेलीफोन में अचानक शुभ समाचार मिल गये। बेन्ड-बाजे, नगाड़े की आवाज आ गई तो निश्चित ही आगन्तुक सज्जन का कार्य होगा। ज्योतिषशास्त्र के विद्वान् को शुभाशुभ शकुन शास्त्र का भी पूरा-पूरा ज्ञान होना चाहिए।

❑❑❑

दृष्टांत कुण्डलियां

A. अवतार, संत-महात्मा एवं विद्वान्

भगवान् महावीर (जैन धर्म प्रवर्तक)

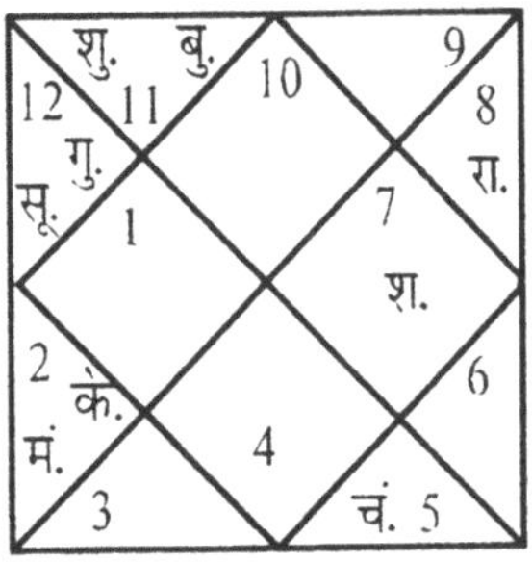

जन्म तिथि-27.3.599, जन्म समय-1.30 बजे रात्रि, जन्म स्थान-वैशाली (बिहार)। भगवान महावीर का जन्म विक्रम सम्वत् 656 चैत्र शुक्ल त्रयोदशी को बिहार के कुन्दाग्राम जिला वैशाली में हुआ। भगवान महावीर का जन्म मध्यरात्रि पूर्वाफाल्गुनी नक्षत्र के द्वितीय चरण, 'सिंह राशि' एवं 'मकरलग्न' के अंतर्गत हुआ। उच्च के शनि ने '**शश योग**' में जन्म देकर उन्हें चक्रवर्ती सम्राट बनाया। सप्तमेश चंद्र ने आठवें जाकर '**अविवाह योग**' कराया। त्रिशला क्षत्रियाणी की कोख से उत्पन्न महावीर को एक शालवृक्ष के नीचे ब्रह्मज्ञान हुआ।

गुरु गोलवकर (राष्ट्रीय स्वयं सेवक संघ)

जन्म तिथि-14.2.1906, जन्म समय-4.30 मूल नक्षत्र। माधवराव सदाशिवराव गोलवलकर राष्ट्रीय स्वयं सेवक संघ के प्रमुख रहे। सप्तम भाव में राहु होने से वे आजीवन अविवाहित रहे। आंशिक कालसर्प योग के कारण उनका विवाह नहीं हो पाया। सप्तमेश चंद्र बारहवें '**अविवाह योग**' कराता है। चतुष्ग्रह युति धन स्थान में होने के कारण धन चारों ओर से उनके नाम से बरसता था।

स्वामी सत्यमित्रानन्द गिरि

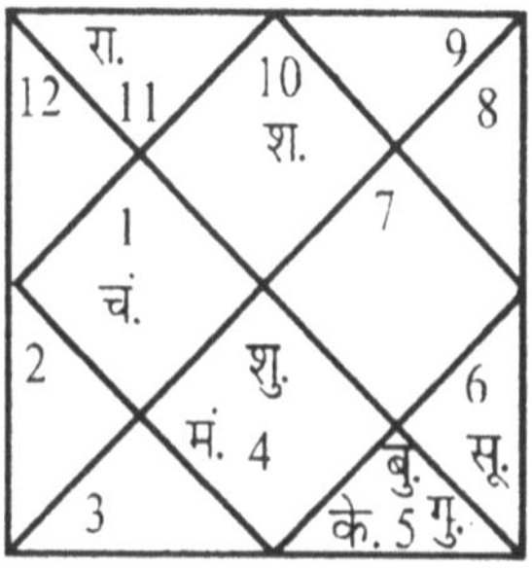

जन्मतिथि-19.9.1932, जन्म स्थान-आगरा, जन्म समय-14.30। भारत माता मंदिर के संस्थापक महामण्डलेश्वर स्वामी सत्यमित्रानन्द जी की कुण्डली में '**शश योग**' बुध आठवें होने से हर्षनामक '**विपरीत राजयोग**' सूर्य एवं बुध में परस्पर राशि परिवर्तन हुआ है। चंद्रमा और मंगल में परस्पर राशि परिवर्तन से **संन्यास योग** मुखरित हुआ है।

मदर टेरेसा

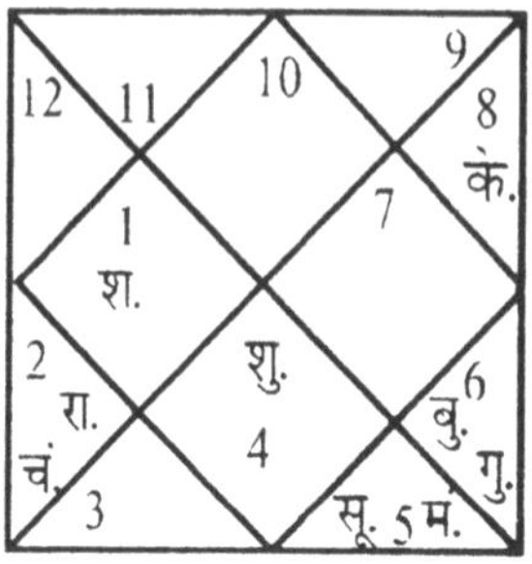

जन्मतिथि-27.8.1910, जन्म स्थान-अल्बानिया, जन्म समय-5.00 सायं। मदर टेरेसा को मरणोपरान्त 'सन्त' की उपाधि मिली। उन्होंने अपना मातृत्व प्राणी मात्र की सेवा में समर्पित कर रखा था। सप्तमेश पाप पीड़ित एवं आंशिक कालसर्प योग के

कारण ये आजीवन अविवाहित रहीं। अष्टमेश अष्टम में होने से सरल नामक **'विपरीत राजयोग'**, पराक्रमेश गुरु भाग्य स्थान में उच्च के बुध के साथ होने से इनकी कीर्ति सम्पूर्ण विश्व में फैली। सप्तमेश व पंचमेश ने परस्पर राशि परिवर्तन करके इस जातक को संतान एवं विवाह सुख से वंचित कर दिया। मदर टेरेसा को अपना उत्तराधिकारी नहीं मिला।

डॉ. प्रेमदत्त पाण्डे (सम्पादक-निरोगधाम)

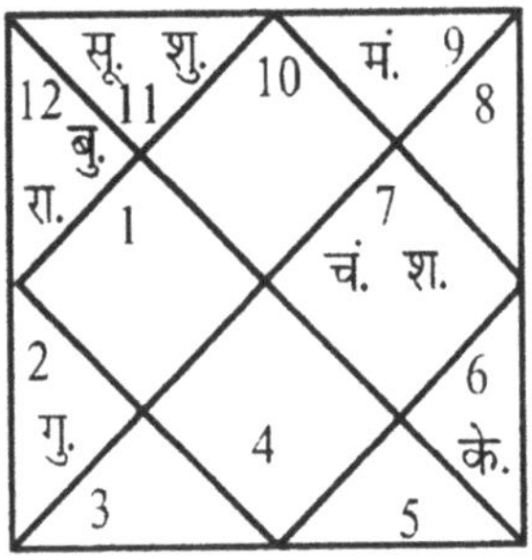

जन्मतिथि-28.7.1933, जन्म स्थान-सिहोर (मध्य प्रदेश), जन्म समय-19.00। इन्दौर से प्रकाशित 'निरोगधाम' पत्रिका के संपादक डॉ. प्रेमदत्त पाण्डे आयुर्वेद शास्त्र के प्रखर ज्ञाता हैं। लग्न में शनि **'शश योग'** बना रहा है। यहां बुध व चंद्रमा ने परस्पर राशि परिवर्तन किया है। फलत: जातक का भाग्य एवं पत्नी पक्ष दोनों बलवान हो गए।

मेहर बाबा

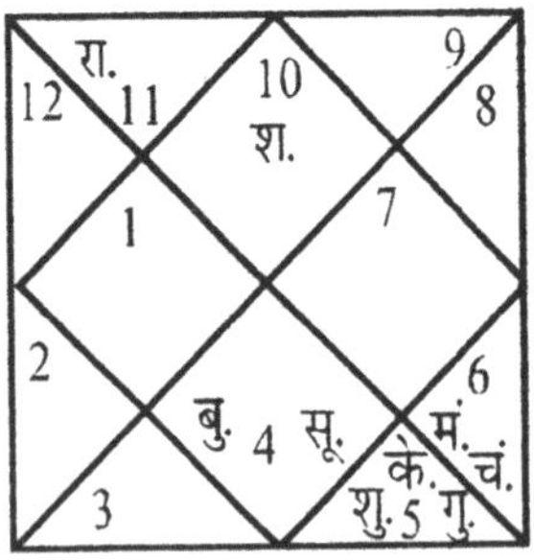

जन्मतिथि-25.2.1894, जन्म समय-4.30। **मेहरबाबा की कुण्डली में उच्च के शनि ने 'शश योग'** बनाया। शनि एवं शुक्र ने परस्पर राशि परिवर्तन किया है।

प्रो. कल्याण भारती

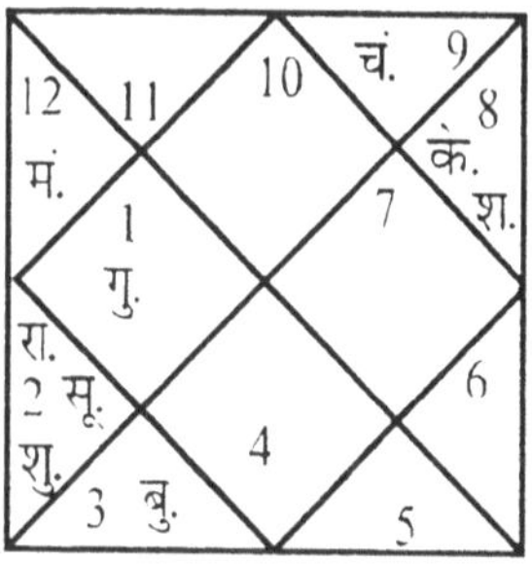

जन्मतिथि-6.6.1928, जन्म स्थान-माधोपुर, जन्म समय-23.30। केन्द्र में गुरु विद्या, बुद्धिबल, '**कुलदीपक योग**' व '**केसरी योग**' बना रहा है। सप्तमेश बारहवें, होने से विवाह सुख सामान्य होगा। पंचम भाव में स्वगृही शुक्र कन्या संतति की अधिकता देगा परन्तु सूर्य एक पुत्र देता है। सूर्य राहु से ग्रसित होने के कारण पुत्र सुख एवं वंश वृद्धि को लेकर चिन्ता बनी रहेगी।

B. राजा, राजपुरुष, राजनेता

बादशाह तैमूरलंग

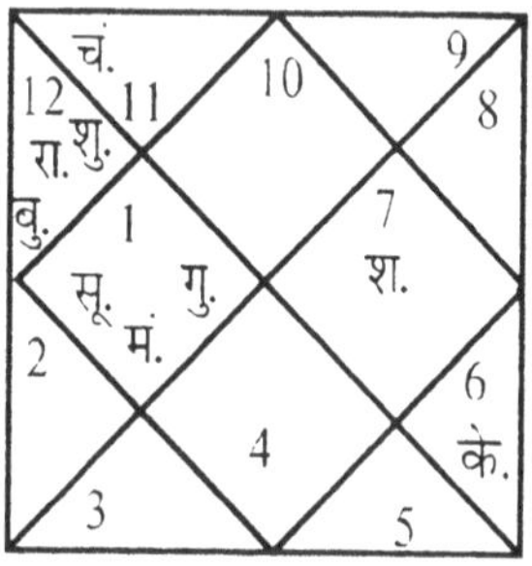

जन्मतिथि-9.4.6.1336, जन्म स्थान-समरकन्द, जन्म समय-14.26। 'चंगेज खां' के वंशज तैमूरलंग में धूर्तता और मक्कारी कूट-कूट कर भरी हुई थी। मंगल+सूर्य की युति '**किम्बहुना नामक राजयोग**' की सृष्टि कर रही है। तैमूरलंग 60 वर्ष की आयु में ऐसा युद्ध करता था जैसे 25 वर्ष का युवा करता हो। तैमूर की मृत्यु ईस्वी सन् 1405 में हुई। शनि द्वारा रचित '**शश योग**' ने उन्हें हिन्दुस्तान का बादशाह बनाया। एक खूंखार लूटेरा होते हुए भी तैमूरलंग ज्योतिष प्रेमी था। वह जहां भी हमला, लूटमार, मारकाट करता, वहां के विद्वानों को, ज्योतिषियों को अपने साथ ले जाता और अपने देश में उन लोगों से ज्योतिष की शिक्षा दिलवाता था। तैमूरलंग ने

अपने शासनकाल में अनेक भारतीय ज्योतिष के ग्रन्थों का अपनी भाषा में अनुवाद करवाया। उसी के वंश में उलूक बेग ज्योतिषी हुआ। जिसने समरकन्द में ज्योतिष वेधशाला का निर्माण कर, ज्योतिष के वेधयंत्रों की संशोधित सारणियां बनाईं।

श्री माणकचन्द जैन

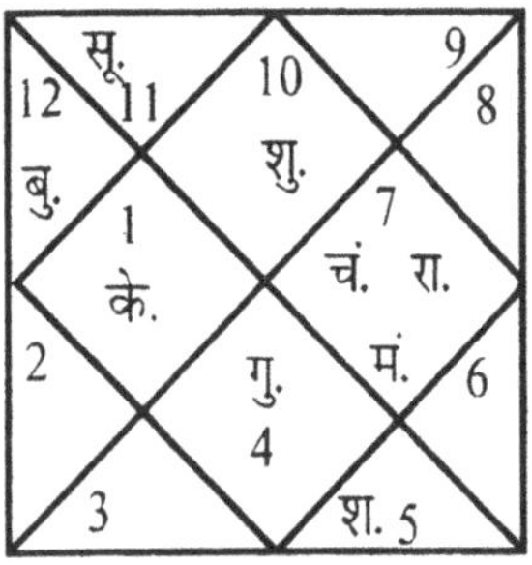

सम्पादक-'फेट एण्ड डेस्टिनी'। ज्योतिष की अनेक पुस्तकों के यशस्वी लेखक अंग्रेजी पत्रिका Fate & Destiny मासिक के सम्पादक स्व. माणिकचन्द जैन अंग्रेजी ज्योतिष संसार के अनमोल हस्ताक्षर हैं।

महाराणा प्रताप

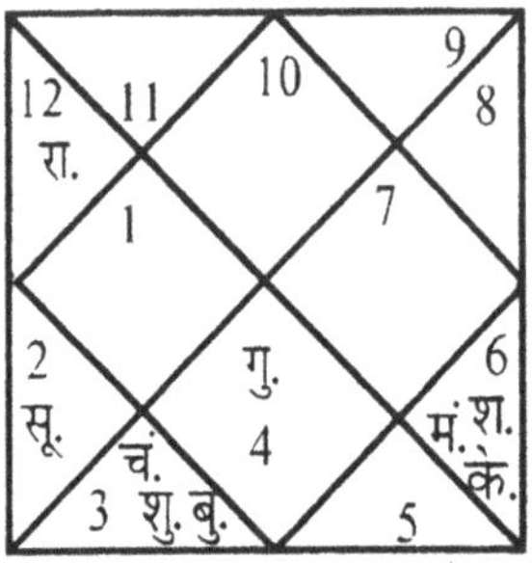

जन्म तिथि-19.5.1540, जन्म समय-12.30 रात्रि, जन्म स्थान-कुम्भलगढ़ (राजस्थान)। सम्वत् 1597 ज्येष्ठ शुक्ल तृतीया को जन्में महाराणा प्रताप ने भारत पर मुगलों के शासन को चुनौती दी। ईस्वी सन् 1576 में हल्दी घाटी में भयंकर युद्ध हुआ। जिसमें महाराणा को पराजय का सामना करना पड़ा। उन्होंने अपनी राजधानी उदयपुर में स्थापित की। सन् 1597 में उन्होंने नश्वर शरीर का त्याग किया।

बाला साहब ठाकरे

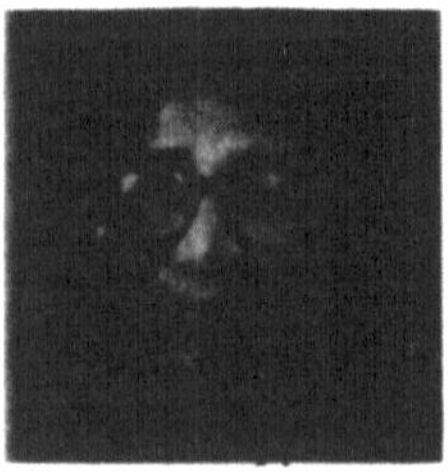

जन्म तिथि-23.1.1927, जन्म समय-7.00 प्रातः, जन्म स्थान-पुणे। बाला साहब ठाकरे हिन्दू सूर्य कहलाते हैं क्योंकि उनके लग्न में सूर्य है। सूर्य '**बुधादित्य योग**' एवं सरल नामक '**विपरीत राजयोग**' करके लग्न में बैठा है। मंगल केन्द्र में स्वगृही होने से '**रुचक योग**' बना है। जिसके कारण पद पर न होते हुए भी वे राजा ही हैं तथा अपने शत्रुओं का नाश करने में पूर्णतः सक्षम हैं, क्योंकि राहु छठे स्थान बैठा है।

श्री राम जेठमलानी

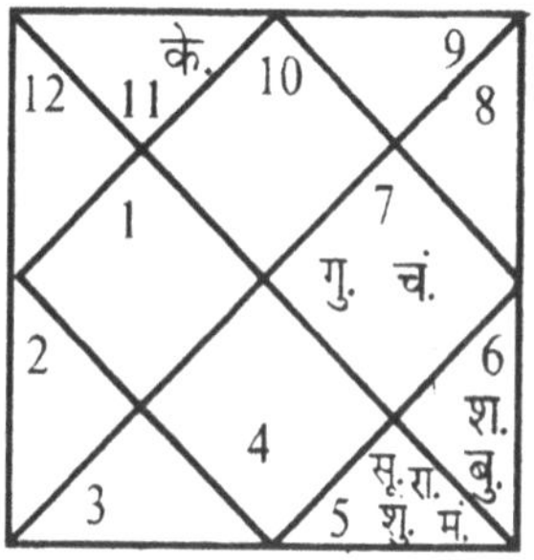

जन्म तिथि-14.9.1923, जन्म समय-2.30, जन्म स्थान-हैदराबाद (पाकिस्तान)। केन्द्रीय कानून मंत्री रह चुके श्री राम जेठमलानी एक तेज तर्रार वकील एवं राजनेता हैं। इनकी कुण्डली में '**कालसर्प योग**' अवरोह अवस्था का है। चार ग्रह आठवें स्थान में हैं। '**गजकेसरी योग**' केन्द्र में है। धन, वैभव सब कुछ होते हुए भी कालसर्प योग के कारण उन्हें वांछित कीर्ति नहीं मिल पाई।

माओत्से तुंग (प्रधानमंत्री चीन)

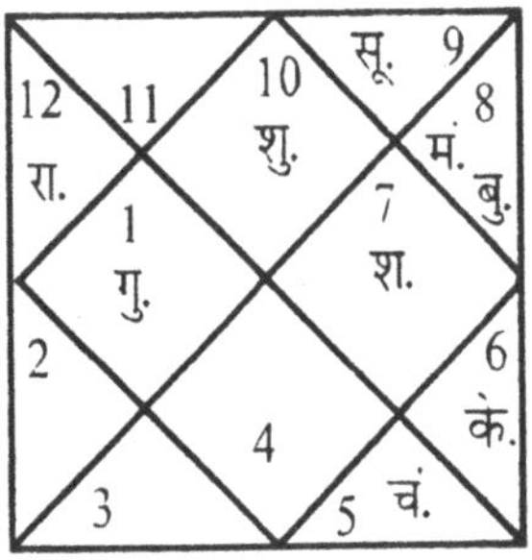

जन्म तिथि-27.12.1893, जन्मसमय-9.00, **जन्म स्थान**-शावयांग (चीन)।

प्रस्तुत कुंडली चीन के राष्ट्रपति श्री मावोत्सेतुंग की है। मानसागरी के श्लोक 2, पृ. 220 के अनुसार–

अकेला शुक्र केन्द्र या त्रिकोण में तथा तीसरे घर में होवे तो श्रेष्ठ राजयोग होता है। इस कुंडली में राजयोग कारक पंचमेश शुक्र लग्न में है तथा लग्नेश शनि केंद्र में उच्च का होने से उत्तरोत्तम उत्तम राजयोग बना है। माओत्सेतुंग विश्व की सबसे बड़ी आबादी वाले राष्ट्र चीन के राष्ट्रपति बने। चतुर्थेश मंगल स्वगृही होकर लाभ में है। '**पद्मसिंहासन योग**' के साथ शनि के कारण '**शश योग**' नामक अति सुंदर राजयोग की सृष्टि हुई है जो पंचमहापुरुष योगों में एक योग माना जाता है।

किंग एडवर्ड

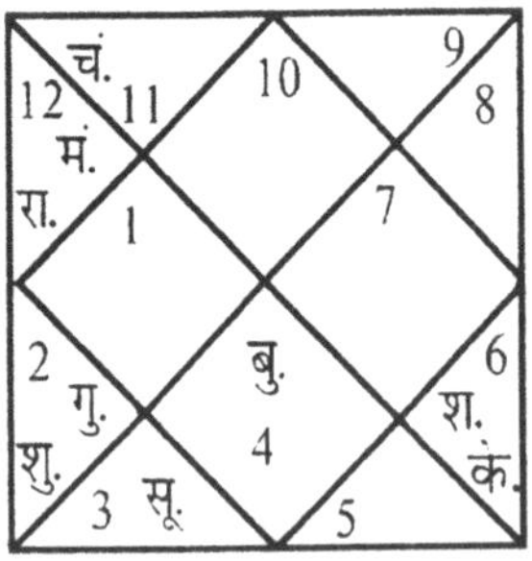

जन्म तिथि-23.6.1894, जन्मसमय-10.00 L.M.T.। **किंग एडवर्ड की कुण्डली** में लग्नेश व धनेश शनि भाग्य में है। राजयोगकारक शुक्र पंचम स्थान में स्वगृही है। अष्टमेश सूर्य छठे स्थान में जाने से सरल नामक '**विपरीत राजयोग**' ने उन्हें राजा बनाया पर व्यक्तिगत जीवन, केन्द्र खाली होने से उपलब्धियों से शून्य रहा।

श्री वी.सी. शुक्ला

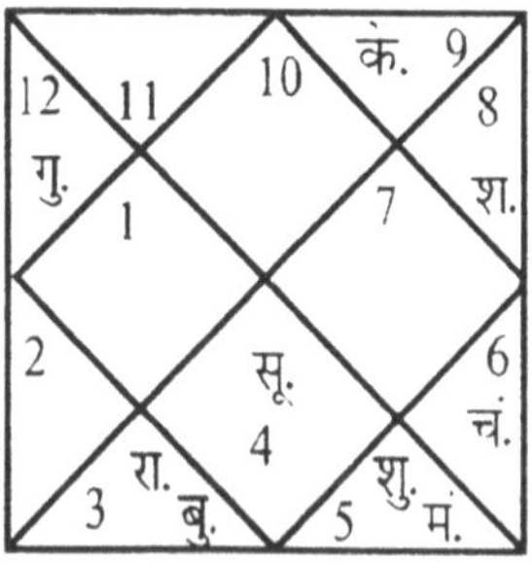

जन्म तिथि-2.8.1927, जन्म समय-19.15, जन्म **स्थान-रायपुर। प्रखर** राजनेता एवं पूर्व मंत्री रहे श्री वी.पी शुक्ला भारतीय राजनीति के अनमोल हस्ताक्षर हैं।

क्वीन एलिजाबेथ

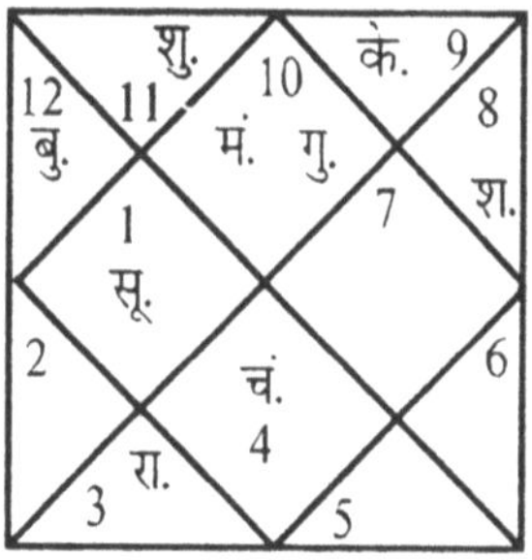

जन्म तिथि-21.4.1926, जन्म समय-2.00, **जन्म स्थान-लंदन। लग्न में** उच्च का मंगल **'रुचक योग'** बना रहा है। गुरु साथ होने से **'नीचभंग राजयोग'** बना। सूर्य केन्द्र में उच्च का **'रविकृत राजयोग'** तथा चंद्रमा स्वगृही केन्द्र में होने से शक्तिशाली **'यामिनीनाथ योग'** बना। फलत: क्वीन एलिजाबेथ चक्रवर्ती साम्राज्ञी थीं।

सरदार वल्लभ भाई पटेल

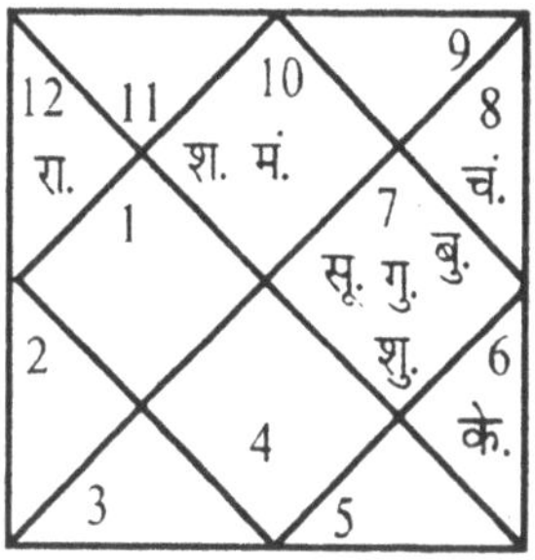

जन्म तिथि-11.10.1875, जन्म समय-13.00, जन्म स्थान-नडियाद (गुजरात)। लौहपुरुष सरदार वल्लभ भाई पटेल के लग्न में मंगल+शनि की युति होने से **'किम्बहुना नामक राजयोग'**, **'शश योग'**, **'रुचक योग'** उनको लौह पुरुष होने का प्रमाण देते हैं। केन्द्र में **'मालव्य योग'** होने से वे स्वतंत्र भारत के पहले गृहमंत्री थे जो रौबीले थे तथा अपने सामने दूसरों को कुछ भी नहीं समझते थे।

स्व. संजय गांधी

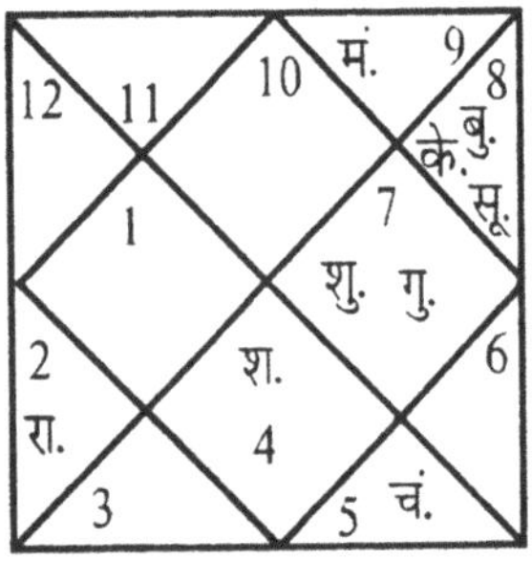

जन्म तिथि-14.12.1946, जन्म समय-9.27, **जन्म स्थान-दिल्ली। भारत** की प्रधानमंत्री स्व. इंदिरा गांधी के कनिष्ट पुत्र श्री संजय गांधी युवा कांग्रेस के राष्ट्रीय अध्यक्ष थे। उनकी मृत्यु 34 वर्ष की अल्पायु में 22.6.1980 को वायु यान दुर्घटना में हो गई। उनकी पत्नी श्रीमति मेनका गांधी भारतीय राजनीति में सक्रिय हैं।

डॉ. लक्ष्मीमल सिंघवी (राज्य सभा सदस्य)

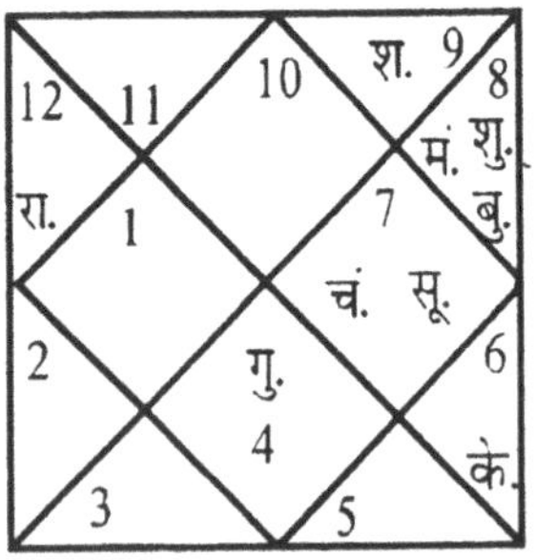

डॉक्टर लक्ष्मीमल सिंघवी ब्रिटिश उच्चायुक्त रह चुके हैं तथा कई वर्षों से राज्य सभा के सदस्य, प्रतिष्ठित सांसदों में सर्वोपरि स्थान को प्राप्त हैं। उच्च के गुरु ने **'हंस योग'** के द्वारा उन्हें राज में ऊंचा पद दिया। उनके आगे बढ़ने में उनकी धर्मपत्नी का सहयोग विशेष रहा।

मेघा पाटकर

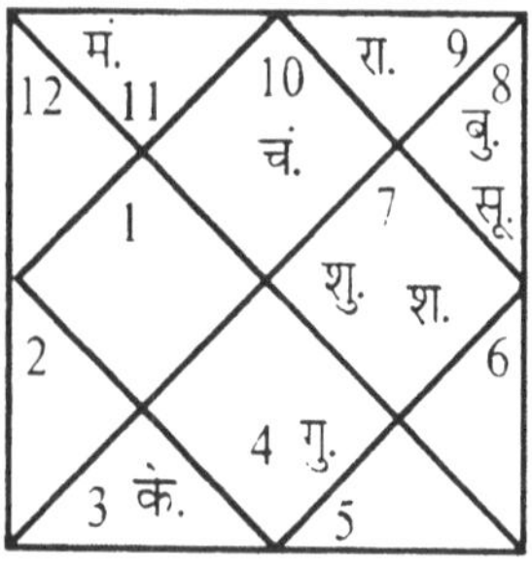

जन्म तिथि-1.12.1954, जन्म समय-11.00, जन्म स्थान-मुम्बई। नर्मदा बचाओ आंदोलन की प्रमुख सेविका मेघा पाटकर राजनीति से दूर होती हुई भी राजनेताओं व भारत की राजनीति में चर्चित व्यक्तित्व हैं।

सेठ विद्याभूषण

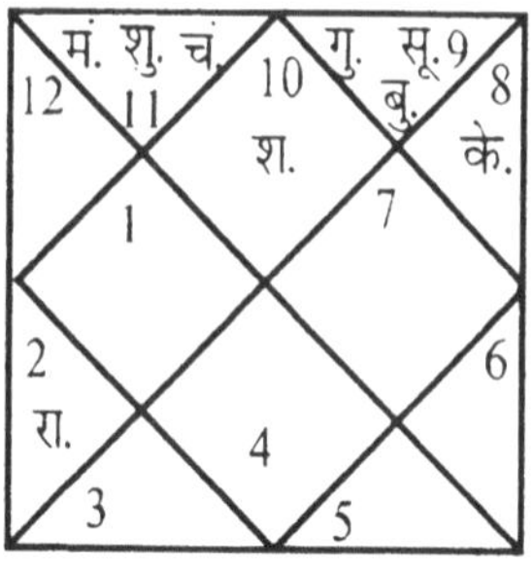

पूर्व पर्यटन मंत्री, जन्म स्थान-सहारनपुर। सेठ विद्या भूषण ज्योतिष प्रेमी, समाजसेवी व परोपकारी व्यक्तित्व के धनी थे। लग्नस्थ शनि ने **'शश योग'** बनाकर उन्हें पर्यटन मंत्री जैसा महत्त्वपूर्ण पद दिया।

फारुख अब्दुल्ला

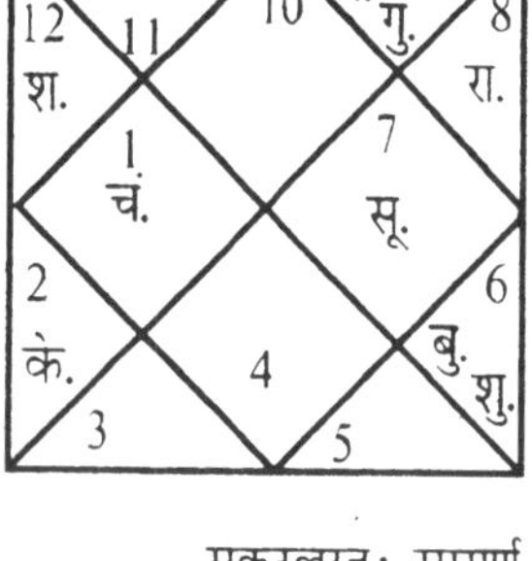

C. अभिनेता

दिलीप कुमार

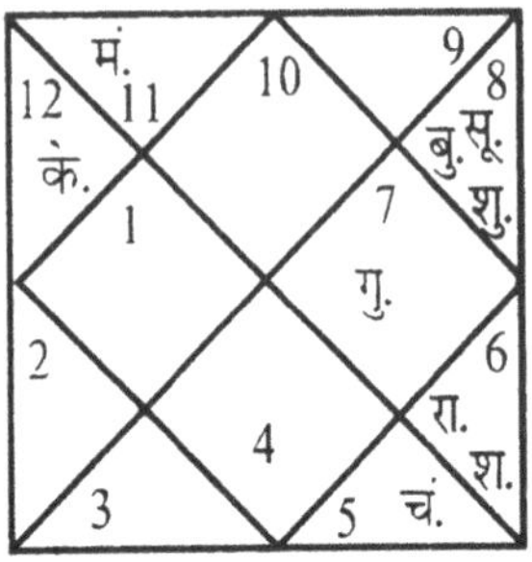

जन्म तिथि-11.12.1922, जन्म समय-11.15, जन्म **स्थान-पेशावर (पाकिस्तान)।**

'कालसर्प योग' के कारण फिल्म अभिनेता दिलीप कुमार के दो-तीन विवाह होते हुए भी संतान नहीं हो पाई। वंश वृद्धि की चिन्ता उनकी कुण्डली में स्पष्ट दृष्टिगोचर हो रही है।

डॉ. श्री राम लागू

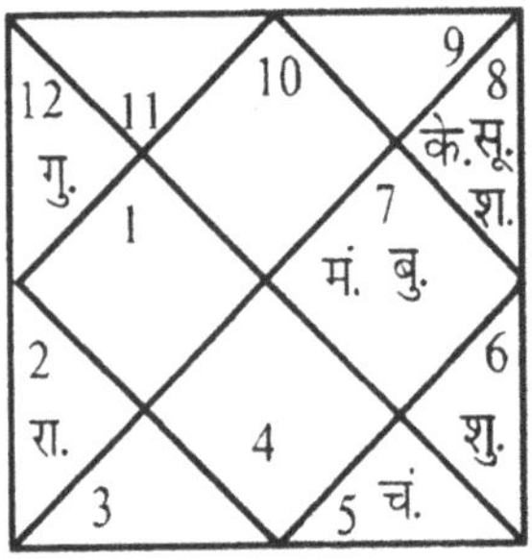

जन्म तिथि-16.11.1927, जन्म समय-12.10, **जन्म स्थान-सतारा।**

विश्व सुन्दरी ऐश्वर्या राय

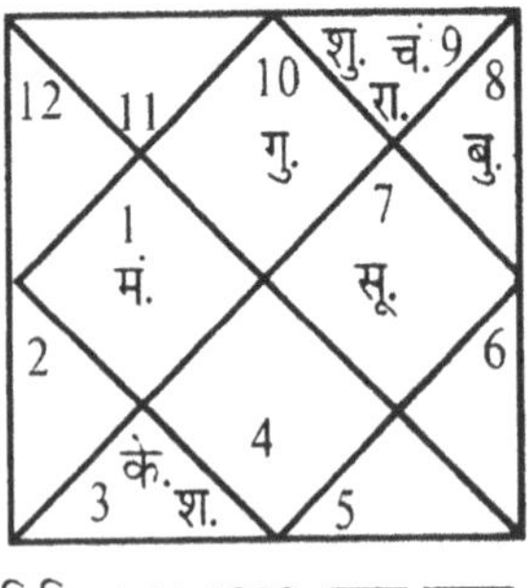

जन्म तिथि-1.11.1973, जन्म समय-12.00, जन्म स्थान-दिल्ली।

जन्म तिथि-21.10.1937, जन्म समय-12.30, जन्म स्थान-श्रीनगर।

एडवर्ग ड्यूक ऑफ वाइन्डसर

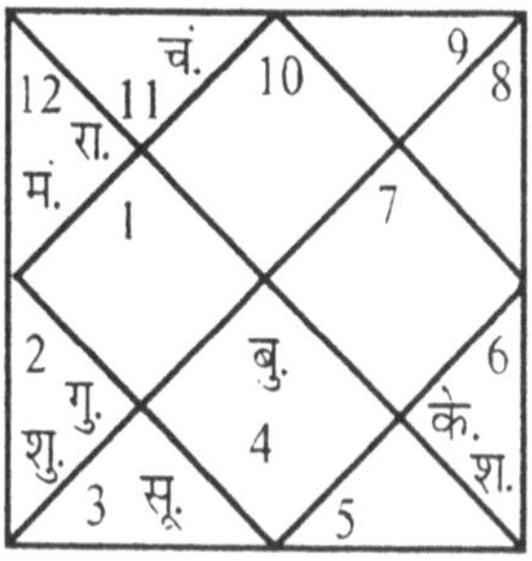

जन्म तिथि-23.6.1894, जन्म समय-22.00। धनेश उच्चाभिलाषी होकर भाग्य स्थान में है। जातक अरबपति था। योगकारक शुक्र गुरु के साथ है।

श्री दीपचंद छंगाणी

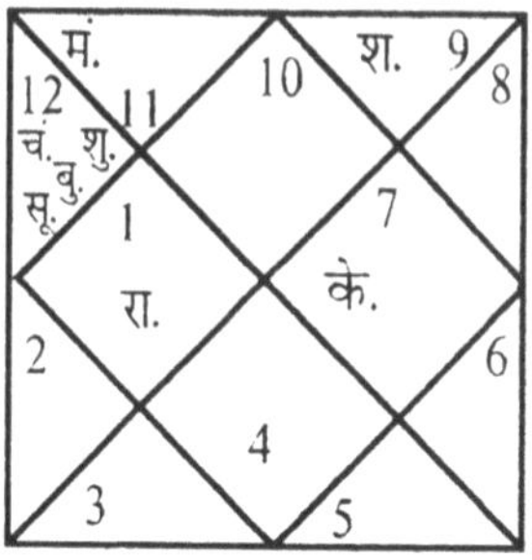

जन्म स्थान-फलौदी (राजस्थान)। स्थानीय राजनेता, पूर्वमंत्री श्री मोहन छंगाणी के पुत्र। '**कालसर्प योग**' के कारण अकाल मृत्यु हुई।

श्री राम विलास पासवान (पूर्व मंत्री)

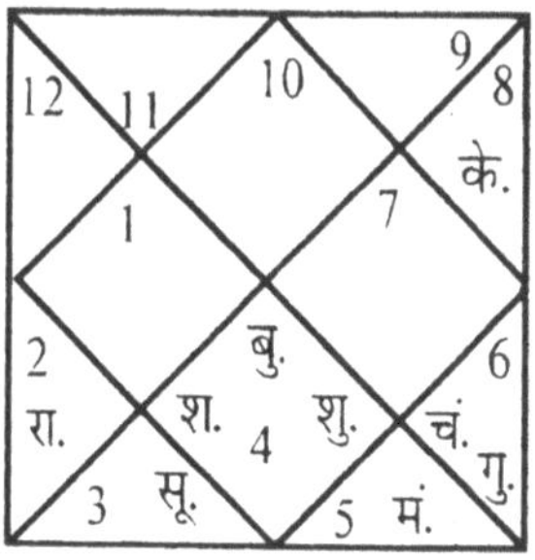

जन्म तिथि-5.7.1946, जन्म समय-19.50, जन्म स्थान-खगड़िया (बिहार)।

जुही चावला

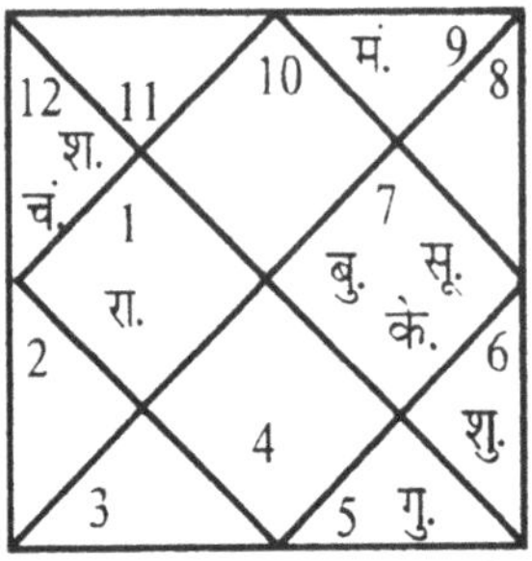

जन्म तिथि-13.11.1967, जन्म समय-12.00 जन्म स्थान-लुधियाना। 13 नवम्बर 1967 को लुधियाना शहर में जन्मी जूही चावला के सितारे उत्कर्ष की ओर हैं। अम्बाला शहर में पली-बढ़ी जूही प्रारम्भ में मॉडलिंग करती थी। 1984 में इन्हें जबरदस्त सफलता मिली जब इन्हें मिस इण्डिया का खिताब दिया गया। इस समय इन्हें बुध की महादशा चल रही थी। मकर लग्न व मीन राशि वाली जूही चावला की कुण्डली में बुध भाग्येश होकर दशम भाव में मित्र क्षेत्री है। भाग्येश का दशम भाव में होना राजयोग है फलत: ऐसा जातक उत्तम सुख सुविधा प्राप्त करता है, तथा राजा के तुल्य ऐश्वर्य भोगता है, भाग्येश की दशा इनके लिए लाभकारी रही। इनकी कुण्डली में शुक्र का अपनी नीच राशि में होना इनकी प्रगति में बार-बार रुकावटें पैदा करेगा। वहीं शुक्र बुध का परिवर्तन योग भाग्य स्थान में होना इनकी अभिनय क्षमता में वृद्धि करता है, तथा इनके फिल्मी जीवन के लिए उत्तम है। जूही चावला ने अपना फिल्मी सफर शशि कपूर के लड़के करण कपूर के साथ 'सल्तनत' फिल्म से शुरू किया। बड़े-बड़े अभिनेताओं व अभिनेत्रियों की इस फिल्म में जूही खोकर रह गई। हालांकि इस फिल्म में जूही चावला को कोई फायदा या नुकसान नहीं हुआ, वहीं 1988 में प्रदर्शित हुई फिल्म 'कयामत से कयामत तक' ने इनकी जिंदगी ही बदल कर रखी दी। केतु दशम भाव में सूर्य-बुध के साथ है। अत: केतु की दशा में इनके कैरियर को जबरदस्त बढ़ावा मिला। मंसूर खान की फिल्म कयामत से कयामत तक में जूही चावला बेहतरीन अदाकारा के रूप में सामने आई। जूही चावला को साईन करने के लिए निर्माता बेताब हो उठे, केतु में केतु तथा केतु-शुक्र जूही चावला के लिए भाग्यवर्द्धक साबित हुए, वहीं नीच का सूर्य जूही के भाग्योदय में रोड़ा बन गया तथा 1990 में सूर्य का अन्तर आने पर फिल्मों के गलत चयन ने जूही को संघर्षों से उभरने नहीं दिया।

चंद्रमा के प्रभाव से जूही की इमेज हमेशा मासूम, प्यारी और भोली-भाली बच्ची जैसी रही है। चंद्रमा के कारण ही जूही हमेशा विवादों से दूर रही है। सूर्य

के प्रभाव से जूही को अपने कैरियर को बनाने में संघर्ष करना पड़ा। चंद्र शनि की युति के कारण इसके तृतीय स्थान में **विषयोग** भी बन रहा है, अत: जीवन में सफलता के साथ साथ संघर्ष का भी महत्त्वपूर्ण स्थान रहेगा। 1995 को इनको केतु की दशा समाप्त हुई तथा शुक्र की दशा लगी। केतु की दशा में श्रीदेवी और माधुरी दीक्षित की प्रतिद्वंद्विता का लाभ जूही चावला को मिला। हालांकि वह नम्बर वन तो न बन सकी पर कुण्डली में बुध व शुक्र के परिवर्तन योग के कारण उनकी अभिनय क्षमता को देखकर इस बात से इन्कार नहीं किया जा सकता कि आज भी उनका अपना एक अलग ही अंदाज और आकर्षण है। नवमांश में उच्च के गुरु के प्रभाव से इनका विवाह अप्रवासी भारतीय जय मेहता से हुआ। पिछले तीन वर्षों से रूपहले पर्दे से गायब जूही को पंचमेश के भाग्य स्थान में होने से उन्हें प्रथम कन्या की प्राप्ति हुई। वर्तमान में इन्हें शुक्र की महादशा निश्चित रूप से इनके लिए उन्नतिकारक है। इस समय फिल्म लाइन में इनकी धमाकेदार वापसी का योग बन रहे हैं।

सलमान खान

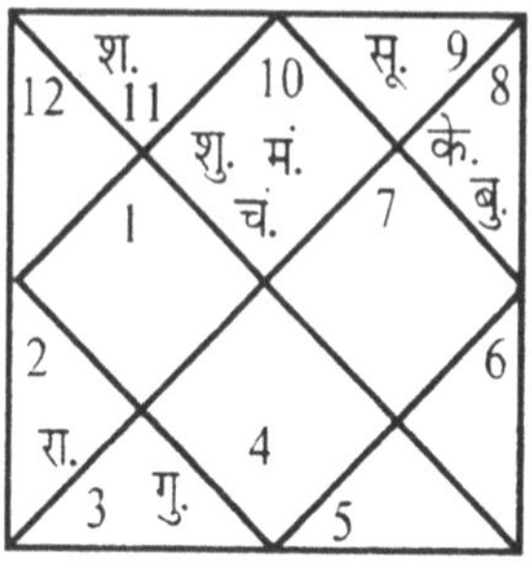

जन्म तिथि-27.12.1965, जन्म समय-9.30, जन्म स्थान-मुम्बई। सलमान खान एक उच्चस्तरीय युवा दिलों को धड़काने वाले अभिनेता है। धन स्थान में स्वगृही शनि उनको खूब धन दिलाता है। शायद यही वजह है कि उसका दिमाग फिरा हुआ है। वो अब तक योग्य पिता का नालायक लड़का ही साबित हो पाया है। मुम्बई बम विस्फोट काण्ड में एक बार सलमान का नाम आया था पर उसे गम्भीरता से नहीं लिया गया।

सलमान का जोधपुर हिरण शिकार काण्ड 1998 में सुर्खियों में आया जब इसे गुरु की महादशा में शुक्र का अन्तर चल रहा था। गुरु खड्डे (6th house) में है तथा पराक्रमेश होकर खड्डे में गिरा फलत: पराक्रम भंग हुआ। सलमान के लग्न में उच्च का मंगल चंद्रमा के साथ है जो इसकी क्रूर मानसिकता को बताता है। मंगल

ग्रहों का सेनापति है, क्रूर है। हिरण का शिकार करके उस पर छुरी चलाना क्रूरता की पराकाष्ठा है। हिरण काण्ड में शायद मुख्य गवाह मुकर भी जाये स्टार की लोकप्रियता अथवा पैसों का लेन-देन केस को कमजोर कर दें। पर ग्रह नहीं बदलते। भाग्य नहीं बदलता। ऐश्वार्य राय से गलत छेड़ खानी से पूरा मीडिया, सलमान खान से नाराज था। उनके प्रतिकूल समय की निशानी का संकेत मीडिया की खबरें बराबर देती रहीं। अचानक अक्तूबर 2002 के प्रथम सप्ताह में सलमान खान ने शराब पिये हुए अपनी टोयोटा लैंडक्रूजर से बान्द्रा के फुटपाथ पर एक व्यक्ति को कुचलकर मार डाला और चार को घायल कर दिया। प्रत्यक्षदर्शी बताते हैं कि इतनी दु:खद घटना घटित हो जाने के बाद भी सलमान ने मरे हुए व्यक्ति एवं घायलों के प्रति कोई हमदर्दी नहीं जताई, उनके बचाव का कोई उपचार नहीं किया। यह मनोवृत्ति खड्ढे (छठे) में गिरे गुरु व्यक्ति को धार्मिक कार्य, परोपकार, सेवा कार्य से दूर कर देता है। इसी प्रकार बारहवां सूर्य एक हजार राजयोग को नष्ट करता है। सूर्य राजकारक ग्रह है। सूर्य बारहवें अग्नि राशि में है, उद्दण्ड है। यह व्यक्ति को राजदण्ड अवश्य देगा। वैसे तो सलमान अभी जेल से जमानत पर छूट गये हैं पर यह स्थाई समाधान नहीं है।

अभी गुरु की महादशा चल रही है तथा 22.1.2003 तक चलेगी। यह दशा इनके सारे कैरियर को चौपट कर देगी। खतरे अभी और भी बाकी हैं। सलमान को सावधान रहना होगा।

उसे धैर्य में रहकर गुरु की अनिष्ट दशा से बचाव का उपाय करना होगा। विनम्र बनना होगा, सत्य बोलना सीखना पड़ेगा, व्यवहार में जिम्मेदारी, संजीदापन लाना होगा तभी देवगुरु बृहस्पति प्रसन्न होकर उन्हें क्षमा करेंगे।

D. चर्चित व्यक्तित्व

सुनील गावस्कर

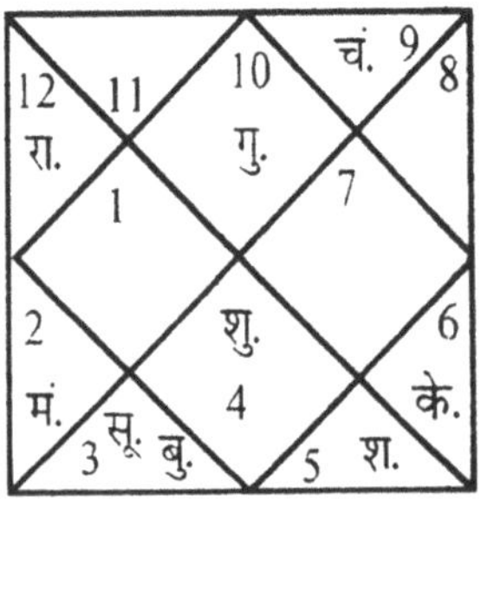

जन्म तिथि-10.7.1949, जन्म समय-8.50 सायं, जन्म स्थान-मुम्बई।

श्री जगजीत सिंह

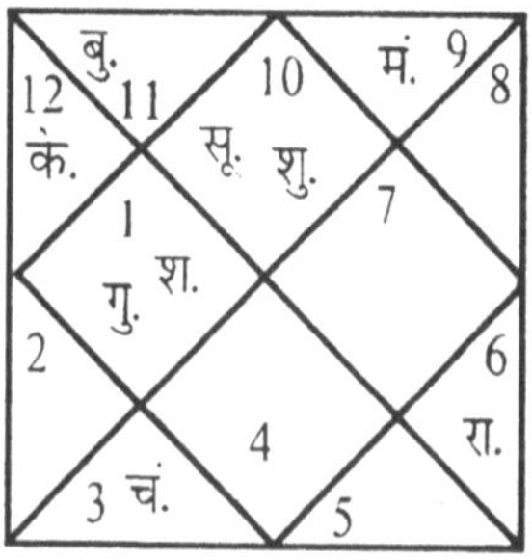

जन्म समय-8.2.1941, जन्म समय-8.00 प्रातः।

श्री अनिल अम्बानी

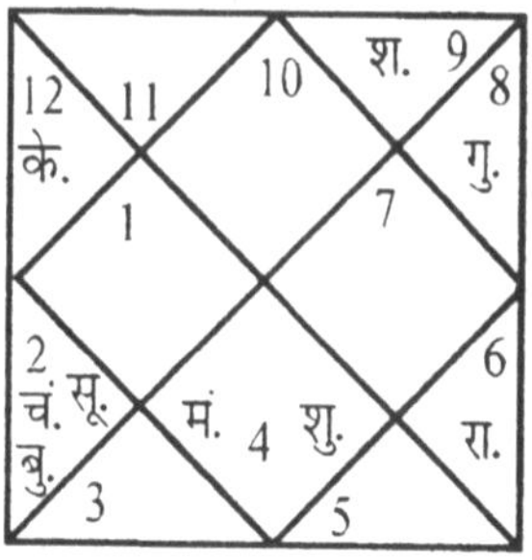

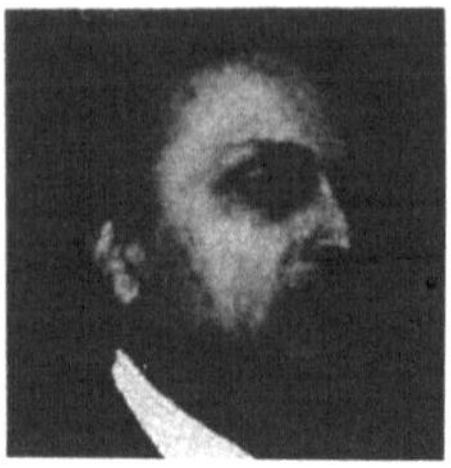

जन्म तिथि-4.6.1959, जन्म समय-22.30, जन्म स्थान-मुम्बई।

जॉन मेयर

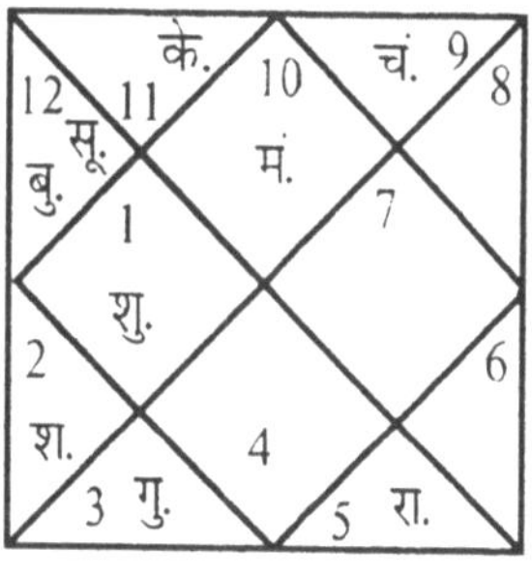

जन्म तिथि-29.3.1943, जन्म समय-03.15 सुबह, जन्म स्थान-लंदन।

श्री एच. जी वेल्स

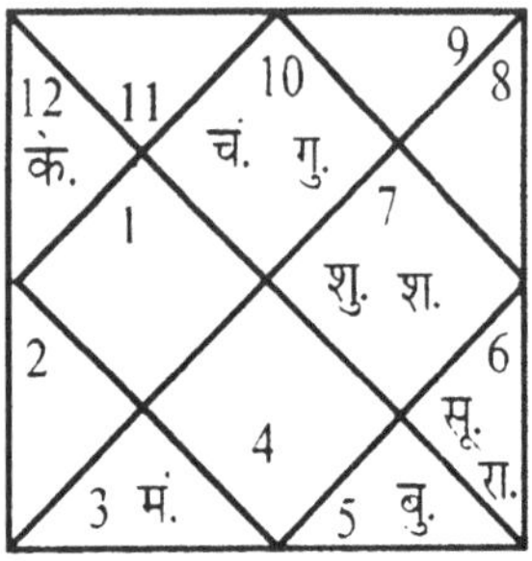

जन्म तिथि-21.9.1866, जन्म समय-15.33, जन्म स्थान-ब्रोमले (U.K.)

❑❑❑